비주얼 C++를 이용한

지능형 로봇 프로그래밍

남상엽 · 정완균 · 유범재 공저

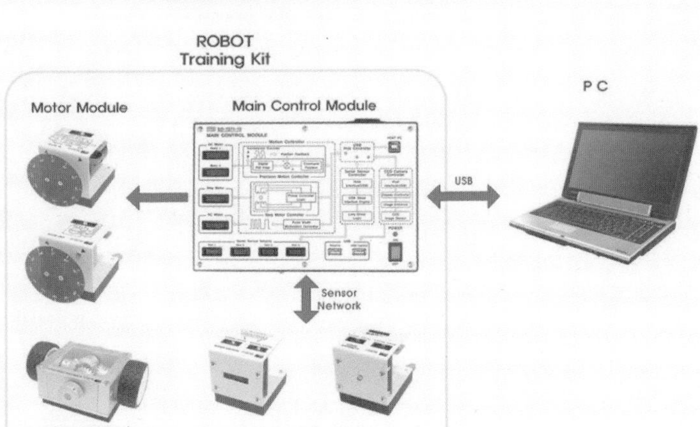

도서출판 상 학 당

머리말

로봇 기술(RT-Robot Technology)은 차세대를 이끌어갈 산업으로 각광받고 있는 IT, BT, NT 산업과 함께 정부의 정책적 지원이 교육부, 정보통신부 및 산업자원부에서 활발하게 이루어지고 있다. 로봇 산업은 기술의 정도에 따라 고부가가치화가 가능한 기술집약적 산업으로서 다가올 유비쿼터스 사회에 적합한 컨버전스 형태의 융합형 종합기술이라 할 수 있다.

로봇은 전기, 전자, 기계, 자동화, 전산 등의 복합기술이 총 망라된 첨단기술의 산물이지만, 특히 지능형 로봇은 인공지능과 신경회로망, 퍼지이론, 음성과 화상 인식기술, 마이크로프로세서와 모터의 제어, 센서 사용 등 다양한 기술이 접목되는 첨단 기술체이며, 인간이 로봇에게 명령을 내리거나 로봇으로부터 인간이 정보를 전달받기 위하여 명령을 전달하기 위한 각종 입력기구와 로봇을 연결하고, 로봇이 작업하는 환경의 여러 가지 정보(즉, 오감을 느끼는 시각, 촉각, 역각, 위치감, 청각 등)를 인간에게 전달시키게 된다.

그러므로 로봇기술의 기반이 물리학, 화학 등 기초과학 분야에서 기계공학, 전자공학, 소재공학 등의 응용학문까지 범위가 다양한 복합기술이기 때문에 산학연 및 정부가 체계적이고 전략적으로 육성해나가야 하는 산업이라 할 수 있나. 이에 따라 우리나라 정부에서도 21세기 유망 지식기반산업의 하나로 로봇산업을 선정하여 이를 중점 육성하고 있는 실정이다.

이러한 유비쿼터스의 로봇시대에 맞추어 적용될 요소의 기초 로봇제어 프로그래밍 기술이 필요해짐에 따라 《비쥬얼 C++를 이용한 지능형 로봇 프로그래밍》을 구성하여 발간하게 되었다.

이 교재에서는 MFC를 처음 접하는 사람이라도 쉽게 따라할 수 있도록 단계별로 그림과 함께 각 실습에서 사용하는 함수들에 대한 사용 방법과 코드들을 나타내었다. 함수들과 프로그램 흐름에 대한 간략한 설명, 그리고 각 함수들이 쓰이는 목적, 용도 등을 생각하며 순서에 맞게 따라서 하면 각 장별로 실습목적에

부합하는 프로그램 작성과 함께, 지능형 로봇 플랫폼의 제어가 쉽게 다가올 것이다. 각 실습에서 작성된 프로그램들은 프로그램 언어에 대하여 문외한, 혹은 입문자를 기준으로 작성하였으므로, 어느 정도 숙달된 사람들에 있어서는 너무 쉽게 보일 수도 있으나, 그런 만큼 다른 각도에서의 프로그래밍을 통하여 지능형 로봇을 더욱 능숙하게 제어하길 바란다.

이 교재는 시중에 나와 있는 프로그램 언어에 대한 전문적인 해설이나 설명을 하는 교재가 아닌, 지능형 로봇 응용 시스템의 제어를 위한 프로그래밍 기법을 되도록이면 쉽게 접근하고 사용할 수 있도록 하는 목적으로 작성된 교재이므로, 보다 깊은 이해와 응용을 하고자 한다면 프로그램 언어에 대한 별도의 공부가 필요할 것이다. 특히 새로운 시대의 변화에 발맞추어 이론만 구현되던 기초 로봇제어를 지능형 로봇제어 프로그램을 통하여 로봇이론과 제어실습을 동시에 구현할 수 있다. RT산업의 차세대 엔진으로 성장할 수 있는 기초 로봇제어들의 제어이론과 지능형 로봇의 동작원리 및 특성들을 공부함으로써 앞으로 좀더 고차원적인 제어이론과 지능형 로봇을 공부하는 데 바탕이 된다.

이 교재는 지능형 로봇의 기초가 되는 제어소자와 제어 프로그램의 기초이론에 근거를 둔 응용회로를 공부하고 실험을 통해 이론을 증명하는 형태로 구성되어 있다. 단지 일반 로봇구조의 책처럼 깊이 있는 내용보다는 쉽게 이해할 수 있도록 구성하였으므로 좀 더 깊이 있고 보다 전문적인 내용은 이 교재를 통하여 개념을 이해하고 추가적인 참고서적을 통하여 학습하는 것이 효과적일 것이다.

이 교재는 ED7271 지능형 로봇 교육용 시뮬레이션 소프트웨어와 병행하여 컴퓨터, 전자, 제어, 통신분야의 관련 학생 및 초보개발자를 대상으로 한 기초 로봇제어에 대한 기본학습 및 실습을 위한 교재로, 처음 기초 로봇제어 및 로봇구조의 응용을 접하는 학생에게 쉽고 빠르게 접근할 수 있도록 초점을 맞추었으므로 기초 지능형 로봇 및 제어이론의 작동원리에 대한 이해와 프로그래밍 감각을 키우는 데 부족함이 없을 것이라 생각된다.

이 교재의 주요 구성은 다음과 같다.

제 I 부는 지능형 로봇 응용 시스템의 제어 프로그램으로 1장은 환경설정 및 IRES설치, 2장은 지능형 로봇 제어 프로그램으로 구성되어 있다.

제 II 부는 지능형 로봇 응용 시스템의 구성으로서 3장은 지능형 로봇 응용시스템의 구성 및 특징, 4장은 지능형 로봇 응용시스템의 제어 모듈, 5장은 지능형 로봇 응용시스템의 모터 모듈, 6장은 지능형 로봇 응용시스템의 센서 모듈, 7장은 지능형 로봇 응용시스템의 영상처리 모듈로 서술하였다.

제III부는 지능형 로봇 응용 시스템의 제어실습으로서 지능형 로봇 응용시스템에서 사용하는 로봇 제어 소프트웨어인 IRES과 ED7271을 이용하여 21종의 지능형 로봇에서 사용되는 기술 및 프로그램으로서 8장은 외부 밝기에 따른 광원 모듈의 제어실습, 9장은 빛의 밝기에 따른 모터의 속도 제어실습, 10장은 기울기 센서와 스텝 모터의 속도 제어실습, 11장은 전자나침반의 모듈을 이용한 바이 디렉션 모듈의 제어실습, 12장은 초음파 센서 모듈을 이용한 DC모터 이동거리의 제어실습, 13장은 적외선 센서와 STEP모터의 방향 제어실습, 14장은 미로 통과 로봇의 제어실습, 15장은 자동문 제어실습, 16장은 초전 센서와 로봇의 반응실습, 17장은 음향탐지 모듈과 로봇의 방향 제어실습, 18장은 경보장치실습, 19장은 보안자동문 제어실습, 20장은 경보장치 울림 및 해체실습, 21장은 영상처리를 이용한 로봇의 이동실습, 22장은 방향 감지 카메라의 제어실습, 23장은 청각센서를 이용한 이동로봇의 제어실습, 24장은 영상 패널을 이용한 RC모터의 제어실습, 25장은 타이머를 이용한 실시간 제어실습, 26장은 지능로봇의 제어실습으로 구성되어 있다.

끝으로 이 책을 집필하는 데 많은 도움을 주신 (주)ED의 박용후 사장님, 김창일 상무님, 그리고 기술연구소의 김석중 본부장님, 지능형 로봇팀의 홍성호 팀장님, 문병준님, 공장희님, 이용호님, 김영준님, 마케팅의 양영규 팀장님, 이관희 팀장님, 권순갑 팀장님, 곽석민 과장님, 서동찬 과장님, 최도석님, 고객지원팀의 이억환 부장님 등 관계자 여러분과 도서출판 상학당의 관계자 여러분에게 감사의 마음을 전한다.

어떤 일이든 첫발을 내딛고 개척하는 것이 가장 힘든 일일 것이나 그 어려움을 극복하고 얻는 것이 무엇보다 값진 결실이 될 것이다. 아직은 열악하고 힘든 개발환경이지만 이 책이 보다 많은 지능형 로봇 관련 인력 양성에 힘이 되어주길 바란다.

저 자 씀

차례

제 Ⅰ 부

지능형 로봇 응용시스템의 제어 프로그램

지능형 로봇 응용시스템에서 사용하는 순서도 기반의 로봇 제어 소프트웨어는 'IRES(Intelligent Robot Education Studio)'라고 한다. IRES는 ED7271뿐만 아니라 로봇 ED7270,7272의 두 제품에도 사용할 수 있는 지능형 로봇 응용시스템의 제어 프로그램이다. 이 부에서는 IRES의 설치 및 구성/사용법에 대하여 서술하였다.

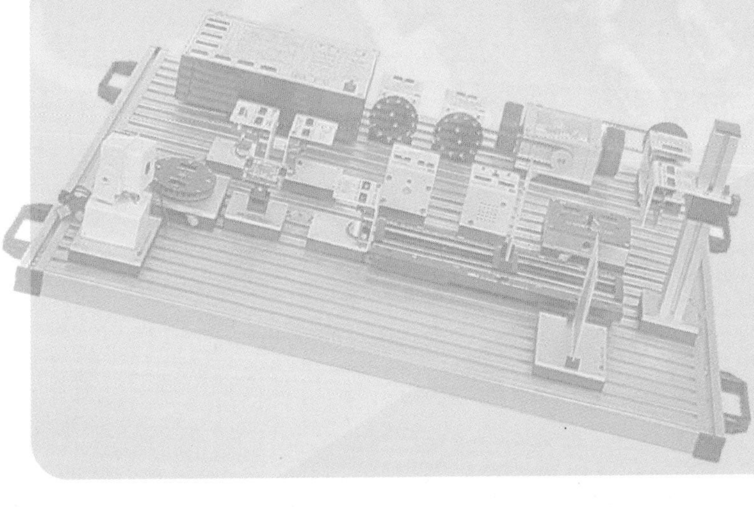

제1장

환경설정 및 IRES 설치

1-1 환경설정 및 IRES 설치

지능형 로봇 실험실습 장치 하드웨어는 USB 2.0 인터페이스 방식으로 제어를 하며, 모든 하드웨어에는 아래와 같이 디바이스 드라이버를 설치하여야 한다.

지능형 로봇 실험실습 장치는 제품 출하시에는 아래 부분에 대한 디바이스 드라이버가 설치된 상태로 납품이 되며, 사용 도중 드라이버 설치를 요구하는 경우 아래와 같이 디바이스 드라이버를 설치하면 된다.

ED 모션 제어기 장치 드라이버 설치

1) ED Motion Control Device 설치

① 전원 스위치를 켠 후 USB 케이블로 PC와 연결한다.

② PC는 "ED Motion Control Device"라는 하드웨어를 발견한다.

③ "목록 또는 특정 위치에서 설치(고급)(S)를 선택한다(자동설치 가능).

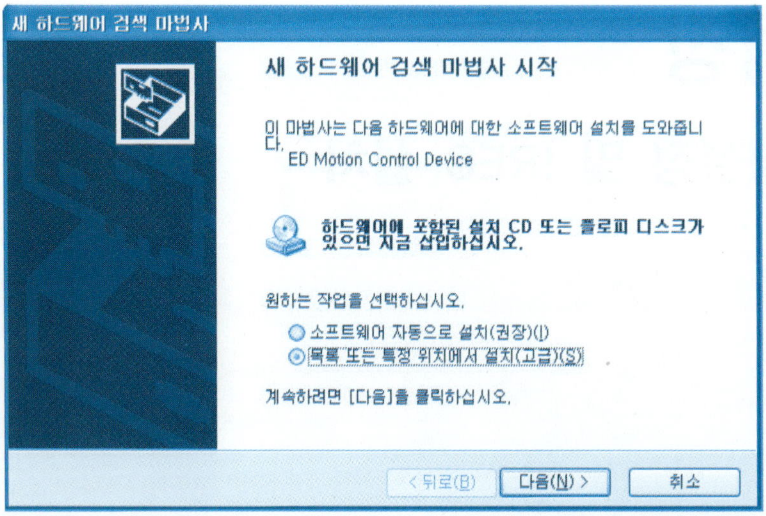

④ "Motion Control Device" USB 드라이버 폴더를 지정해준다.

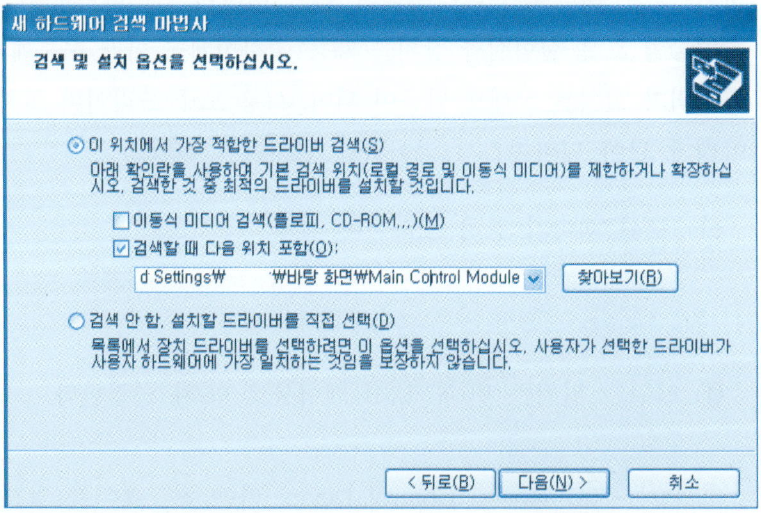

※ C\Program Files\ED.co.kr\ED_IRES\Driver\ED-4509

⑤ "ED Intelligent Robot Motion Control Device"가 선택되고, '계속'을 클릭한다.

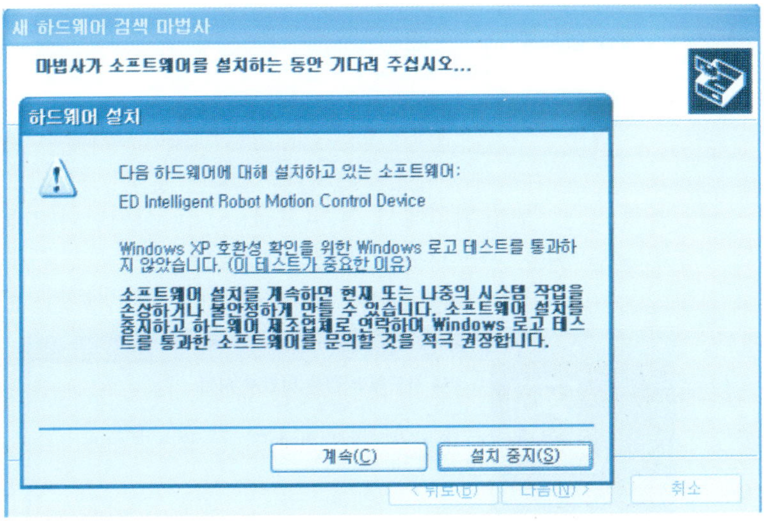

⑥ 다음과 같은 메시지가 출력되면 모션 컨트롤러 부분의 USB 드라이버 설치는 완료된다.

2) USB To Serial 드라이브 설치

① PC는 "USB Device"라는 하드웨어를 발견한다.

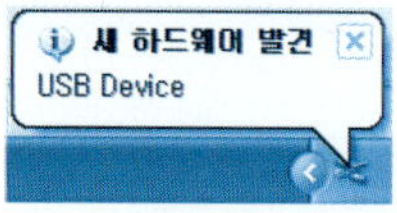

② "목록 또는 특정 위치에서 설치(고급)(S)"를 선택한다(자동 설치 가능, 설치가 안될 경우 고급선택).

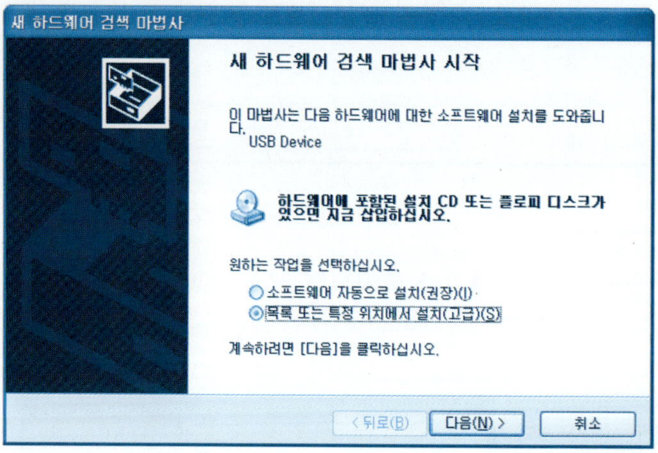

③ "USB Device"의 USB 드라이버 폴더를 지정해준다.

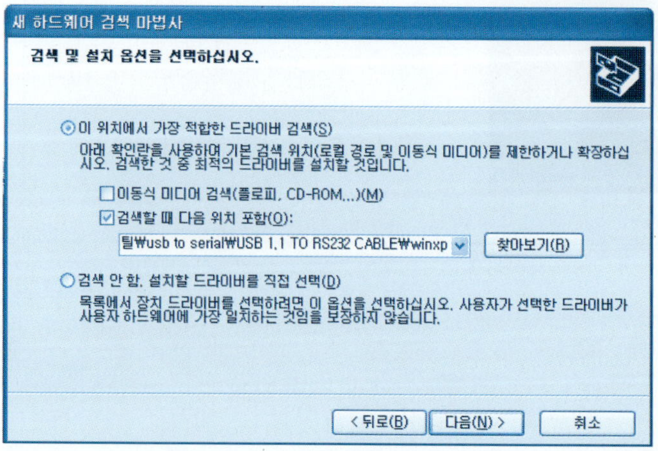

※ C\Program Files\ED.co.kr\ED_IRES\Driver\USB TO Serial\USB 1.1 TO RS232 CABLE\Winxp

④ "Prolific USB-to-Serial Comm Port"가 선택되고, '계속'을 클릭한다.

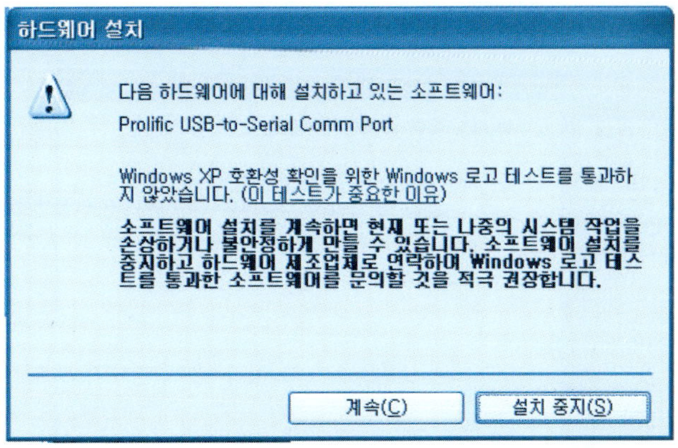

⑤ "ser2pl.sys"라는 파일을 찾는데 "찾아보기"를 클릭한 후 ③에서 지정했던 폴더를 다시 지정해준다.

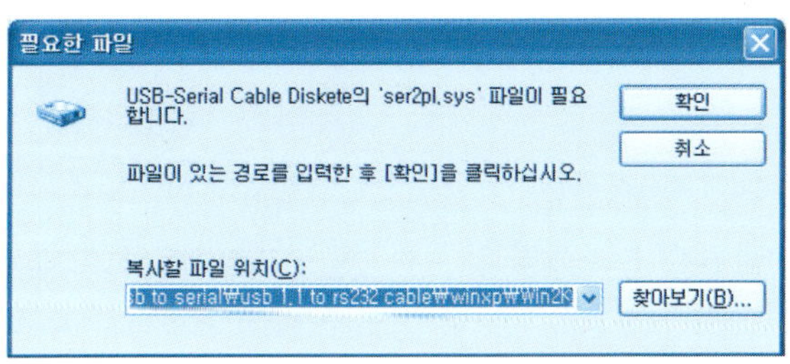

※ ⑤번의 경우에는 윈도우 시스템 정보에서 "Ser2pl.sys"의 위치 정보가 삭제된 경우 나타나는 메시지 창이므로 ⑤의 경우가 발생되는 경우에는 아래 경로를 찾아 드라이브를 선택하여 준다.

※ C:\Program Files\ED.co.kr\ED_IRES\Driver\USB TO Serial\USB 1.1 TO RS232 CABLE\Winxp

⑥ 다음과 같은 메시지가 출력되면 센서 컨트롤러 부분의 USB 드라이버 설치는 완료된다.

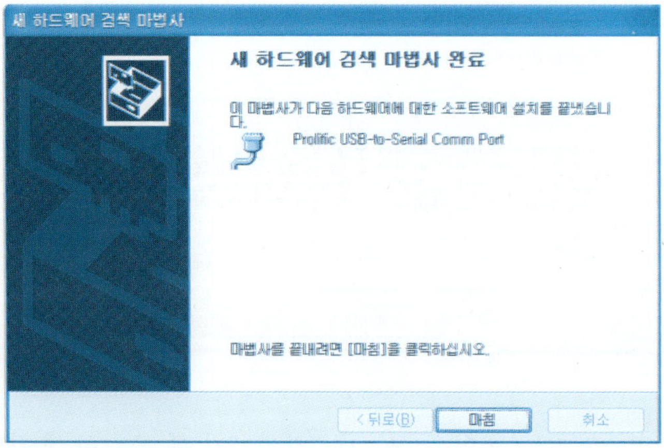

3) USB 카메라 장치 드라이버 설치

주의사항

카메라와 관련된 드라이버를 설치 후 반드시 PC와 카메라를 연결한다.

① 설치 CD에서 "m2driver.exe" 파일을 실행시킨다.

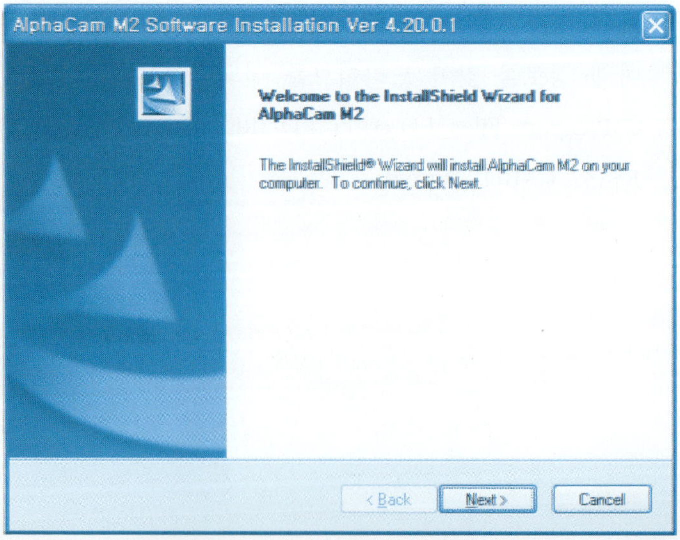

② 전체 설치를 선택하고 "Next"를 클릭한다.

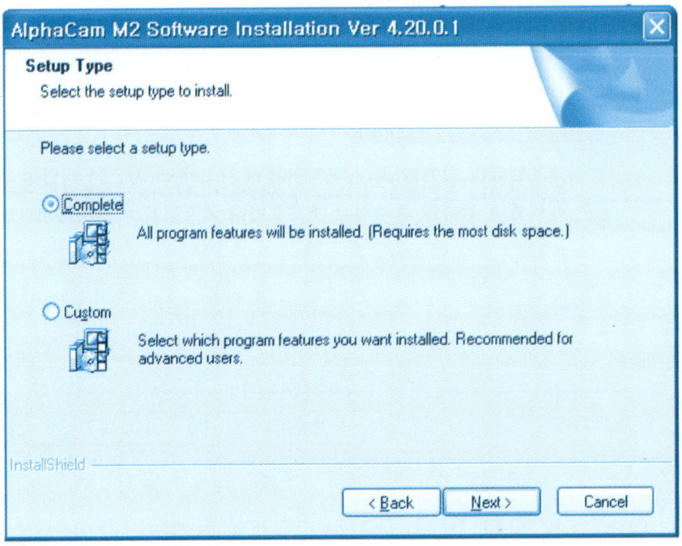

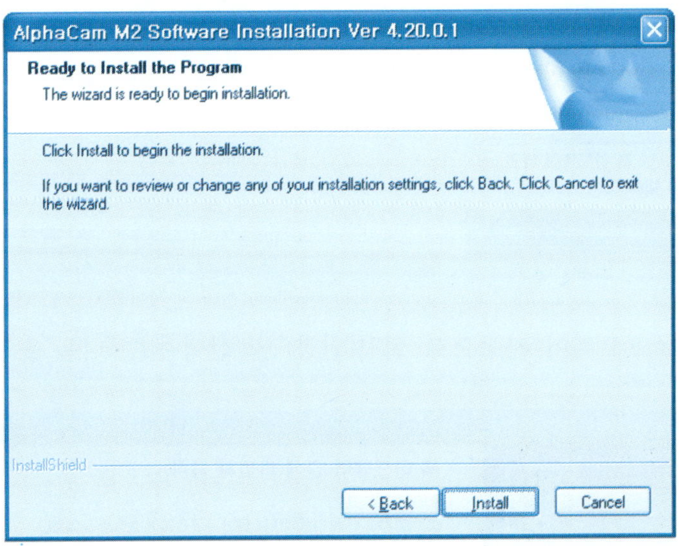

③ USB 드라이버를 하드디스크에 복사한다.

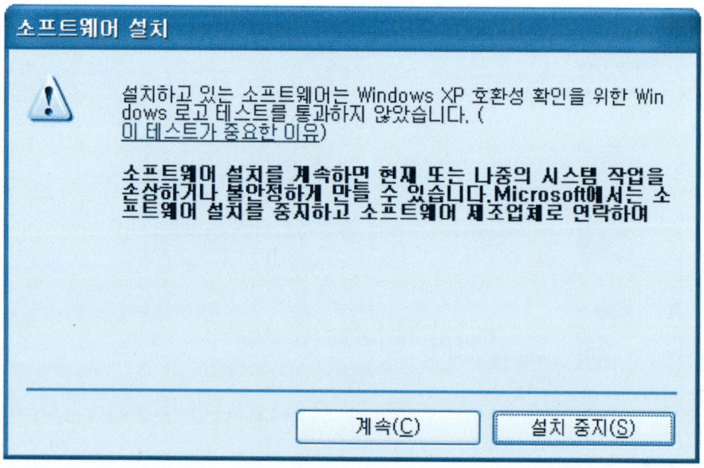

※ IRES 3.0 이상 버전에서부터는 ①~③을 실행할 필요가 없다.

④ USB 카메라를 Main Controller Module(ED7271-15) USB 포트에 연결한다. 전원이 켜있다면 PC는 "Alpha Cam"이라는 하드웨어를 발견한다.

⑤ "소프트웨어 자동으로 설치(권장)"을 선택하고 "다음"을 클릭한다.

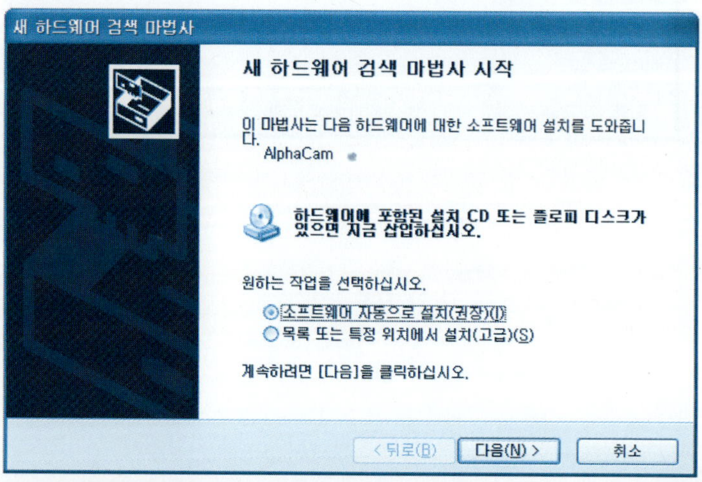

⑥ 하드웨어 검색 후 "Alpha Cam"의 드라이버 설치를 계속한다.

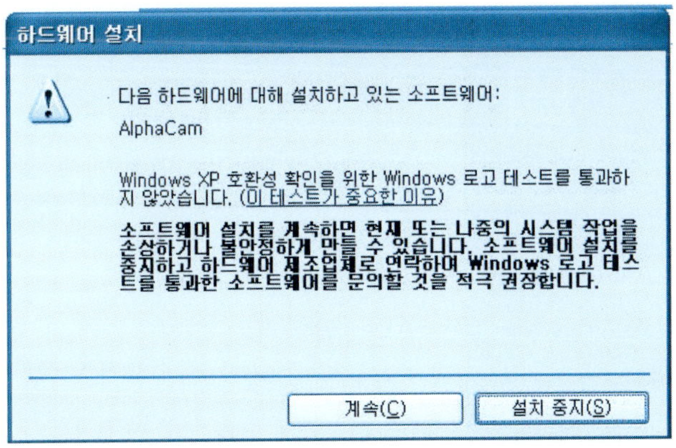

⑦ USB 카메라의 USB 드라이버 설치가 완료된다.

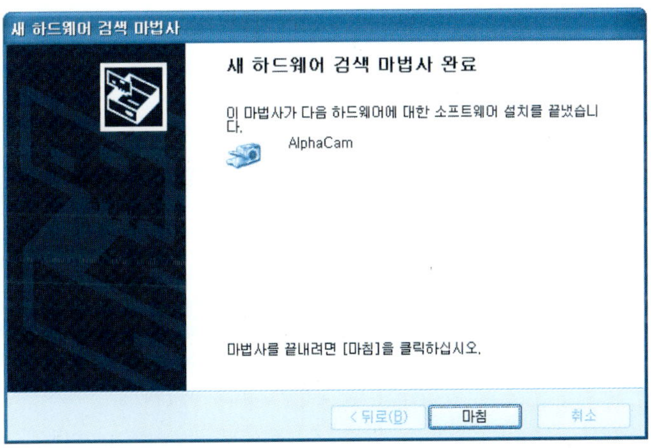

1-2 IRES 프로그램 설치 및 삭제

1) IRES 프로그램 설치

지능형 로봇 실험실습 장치를 구동하기 위해서는 대화형 응용 프로그램(Intelligent Robot Education Studio)을 아래와 같이 설치하여야 한다.

① 설치 CD에서 "Setup.exe" 파일을 실행시킨다.

② "다음"을 선택하여 프로그램 설치를 진행한다.

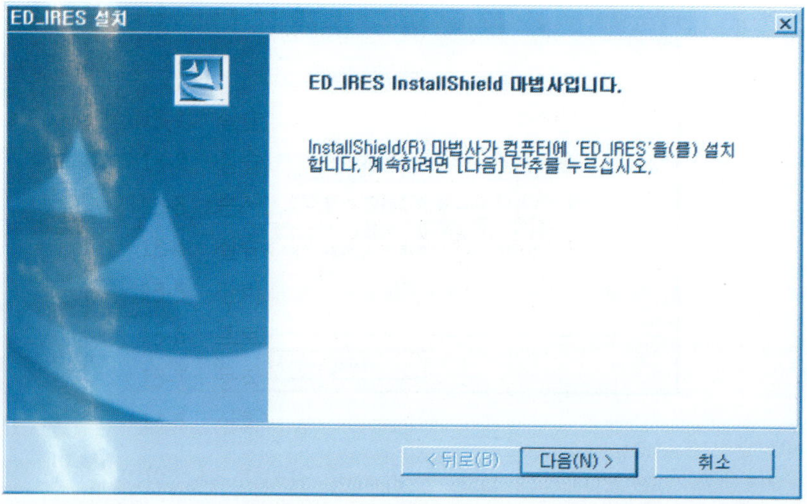

③ 프로그램의 약관을 필히 필독 후 "사용권 계약의 조항에 동의합니다."를 선택 후 "다음"을 진행한다.

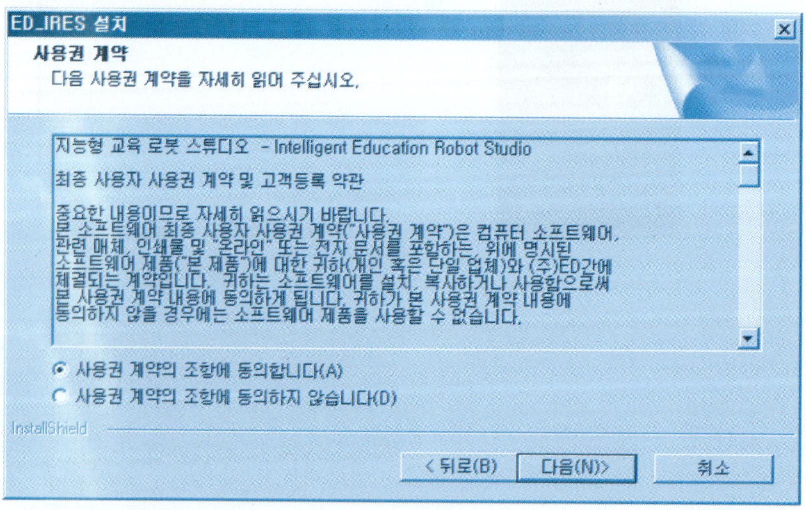

④ 사용하고자 하는 사용자 및 학교명을 입력 후 "다음"을 진행한다.

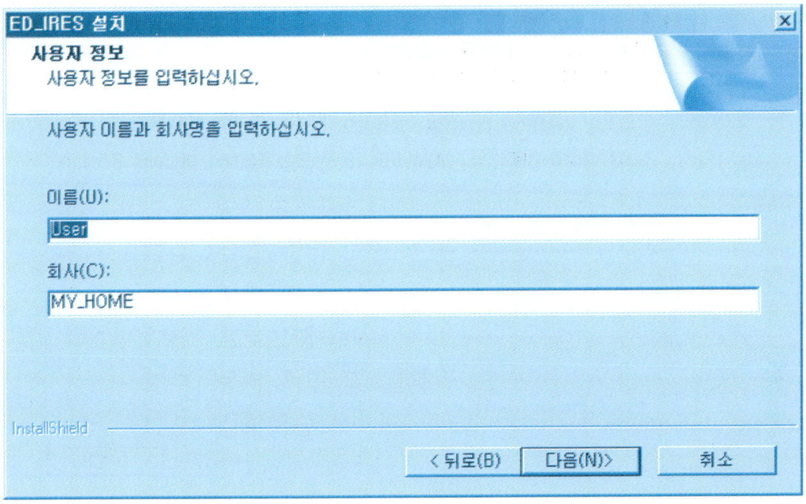

⑤ 사용하고자 하는 제품명 '지능형 로봇 키트'를 선택 후 "다음"을 선택한다.

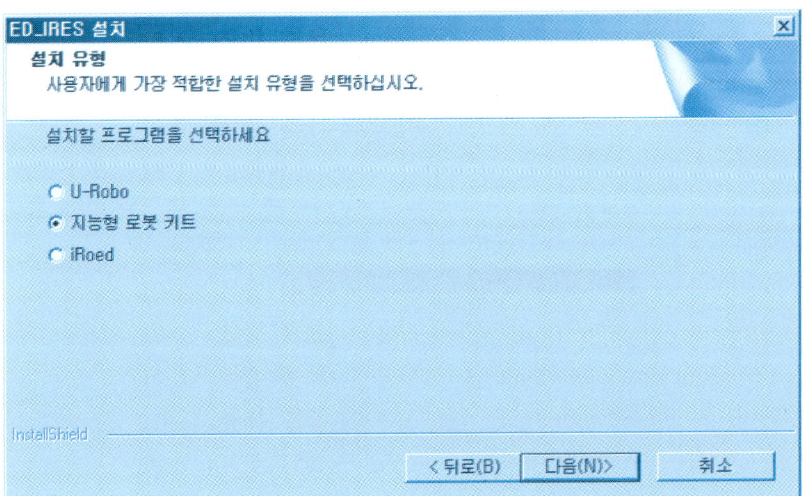

※ 지능형 로봇 키트를 선택 후 "다음"을 클릭한다.

⑥ 프로그램 설치 전에 과정이 완료가 되면 "다음"을 진행한다.

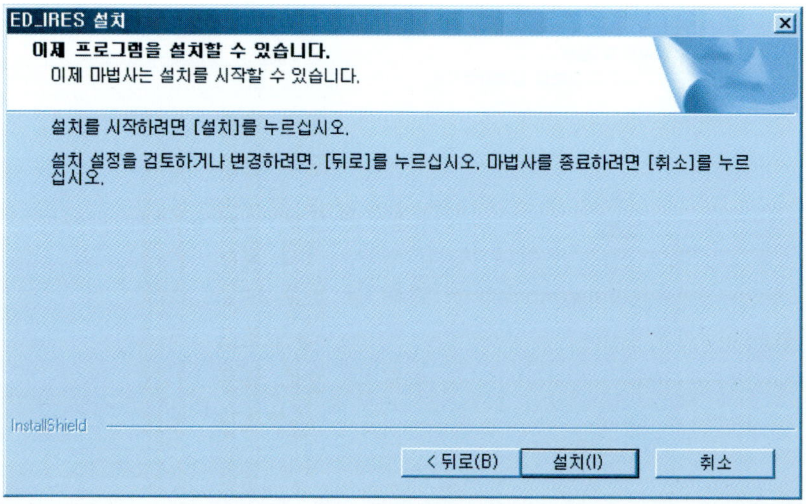

⑦ 프로그램이 내 컴퓨터 C:\에 설치가 된다.

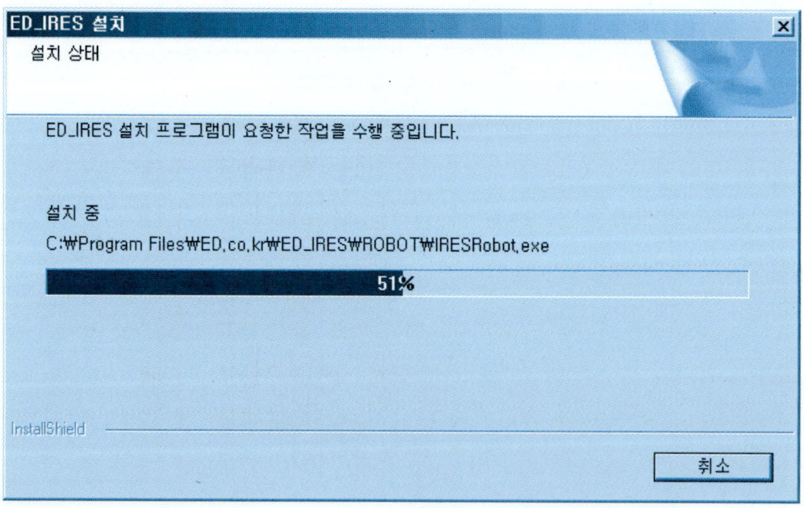

⑧ 모든 프로그램 및 설정 과정이 완료되면 아래와 같이 프로그램 설치가 완료된다.

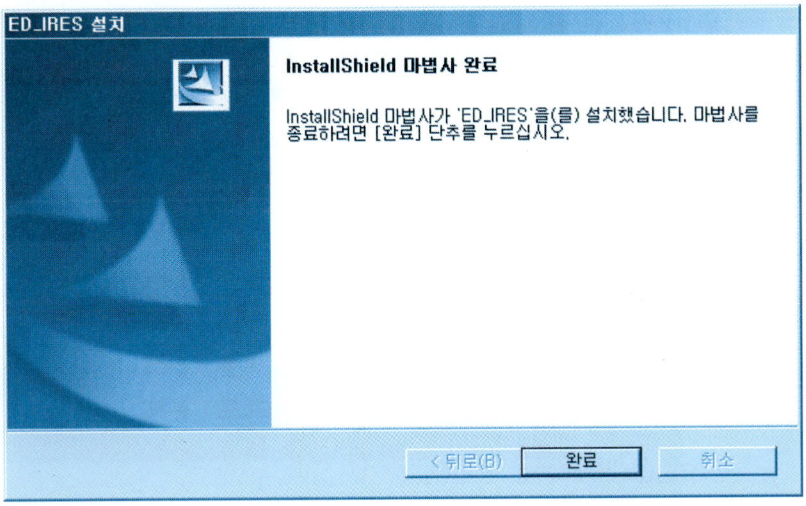

⑨ 설치가 완료가 되면 바탕화면 및 프로그램에 아래와 같이 바로가기 및 프로그램이 등록된다.

2) IRES 프로그램 삭제

① 설치 CD에서 "Setup.exe" 파일을 실행 및 프로그램 추가/제거에서 다음과 같이 선택한다.

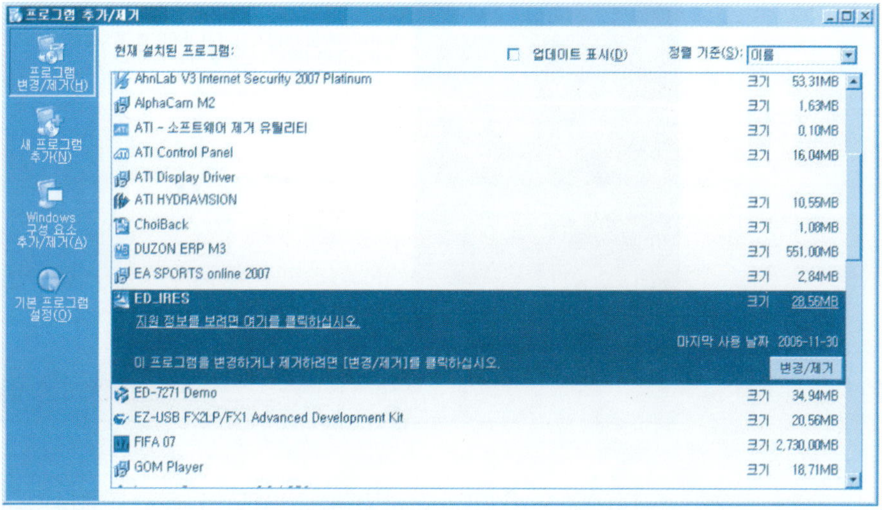

② 아래와 같이 프로그램 "제거"를 선택 후 "다음"을 진행한다.

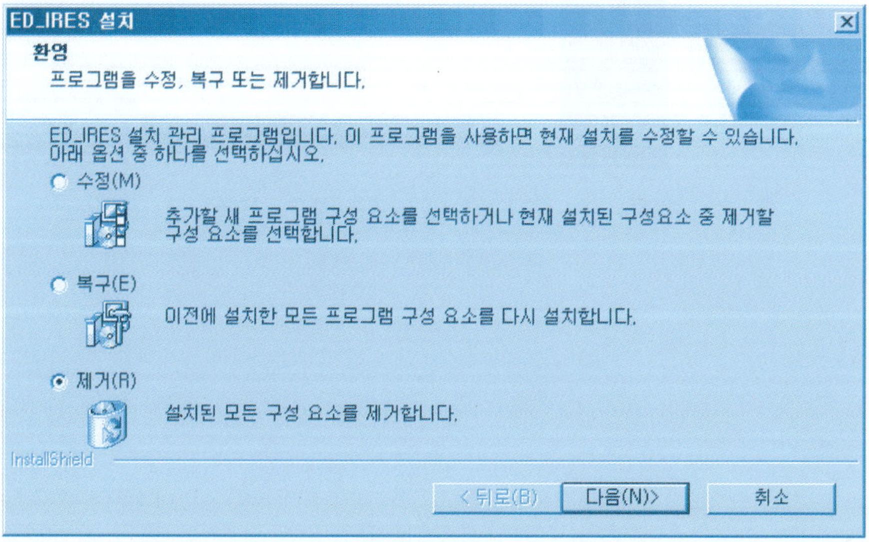

③ 프로그램 삭제시 모든 구성 요소를 삭제하여야 한다.

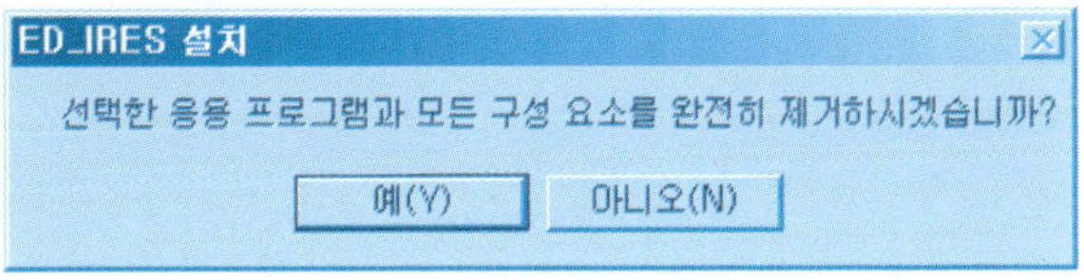

④ 모든 프로그램 파일 및 구성요소가 삭제되면 아래와 같이 프로그램이 내 컴퓨터에서 삭제된다.

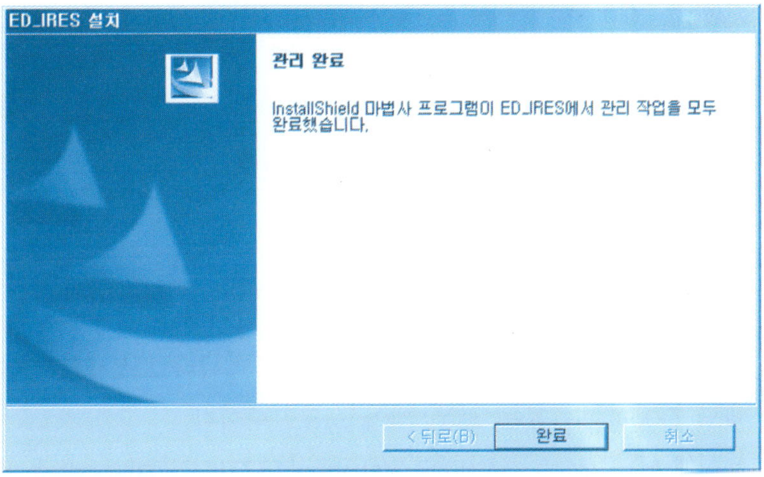

제2장

지능형 로봇 제어 프로그램

2-1 IRES 개요

로봇 응용시스템에서 사용하는 순서도 기반의 로봇 제어 소프트웨어는 Intelligent Robot Education Studio의 앞 글자를 따서 'IRES'라고 명한다. IRES는 지능형 로봇 실험실습 장치(ED7271)뿐만 아니라 로봇(ED7270, 7272)의 두 제품에도 사용할 수 있는 로봇 제어 프로그램이다.

현재 ED의 로봇 제품(ED7270[Urobo], 7271, 7272[iRoed])은 Visual C++에서 사용할 수 있는 로봇 제어 라이브러리를 제공하는데 이 제어 라이브러리를 사용하려면 Visual C++언어를 충분히 다룰 수 있는 사용자이어야 한다. 하지만 ED의 Intelligent 로봇 제품군은 Visual C++의 언어를 사용치 않아도 로봇을 동작시킬 수 있도록 만들어져 있다. 즉, IRES는 Visual C++뿐만 아니라 로봇을 제어가 가능한 순서도 기반(Flowchart base)의 프로그래밍 언어이다. 프로그래밍 언어에 익숙하지 못한 초보자들에게 또는 로봇을 간단히 테스트 및 제어하고 싶은 사용자를 위해 만들어져 있어 그 사용 방법이 간단명료하다.

2-2 IRES 구성

로봇 응용시스템에서 사용하는 순서도 기반의 로봇 제어 소프트웨어는 Intelligent Robot Education Studio의 앞 글자를 따서 "IRES"라고 명한다. IRES는 URobo(ED7270)뿐만 아니라 로봇(ED7271, 7272)의 두 제품에도 사용할 수 있는 로봇 제어 프로그램이다. 현재 ED의 로봇 제품 IRES는 IRES Execute와 IRES User의 두 개의 프로그램을 통틀어 말한다.

1) IRES 실행기(Execute)

로봇 실행기는 사용자가 프로그램한 정보를 로봇에게 전달하여 로봇을 동작 확인할 수 있는 프로그램이다.

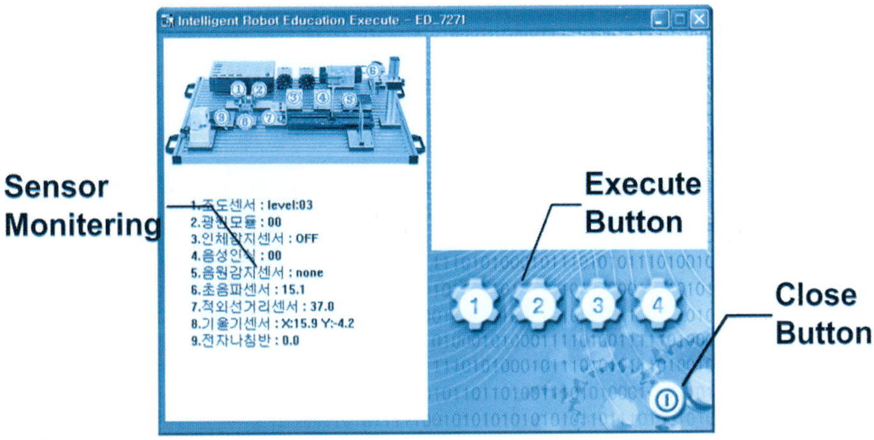

〔그림 2-1〕 IRES 실행기

① Execute Button : 사용자가 전달한 프로그램을 실행하는 버튼이다. 단일 프로그램으로 4개의 프로그램을 저장할 수 있으며 각각의 버튼에 사용자가 프로그램한 내용이 저장된다. 프로그램을 다운로드했을 경우 실행기 버튼의 색이 붉은 색으로 바뀐다. 사용자가 프로그램을 다운로드한 후 사용자가 버튼을 클릭하면 로봇이 동작하고 다시 클릭하면 정지하는 방식으로 이루어져 있다.

② Close Button : 로봇 실행기를 종료하는 버튼이다.

③ Sensor Monitering : 지능형 로봇 실험실습 장치에 장착된 센서 데이터가 표시된다.

④ IR Sensor : 초음파 센서와 구별되게 적색으로 표시한다.

⑤ Ultra Sonic Sensor : 파란색으로 초음파 센서의 값을 표시한다.

2) IRES User

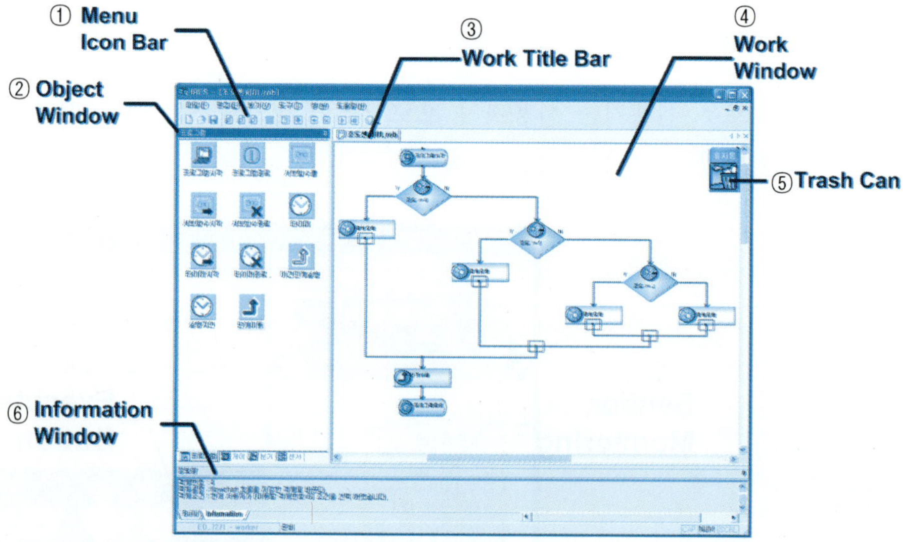

〔그림 2-2〕 지능형 로봇 제어 IRES 프로그램

① Menu Icon Bar : IRES의 전반전인 기능을 수행할 수 있는 메뉴 바

② Object window : 작성할 프로그램의 객체들이 모여 있는 곳이다. 여기의 객체들을 “Work Window”에 끌어다 놓음으로써 프로그램을 작성할 수 있다.

③ Work Title Bar : 지금 작성하고 있는 프로그램의 이름을 나타낸다.

④ Work Window : 프로그램을 작성하는 공간이다.

⑤ Trash Can : 객체들을 “Work Window”에서 이곳으로 끌어다 놓으면 삭제할 수 있다.

⑥ Information Window : 객체를 클릭하면 객체에 대한 상세 정보를 표시하고, 컴파일(Compile)시 에러나 경고를 나타낸다.

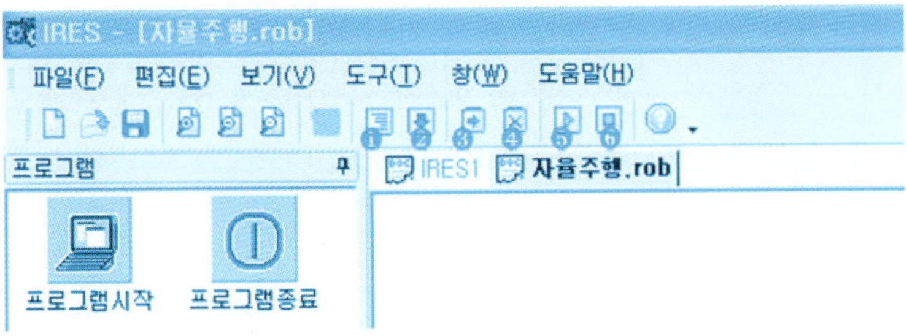

〔그림 2-3〕 프로그램 아이콘

① Compile Button : 사용자가 프로그램한 내용을 컴파일하는 버튼

② Download Button : 프로그램을 로봇에게 전송하는 프로그램

③ Debug execute Button : 사용자가 프로그램한 내용을 화면상에서 실행되는 흐름을 보면서 로봇을 실행하는 버튼(로봇과 통신을 하면서 프로그램을 실행하기 때문에 로봇을 제어하는 프로그램의 속도가 느리다)

④ Debug Stop Button : 로봇을 디버그용으로 실행했을 때 정지하는 버튼

⑤ Execute Button : 로봇에게 프로그램한 내용을 실행하는 버튼

⑥ Stop button : 로봇 정지 버튼

2-3 IRES 메뉴

1) 메뉴 구성

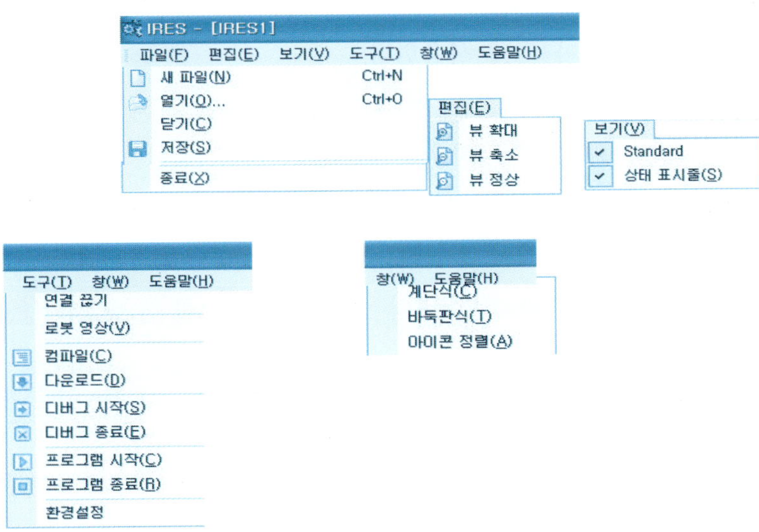

〔그림 2-4〕 메뉴 구성

일반적인 윈도우즈 프로그램과 거의 비슷한 형태의 구성을 취하고 있으며, 사용자 프로그램을 주로 하는데 메뉴를 단순하게 구성하여 프로그램을 쉽게 작성할 수 있도록 구성되어 있다.

2) 아이콘 설명

① 새 파일 : 프로그램을 새로 작성할 작업창을 생성한다.

② 파일 열기 : 이전에 작성했던 프로그램을 읽어온다. 이때의 확장자는 rob의 형태를 가진다.

③ 파일 저장 : 프로그램을 작성하고 파일로 작업내용을 저장할 수 있다(파일명.rob).

④ Zoom In : 작업창의 객체를 확대해서 볼 수 있다.

⑤ Zoom Out : 작업창의 전체 객체를 볼 수 있어 프로그램의 양이 많아졌을 때 사용하면 편리하다.

⑥ Zoom default : 초기 화면 형태의 사이즈로 되돌린다.

⑦ 메인 함수로 이동 : 초기에 메인 함수의 작업창으로 이동한다. 메인 함수의 작업창에서 서브함수를 포함시킬 수 있는데 서브함수 내용을 작성하고 메인함수로 되돌아올 때 사용한다.

⑧ 컴파일 : 프로그램을 컴파일한다.

⑨ 다운로딩 : 프로그램을 다운로딩한다.

⑩ 프로그램 디버깅 시작 : 컴파일 및 다운로딩 후 프로그램 실행을 하는데 어떤 절차로 프로그램이 동작하는지 눈으로 확인할 수 있다.

⑪ 프로그램 디버깅 종료 : 디버깅 모드 프로그램시 프로그램 종료

⑫ 프로그램 시작

⑬ 프로그램 종료

⑭ IRES 정보

2-4 IRES 컴포넌트(Component)

로봇을 제어할 수 있도록 각 제어 부분을 도시화하여 컴포넌트 형태로 IRES 프로그램에서 프로그래밍을 할 수 있다. 다음은 IRES에서 제공되는 컴포넌트에 대하여 특징 및 기능에 대하여 설명을 한다.

1) 특 징

프로그램 왼쪽 부분에서는 여러 컴포넌트들이 있는데 여기 컴포넌트들만 있으면 로봇 혹은 로봇 응용시스템을 원활하게 제어할 수 있다. 컴포넌트 아이콘과 함께 있는 다이얼로그는 각 컴포넌트에 해당하는 환경설정에 대한 내용이다. 환경설정을 하는 방법은 컴포넌트를 작업윈도우에 컴포넌트를 옮겨놓고 해당 컴포넌트에서 더블클릭이나 오른쪽 클릭 후 환경설정을 클릭해주면 환경설정 다이얼로그를 활성화할 수 있다.

> **주의사항**
>
> 환경설정이 있는 객체는 필히 환경설정을 해야 컴파일할 때 에러가 발생하지 않는다. 환경설정은 버튼을 두 번 더블클릭하거나 마우스 오른쪽 버튼을 눌러서 환경설정을 할 수 있다.

2) 기 능

(1) 프로그램 컴포넌트

- 프로그램 시작 : 메인 함수의 시작을 의미한다. 모든 프로그램 작성시 꼭 들어가야 하는 객체이다. IRES에서 "프로그램 시작 객체"가 없다면 프로그램이 실행 및 컴파일되지 않는다.

프로그램시작

- 환경설정

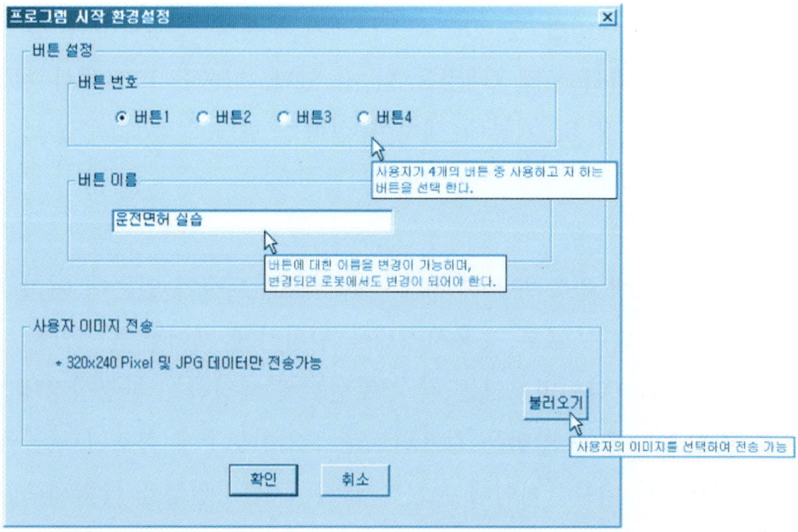

〔그림 2-5〕 프로그램 시작

- 버튼설정 : IRES Execute의 실행버튼과 연결 설정하는 부분이다. 버튼1로 체크하고 다운로딩하고 IRES Execute의 첫 번째 실행버튼을 클릭하면 프로그램이 시작이 된다.
- 버튼이름 : 실행버튼의 이름을 생성한다. 각 각의 버튼마다 버튼의 이름을 부여할 수 있다(한글 16단어까지 가능하다).
  ※ 필히 부여해야 한다.
- 불러오기 : 사용자가 필요한 이미지를 로봇쪽에 전송할 수 있다(단 이미지의 크기는 320 × 240의 jpg 파일만 가능하다).

- 프로그램 종료 : 이 객체 역시 "프로그램 시작" 객체와 마찬가지로 모든 프로그램내 포함되어야 할 객체이고 없으면 컴파일 때 에러메시지를 띄운다. 메인 함수의 종료를 나타낸다.

프로그램종료

(2) 서브함수 콜

- 서브함수를 사용할 때 이 객체 하위에 프로그램을 작성할 수 있다. 이 객체를 작업창에 드래그하여 놓고 더블클릭 또는 오른쪽 마우스를 클릭함으로써 서브함수 내에 들어가 프로그램 작성이 가능하다. 서브함수 콜 기능을 사용하는 것은 횟수에 상관없이 사용할 수 있다.

서브함수콜

서브함수 콜에는 서브함수 시작과 서브함수 종료 버튼이 반드시 포함되어야 사용이 가능하다.

- 환경설정

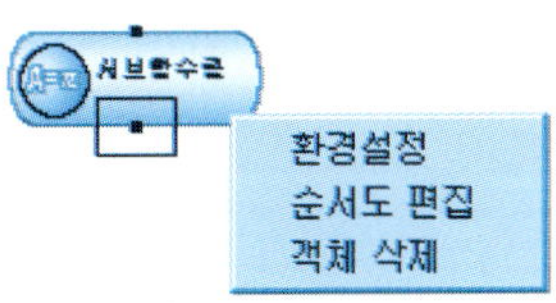

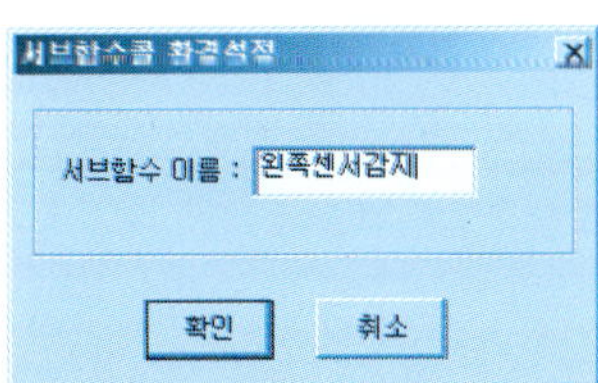

- 서브함수 이름은 최대 6글자까지 입력이 가능하다.

- 서브함수 시작 : "프로그램 시작" 객체와 같은 개념으로 서브함수 내에서 프로그램 시작 위치를 가리킨다.

서브함수시작

- 서브함수 종료 : 서브함수의 함수 종료를 의미한다. 서브함수 내에서 이 객체가 없으면 컴파일 때 에러메시지를 띄운다.

서브함수종료

(3) 타이머

타이머 함수. 프로그램 작성할 때는 "서브함수 콜" 객체와 비슷한 개념이다. 더블클릭하고 객체 안으로 들어가 별도의 프로그램 작성이 가능하다. 하지만 다른 점은 "서브함수 콜"은 메인 프로그램과 서브함수로 이어서 순차적으로 동작하는데 반하여 타이머는 그 순차적인 동작과 관계없이 별도의 프로그램 시작과 종료를 일정 주기의 설정 값에 의해 반복 실행한다.

타이머 함수를 사용하는 횟수 제안은 없지만 너무 많은 타이머는 시스템 전체를 느리게 할 수 있다. 타이머 함수 안에는 반드시 타이머 시작 버튼과 종료 버튼을 생성해야 컴파일시 에러가 없다.

타이머

- 환경설정

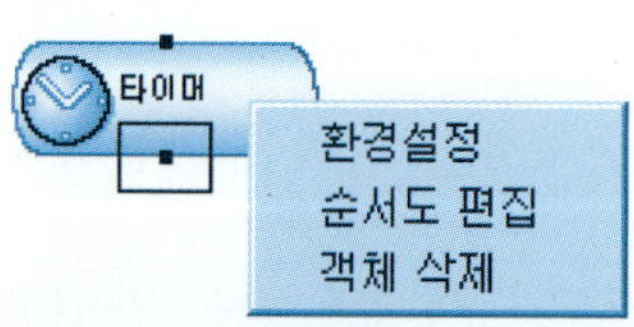

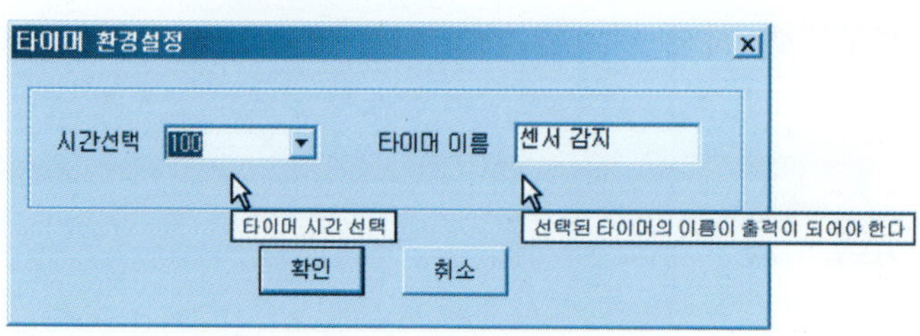

- 시간선택 : 사용자는 타이머의 시간을 선택할 수 있으며, 타이머는 최대 4개까지 생성할 수 있다.
- 타이머 이름은 최대 6글자까지 입력이 가능하다.

• 타이머 시작 : 타이머 함수 내에서 함수의 시작을 나타내는 객체이다.

타이머시작

• 타이머 종료 : 타이머 함수 내에서 함수의 종료를 나타내는 객체이다.

타이머종료

• 이전단계 실행 : 바로 위의 객체를 반복 실행하는 작업을 수행한다.

이전단계실행

(4) 실행지연

딜레이 함수 루틴이다. 이 객체에서 설정한 시간동안 잠시 대기하고 다음 객체를 실행한다.

실행지연

• 환경설정

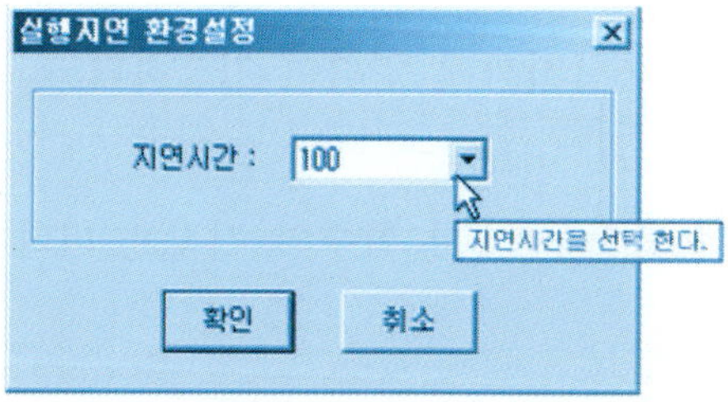

－지연시간 : 바로 위의 객체를 실행하고 그다음 루프 실행 간의 시간 간격을 말한다. 100은 100msec마다 반복 실행 설정을 말한다.

(5) 단계이동

반복할 구간을 설정하면 그 구간의 객체들을 반복 실행한다.

• 환경설정

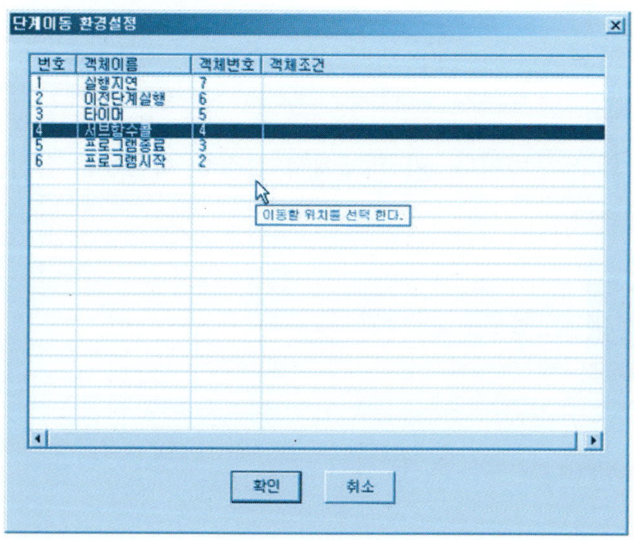

현재 작업윈도우에 있는 객체들을 표시하고 있다. 목록 중 객체를 선택하면 단계이동 객체를 실행할 때 선택한 객체로 점프를 하게 된다. 이 객체를 이용해서 무한 반복이나 조건 실행 등 다양한 프로그램 루프를 작성할 수 있다.

(6) 분기 컴포넌트

분기 객체는 IF 제어문의 순서도 모양인 마름모 형태이며, 객체를 더블클릭해 각각의 객체속성에 맞게 환경설정 다이얼로그에 조건 설정을 해주면 된다.

- 조도 센서 : 조도 센서 모듈의 데이터 값을 읽고 데이터에 대한 조건을 부여하고 조건에 따라 분기할 수 있는 역할을 한다.

조도센서

- 환경설정

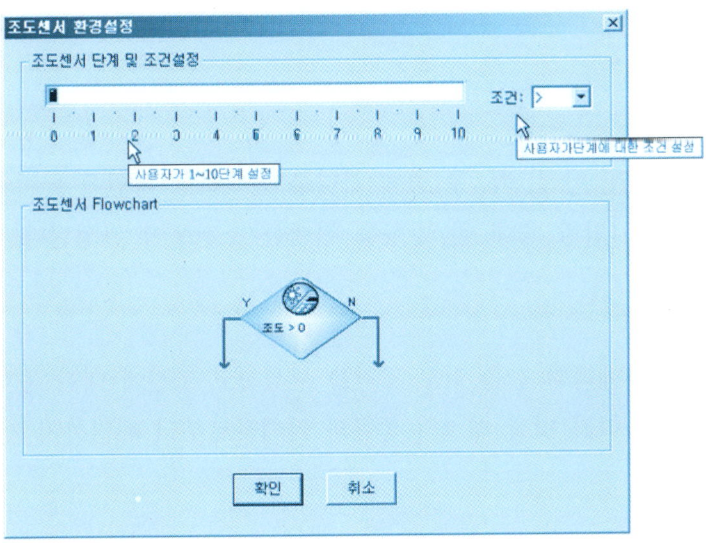

원하는 조도 값(Level0~Level10)과 조건(==, !=, 〉, 〈, =, 〈=, 〉=)을 설정하면 간단히 조건문을 구성할 수 있다.

(7) 음원감지 센서

음원감지 센서 모듈의 데이터 값을 읽고 데이터에 대한 조건을 부여하고 조건에 따라 분기할 수 있는 역할을 한다.

음원감지센서

• 환경설정

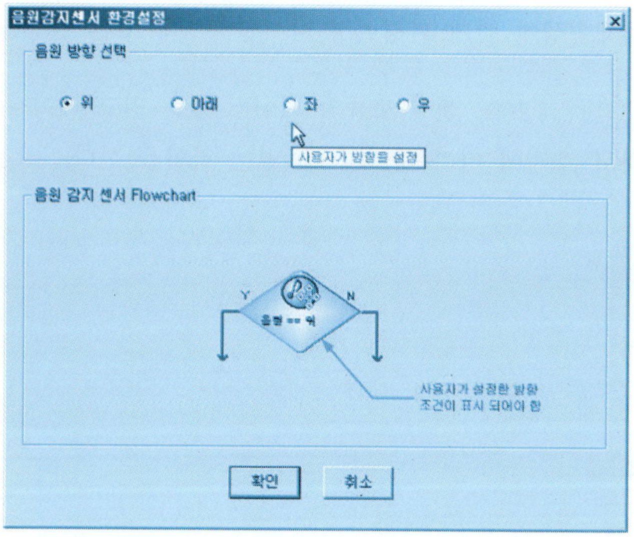

위, 아래, 좌, 우 중에 하나를 선택하고 확인을 클릭하면 음원감지 모듈의 4방향 중에 한 방향을 선택한 조건문이 완성된다.

(8) 영상 센서

영상 카메라의 값을 읽고 조건을 생성하고 조건에 대한 분기를 할 수 있다. 환경설정에 따라 영상 패널의 종류와 카메라로부터 패널까지 거리를 판단할 수 있다.

영상센서

· 환경설정

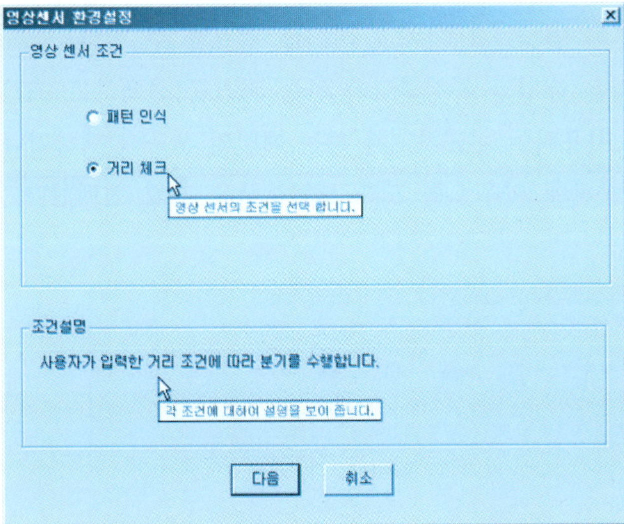

영상 센서 객체는 두 가지 환경설정을 제공한다. 인식 패널과 카메라 사이의 거리를 조건으로 생성할 수 있고, 패널의 인식여부만을 가지고 분기 조건을 생성한다.

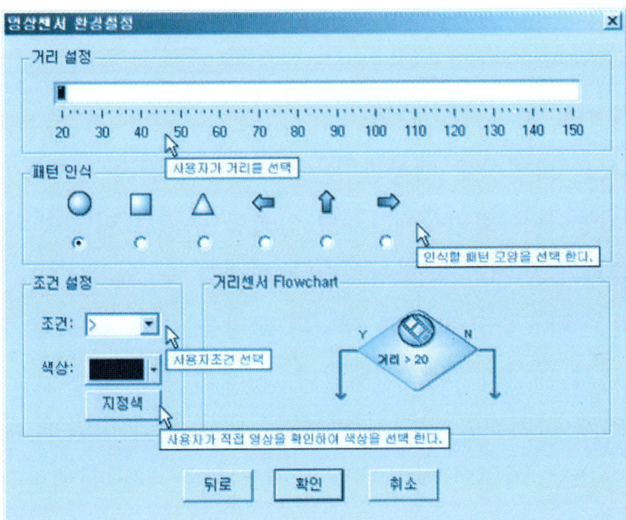

(9) 거리 체크

이 기능은 사용자가 지정한 패턴의 색과 모양과 거리가 같아야 동작하는 기능이다. 로봇이 영상만을 가지고 거리를 체크할 수 있다.

사용방법은 패널과 측정하고자 하는 거리를 선택하고 조건을 선택한다, 지정색 버튼을 사용하여 비교하고자 하는 패널의 색을 선택하거나 화면상에 있는 패널의 색상부분에 마우스를 드래그하여 색을 직접 선택한다.

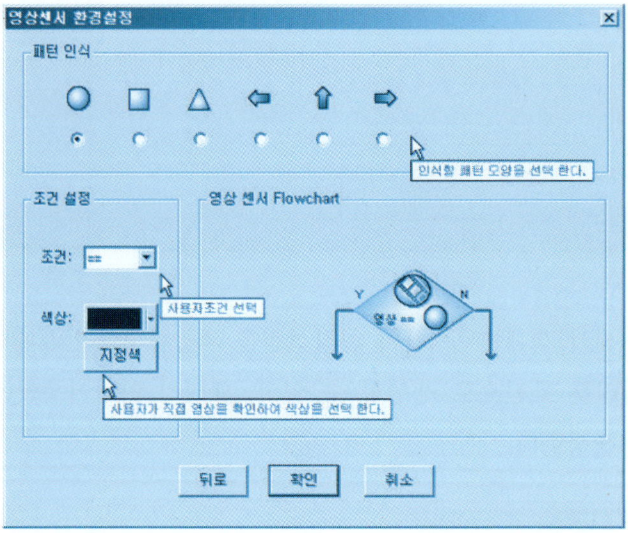

(10) 패턴 인식

패턴 인식은 화면상에 색상과 물체의 모양이 같은 경우를 인식하여 로봇에게 알려주는 기능이다. 화면상에 1개만 인식할 수 있으며 주변의 비슷한 색이 많으면 인식 결과가 현저하게 떨어지거나 실패할 수 있다.

사용방법은 비교하고자 하는 패널의 모양을 선택 후 조건 설정한 다음 지정색 버튼을 눌려서 패널의 색을 선택한다. 지정색 버튼을 눌렀을 경우 화면상에 로봇의 카메라에 비쳐지는 장면이 비쳐지는데 로봇의 정면에 패널을 위치한 후 화면상에 마우스로 패널의 색부분을 드래그하여 색을 선택한다.

(11) 인체감지 센서

인체감지 센서 모듈을 위한 객체이며 인체감지의 조건부여 및 조건에 따른 분기를 할 수 있다.

- 환경설정

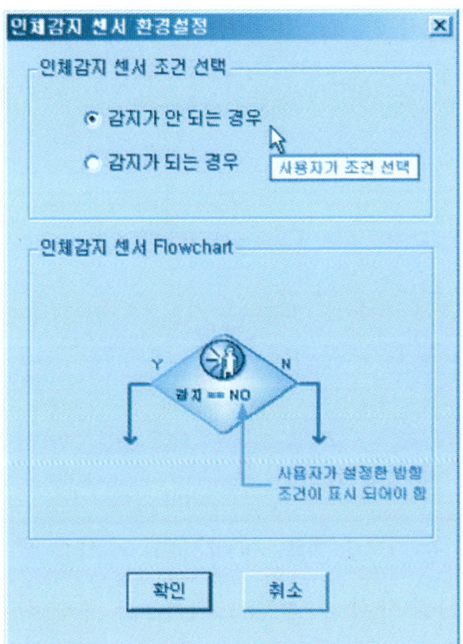

인체감지 센서 모듈의 조건은 감지가 되는 경우와 안 되는 경우 두 가지의 선택만을 할 수 있다. 이렇게 분기 조건을 만들어 분기문을 구성할 수 있다.

인체 감지 센서는 로봇이 동작을 멈추고 있을 시에만 정확하게 움직이는 물체를 감지할 수 있다. 로봇이 동작하고 있을 경우 인식하는 확률이 낮기 때문에 로봇이 정지하고 있을 시에만 사용 가능하다.

(12) 초음파 센서

초음파 센서 모듈의 거리 값을 읽고 거리에 대한 조건을 생성하며 조건에 대한 분기를 할 수 있다. 반드시 해당하는 조건을 선택해야 컴파일 시 오류가 없다.

초음파센서

- 환경설정

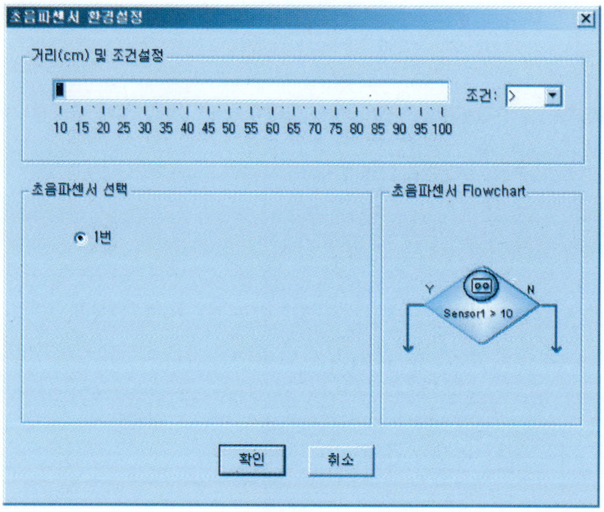

거리 값과 조건을 선택해 분기 조건을 선택하면 거리를 측정할 수 있다.

초음파 센서 선택부분은 사용자가 사용하고자 하는 부분의 센서를 선택할 수 있다.

초음파 센서는 10mm~4000mm까지 범위를 측정할 수 있다. 이 조건을 사용자가 여러 환경 조건을 고려하여 거리 조건 설정을 해야 한다.

(13) 적외선 거리 센서

적외선 거리 센서 모듈의 거리 값을 읽고 거리에 대한 조건을 생성하며 조건에 대한 분기를 할 수 있다. 반드시 해당하는 조건을 선택해야지 컴파일시 오류가 없다.

적외선거리센서

• 환경설정

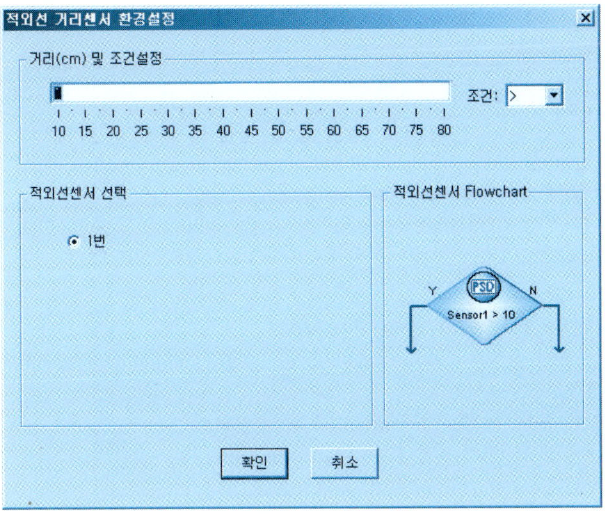

거리 값과 조건을 선택하면 분기조건을 생성한다.

적외선 센서는 100mm~800mm까지 범위를 측정할 수 있다. 이 조건의 범위 내에서 사용자가 선택해 사용한다.

(14) 기울기 센서

X, Y 양축의 기울기 값을 가지고 조건을 생성하고 조건에 대한 분기를 할 수 있다.

기울기센서

- 환경설정

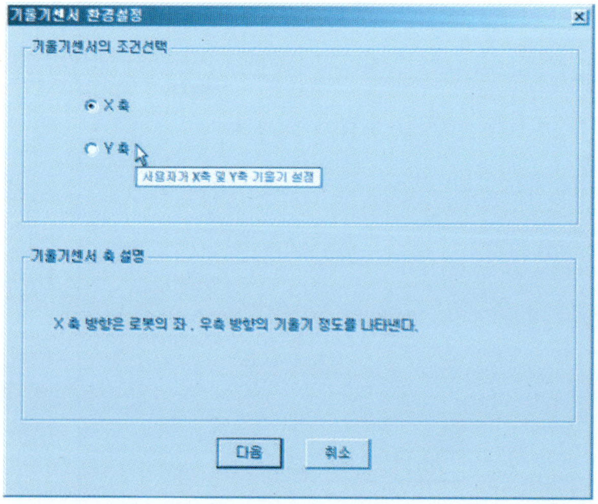

−Y축 방향 : 로봇의 정면을 기준으로 로봇이 앞과 뒤쪽을 나타낸다.

−X축 방향 : 로봇의 정면을 기준으로 좌, 우측의 기울기를 나타낸다.

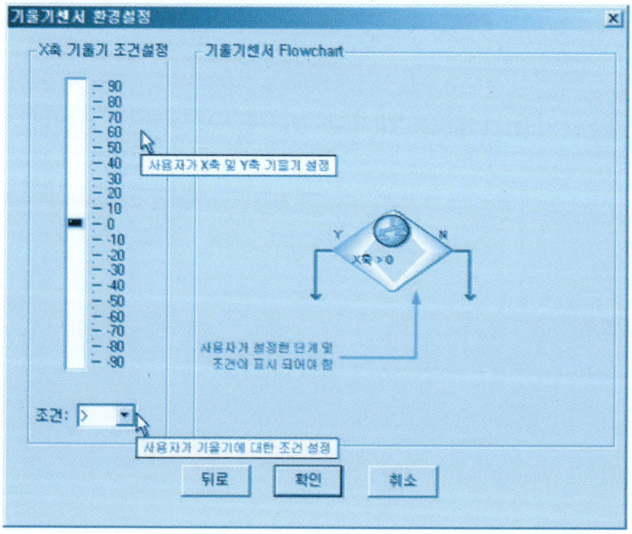

기울기 센서 모듈이 2축의 기울기를 측정하기 때문에 프로그램의 기울기 센서 객체 역시 2가지 조건을 설정하게 된다. 2축의 기울기 값과 조건선택을 하면 분기조건문을 생성할 수 있다.

(15) 전자나침반

전자나침반에서 출력 값을 읽고 각도에 대한 조건을 생성하면 조건에 대한 분기를 할 수 있다.

전자나침반

- 환경설정

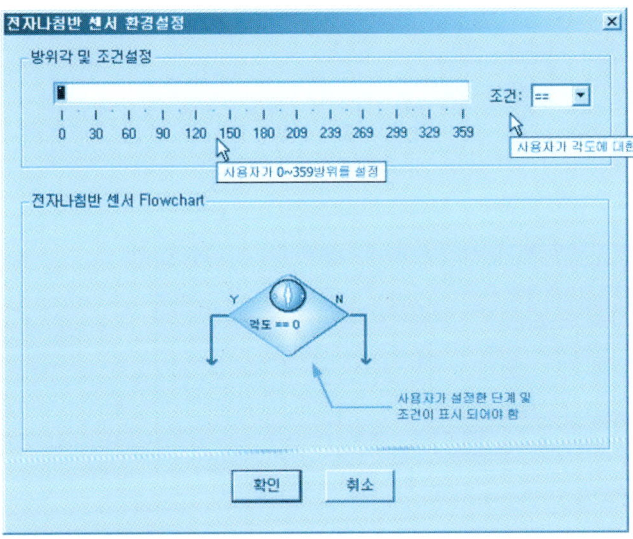

방위각과 조건을 선택하면 나침반 각도 값에 대한 분기조건문을 생성할 수 있다.

(16) 음성인식(옵션)

음성인식은 반드시 라이센스가 등록되어야 사용할 수 있는 기능이다. 라이센스 등록방법은 제공되는 음성인식 CD나 제조업체의 고객지원센터에 문의한다. 음성인식을 사용하기 위해서는 제공되는 Voice Process 프로그램을 실행 후 사용하여야만 사용이 가능하다.

음성인식

* 환경설정

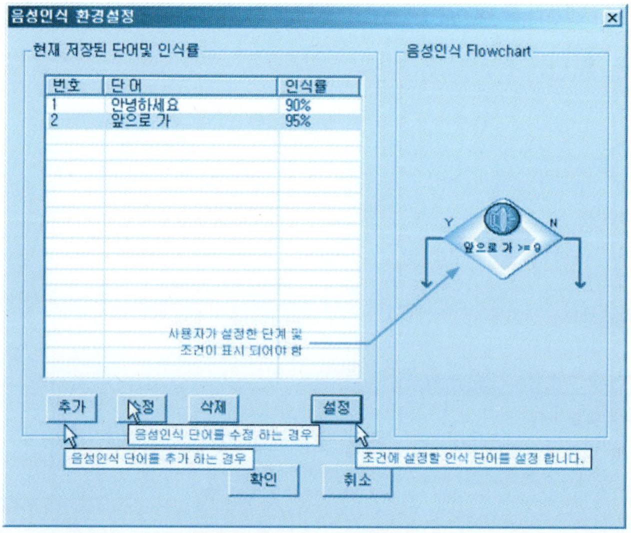

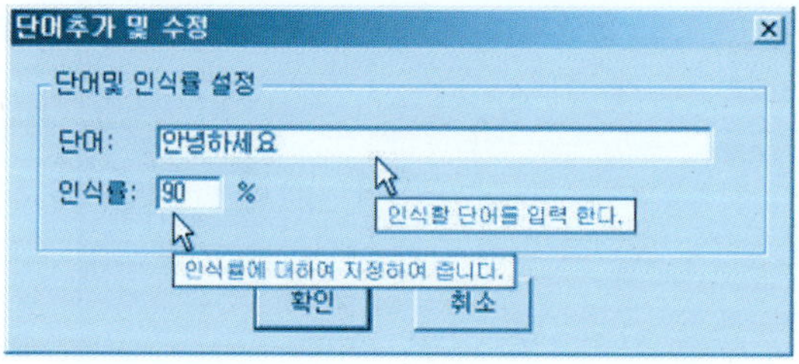

"추가"를 클릭 후 단어를 등록 그리고 단어를 선택하고 "설정"을 클릭하면 그 단에 대한 분기조건문을 생성한다.

3) 제어 컴포넌트

(1) DC 모터 제어

DC 모터의 회전 방향, 속도, 이동거리를 제어할 수 있다.

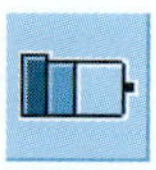

DC모터제어

환경설정

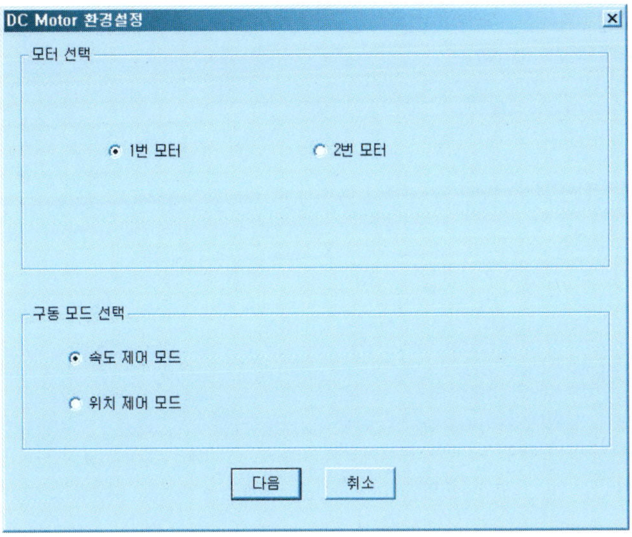

DC 모터의 환경설정은 두 가지 모드로 이루어져 있다. 상단의 다이얼로그는 속도제어 모드, 하단의 다이얼로그는 위치제어 모드이다.

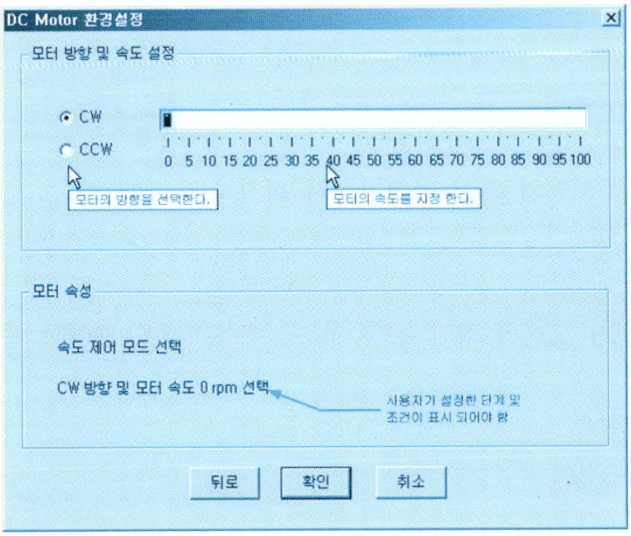

속도제어 모드 : 속도 값을 선택해주면 그 속도로 모터는 회전을 한다.

－CW : 모터가 회전하는 방향이 시계방향

–CCW : 모터가 회전하는 방향이 시계반대 방향

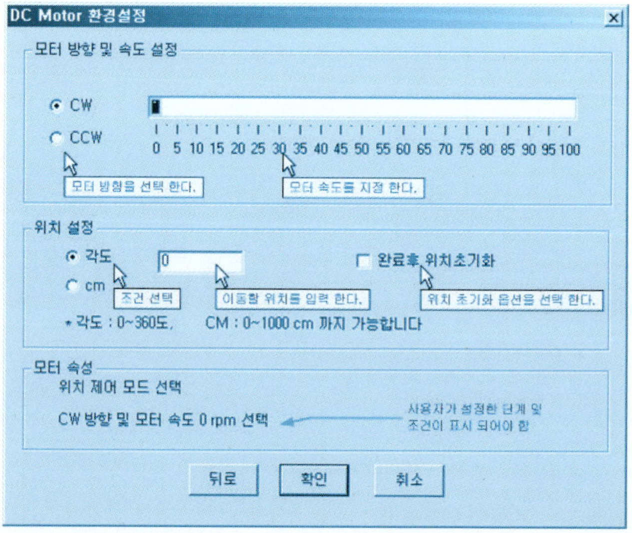

(2) 위치제어 모드

현재 위치를 기준으로 속도와 목표거리 혹은 목표각도를 정해주면 그 정해진 값만큼만 회전을 하고 "완료 후 위치초기화"를 선택하면 기준 위치를 초기화한다.

- cm : 모터가 몇 cm 만큼만 이동하는 값 설정
- 각도 : 모터의 회전 방향만큼의 회전각도 값 설정

(3) STEP 모터

스텝(STEP) 모터의 회전 방향, 속도, 이동거리를 제어할 수 있다.

STEP모터제어

환경설정

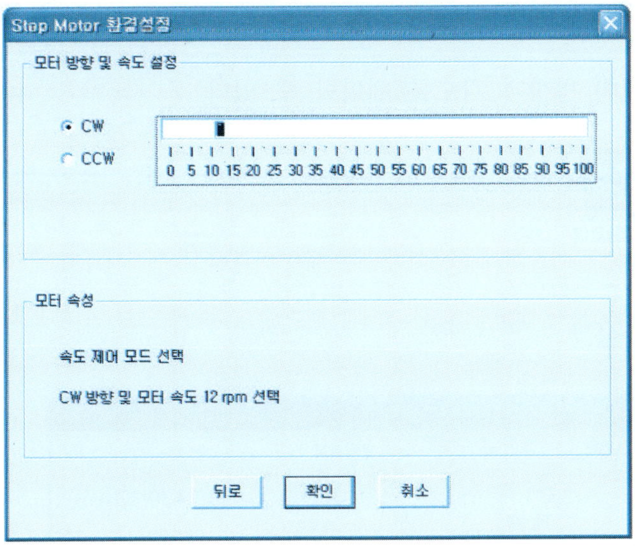

위 그림은 속도제어 모드이다. 속도제어 모드는 속도 값만 설정해주면 그 속도로 회전한다.

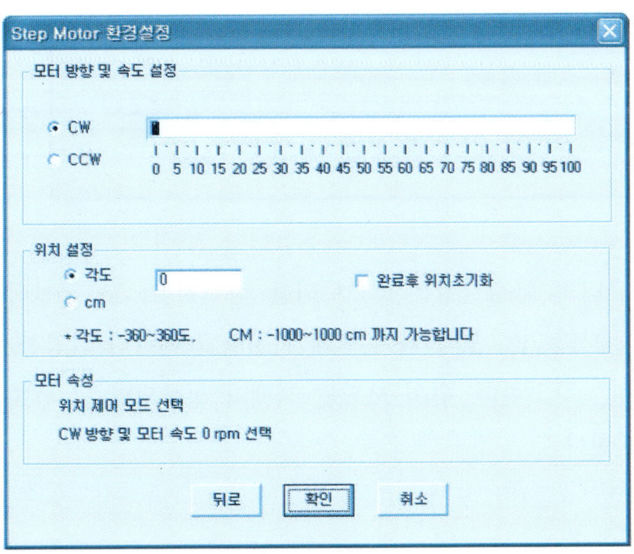

위 그림은 위치제어 모드이다. 위치제어 모드는 속도와 원하는 거리 값 혹은 각도 값을 지정해주면 해당 값만큼만 회전을 하고 멈춘다. 완료 후 위치 초기화를 하면 초기 기준 값을 초기화하여 다음에 다시 원하는 거리 값이나 각도 값만큼 회전한다.

(4) RC 모터 제어

RC 모터의 방향과 각도를 제어할 수 있다.

RC모터제어

- 환경설정

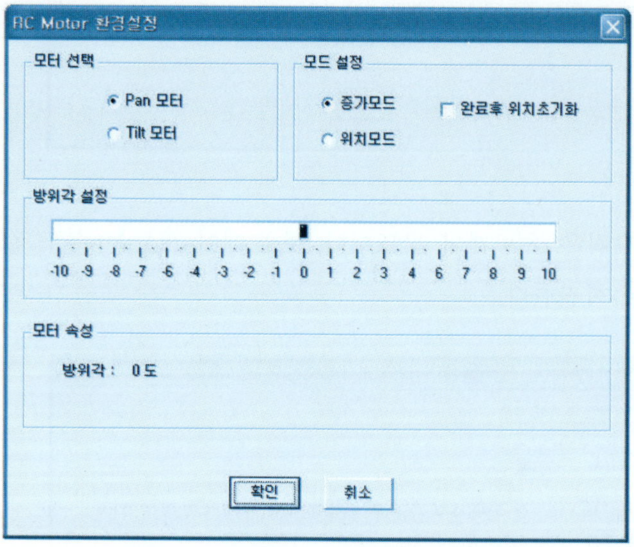

RC 모터의 환경설정은 RC 모터를 선택하고, 모드 선택을 할 수 있다.

증가 모드는 RC 모터 제어 객체가 실행될 때마다 설정한 각도만큼 일정하게 증가 혹은 감소한다. 위치 모드는 객체가 실행되면 그 목표 각도 값으로 모터가 회전한다.

(5) 음성합성(옵션)

이 객체가 실행되면 입력된 텍스트를 읽어 준다.

음성인식은 반드시 라이센스가 등록되어야 사용할 수 있는 기능이다. 라이센스 등록방법은 제공되는 음성인식 CD나 고객지원센터에 문의한다. 음성인식을 사용하기 위해서는 제공되는 Voice Process 프로그램을 실행 후 사용하여야만 사용이 가능하다.

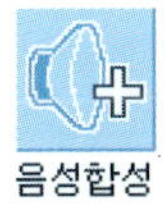

- 환경설정

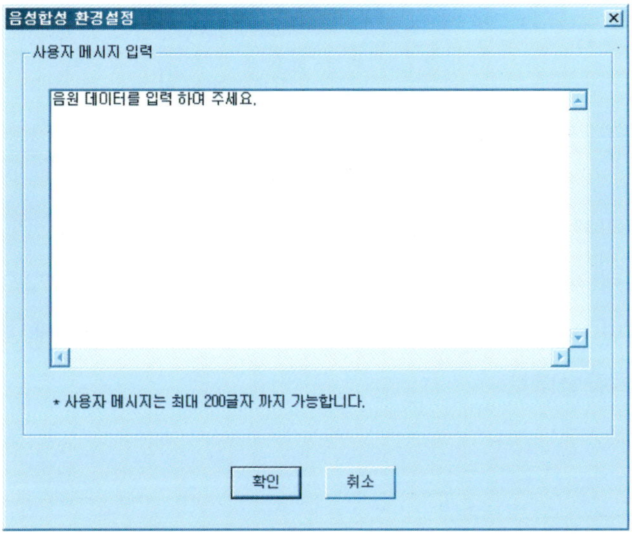

사용자가 음성합성을 하고자 하는 단어 또는 문자를 EDIT 창에 입력 후 "확인" 버튼을 클릭하면, 입력된 테스트를 한국어로 합성하여 준다.

2-5 프로그램 작성 방법

1) 프로그램 작업 준비

IRES Execute(IRESRobot.exe)를 실행한다.

앞에서 언급한대로 IRES에서는 프로그램을 작성하며, IRES Execute는 작성한 프로그램을 실행한다. 서로 연결되어야 디버깅 및 실행이 가능하다.

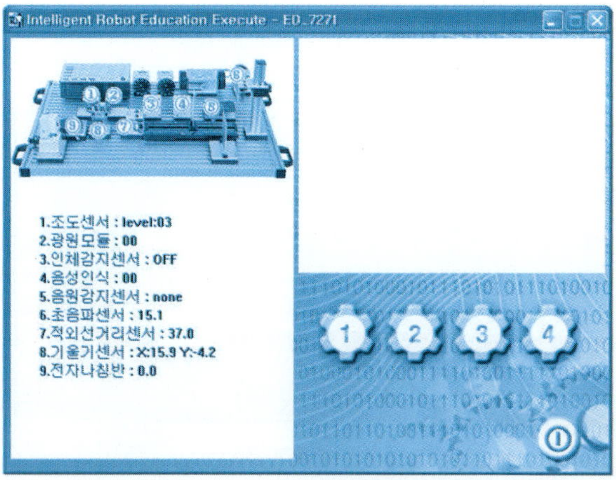

IRES를 실행한다.

제품 선택 다이얼로그에서 로봇 응용시스템에 맞는 ED7271을 선택하고 확인을 클릭하면 IRES의 프로그램이 실행된다. 이렇게 함으로써 프로그램 작성할 준비 작업은 끝난다.

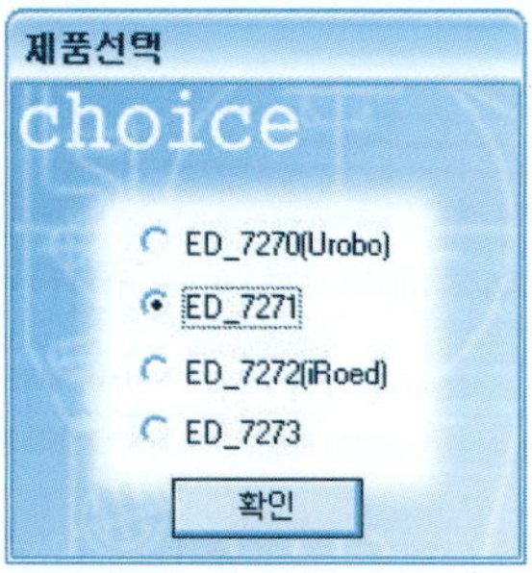

2) 객체 삽입

프로그램을 작성하기 위한 최소한의 작업으로 좌측의 객체 윈도우에서 우측의 작업 윈도우로 객체를 옮겨 놓음으로써 프로그램 작성이 시작된다. 객체 윈도우에서 원하는 객체를 한 번 클릭 후 우측의 작업 윈도우에서 다시 한 번 클릭하면 작업 윈도우에 객체가 하나 추가되는 것을 볼 수 있다. 여기서는 객체 윈도우에서 작업 윈도우까지 드래그하는 경향이 있는 드래그가 아니라 객체 윈도우에서 클릭, 작업 윈도우에서 클릭이다.

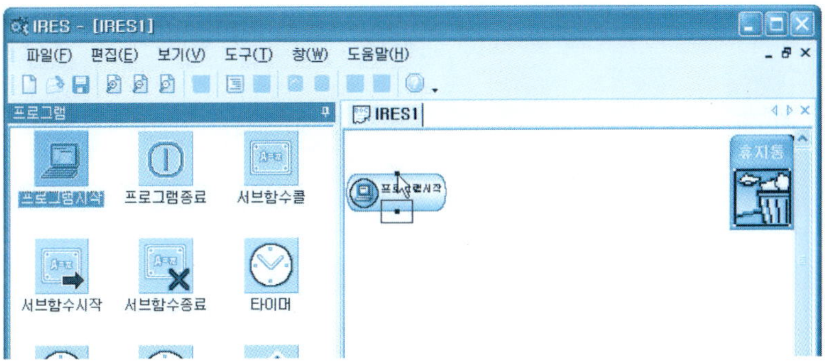

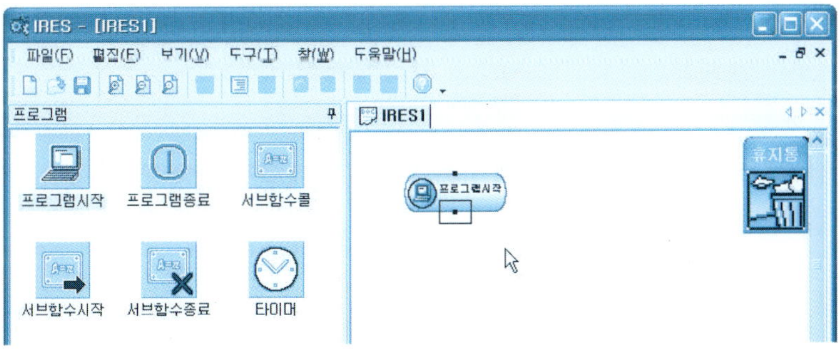

3) 객체 연결

IRES는 객체의 연결 순서에 따라 순서도 형식으로 프로그램을 작성하여 동작시키는 어플리케이션 소프트웨어이다. 순서도 형식으로 연결하기 위해 아래의 객체를 이동하여 위의 객체의 네모 박스에 마우스 커서를 놓으면 연결선이 생성되어 두 객체가 연결되는 것을 볼 수 있다.

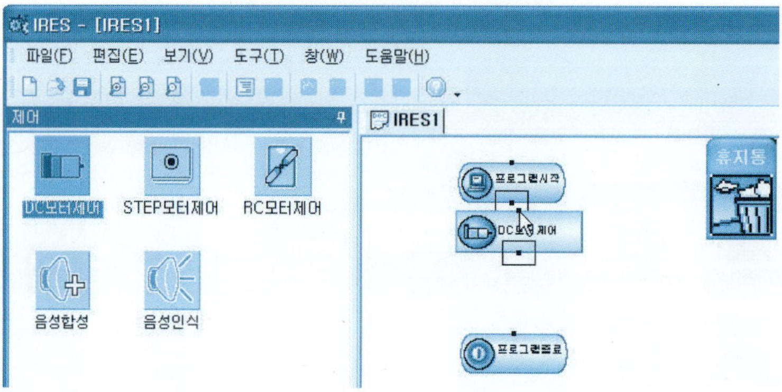

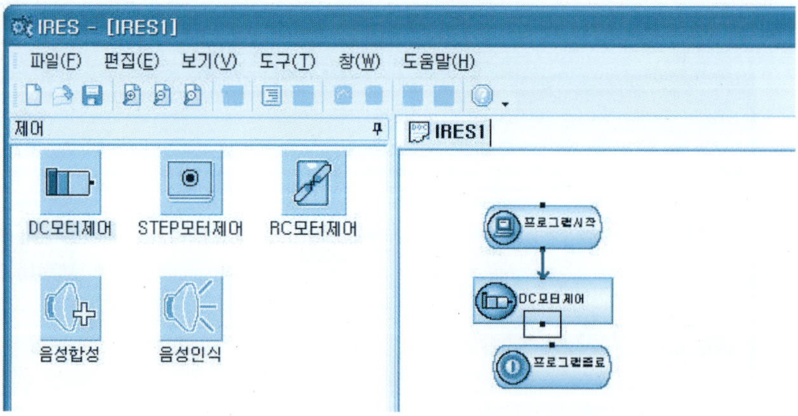

4) 객체 분리

프로그램작성 도중 객체를 잘못 옮기거나 실수로 객체를 생성했을 때 객체를 이동 혹은 삭제할 필요가 있다. 객체를 옮기는 방법은 옮기고 싶은 객체의 영역을 선택하는 방법처럼 드래그하여 선택한 후 클릭하면 객체는 연결선이 사라지면서 마우스 커서와 함께 움직인다.

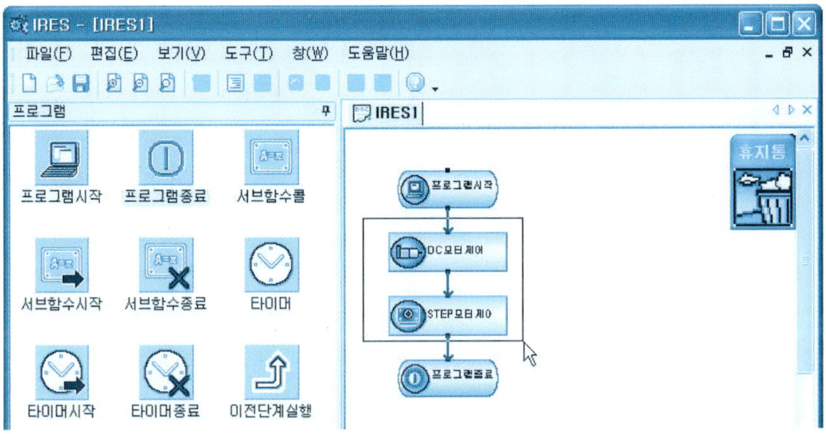

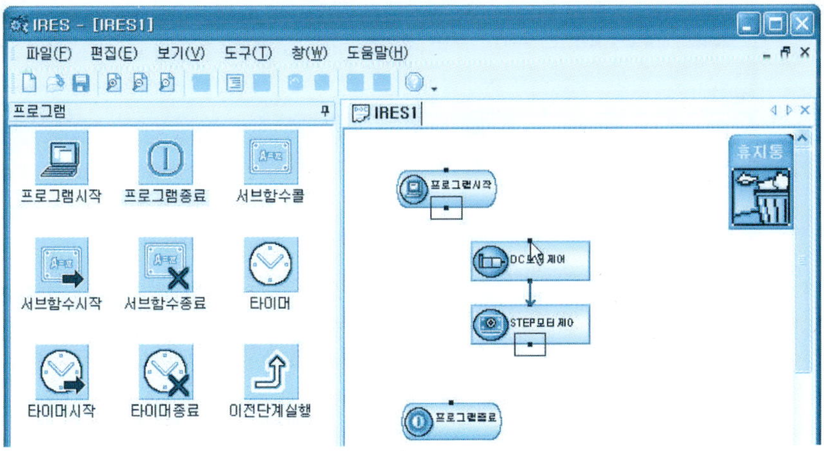

5) 객체 삭제

객체를 삭제하는 방법은 드래그하여 객체 분리 이후 작업창 우측위의 "휴지통" 영역에서 클릭하면 객체는 사라진다.

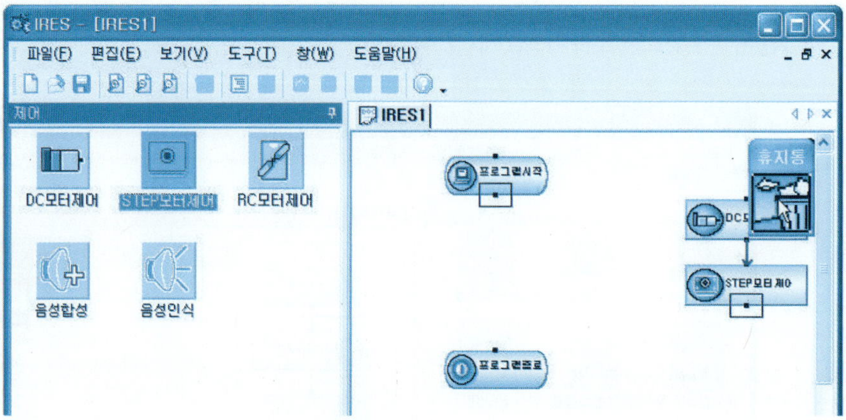

다음과 같이 객체가 삭제된 것을 확인할 수 있다.

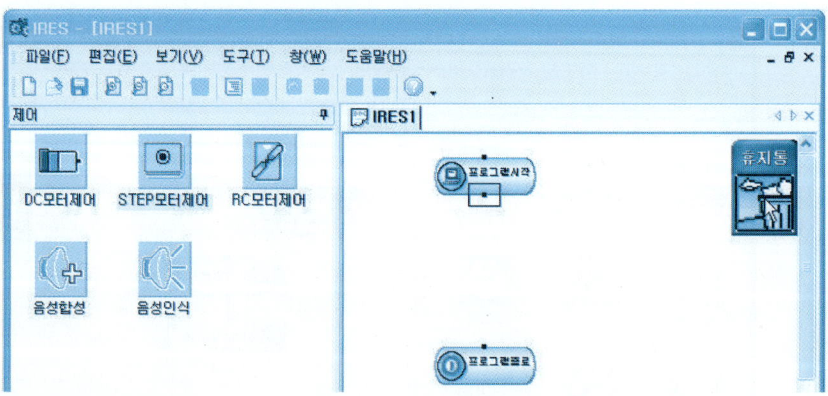

6) 샘플 프로그램 작성

앞에서 설명했던 과정을 복습하는 의미로 프로그램의 작성과정을 따라 해보겠다.

※ 샘플 프로그램은 로봇을 기준으로 하여 전진하는 것을 작성해볼 것이다.

① IRES Execute를 실행한다.

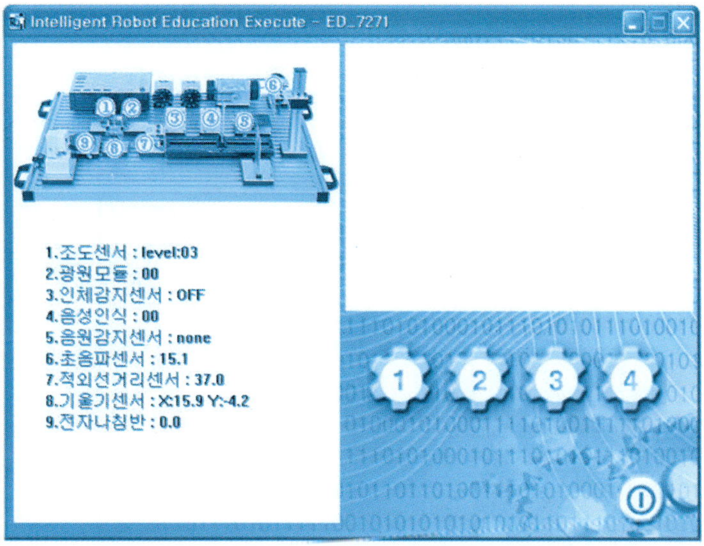

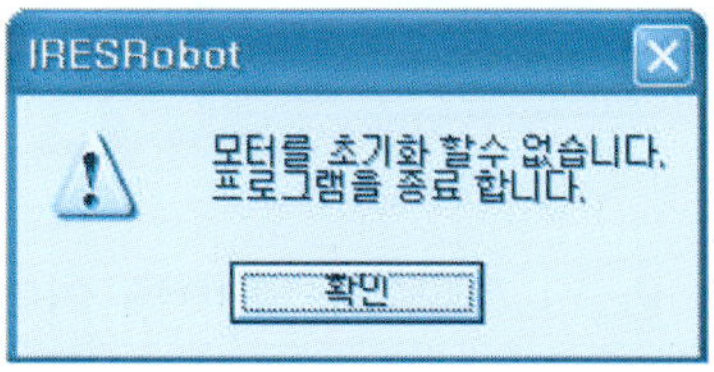

※ 장비가 정상적으로 설치가 되지 않은 경우에는 위 그림과 같은 메시지가 출력된다.

② IRES를 실행하면 제품 선택 다이얼로그가 나온다. 해당 제품을 선택(ED_7271)한다.

IRES의 초기화면을 볼 수 있다.

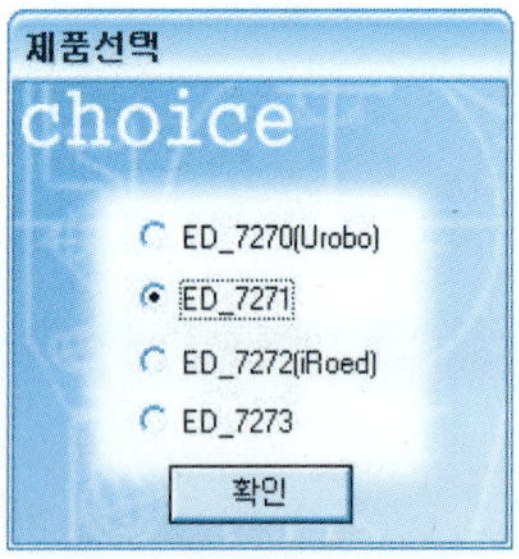

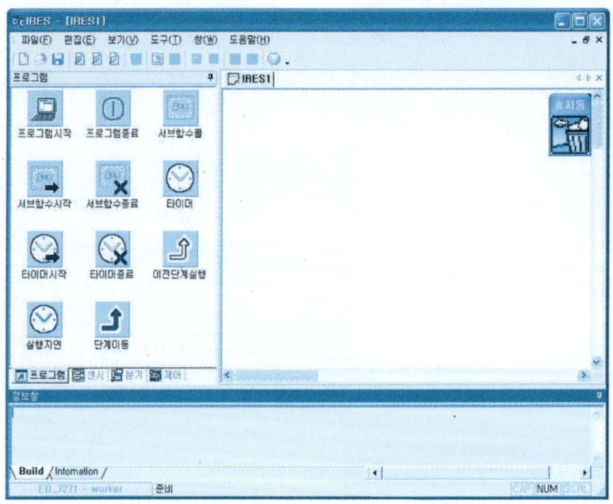

③ IRES(로봇 프로그램)과 IRES Excute(로봇 실행기)를 연결한다.

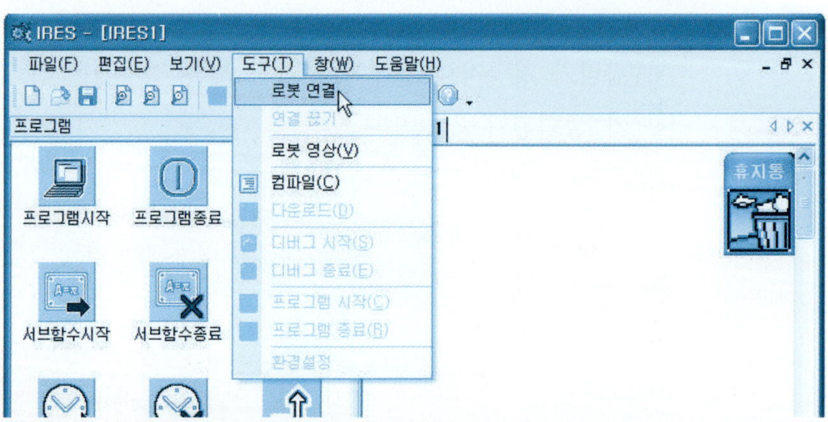

로봇연결 후에는 다음과 같이 아이콘이 활성화되는 것을 확인할 수 있다. 이렇게 아이콘이 활성화되어야 작성한 프로그램을 다운로딩 및 실행을 할 수 있다.

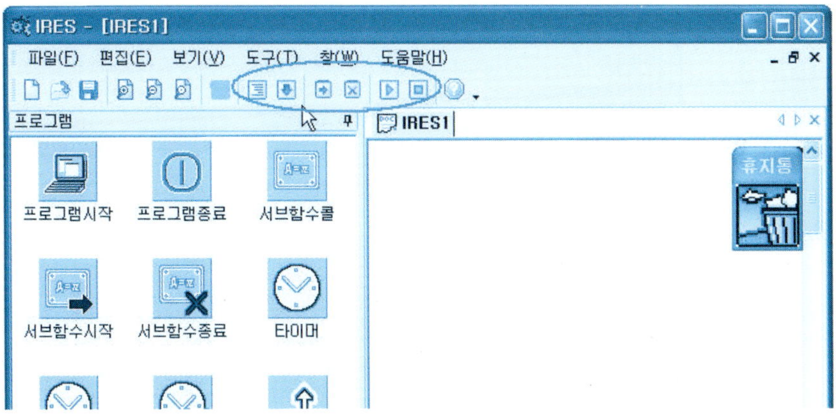

④ 프로그램 객체들을 작업창에 옮겨 놓는다. 가장 먼저 "프로그램 시작" 객체와 "프로그램 종료" 객체를 작업창이 옮겨 놓는다.

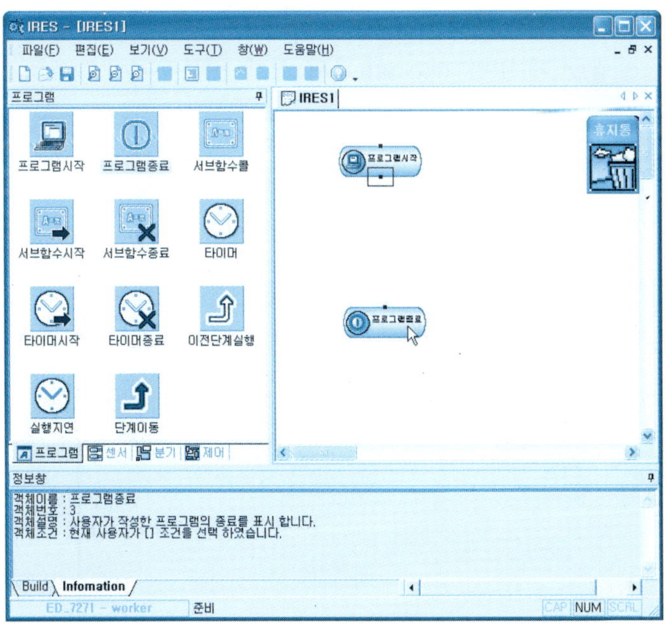

⑤ "프로그램 시작"을 더블클릭해서 환경설정한다.

버튼번호를 선택하고 버튼 이름을 넣어준다. 여기서는 "테스트"라고 넣자. 마지막으로 확인을 클릭해 다시 원래 IRES의 화면으로 돌아온다.

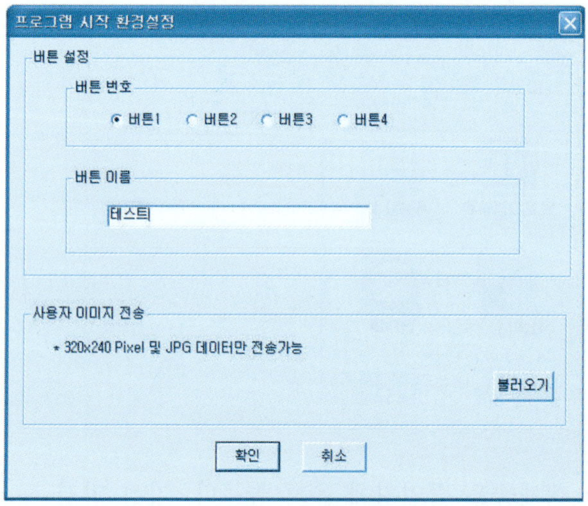

※ 여기서 버튼1이라 하는 것은 로봇 실행기의 첫 번째 버튼을 의미한다. 프로그램을 작성 후 컴파일 및 프로그램 다운로딩이 끝나면 프로그램을 실행할 때 IRES Execute에서 실행 버튼을 눌러 프로그램을 동작시킬 수 있다.

⑥ 제어 객체 윈도우에서 "DC 모터 제어" 객체를 끌어 놓는다.

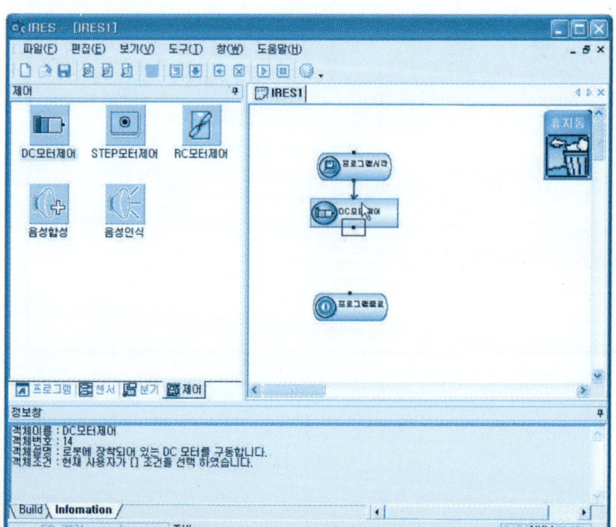

⑦ DC 모터 제어 환경설정을 한다.

1번 모터, 속도제어, 방향은 CW, 속도는 50rpm으로 설정한다.

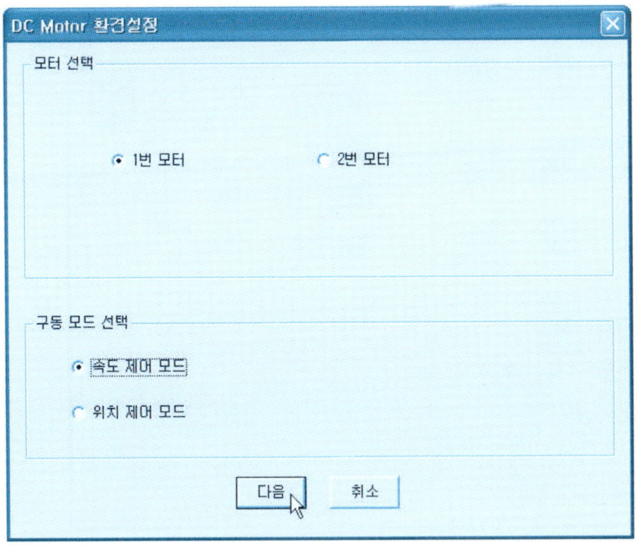

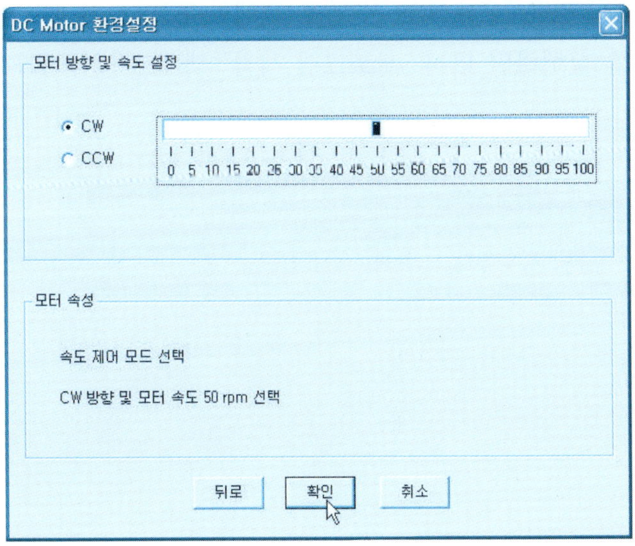

⑧ "단계이동" 객체를 옮겨놓고 환경설정을 한다.

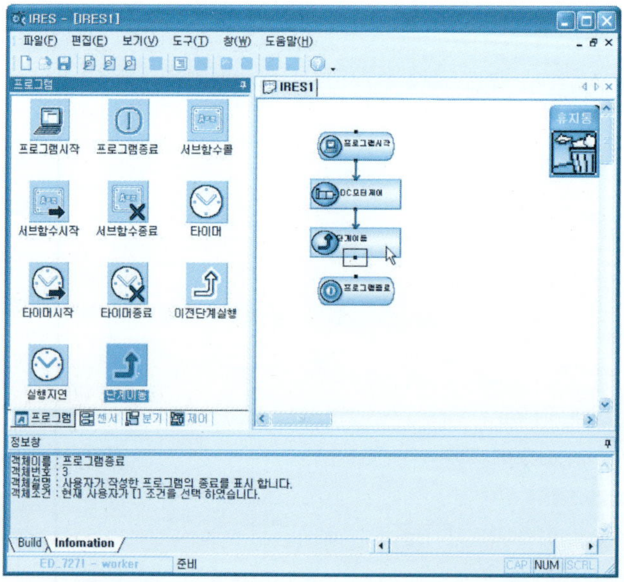

환경설정은 "프로그램 시작"을 선택한다. 이렇게 선택을 하면 "단계이동" 객체를 실행하면 다시 "프로그램 시작" 객체로 되돌아가 무한 루프 동작을 한다.

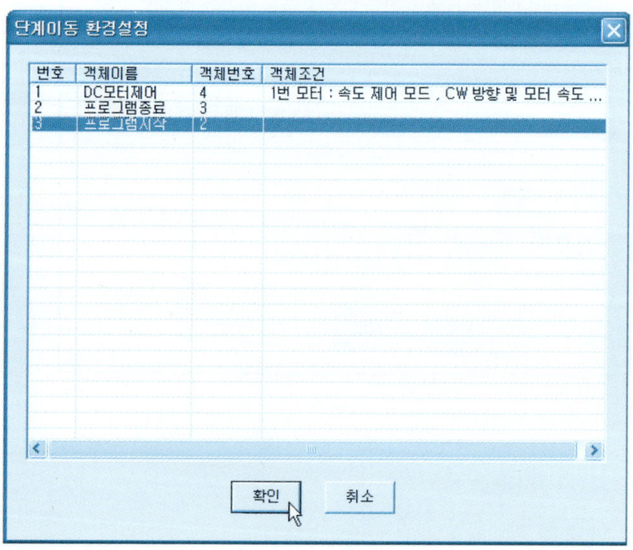

⑨ “프로그램 종료” 객체를 연결한다.

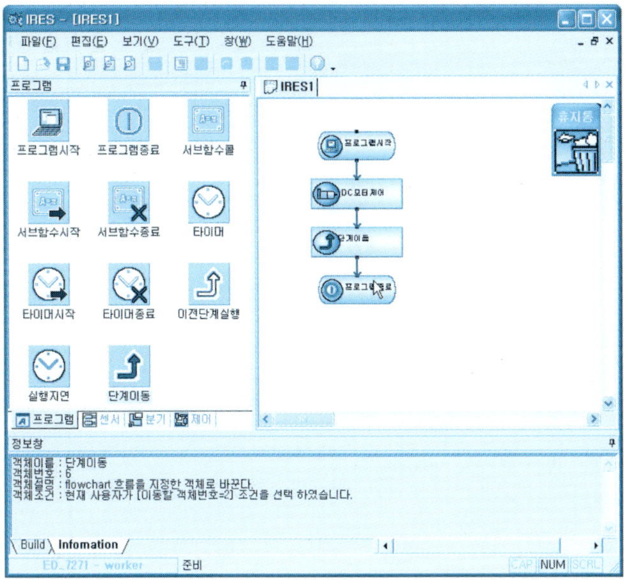

⑩ 컴파일한다.

컴파일하면 정보 창에 “Building end : 4 Object, 0 error(s), 0 Warning (s)” 라고 표시되며 에러 없이 올바르게 컴파일된 것을 알 수 있다.

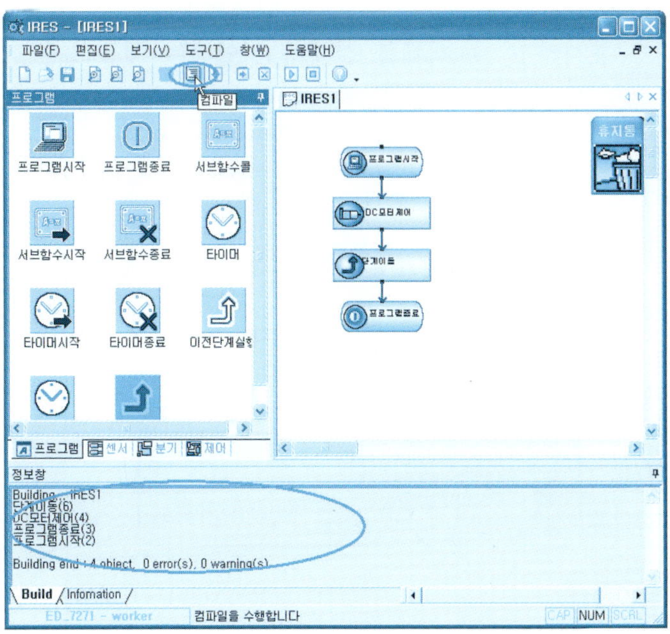

⑪ 다운로딩한다.

다운로딩하면 "전송이 완료되었습니다."라는 창이 뜬다.

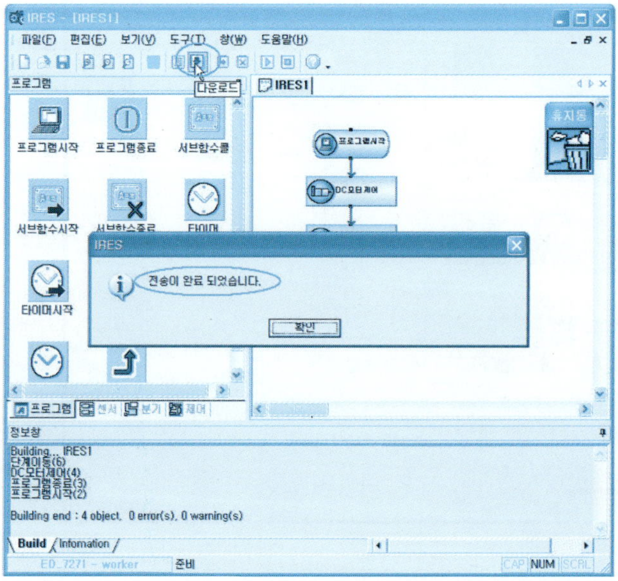

⑫ 디버그 시작을 눌러 프로그램을 동작시켜 본다. 프로그램이 시작되었다는 창을 띄울 것이다.

디버그 시작은 현재 어떤 객체를 실행하고 있는지 실행되는 객체에 음양표시로 표시하고 그 객체를 실행하고 있다는 것을 눈으로 보여준다.

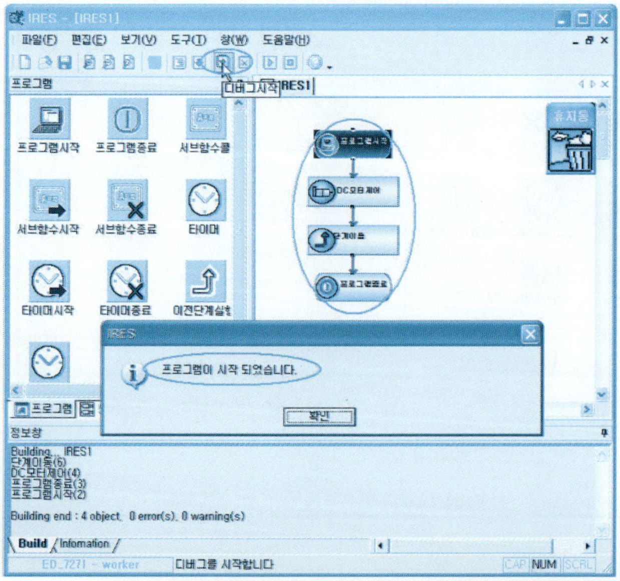

※ 프로그램을 시작하는 방법은 총 3가지이다. IRES에서는 위에서 실행했던 "디버그 시작"과 "프로그램 시작"이 있다. 나머지 한 가지 방법은 앞에서 설명했던 IRES Execute에서 직접 버튼을 클릭하여 실행하는 방법이 있다.

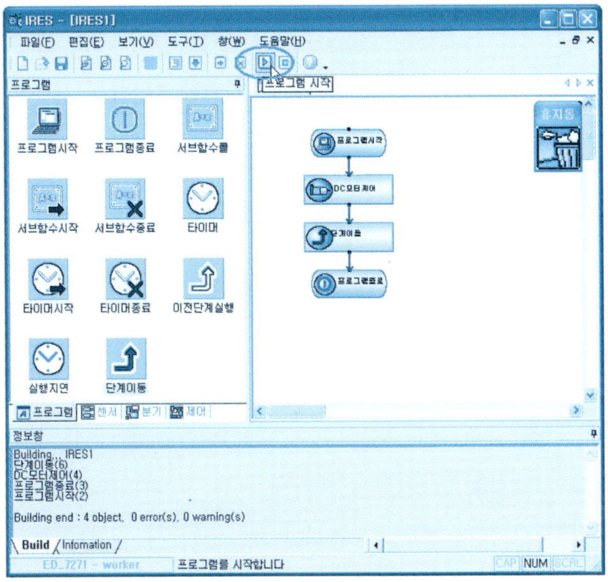

IRES Execute의 화면 프로그램 시작" 객체와 연결된 것을 버튼의 색깔이 분홍빛으로 변한 것을 확인할 수 있다. 이것은 프로그램이 올바르게 다운로딩되어 실행기에서 실행할 수 있다는 것을 의미한다.

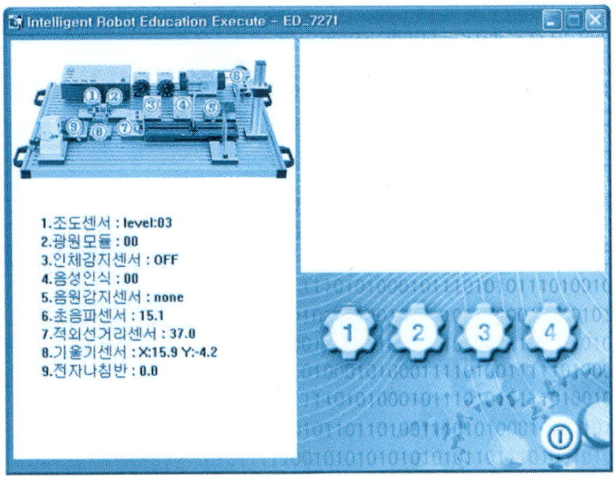

⑬ 프로그램 종료한다.

디버그 종료 혹은 프로그램 종료 아이콘을 클릭한다. 회전하던 모터는 종료되고 프로그램이 종료되었다는 창을 띄우며 실행했던 프로그램이 종료된다.

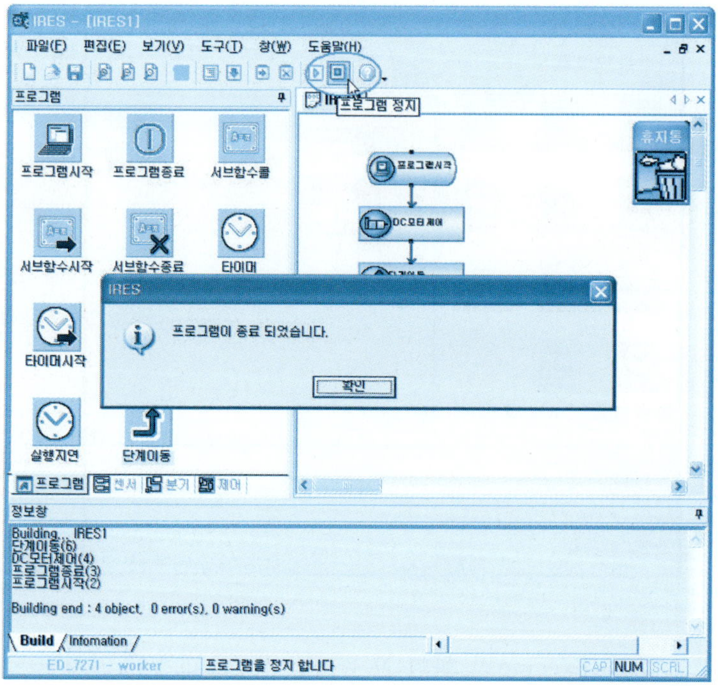

이렇게 기본적인 프로그램 작성과 컴파일 그리고 다운로딩하여 실행까지 해보았다. 이제 실제 센서나 모터를 동작시키며 프로그램을 작성하여 실행을 하며 로봇을 동작시켜 보자.

제 II 부

지능형 로봇 응용시스템의 구성

지능형 로봇 응용시스템(ED7271)은 전원제어부, 메커니즘부, 센서부와 로봇 실습을 보조할 수 있는 응용 모듈을 포함하여 총 17개의 모듈로 구성되어 있다. 이 응용시스템의 구성 및 특징을 서술하고 각 모듈인 제어, 센서, 모터 및 응용 모듈에 대하여 서술하였다.

제3장
지능형 로봇 응용시스템의 구성 및 특징

지능형 로봇 응용시스템(ED7271)은 지능형 로봇에 필요한 제어기, 메커니즘, 센서 등 로봇의 필수 요소를 다 갖추었다고 할 수 있다. 이는 지능형 로봇 응용시스템을 통하여 로봇의 동작, 구성, 설계의 능력을 향상시킬 수 있다.

지능형 로봇 응용시스템은 전원제어부, 메커니즘부, 센서부와 로봇 실습을 보조할 수 있는 응용 모듈을 포함하여 총 17개의 모듈로 [그림 3-1]처럼 구성되어 있다.

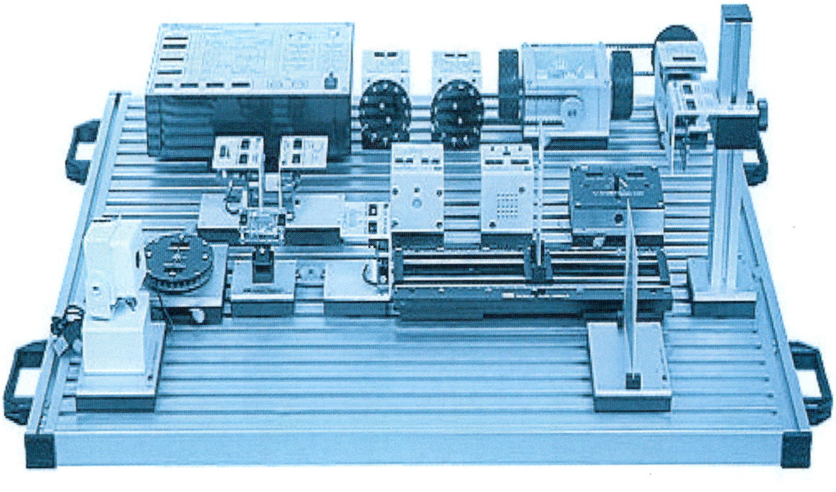

〔그림 3-1〕 지능형 로봇 응용시스템 전체 구성도(ED7271)

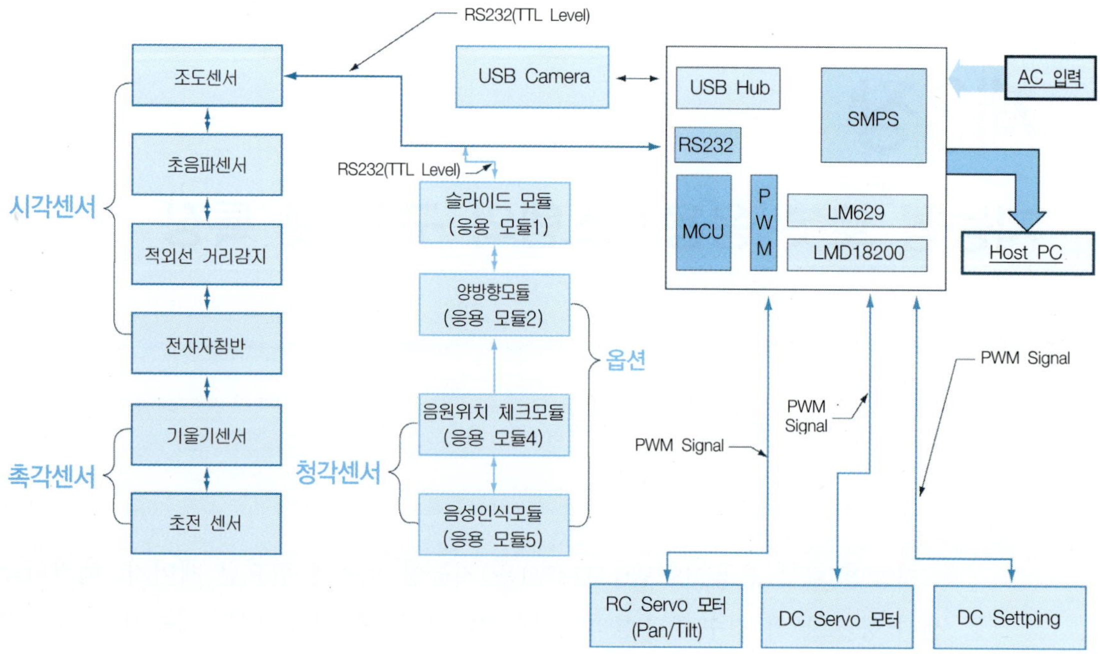

〔그림 3-2〕 지능형 로봇 응용시스템 전체 구성 블록도

전체적으로 PC에서 모든 제어를 담당하고 메인제어 모듈(main control module)에 명령을 전달하면 이 메인제어 모듈에서는 모터 모듈(motor module), 센서 모듈(sensor module)에 명령을 내려 데이터를 주고받고 다시 PC쪽에 데이터를 송신하는 시스템으로 구축되어 있다. 이는 멀티베이스 교육 로봇 플랫폼(ED7272)과 거의 같은 시스템이다.

메인제어 모듈은 PC와 모터, 센서 모듈 사이에서 메신저로 볼 수 있다.

사용자는 PC에서 프로그램을 작성하여 이 메인제어 모듈을 통해 로봇의 센서와 모터를 구동하여 로봇을 생각하게 하고 움직이게 한다.

지능형 로봇 응용시스템은 현재 지능형 플랫폼 로봇 및 모바일 플랫폼에서 사용되고 있는 각종 센서와 액추에이터를 적용하고 있다. 본 실습 키트를 이용하여 각 모듈의 기본원리와 특성을 이해하고, 모듈 간 조합응용실험을 통해 로봇에 대한 기본 개념과 운영에 대한 기술습득을 할 수 있으며, 클램프 장치를 이용하여 쉽게 탈부착하여 응용조합을 할 수 있게 구성되어 있다.

지능형 로봇 응용시스템(ED7271)의 주요 특징은 다음과 같다.

- 지능형 로봇 및 모바일 로봇에 꼭 필요한 센서 모듈 7종 및 구동기 3종, 응용 모듈 4종으로 구성

- 지능형 로봇 구조를 쉽게 파악할 수 있는 시스템 구조
- 초기 로봇 입문 및 활용교육까지 가능한 풍부한 실습예제 제공
- 창의직인 실험/실습이 가능한 낱·부작 모듈형
- 센서 결과 데이터를 비주얼한 그래픽 형태로 표현하여 센서의 특성을 파악하기 용이하게 구성
- USB 고속(480Mbps) 인터페이스 방식
- 유비쿼터스 및 홈네트워크에서 사용되는 센서 및 응용 가능

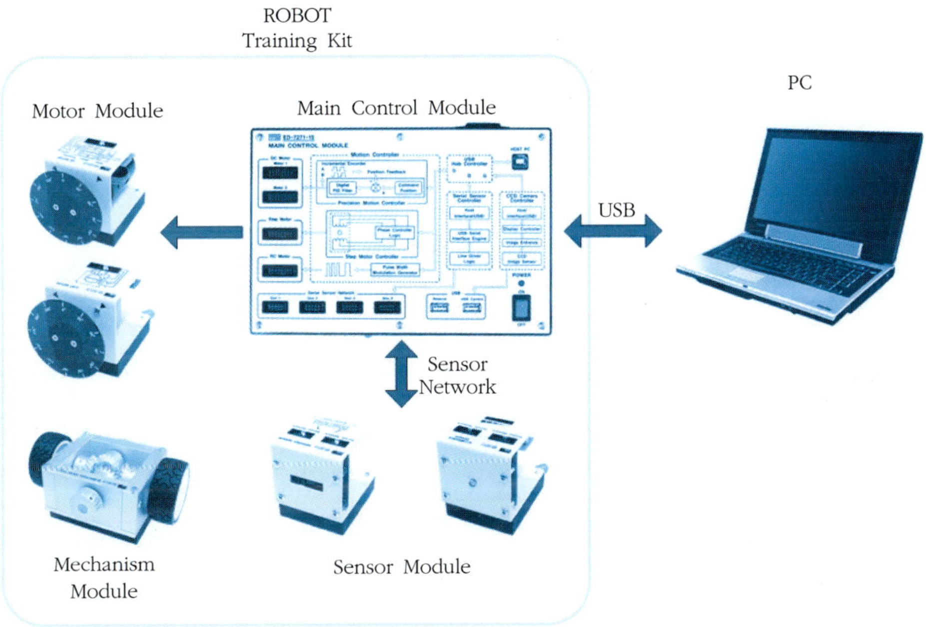

[그림 3-3] 로봇 응용시스템의 실습구성

3-1 제어 부분

1) 메인제어 모듈(main control module ; ED7272-15)의 구성

PC와 모든 모듈 간의 상호작용을 하며, 응용시스템의 모든 모듈은 이 메인제어 모듈을 통해 명령을 받고 PC쪽으로 필요한 데이터를 송신한다.

① 전원 스위치 : 메인제어 모듈의 메인 스위치이다.

② 전원 LED : 메인제어 모듈의 전원 ON/OFF 상태를 알리는 LED이다.

③ To PC : PC와 연결되는 USB 포트이다(USB Type 'B' 커넥터).

④ AC 220V : 메인전원 코드를 연결한다.

⑤ 상태 LED : 메인제어 모듈은 USB로 PC와 연결된다. USB 허브가 내장되어 있는데 각 장치들이 PC와 제대로 연결됐는지 상태를 표시해준다.

⑥ DC 모터 : DC 모터를 연결하는 포트. DC 모터의 전원을 공급하고 인코더 신호를 입력받는다.

⑦ 스텝 모터 : 스텝 모터를 연결하는 포트. 스텝 모터의 제어신호와 전원을 공급한다.

⑧ RC 모터 : RC 모터 & USB 카메라의 RC 모터전원을 공급하여 모터의 제어 시그널을 출력한다.

⑨ 센서 포트 : 직렬 센서 네트워크 포트. 센서 모듈 전체의 전원을 공급하고 센서 모듈과 통신을 하는 포트이다.

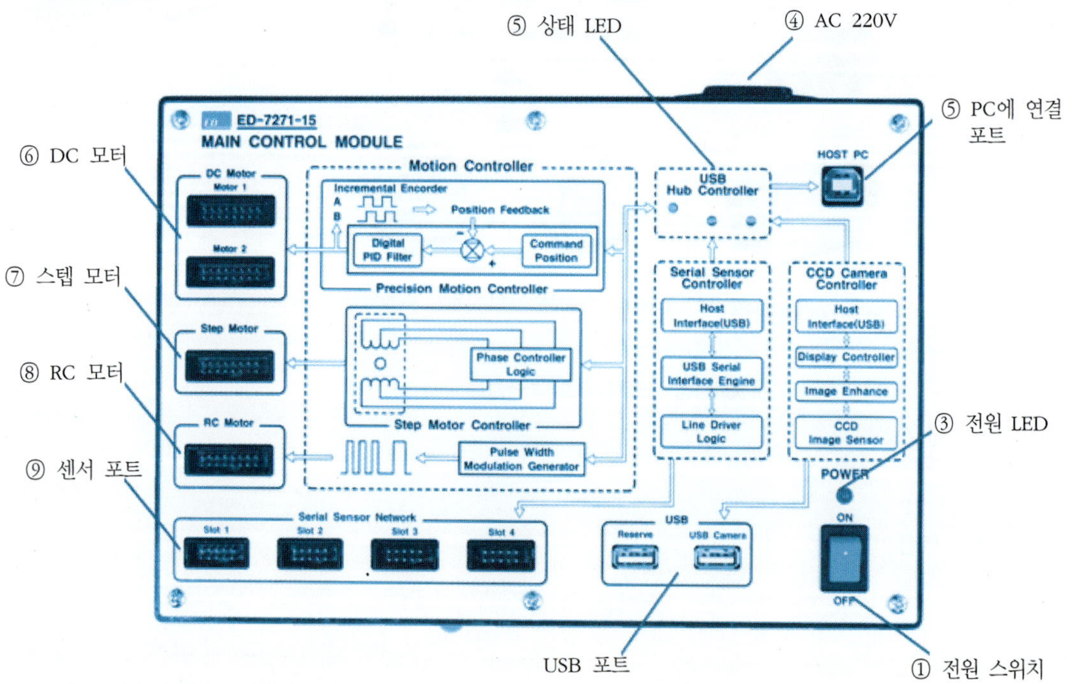

〔그림 3-4〕 메인제어 모듈의 구조

2) 메인제어 모듈 특징

- DC 모터 제어
- 스텝 모터 제어
- RC 모터 제어
- 센서 모듈 제어
- USB 허브
- 248(L) × 166(W) × 86(H)

3-2 센서 부분

지능형 로봇 응용시스템에 사용된 센서 모듈은 로봇을 이루는 필수 요건이다. 현재 지능형 로봇에 쓰이거나 앞으로 쓰이게 될 센서들을 채택했다.

1) 초음파 센서(ultrasonic sensor ; ED7271-3)

초음파를 이용하여 장애물을 검출하는 데 사용한다. 40kHz의 초음파를 발생하여 반사되어 돌아오는 시간을 측정해 물체까지의 거리를 산출한다. 초음파센서 모듈은 이렇게 산출된 거리데이터를 정해진 프로토콜에 의해 PC에 전송하는 시스템이다.

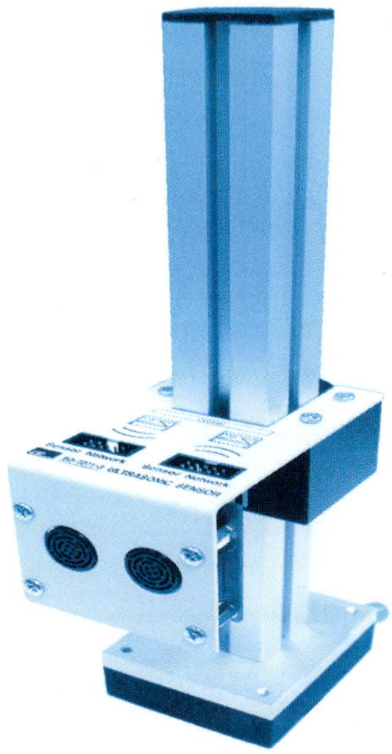

〔그림 3-5〕 초음파 센서 모듈

- 사용전압 : DC 5V
- 측정범위 : 6.0~600cm
- 초음파 동작주파수 : 40kHz
- 데이터 입출력방식 : 직렬네트워크
- 인터페이스 케이블 : 10P 플랫 케이블
- 60(L) × 74(W) × 82(H)

2) 조도 센서 모듈(iluminance sensor ; ED7271-1)

현재 빛의 밝기를 측정하여 0~10까지 단계적으로 표시할 수 있으며, 미리 정의된 통신 프로토콜 명령에 대응하여 현재 빛의 밝기 데이터를 PC쪽으로 전송할 수 있는 시스템이다.

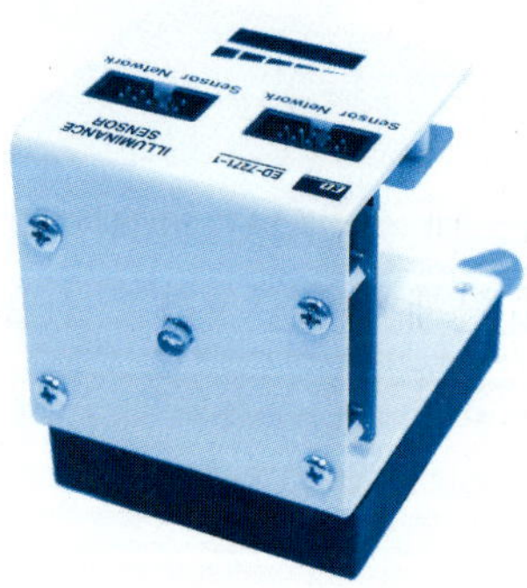

〔그림 3-6〕 조도 센서 모듈

- 사용전압 : DC 5V
- 측정범위 : 0~100 Lux
- 데이터 입출력 방식 : 직렬 네트워크
- 밝기에 따라 0~10 level LED 디스플레이
- 인터페이스 케이블 : 10P 플랫 케이블
- 80(L) × 60(W) × 72(H)

3) 광원 센서 모듈(light source sensor module ; ED7271-2)

조도 센서 모듈(ED7271-1)을 실험하기 위한 보조장치로 미리 정의된 통신 프로토콜 명령에 대응하여 사용자가 원하는 빛의 밝기를 출력할 수 있는 시스템이다.

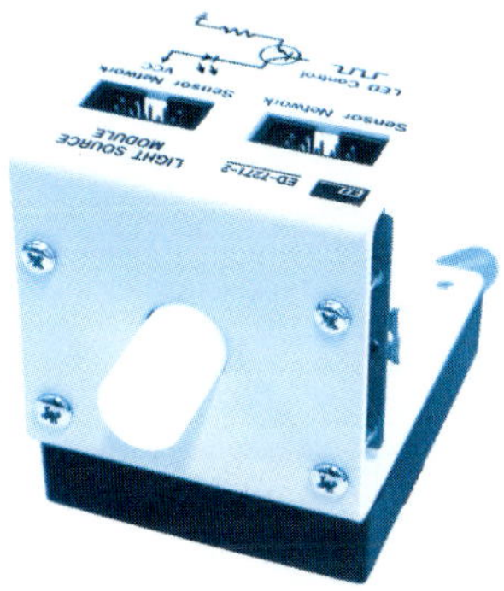

〔그림 3-7〕 광원 센서 모듈

- 사용전압 : DC 5V
- 출력범위 : 0 ~ 10 level light
- 데이터 입출력방식 : 직렬 네트워크
- 인터페이스 케이블 : 10P 플랫 케이블
- 92(L) × 60(W) × 72(H)

4) 적외선 광량 센서(infrared distance sensor ; ED7271-3)

일반적인 광량 방식은 사물에 반사되어 입사된 광량에 따라 거리를 산출하는 데 비해 PSD 방식을 취함으로써 수광량에 영향을 받지 않고 비교적 정확한 거리 데이터를 산출할 수 있다.

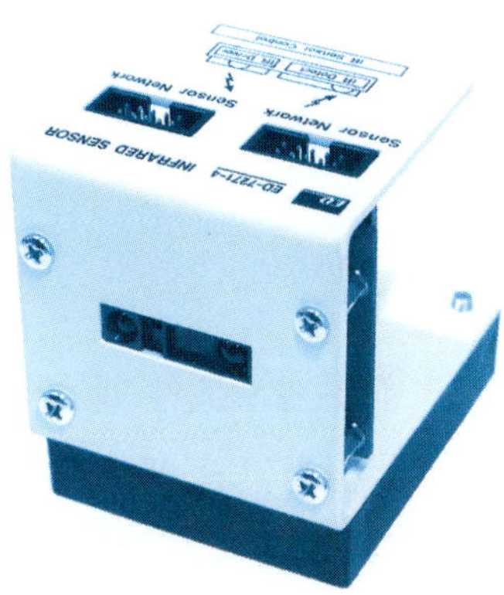

〔그림 3-8〕 적외선 센서 모듈

- 사용전압 : DC 5V
- 측정범위 : 10～80cm

- 데이터 입출력방식 : 직렬 네트워크
- 인터페이스 케이블 : 10P 플랫 케이블
- 60(L) × 74(W) × 82(H)

5) 전자나침반 센서(electronic compass ; ED7271-5)

전자적으로 방위를 알 수 있는 시스템으로서 북쪽을 기준으로 'N'의 비틀어진 각도를 PC로 전송하고, 항상 정북을 32개의 LED로 표시한다.

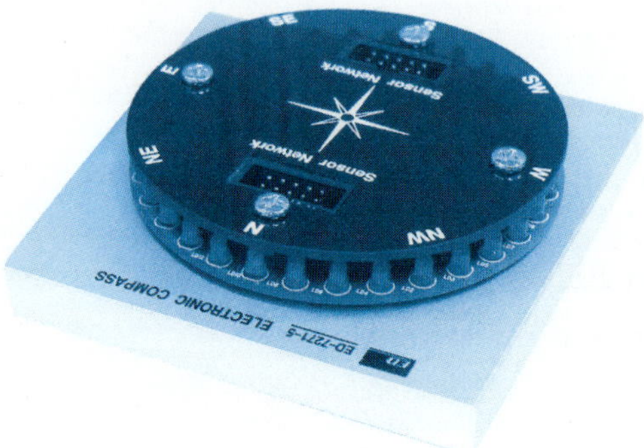

〔그림 3-9〕 전자나침반 센서 모듈

- 사용전압 : DC 5V
- 측정범위 : 0.0~359.9°
- 데이터 입출력방식 : 직렬 네트워크
- 인터페이스 케이블 : 10P 플랫 케이블
- 105(L) × 95(W) × 46(H)

6) 초전 센서(pyrocelectrocity sensor ; ED7271-7)

초전 센서를 이용한 인체감지 모듈이다. 센서 앞부분의 렌즈를 통해 들어오는 온도의 변화에 따라 사람의 유무를 판단한다. 감지되면 센서 윗부분의 LED에 불이 켜지면서 감지 여부를 나타내고, PC쪽으로 데이터도 전송할 수 있다.

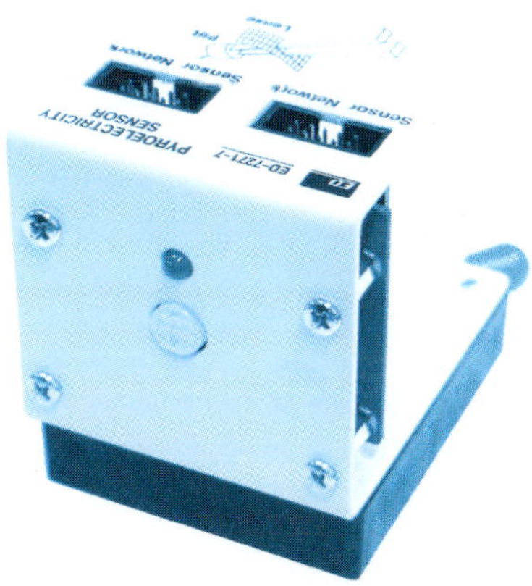

〔그림 3-10〕 초전 센서 모듈

- 사용전압 : DC 5V
- 측정범위 : Max 5M까지 검출가능
- 데이터 입출력방식 : 직렬 네트워크
- 인터페이스 케이블 : 10P 플랫 케이블
- 74(L) × 62(W) × 82(H)

7) 음향탐지 모듈(voice direction module ; ED7271-9)

4개의 마이크를 가지고 소리의 방향을 감지하는 모듈로서 음향탐지원리로 소리의 방향을 감지한 후 4개의 LED에 음성의 방향을 표시하고 PC에 방향데이터를 전송하는 시스템이다.

〔그림 3-11〕 음향탐지 모듈

- 사용전압 : DC 5V
- 감도조절 노브
- 데이터 입출력방식 : 직렬 네트워크
- 인터페이스 케이블 : 10P 플랫 케이블
- 105(L) × 80(W) × 49(H)

8) 경도 센서(inclination sensor ; ED7271-10)

X, Y 2축의 기울기상태를 측정한 후 PC에 전달하는 시스템으로 자동차뿐만 아니라 로봇의 필수 요건의 센서로 흔히 사용하고 있다.

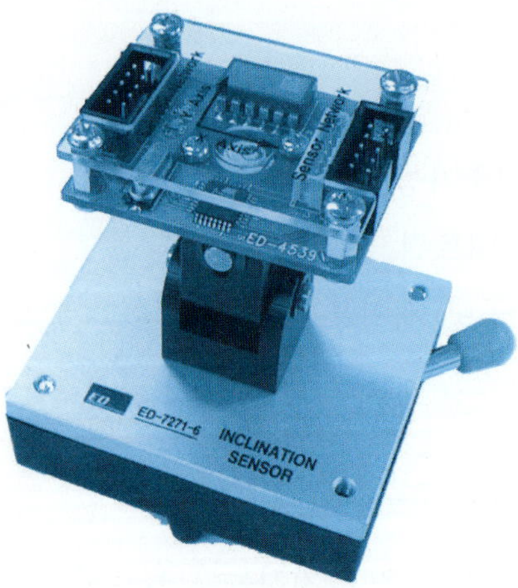

〔그림 3-12〕 경도 센서 모듈

- 사용전압 : DC 5V
- 측정범위 : X, Y축 −90°~90°
- 데이터 입출력방식 : 직렬 네트워크
- 인터페이스 케이블 : 10P 플랫 케이블
- 70(L) × 60(W) × 87(H)

9) 음성인식 모듈(voice recognition module ; ED7271-10)

이미 모듈에 녹음되어 있는 10가지 음성에 대하여 인식하여 특정명령으로 로봇을 움직일 때 필요한 모듈이다.

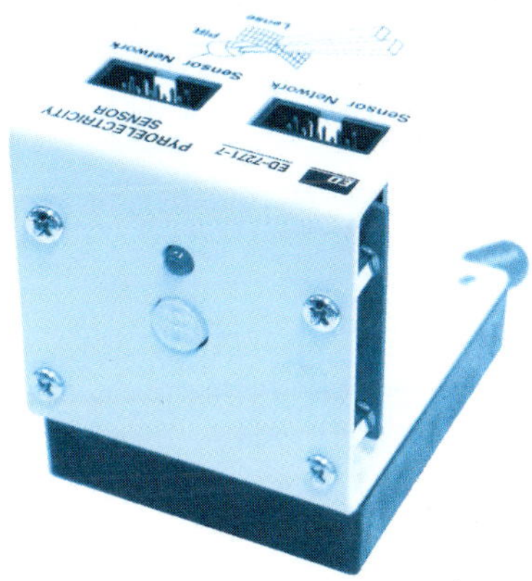

〔그림 3-13〕 음성인식 모듈

- 사용전압 : DC 5V
- 측정범위 : 10개 단어인식
- 데이터 입출력방식 : 직렬 네트워크
- 인터페이스 케이블 : 10P 플랫 케이블
- 74(L) × 60(W) × 72(H)

3-3 모터 부분

로봇 키트에 적용된 모터는 DC, 스텝, RC 모터 이렇게 3가지이다. 이밖에 많은 종류의 모터들이 있지만 로봇에 적용이 가능하고 활용이 쉬운 모터를 채택했다.

1) DC 모터(ED7271-13)

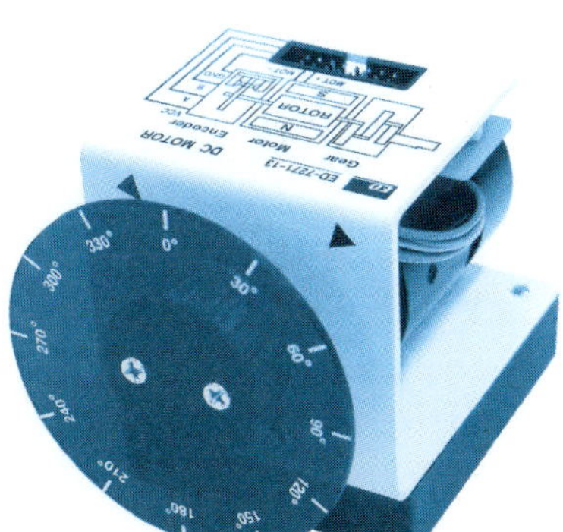

〔그림 3-14〕 DC 모터 모듈

DC 모터에는 DC 12V로 구동되는 모터와 감속기, 인코더를 포함하고 있다. 인코더를 채용하고 있어 PID 설정에 따라 위치, 속도제어가 가능하다.

- 사용전압 : DC 12V(motor)
  DC 5V(encoder)
- 인코더 : 14 pulse/turn
- 기어비율 : 30 : 1
- 최대속도 : 175rpm
- 토크 : 1.5kg/cm
- 인터페이스 케이블 : 16P 플랫 케이블
- 106(L) × 60(W) × 82(H))

2) 스텝 모터(ED7271-14)

유니폴라 방식의 12V 스텝 모터이다. 스텝 모터는 펄스에 주어진 각도만큼만 회전하게 된다. 채택한 스텝 모터는 한 개의 펄스에 1.8도씩 회전하고 200개의 펄스가 인가될 때 모터는 한 바퀴를 회전하게 된다.

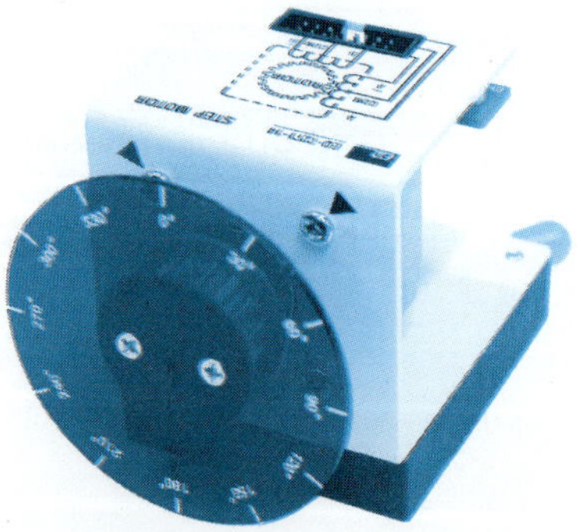

〔그림 3-15〕 스텝 모터 모듈

- 사용전압 : DC 12V
- 스텝 각도 : 1.8°
- 고정토크 : 1.3kg/cm
- 저항위상 옴 : 40Ω
- 인터페이스 케이블 : 16P 플랫 케이블
- 106(L) × 60(W) × 82(H)

3) RC 모터(ED7271-10)

RC 모터의 원래 명칭은 RC 서보 모터이다. RC 차의 조향장치에 사용되는 모터이지만, 각도제어가 간편하여 관절형 로봇에 많이 쓰이고 있다. 전원을 인가하고 간단히 PWM 신호만 넣어주면 특정각도제어가 가능하다. 로봇 실험키트에서는 카메라의 각도조절기능을 겸하고 있다.

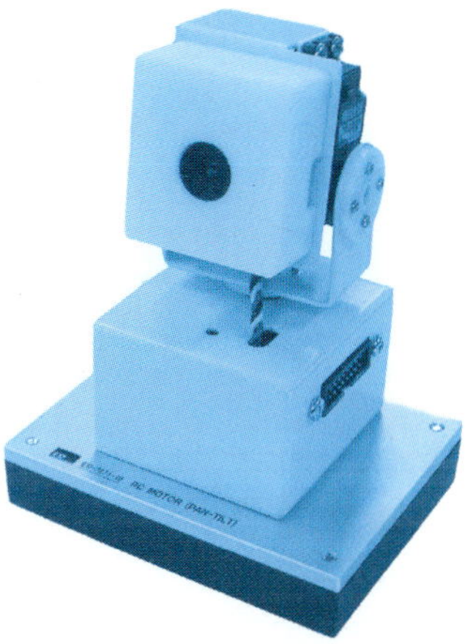

〔그림 3-16〕 RC 모터 모듈

- 사용전압 : DC 5V
- 동작범위 : −90°~90°
- 고정토크 : 5kg/cm
- 속도 : 0.18sec/60°
- 인터페이스 케이블 : 16P 플랫 케이블
- 105(L) × 90(W) × 139(H)

3-4 응용 부분

1) 양방향 구동 모듈(bi-directional driving module ; ED7271-16)

DC 모터나 스텝 모터의 실제바퀴의 회전 모습을 구현하기 위한 보조실험 모듈이다. 타이밍 풀리(timing pulley)와 바퀴 그리고 기어를 적용하여 모터의 회전 상태를 눈으로 확인할 수 있다.

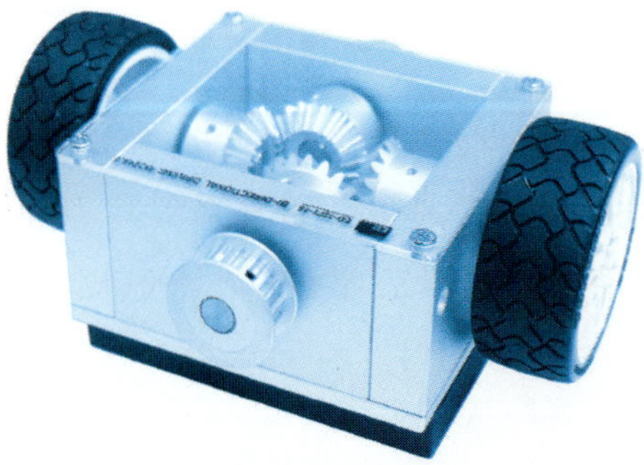

〔그림 3-17〕 양방향 구동 모듈

- 기어비율 : 1 : 1
- 경사기어(bevel gear)
- 타이밍 풀리
- 166(L) × 128(W) × 86(H)

2) 슬라이드 모듈(slide module ; ED7271-16)

적외선 거리 센서와 초음파 센서를 위한 보조실험 모듈로 거리 센서들의 특성 파악을 위한 별도의 시편이 제공된다. 슬라이드 모듈에 눈금이 표시되어 있어 장애물과의 거리를 쉽게 파악할 수 있다.

〔그림 3-18〕 슬라이드 모듈

- 이동거리 : 0~300mm
- 여러 가지 시편 고정
- 302(L) × 90(W) × 40(H)

3-5 영상처리 부분

1) USB 카메라(USB Camera ; ED7271-10)

USB 캠을 이용해 영상을 압축하여 PC에 전송하는 시스템이다. 이렇게 전송받은 영상을 PC는 이미지 프로세싱을 하여 다시 로봇에 적절한 명령을 내린다.

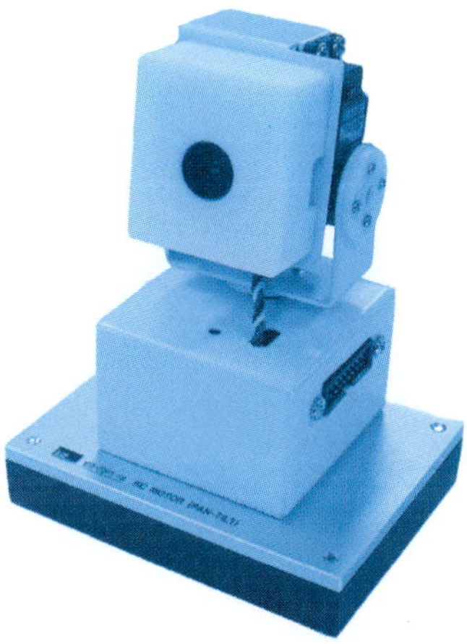

〔그림 3-19〕 영상처리 모듈

- CMOS 이미지 센서, 31k 픽셀
- 색채인식, 패치인식, 거리검출
- USB 인터페이스
- 105(L) × 80(W) × 30(H)

2) 영상 패치 패널 고정(image panel fix ; ED7271-17)

영상 패치 패널을 고정하기 위한 장치이다. 키트에서는 6가지 각기 다른 도형과 색을 갖고 있는 패널을 제공하여 색깔인식, 그리고 도형(패턴)인식의 도구로 사용된다.

- 6종 패널제공
- 60(L) × 80(W) × 30(H)

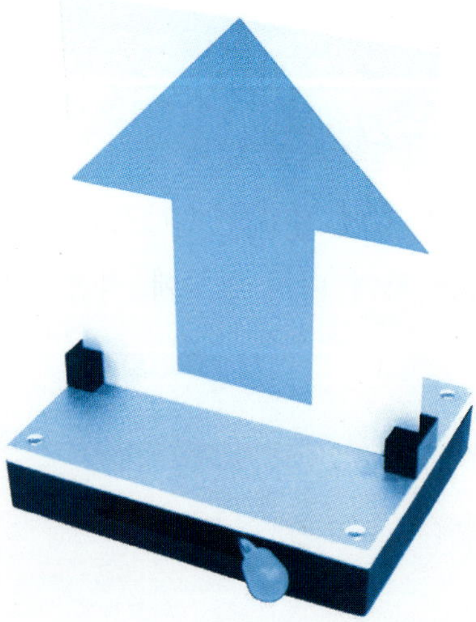

〔그림 3-20〕 영상 패치 패널 고정 모듈

제4장

지능형 로봇 응용시스템의 제어 모듈

4-1 메인제어 모듈(main control module ; ED7271-15)

1) 기반지식

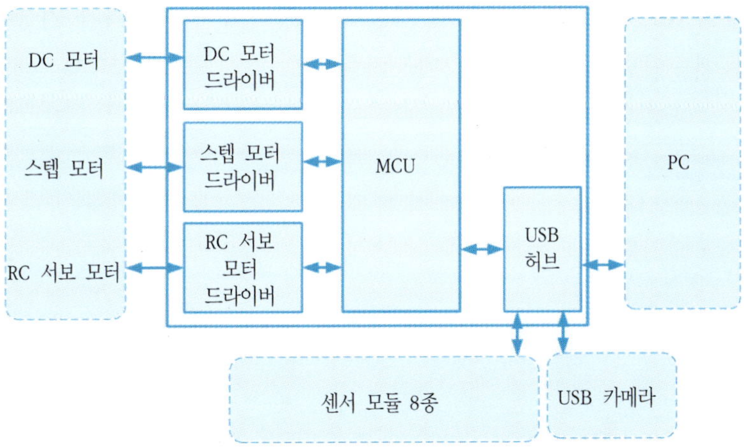

〔그림 4-1〕 제어 모듈 블록도

(1) PC 인터페이스

메인 모듈과 PC와 명령전달방법은 USB 2.0 고속(high speed) 방식으로 이루어진다. PC에서 USB 허브를 거쳐 MCU에 전달된 명령은 모터를 회전시키거나 센서의 값을 읽어 PC쪽으로 전달한다.

(2) 센서 신호전달

PC에서 센서 신호를 읽기 위해서는 [그림 4-1]과 같이 메인 모듈의 USB 허브를 통해 PC로 전달된다. 이렇게 PC에서 장애물의 유/무 및 거리판단뿐만 아니라 각종 주변환경의 필요한 데이터를 수집하여 정보를 저장함으로써 로봇의 움직임을 원활히 할 수 있도록 한다.

(3) DC 모터 제어

메인제어 모듈의 가장 핵심기술인 DC 모터 제어기술이 포함되어 있다. DC 모터의 PID 설정값을 입력받아 가/감속제어 및 거리위치제어를 할 수 있다.

(4) 스텝 모터 제어

스텝 모터를 제어하기 위한 모터 드라이버 회로가 포함되어 있으며, 모터의 가/감속 및 위치제어가 가능하다.

(5) RC 서보 모터 제어

2개의 RC 서보 모터 제어가 가능하고 각각의 위치제어가 가능하여 영상 카메라의 팬-틸트 모션 구현이 가능하다.

2) 메인제어 모듈(ED7271-15)의 이해

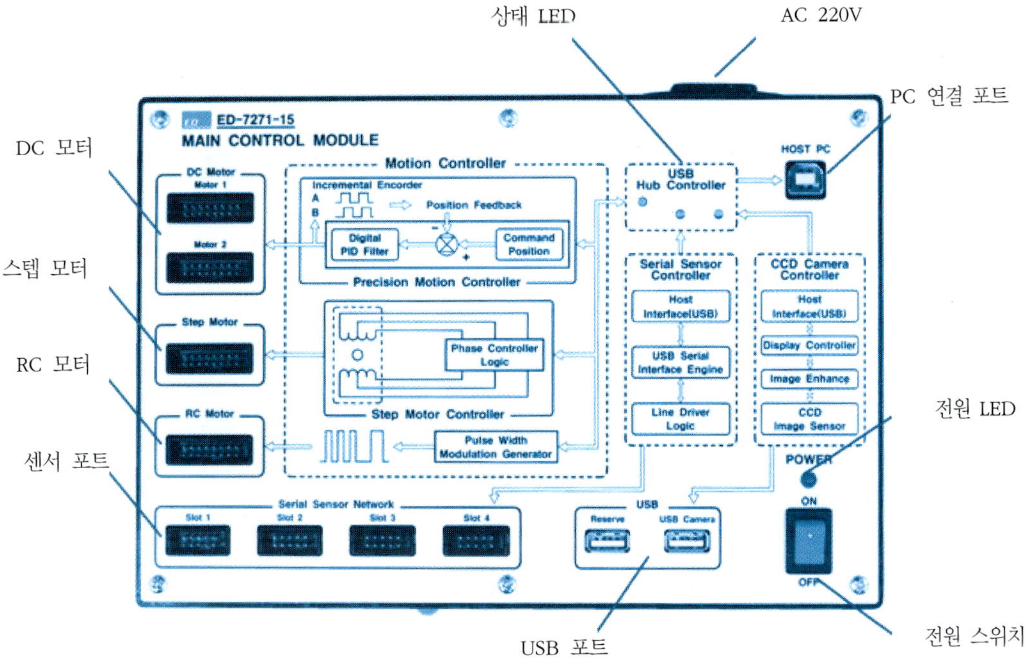

〔그림 4-2〕 메인제어 모듈

① 상태 LED : 메인 모듈에서는 3개의 USB 장치가 연결가능하다. 이때 활성화된 디바이스를 표시해준다.

② AC 220V : 전원 코드 삽입부

③ PC 연결 포트 : PC와 USB 케이블 연결부

④ 전원 LED

⑤ 전원 S/W

⑥ USB 포트 : USB 카메라와 다른 USB 장치를 추가할 수 있는 포트

⑦ 센서 : 센서 모듈을 연결할 수 있는 '시리얼 센서 네트워크' 포트

⑧ RC 모터 : 2축의 RC 모터를 제어하기 위한 포트

⑨ 스텝 모터 : 스텝 모터 연결 포트

⑩ DC 모터 : 2개의 DC 모터를 각각 1, 2번 연결 포트

제5장 지능형 로봇 응용시스템의 모터 모듈

5-1 DC 모터(ED7271-13)

1) 기반지식

(1) DC 모터의 기본원리

[그림 5-1]과 같이 자극 N, S 사이에 있는 코일 abcd에 직류전원으로부터 브러시(brush) B1, B2, 정류자편(commutator) C1, C2를 통하여 전류를 흘리면, 코일 ab와 cd에 각각 아래, 위로의 힘이 발생(플레밍의 왼손법칙)하여 결국 시계방향의 토크가 생겨 코일전체가 시계방향으로 회전하게 된다.

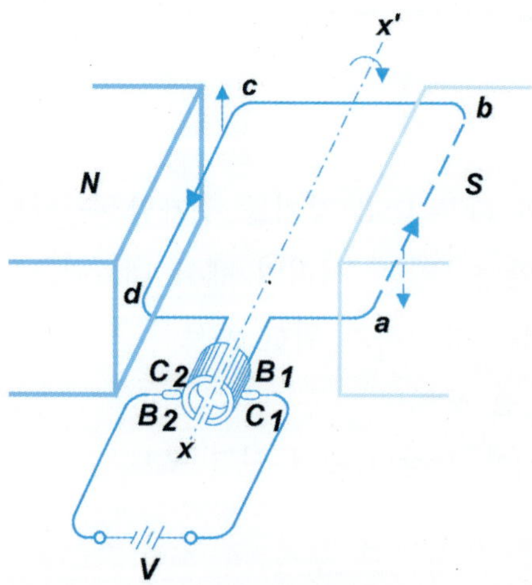

〔그림 5-1〕 DC 모터 동작원리

(2) DC 모터 구동(제어)방식

일반적으로 DC 모터는 구동전압이 수 volt에서 수백 volt, 구동선류는 수십 mA에서 수십 A로 큰 구동전력(power)을 필요로 한다. 이러한 DC 모터를 TTL IC 또는 OP 앰프와 같은 비교적 소전력의 소자로 구동하기 위해서는 전력 트랜지스터(이하 TR로 표기) 또는 전력 MOSFET와 같은 전력소자를 이용해야 한다.

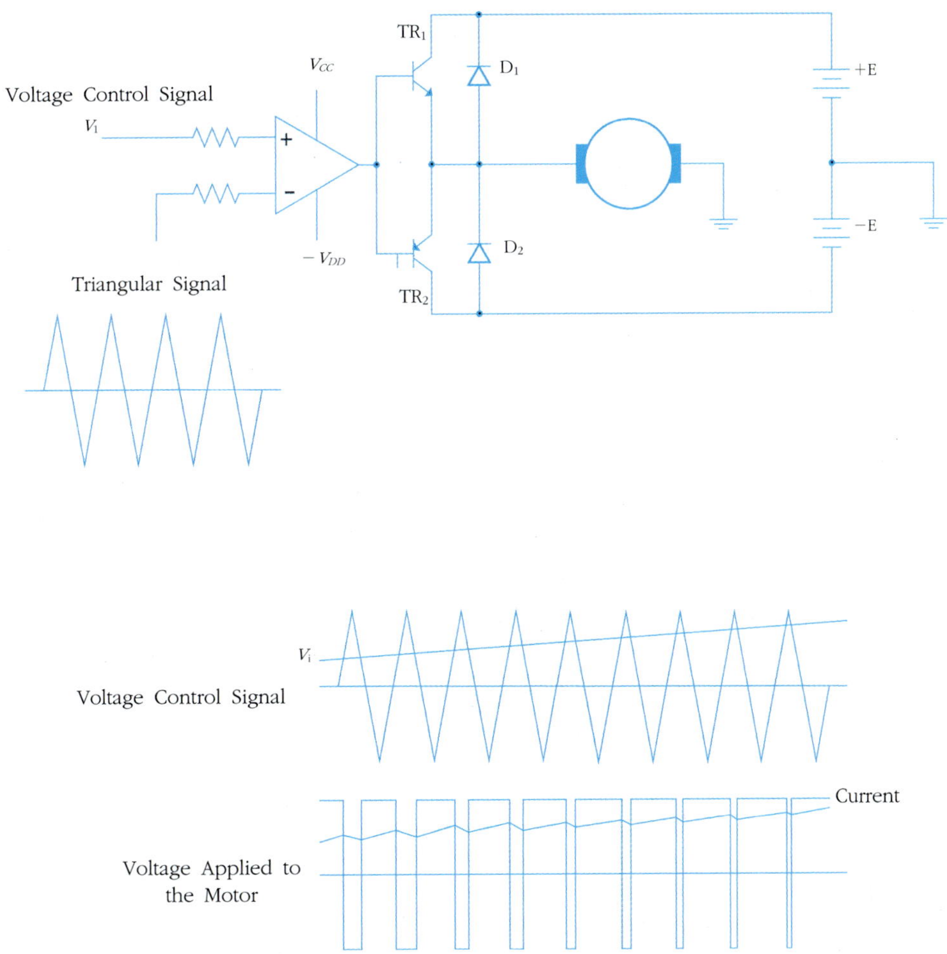

〔그림 5-2〕 PWM 구동방식 원리

전력 TR를 이용한 모터 구동방식에는 대표적으로 리니어(linear) 구동방식과 PWM(Pulse Width Modulation) 구동방식이 있다. 리니어 구동방식에서는 TR를 활성화영역에서 동작시켜 베이스 전류에 따라 증폭된 컬렉터 전류로 모터를 구동한다. 이 방식은 비교적 구동회로가 간단하나 TR에서의 전력손실이 크고 큰 방열판을 필요로 하여 회로크기가 커지는 단점이 있다.

이에 반해 PWM 구동방식은 TR을 ON-OFF 영역(또는 saturation-cutoff 영역)에서 동작시켜 TR에서의 전력손실을 작게 하는 방식이다.

▪ H-브리지형 PWM 구동방식

단일전원을 사용하고 4개의 TR를 H자 형태로 배치한 PWM 구동방식이 널리 사용되고 있다. 이러한 H-브리지형 PWM 구동방식의 회로는 다음과 같이 구성된다.

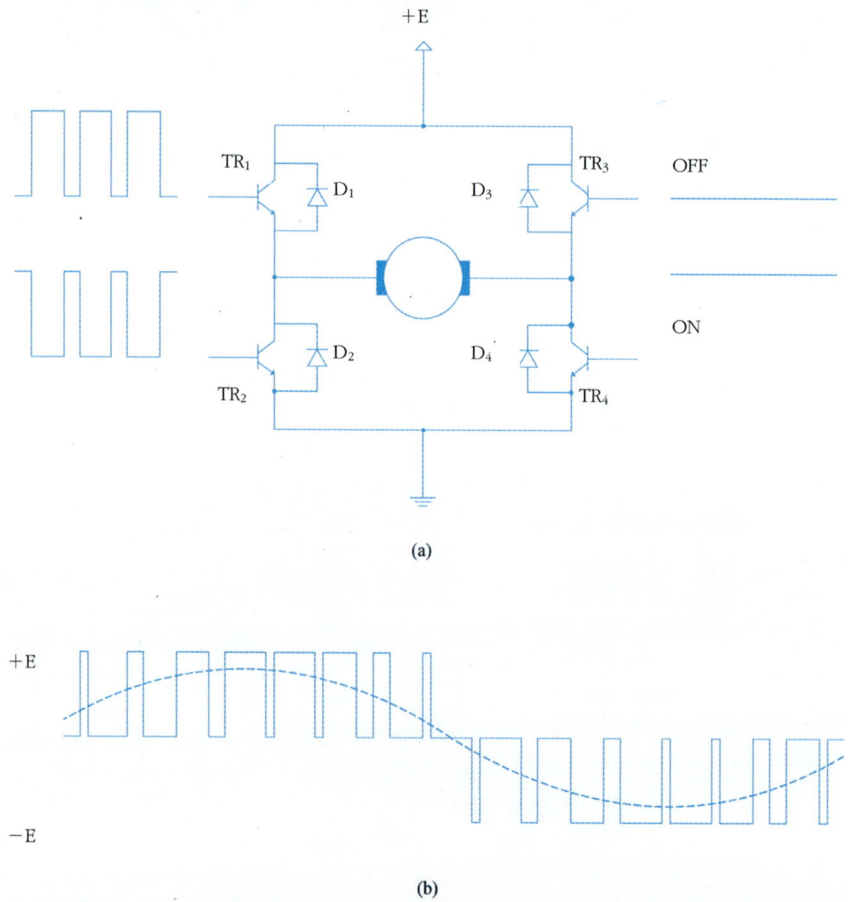

〔그림 5-3〕 H-브리지형 PWM

TR_1과 TR_2를 PWM 모드로 스위칭하고 TR_3는 OFF, TR_4는 ON시켜 모터에 인가되는 전압이 +E 또는 0전위가 되도록 한다. 반대로 TR_3과 TR_4를 PWM 모드로 스위칭하고 TR_1이 OFF, TR_2가 ON일 경우는 모터에 인가되는 전압이 −E 또는 0전위가 된다. 이렇게 단일전원으로 모터의 정역 회전방향제어가 가능하다.

(3) PID 제어

제어변수와 기준입력 사이의 오차에 근거하여 계통의 출력이 기준전압을 유지하도록 하는 피드백 제어의 일종으로, 비례(proportional)제어와 비례적분(proportional-integral)제어, 비례미분(proportional-derivative)제어를 조합한 것이다.

P제어(비례)는 기준신호와 현재 신호 사이의 오차신호에 적당한 비례상수 이득을 곱해서 제어신호를 만든다.

I제어(비례적분)는 오차신호를 적분하여 제어신호를 만드는 적분제어를 비례제어에 병렬로 연결해 사용한다.

D제어(비례미분)는 오차신호를 미분하여 제어신호를 만드는 미분제어를 비례제어에 병렬로 연결하여 사용한다. 자동화 시스템의 반응을 측정할 뿐 아니라 반응을 제어할 때도 사용되는 제어방법으로 온도, 압력, 유량, 회전속도 등을 제어하기 위해 쓰이며, 과도상태의 특성 등 PI나 PD제어의 문제점들을 개선할 수 있다.

▪ 단순 ON/OFF 제어

단순한 ON/OFF 제어의 경우에는 제어조작량은 0%와 100% 사이를 왕래하므로 조작량의 변화가 너무 크고, 실제 목표 값에 대해 지나치게 반복하기 때문에, 목표 값의 부근에서 凸凹을 반복하는 제어로 되고 만다.

이 모양을 그림으로 나타내면 [그림 5-4]와 같이 된다.

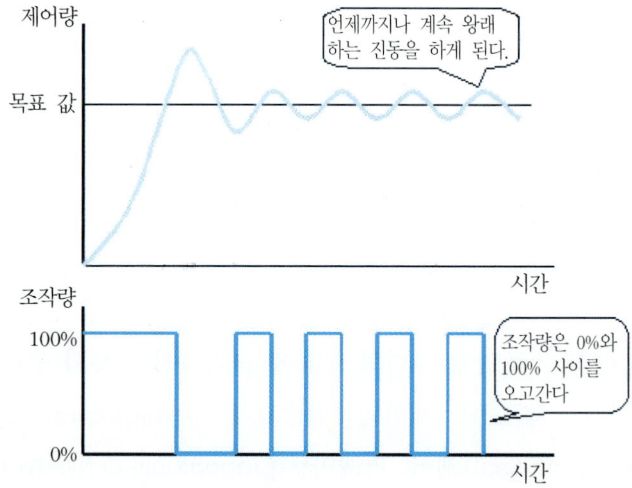

〔그림 5-4〕 ON/OFF 제어의 특성표

▪ 비례(P)제어

이에 대해 조작량을 목표 값과 현재 위치와의 차에 비례한 크기가 되도록 하며 서서히 조절하는 제어방법이 비례제어라고 하는 방식이다. 이렇게 하여 목표 값에 접근하면 미묘한 제어를 가할 수 있기 때문에 미세하게 목표 값에 가까이 할 수 있다. 이 모양은 [그림 5-5]와 같이 나타낼 수 있다.

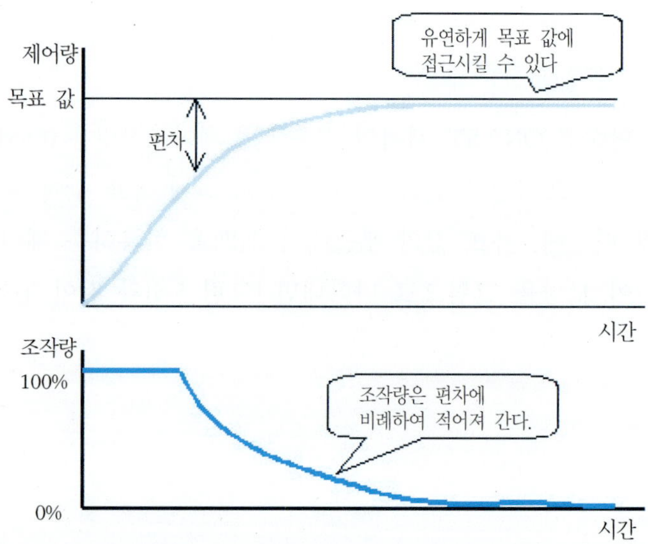

〔그림 5-5〕 비례제어의 특성표

■ 비례-적분(PI) 제어

비례제어로 잘 제어할 수 있을 것으로 생각하겠지만 실제로는 제어량이 목표 값에 접근하면 문제가 발생한다. 이렇게 되면 조작량이 너무 작아지고, 그 이상 미세하게 제어할 수 없는 상태가 발생한다. 결과는 목표 값에 아주 가까운 제어량의 상태에서 안정한 상태로 되고 만다. 따라서 목표 값에 가까워지기는 했지만 아무리 시간이 지나도 제어량과 완전히 일치하지 않는 상태로 되고 만다.

이 미소한 오차를 '잔류편차'라고 한다. 이 잔류편차를 없애기 위해 사용되는 것이 적분제어이다. 즉, 미소한 잔류편차를 시간적으로 누적하여 어떤 크기로 된 곳에서 조작량을 증가하여 편차를 없애는 식으로 동작시킨다.

이와 같이 비례동작에 적분동작을 추가한 제어를 'PI 제어'라 부른다.

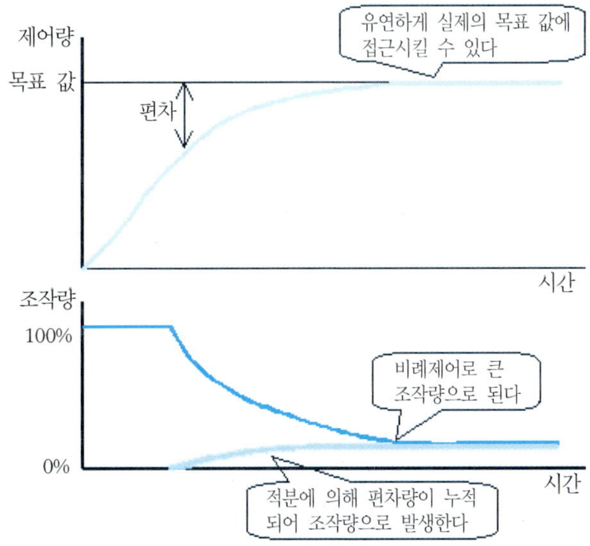

〔그림 5-6〕 PID 제어의 특성표(1)

■ 미분(D)제어와 PID 제어

PI 제어로 실제 목표 값에 가깝게 하는 제어를 완벽하게 할 수는 있다. 그러나 또 하나 개선의 여지가 있는데, 그것은 제어응답의 속도이다. PI 제어에서는 확실히 목표 값으로 제어할 수 있지만 일정한 시간(시정수)이 필요하다.

이때 정수가 크면 외란이 있을 때의 응답성능이 나빠진다. 즉, 외란에 대하여 신속하게 반응할 수 없고, 즉시 원래의 목표 값으로는 돌아갈 수 없다는 것이다. 그래서 필요하게 된 것이 미분동작이다.

이것은 급격히 일어나는 외란에 대해 편차를 보고, 전회 편차와의 차가 큰 경우에는 조작량을 많이 하여 기민하게 반응하도록 한다. 이 전회와의 편차에 대한 변화차를 보는 것이 '미분'에 상당한다.

이 미분동작을 추가한 PID 제어의 경우 제어특성은 [그림 5-7]과 같이 된다. 이것으로 알 수 있듯이 처음에는 상당히 over drive하는 듯이 제어하여 신속히 목표 값이 되도록 적극적으로 제어한다.

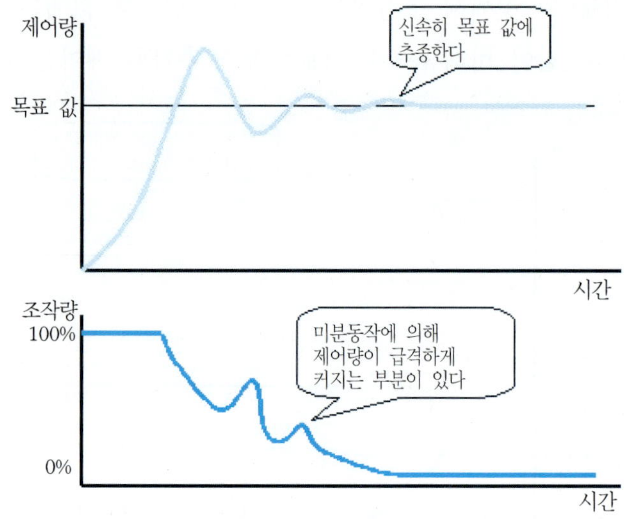

〔그림 5-7〕 PID 제어의 특성표(2)

■ 컴퓨터에 의한 PID 제어 알고리즘

원래 PID 제어는 연속한 아날로그량을 제어하는 것이 기본으로 되어 있다. 그러나 컴퓨터의 프로그램으로 PID 제어를 실현하려고 하는 경우에는 연속적인 양을 취급할 수 없다. 왜냐하면 컴퓨터 데이터의 입출력은 일정시간 간격으로밖에 할 수 없기 때문이다. 게다가 미적분 연산을 착실히 하고 있는 것에서는 연산에 요하는 능력으로 인해 고성능의 컴퓨터가 필요하게 되고 만다. 그래서 생각된 것이 샘플링방식(이산 값)에 적합한 PID 연산방식이다.

샘플링방식의 PID 제어의 기본식은 다음과 같이 표현된다.

조작량 = K_p × 편차 + K_i × 편차의 누적 값 + K_d × 전회 편차와의 차
(비례항) (적분항) (미분항)

기호로 나타내면

$$MV_n = MV_{n-1} + \Delta MV_n$$

$$\Delta MV_n = Kp(e_n - e_{n-1}) + K_{ien} + K_d((e_n - e_{n-1}) - (e_{n-1} - e_{n-2}))$$

MV_n, MV_{n-1} : 금회, 전회 조작량

ΔMV_n : 금회 조작량 미분

en, en-1, en-2 : 금회, 전회, 전전회의 편차

이것을 프로그램으로 실현하기 위해서는 이번과 전회의 편차 값만 측정할 수 있으면 조작량을 구할 수 있다.

■ 파라미터를 구하는 방법

PID 제어방식에 있어서의 과제는 각 항에 붙는 정수 K_p, K_i, K_d를 정하는 방법이다.

이것의 최적 값을 구하는 방법은 몇 가지 있지만 어느 것이나 난해하며, 소형의 마이크로컴퓨터로 실현하기 위해서는 번거로운 것이다(tuning). 이 파라미터는 cut and try로 실제 제어한 결과에서 최적 값을 구하고, 그 값을 설정하도록 한다. 참고로 튜닝의 수법을 소개하면 스텝 응답법과 한계감도법이 유명한 수법이다. 또 프로세스 제어분야에서는 이 튜닝을 자동적으로 실행하는 auto tuning 기능을 갖는 자동제어 유닛도 있다. 이것에는 제어결과를 학습하고, 그 결과로부터 항상 최적한 파라미터 값을 구하여 다음 제어 사이클에 반영하는 기능도 실장되어 있다.

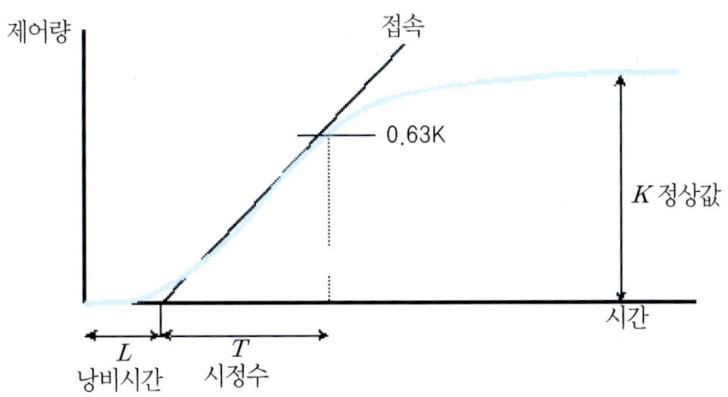

〔그림 5-8〕 PID 제어 파라미터

여기서 스텝 응답법에 있어서 파라미터를 구하는 방법을 소개한다. 우선 제어계의 입력에 스텝 신호를 가하고, 그 출력결과가 [그림 5-8]이라고 하자(파라미터는 적당히 설정해 둔다).

[그림 5-8]과 같이 상승곡선에 접선을 긋고 그것과 축과의 교점, 정상값의 63%에 해당하는 값으로 된 곳의 2점에서 L : 낭비시간, T : 시정수, K : 정상값의 3가지 값을 구한다.

이 값으로부터 각 파라미터는 표와 같이 구할 수 있다.

제어동작 종별	K_p의 값	K_i의 값	K_d의 값
비례제어	0.3~0.7T/KL	0	0
PI제어	0.35~0.6T/KL	0.3~0.6/KL	0
PID제어	0.6~0.95T/KL	0.6~0.7/KL	0.3~0.45T/K

이 파라미터에 범위가 있지만 이 크기에 의한 차이는 특성의 차이로 나타나며, [그림 5-9]와 같이 파라미터가 많은 경우에는 미분·적분효과가 빨리 효력이 나타나므로 [그림 5-9]의 목표 값보다 큰 그래프와 같이 overshoot이 크게 눈에 띈다. 파라미터가 작은 쪽의 경우는 목표 값보다 작은 선의 특성과 같이 된다.

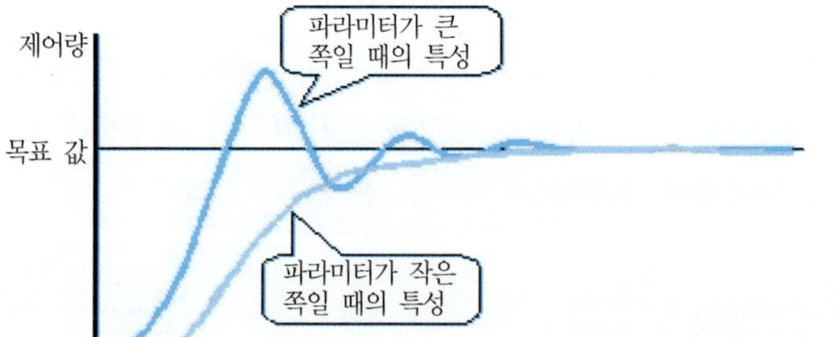

[그림 5-9] PID 제어 파라미터에 의한 특성의 차이

(4) 인코더의 원리

로터리 인코더는 모터의 회전수 그리고 회전속도를 검출하기 위한 장치이다. 인코더의 종류에는 인크리멘탈형, 절대 값(앱솔루트)형이 있다.

■ 인크리멘탈형

제로상 신호 Z를 가지고 있는 A, B 출력형 인크리멘탈 인코더의 구조도이다. LED로부터 광투사된 광선은 회전디스크의 슬릿을 통과한 뒤 고정슬릿판의 A, B, Z에 해당하는 각각의 슬릿을 통과하여 A, B, Z의 수광소자에서 검출된다. 고정슬릿판상의 A, B의 슬릿은 90°의 위상차를 갖도록 배치되어 있으며, 파형이 정비된 전기적 신호출력도 90°의 위상차를 갖는 구형파로 된다.

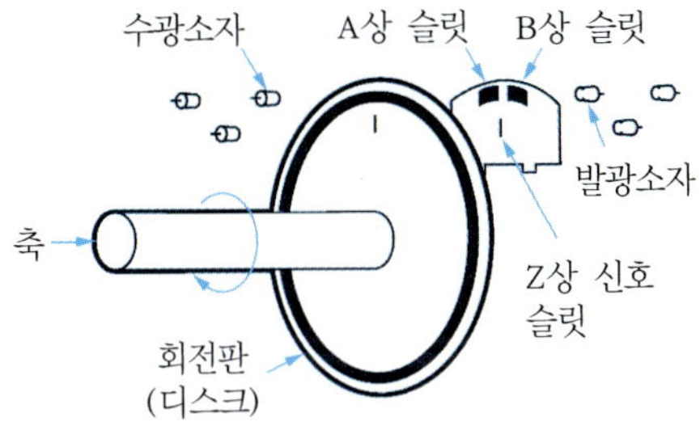

〔그림 5-10〕 인크리멘탈 인코더의 구조

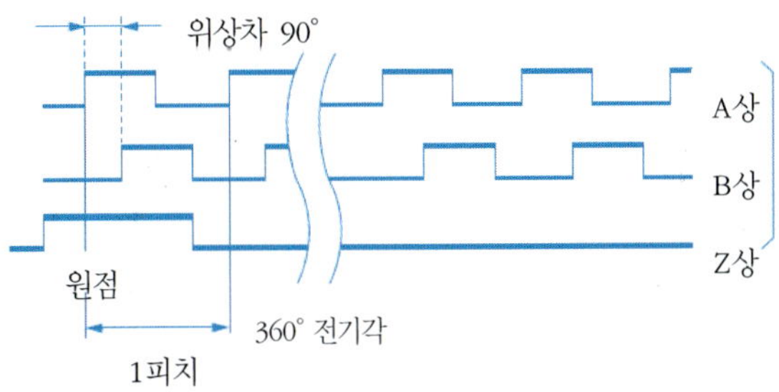

〔그림 5-11〕 출력파형

인크리멘탈 인코더는 구조가 간단하고 가격이 싸며, 출력전선의 개수도 적어서 신호전달이 간단하다. 인코더의 출력펄스는 축의 회전위치의 절대값을 나타내지는 않고 축의 회전한 각도에 비례한 펄스 수가 얻어지는 것이며, 절대값표시를 수행하는 경우는 인코더 출력펄스를 카운터에 축적한 것으로 표시한다.

사용상 주의할 점은 신호전달 중의 노이즈를 카운터에 축적하는 결점이 있기 때문에 노이즈대책을 충분히 세워야 될 필요가 있다. 또 전원이 끊어진 경우에는 다시 전원을 투입하여도 원래 위치의 표시는 불가능하게 되기 때문에 충분히 주의를 기울여야 한다.

인크리멘탈 인코더는 인코더 자체에서 단지 펄스열을 발생하기 때문에 회전속도를 검출하기 위한 아날로그신호를 얻기 위해서는 인코더의 출력펄스 수를 펄스주파수에 비례한 아날로그신호로 변환하여야 한다. 보통 인크리멘탈형 인코더의 회전방향감지 및 분해도를 증가하기 위해 2개의 광단속기는 1/4위상차를 두도록 배치한다. [그림 5-11]에서 시계방향(CW)과 반시계방향(CCW)으로 휠이 회전할 때 광단속기에서 발생하는 파형을 보이고 있다. 각각의 광단속기를 각각 채널 A와 채널 B라고 명명하며, 이 두 채널의 신호파형을 이용하여 회전방향을 판별할 수 있다.

■ 절대값형 인코더

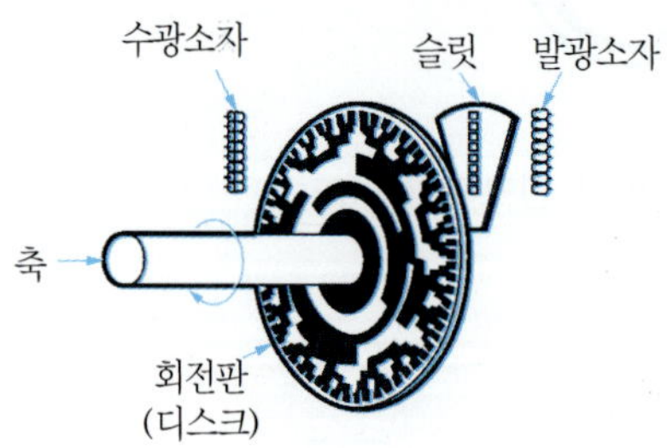

〔그림 5-12〕 절대값형 인코더의 구조

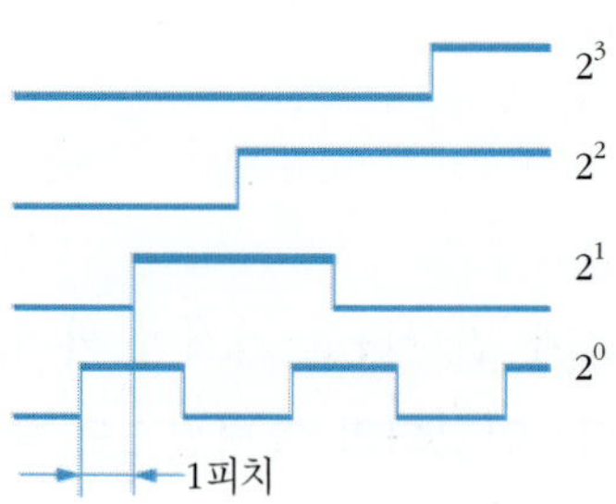

〔그림 5-13〕 출력파형

절대값형 인코더의 기본적인 구성은 인크리멘탈형과 동일하다. 회전디스크의 슬릿은 2진 부호열로 되어 있는데, 회전디스크의 바깥둘레를 최하위

비트로 하고 중심을 향하여 필요한 비트(행) 수만큼의 슬릿이 동심원상으로 배치되어 있다. [그림 5-12]는 절대값형 인코더의 구조도이다.

절대값형 인코더는 명칭 그대로 입력측의 절대위치를 검출할 수 있기 때문에 신호전송 중의 노이즈에 의해 오차가 누적되지 않으며, 또 전원이 단절되어 재투입하는 경우에도 인크리멘탈형처럼 원래 위치를 잃어버리지 않고 정상적으로 올바른 현재 위치를 검출할 수가 있다. 단점으로는 비트 수가 많아지면 출력신호선의 수가 많아져 구조상 소형화, 저가화가 어렵다는 것을 들 수 있다.

2) DC 모터(ED7271-13)의 이해

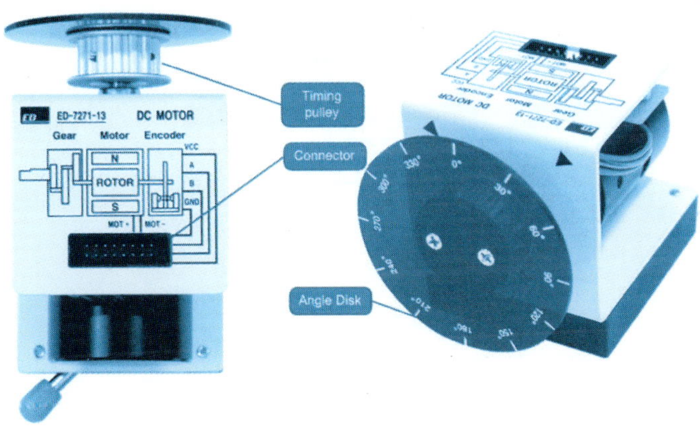

[그림 5-14] DC 모터 모듈

① 타이밍 풀리 : 양방향 구동 모듈과 타이밍 풀리로 동력전달
② 연결 : 메인제어 모듈과 연결
③ 각도디스크 : 각도제어시 각도표시

DC 모터(ED7271-13)는 기어 박스(기어 헤드), DC 모터, 인코더가 포함되어 있는 일체형 모터이다. 모터 구동 및 제어회로는 메인제어 모듈(ED7271-15)에 내장되어 있다. 메인제어 모듈의 모터 드라이버 IC, PID 제어 IC가 포함되어 DC 모터 제어를 담당한다. 동시에 2개의 DC 모터를 제어할 수 있다.

5-2 스텝 모터(ED7271-14)

1) 기반지식

(1) 스텝 모터의 동작원리

고정자측에서 자계를 회전시키고 그 힘으로 회전자를 기계적으로 회전시킨다. 이 때 고정자의 자계회전을 펄스신호에 따라서 스위칭하여 순서적으로 바꿔나가면 스텝 모터는 한 스텝씩 회전한다.

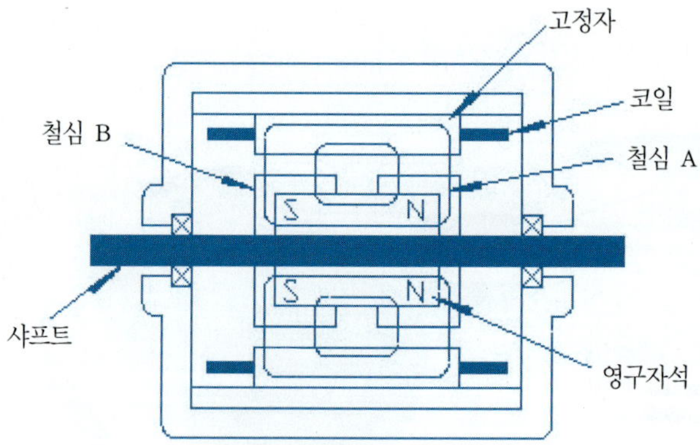

〔그림 5-15〕 스텝 모터의 구조

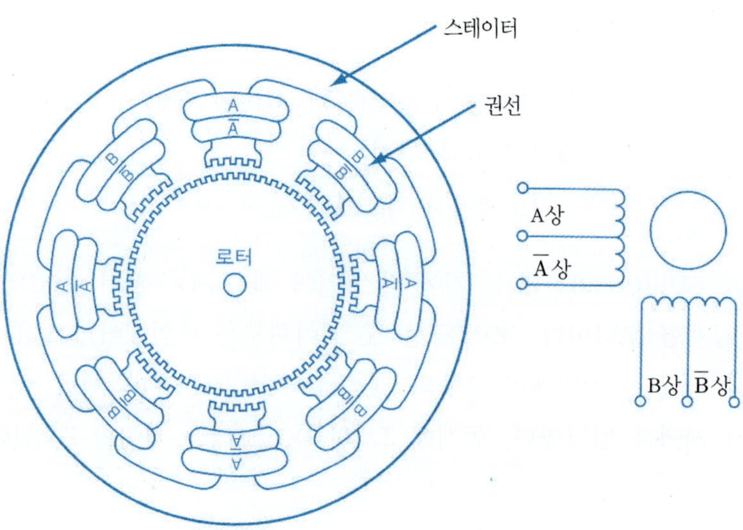

〔그림 5-16〕 스텝 모터의 단면

고정자의 A상이 N극에 자화되어 회전자의 S극에 끌어당겨져 정지되어 있다. 다음으로 B상을 N극에 자화하여 A상의 자화를 풀면 회전자는 B상과 마주보도록 끌어당겨져 시계방향으로 90° 회전하여 정지한다. 이와 같이 자화하는 극을 A상, B상, $\overline{A}$상, $\overline{B}$상으로 순차적으로 바꾸어감으로써 스텝 모터는 회전과 정지를 계속해나간다.

(2) 모터 구동방법

고정자코일에 흐르는 전류를 여자전류라 한다. 1상 스텝 모터는 전기적으로 A상, B상, $\overline{A}$상, $\overline{B}$상의 4개의 고정자권선이 있다. 이들 상에 동시에 몇 개의 상에 여자전류를 흐르게 하는지에 따라 여자방식이 결정된다. 2상 스텝 모터의 여자방식에는 1상 여자, 1-2상 여자, 2상 여자의 3종류의 여자방식이 사용된다.

권선에 한쪽방향으로 전류를 흘려주는지, 양쪽방향으로 전류를 흘려주는지에 따라 유니폴라 구동방식과 바이폴라 구동방식으로 나뉜다. 유니폴라 구동방식은 권선 중간에 센터 탭을 이용하는 것으로 센터 탭을 통해 각상에 전류가 한쪽 방향으로만 흐르게 된다. 바이폴라 구동방식은 H-브리지회로를 사용하여 전류의 방향을 바꾼다. 센터 탭을 사용하지 않고 권선을 전부 사용하므로 유니폴라 방식에 비해 큰 토크를 얻게 된다.

로봇 키트 모듈에서는 제어가 간단한 바이폴라 1상 여자방식의 구동방식을 선택했다. 스텝 모터 각 상에 다음과 같은 펄스열을 입력하면 모터는 한 스텝씩 회전을 한다.

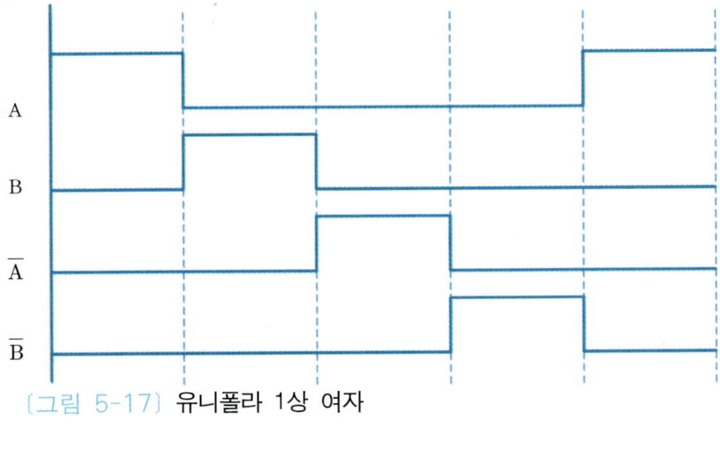

〔그림 5-17〕 유니폴라 1상 여자

스텝 모터의 제어회로는 펄스를 인가하여 각 상의 여자신호를 발생시키는 여자신호 발생부와 신호를 받아서 권선에 여자전류를 흘려주기 위한 구동부 회로로 구성된다. 마이크로컨트롤러에서는 방향신호와 펄스열을 발생시킨다.

2) 스텝 모터(ED7271-14)의 이해

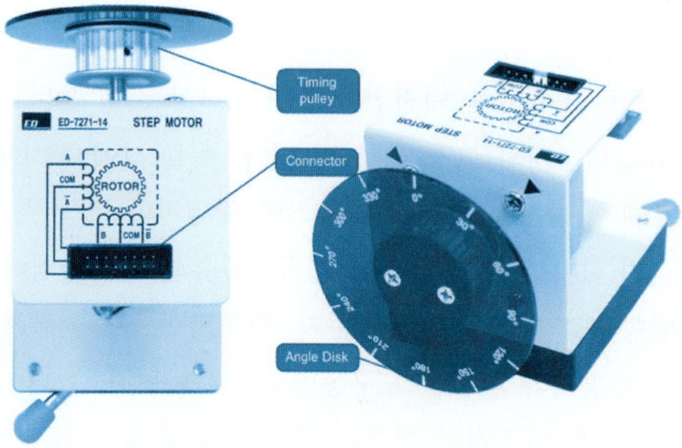

〔그림 5-18〕 **스텝 모터의 구성**

① 타이밍 풀리 : 양방향 구동 모듈과 타이밍 풀리로 동력전달
② 연결 : 메인제어 모듈과 연결
③ 각도디스크 : 각도제어시 각도표시

메인제어 모듈에는 다음과 같은 스텝 모터 구동회로가 내장되어 16pin 플랫케이블로 모터만 연결해주면 바로 구동이 가능하다. 여자시퀀스 발생부의 IC는 L297, 전류구동부는 SLA7024M을 사용한다. 마이크로컨트롤러에서 방향신호, 그리고 회전수에 해당하는 펄스열만 입력해주면 스텝 모터는 회전한다.

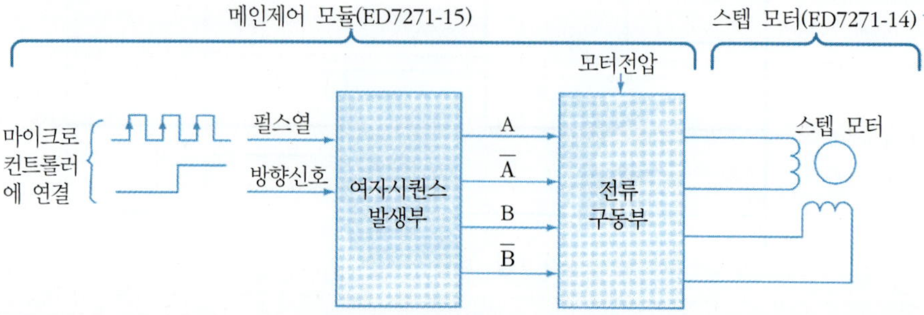

〔그림 5-19〕 **스텝 모터 구동회로**

5-3 RC 모터(ED7271-10)

1) 기반지식

(1) RC 서보 모터

서보 모터는 주어진 신호에 의해서 일정한 각을 유지하거나 일정한 위치를 유지하는 모터를 말한다. RC 서보 모터는 일반적으로 무선조종 자동차, 모형비행기에 조향장치 등으로 많이 사용하는 모터이다. 서보 모터에 일정한 PWM 신호를 넣어주면 일정각도를 유지한다. 동작영역은 약 0~180°이다.

[그림 5-20] RC 서보 모터 외형

(2) RC 서보 모터 구동방법

[그림 5-21]과 같이 RC 서보 모터에는 3개의 선이 있다. 각각 GND(검은색), VCC(빨간색), PWM(노란색, 흰색)이다. 보통 전원은 4~6V에서 동작한다. 모터의 동작은 PWM 입력선으로 일정주기의 펄스신호를 주면 모터가 −90~90°의 사이에서 동작한다.

20ms의 주기로 1.5ms의 신호를 넣어주면 0°의 각도로 동작을 하고, 0.7ms일 때는 −90°, 2.3ms의 신호를 넣어주면 90°로 동작한다. 이밖에 다른 각도 제어한다면 0.7~2.3ms까지 다른 펄스의 신호를 넣어주면 된다. 펄스를 입력해주는 도중 신호가 중단된다면 모터는 각도제어를 실행하지 않게 된다.

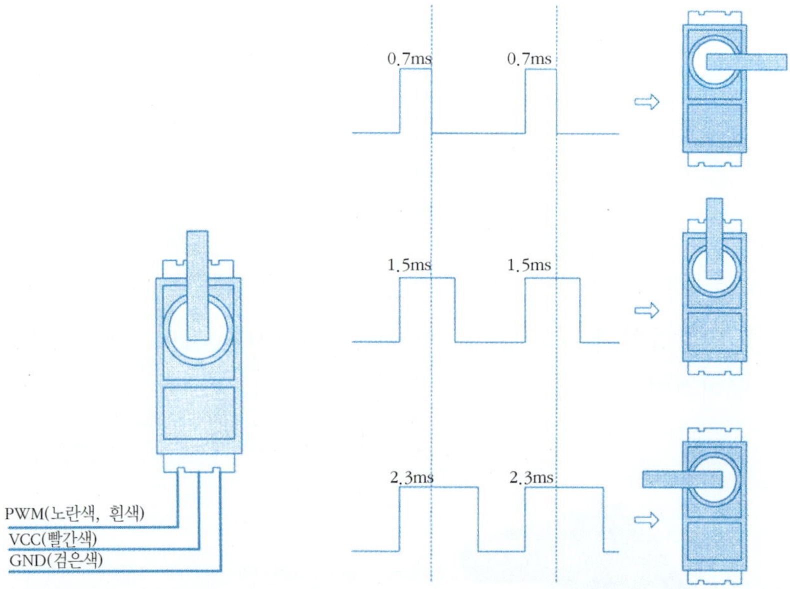

〔그림 5-21〕 RC 모터 제어펄스

2) RC 모터(ED7271-10)의 이해

RC 모터(ED7271-10)는 RC 서보 모터 2개와 USB 카메라로 구성되어 있다. USB 카메라는 Image Processing 편에서 다룬다.

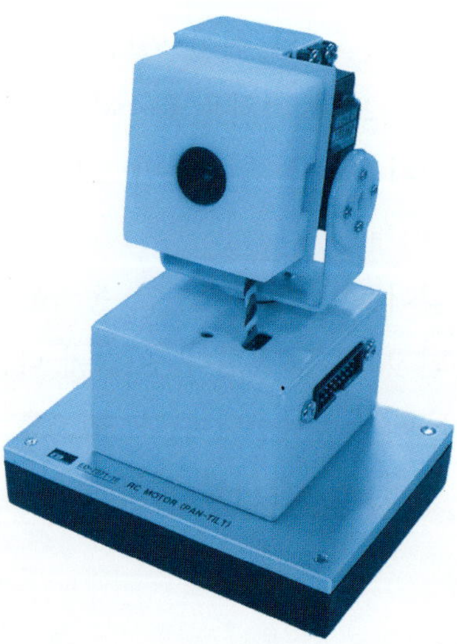

〔그림 5-22〕 RC 모터

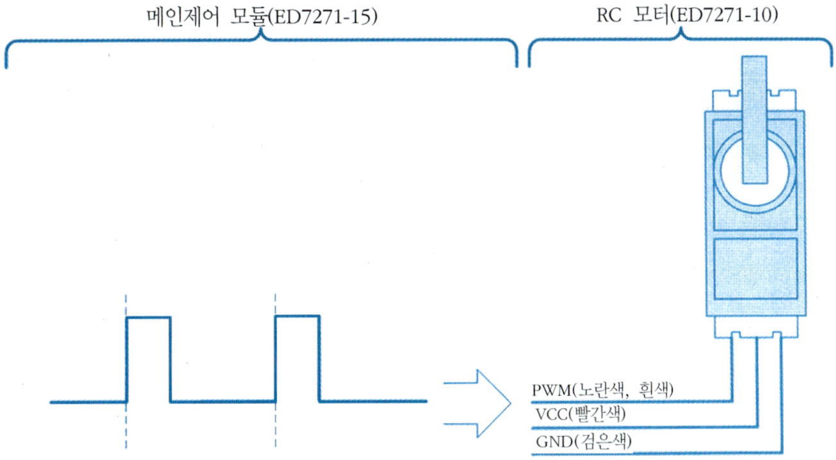

〔그림 5-23〕 제어 방법

메인제어 모듈에서 RC 서보 모터 제어 펄스를 출력하여 모터 제어가 가능하다. 메인제어 모듈과 RC 모터 모듈을 16핀 플랫 케이블로 연결하면 2개의 RC 서보 모터를 제어할 수 있다.

5-4 DC 모터 제어 실습

ED7271 지능형 로봇 실험실습 장비에 있는 DC 모터를 제어하는 기본 프로그램을 Visual C++(MFC)를 사용하여 작성하도록 한다.

다음 그림은 본 실습의 목표이며 이 Dialog를 통하여 사용자는 1) 모터 초기화, 2) 모터 셋팅, 3) 가속도 설정, 4) 속도 설정의 입력을 한 후, 우측의 '전진', '후진', '좌회전', '우회전', '정지' 버튼으로 로봇의 움직임을 제어할 수 있다. 또한 하단의 버튼을 사용하여 DC 모터 회전시 '위치(Position)', '각도(Degree)', '거리(Centimeter)', '속도(RPM)' 정보를 획득할 수 있다.

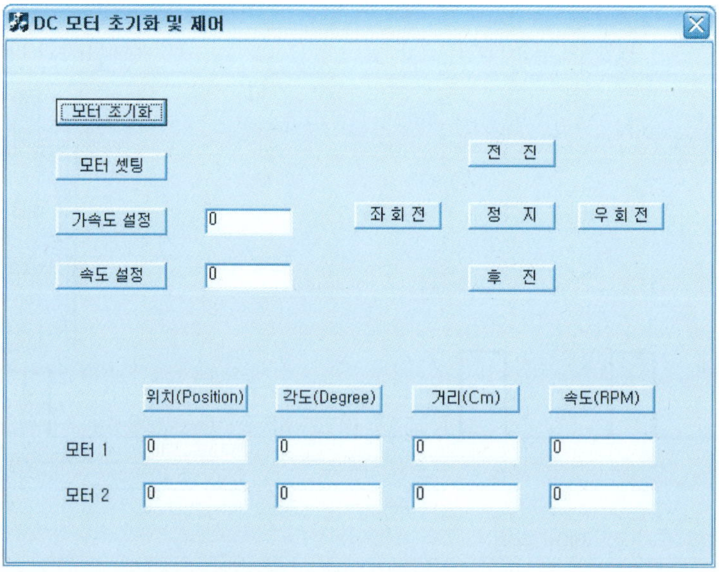

〔그림 5-24〕 실습 목표

1) 프로젝트 생성

MicroSoft사의 'Visual C++'를 실행한다.

'Visual C++'의 초기 실행 화면에서 메뉴창의 'File'를 클릭한 후 'New'를 선택한다.

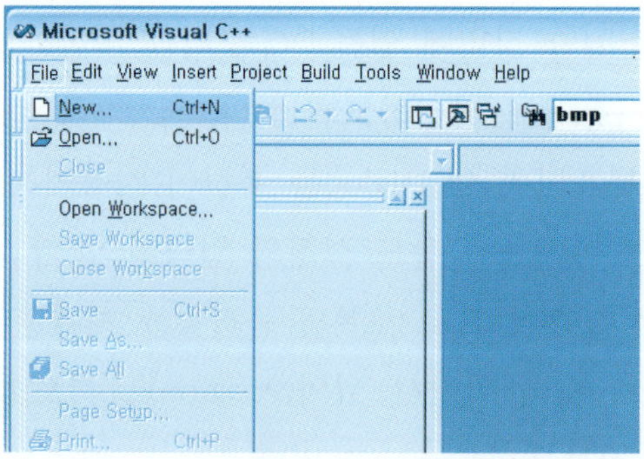

〔그림 5-25〕 메 뉴

다음과 같이 새로운 창이 열리면 좌측 상단의 'Project' 란을 선택한 후, 'MFC AppWizard [exe]'를 클릭한 후, 'Project name'를 기입하고, Project 파일들이 저장될 폴더를 'Location' 란에 지정한다(지정된 폴더에 'Project name'으로 하위 폴더가 생성되어 저장된다).

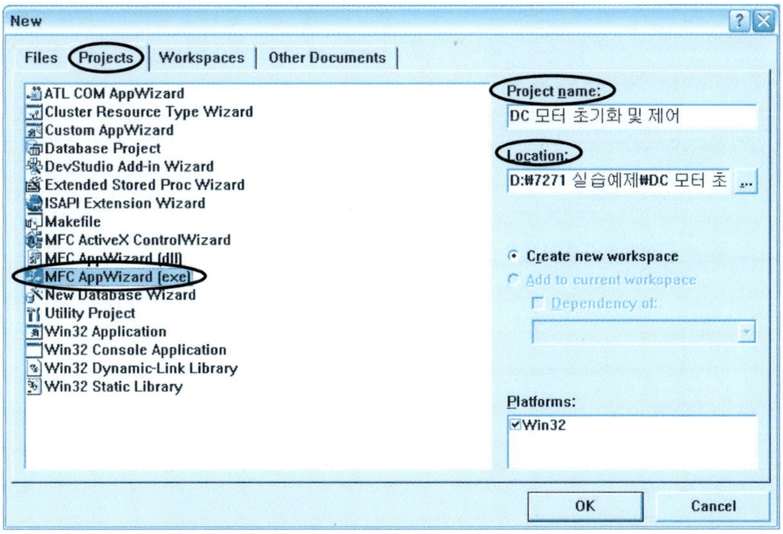

〔그림 5-26〕 프로젝트 종류와 이름, 폴더 지정

※ 교재에 나와있는 각 실습별 프로젝트 명과 예제 프로그램의 프로젝트 명이 상이하니 실제 프로그램 실행에는 이상이 없으므로 이에 유의하기 바란다.

'OK' 버튼을 누르면 다음과 같은 화면이 나오며, 'Dialog based'를 선택한 후 'Finish'를 클릭한다.

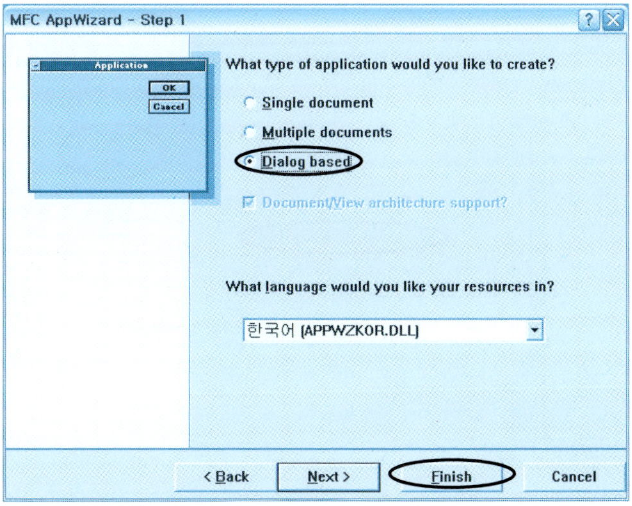

〔그림 5-27〕 Application Type 선택

최종적으로 생성된 프로젝트의 정보가 나와 있는 창이 열리며, 'OK' 버튼을 클릭하면 기본적인 프로젝트의 생성은 끝난다.

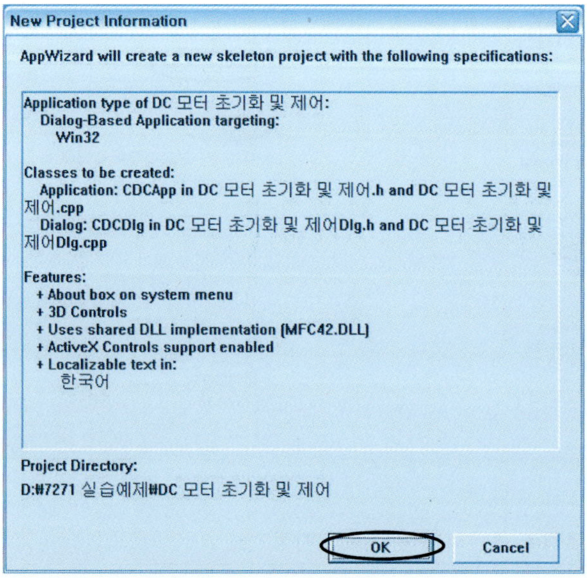

〔그림 5-28〕 프로젝트 생성 화면

'OK' 버튼을 클릭하면 다음 화면이 나오며, 기본적인 Dialog 창이 생성되어 있음을 볼 수 있다. 우선 원으로 선택되어 있는 항목들을 삭제한다(우측 상단의 '확인', '취소' 버튼을 필히 삭제할 필요는 없다. : 선택사항).

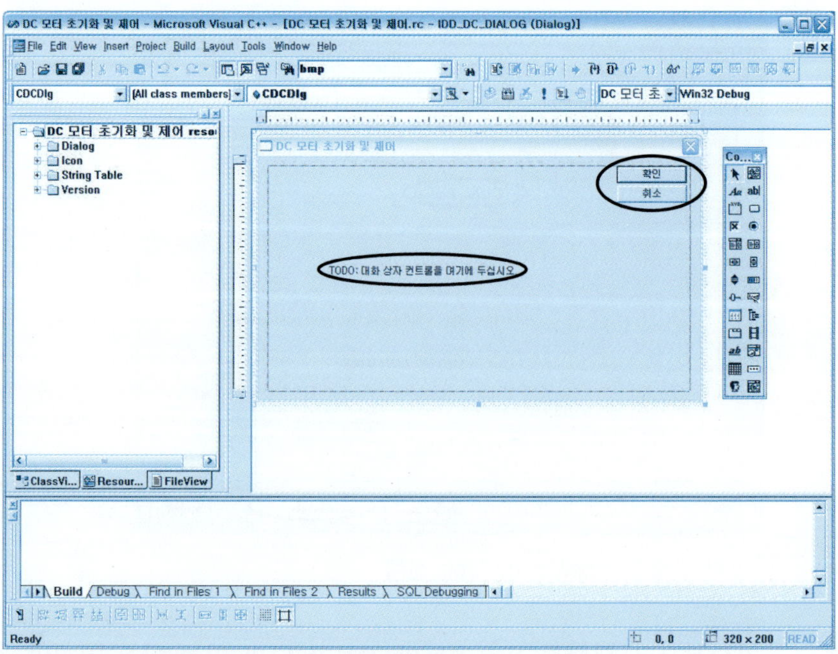

〔그림 5-29〕 기본 Dialog Box 생성 화면

DC 모터 제어에 필요한 Header 파일을 프로젝트에 추가하기 위하여 Work Space 하단의 'File View'를 선택한 후, 그림과 같이 'Header File'을 마우스 오른쪽 버튼으로 클릭하여 'Add File to Folder...'를 선택한다.

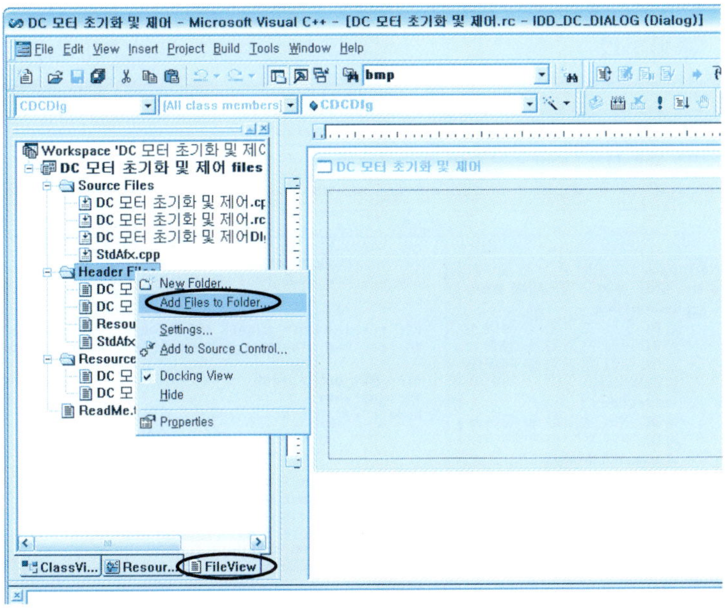

〔그림 5-30〕 Header File의 추가 - 1

제공된 파일이 있는 폴더를 선택한 후 'Motion_Library.h' 파일을 추가한다.

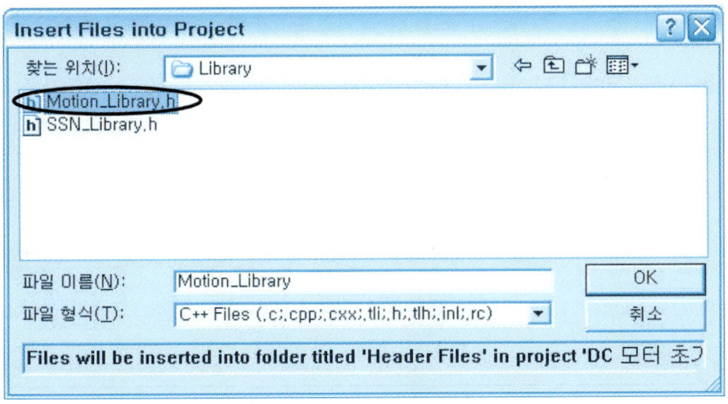

〔그림 5-31〕 Header File의 추가 - 2

추가된 Header 파일의 내부에는 DC 모터 제어에 필요한 여러 함수가 정의되어 있으며 이 함수들을 이용하여 프로그램을 작성하고 프로그램 실행시 DLL 파일을 이용하여 DC 모터를 제어하게 된다. Header 파일내의 각 함수에 대한 설명은 Library 설명을 참조하기 바란다.

Header 파일을 추가한 후, 프로젝트 내에서 사용할 수 있도록 하기 위하여 Work Space의 Header 파일 폴더안의 'StdAfx.h'을 더블클릭하여 밑줄로 표시된 부분을 추가한다.

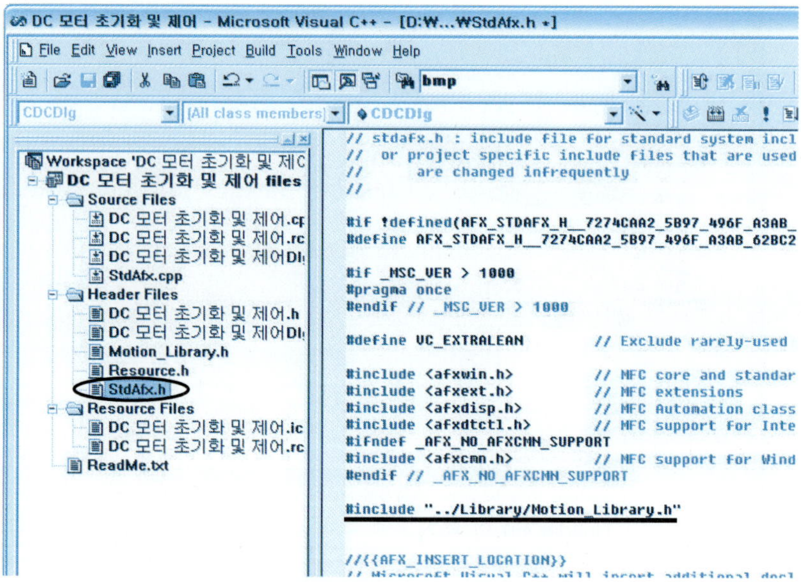

〔그림 5-32〕 StdAfx.h 파일 수정

위 그림에 나와 있는 밑줄로 표시된 부분에서 "../Library/Motion_Library.h "는 추가한 Library 파일(Motion_Library.h)이 있는 폴더를 가리킨다.

이 교재에서는 제공되는 파일들이 들어있는 폴더가 다음 그림의 경로에 저장되어 있어 [그림 5-30]~[그림 5-31]과 같은 방법으로 Header 파일을 추가시켰으나, 다른 상황일 경우 그림처럼 Library 폴더를 이동, 혹은 복사하여 진행하기 바란다(선택사항).

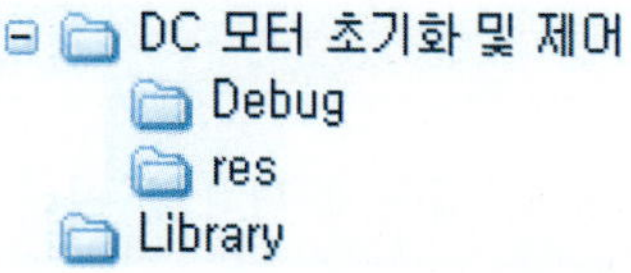

〔그림 5-33〕 프로젝트 폴더와 Library 폴더

제공된 .lib 파일을 프로젝트에 연결하기 위하여 다음 그림처럼 메뉴항목의 'Project'를 선택한 후 'Settings'을 클릭한다.

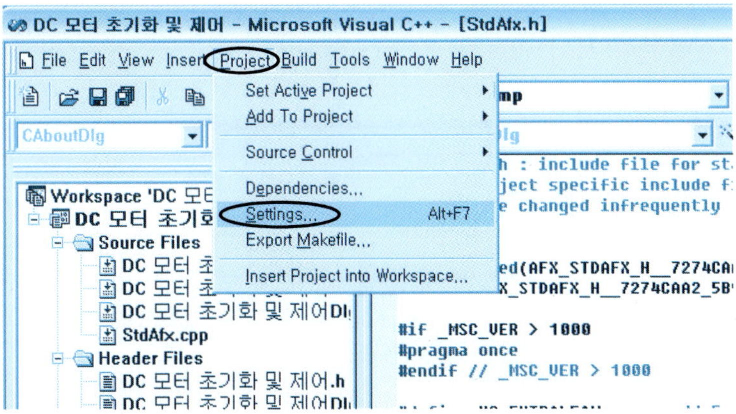

〔그림 5-34〕 Project Setting 선택

Project Setting 창이 열리면 'Link'를 선택한 후 그림에 표시된 부분을 그림과 같이 변경한다. 우선 'Output file name:' 항목은 프로그램 작성 후 실행파일이 생성되는 폴더와 실행파일의 이름을 사용자가 변경할 수 있는 부분이며, 'Object/Library modules:' 항목은 ED7271 시스템의 DC 모터를 제어하기 위한 Library 파일을 프로젝트에 연결하기 위한 부분이다. Header 파일의 추가 방법과 마찬가지로 [그림 5-32]와 같을 경우에 해당되는 그림이다. 밑줄이 된 부분을 추가한다.

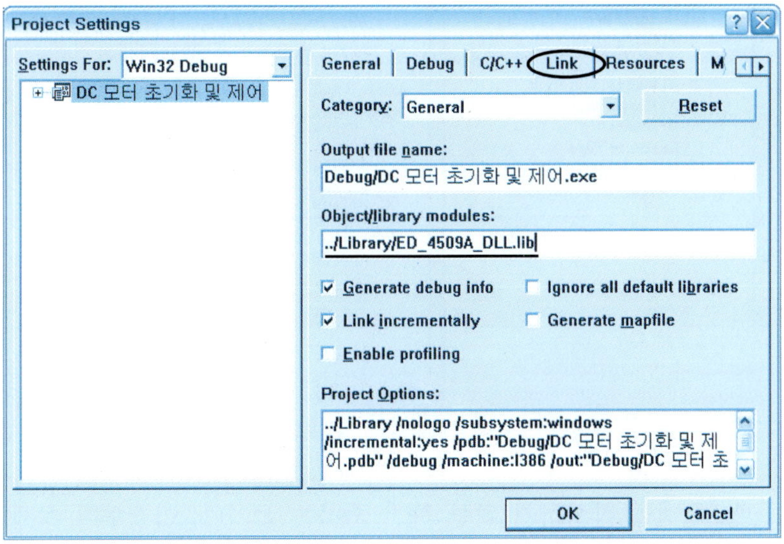

〔그림 5-35〕 Project Setting

[그림 5-36]의 'Output file name:'에 해당되는 폴더(그림상에서는 Debug 폴더)에 제공된 'ED_4509A_DLL.dll' 파일을 복사한다. 현재 작성중인 프로그램에서 이 파일의 내부에 있는 함수를 호출하여 실행하므로, 실행파일과 같은 폴더 내에 있지 않으면 동작하지 않는다.

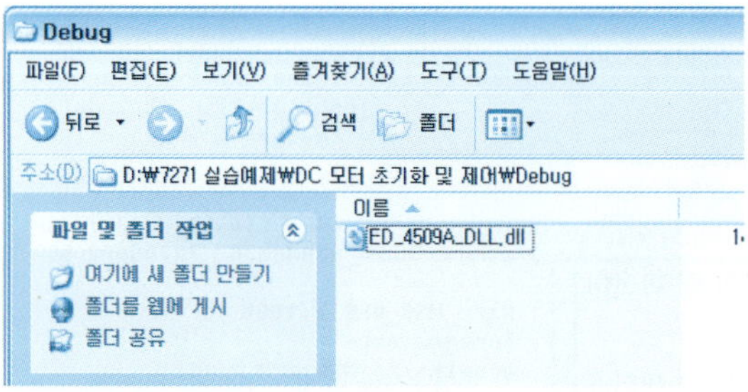

〔그림 5-36〕 DLL 파일의 복사

Work Spcae의 Header 폴더에 있는 'DC 모터 초기화 및 제어Dlg.h' 파일에서 다음 그림에 표시된 객체를 해당 위치에 추가한다. 이 객체를 이용하여 DC 모터를 제어하는 Library의 함수를 이용할 수 있다.

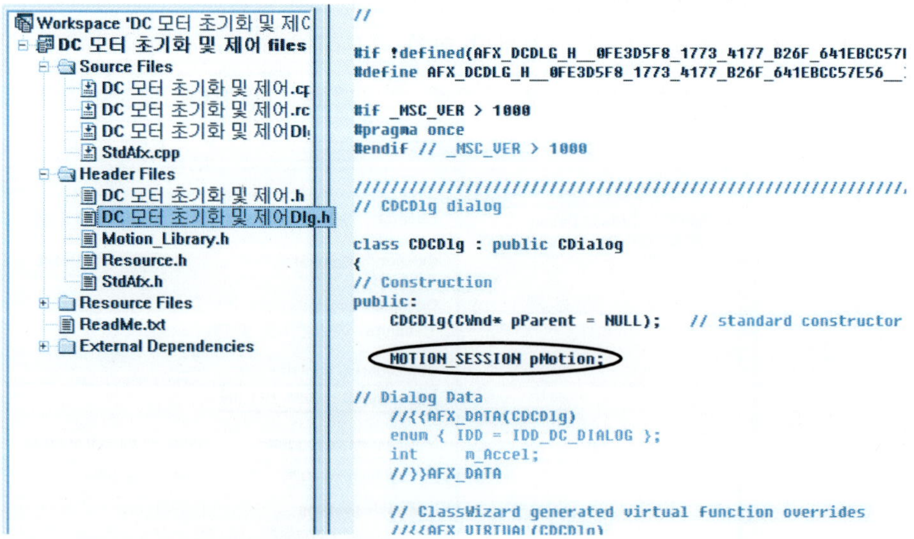

〔그림 5-37〕 DC 모터 제어 객체 선언

프로그램을 작성하기 위한 사전 준비는 끝이며, 이제부터 실제 프로그램의 작성이다.

2) DC 모터 초기화

프로그램 실행시 ED7271-15 제어 모듈을 통하여 DC 모터를 초기화하기 위한 함수를 작성한다.

Resource 창에서 Dialog에 다음 그림처럼 Control 메뉴의 버튼 생성키를 사용하여 버튼을 추가한다.

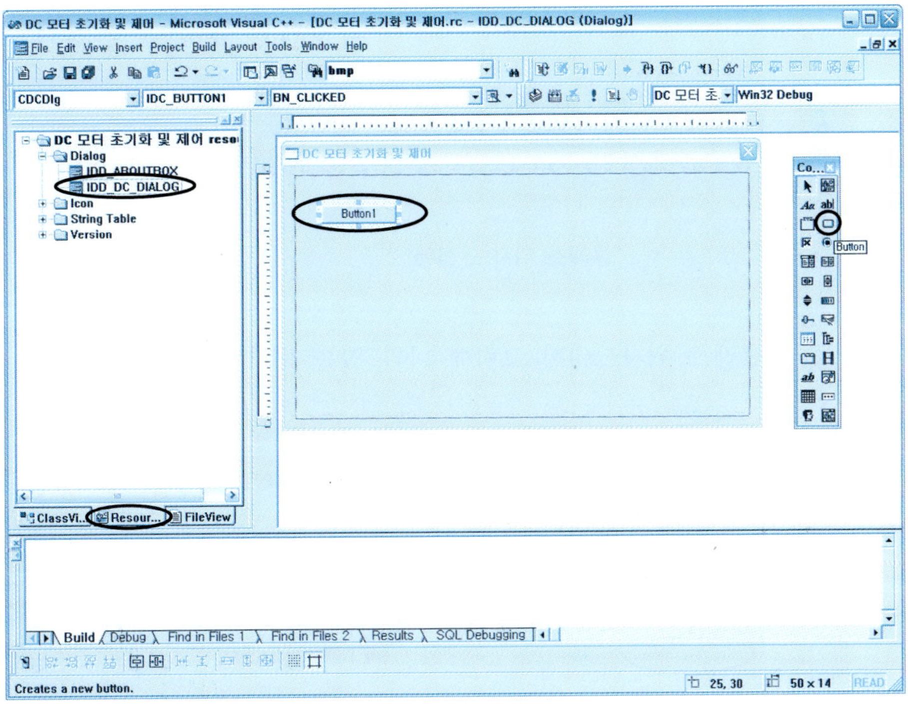

〔그림 5-38〕 Dialog 창에 버튼 추가

생성된 버튼을 마우스 오른쪽 버튼으로 클릭('Enter' 키 가능)하여 'Properties'를 선택하고, Properties 창에서 'ID'와 'Caption'을 그림과 같이 변경한다.

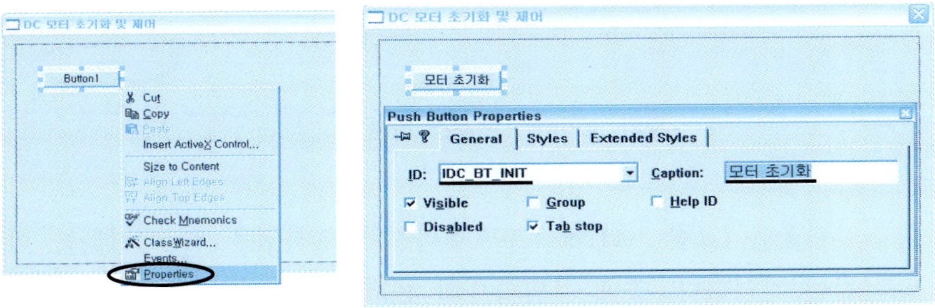

〔그림 5-39〕 Properties(속성) 창

생성된 버튼을 임의의(예 : 모터의 초기화) 함수에 연결(버튼 입력으로 임의의 동작을 실행)하기 위하여 클래스 위자드(Class Wizard, Ctrl+W)를 선택한다.

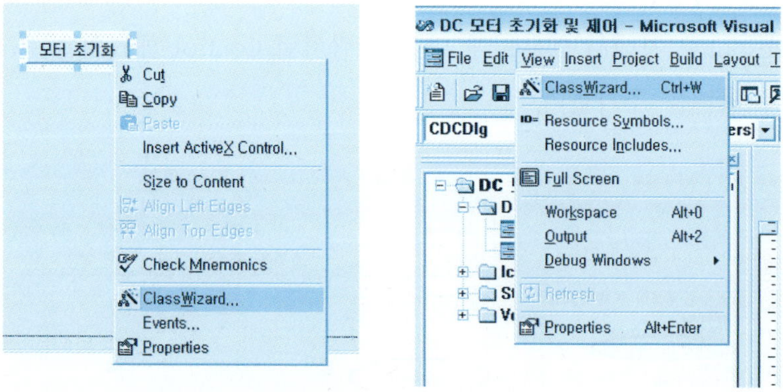

〔그림 5-40〕 클래스 위자드 실행

클래스 위자드에서 그림에 나와 있는 순서와 같이 실행한다.

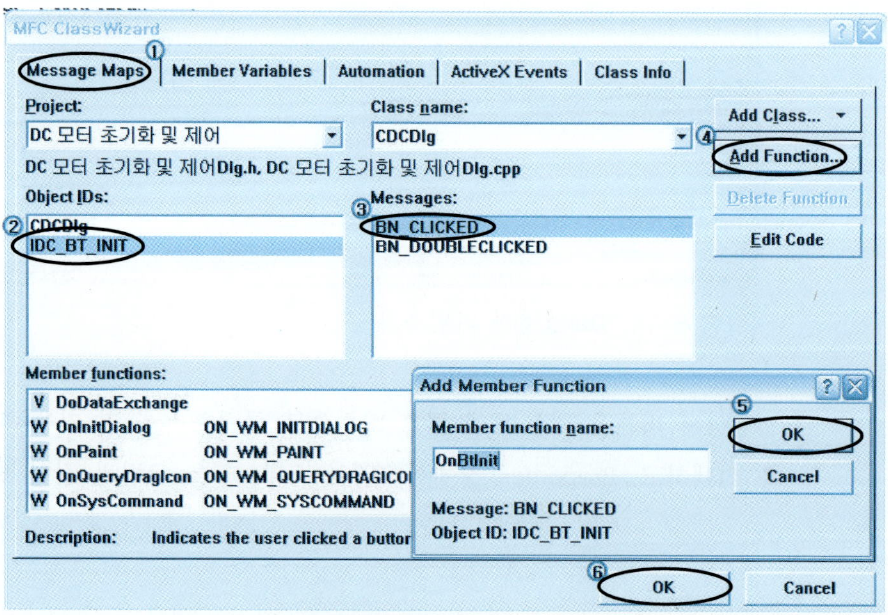

〔그림 5-41〕 모터 초기화 - 클래스 위자드

다음은 [그림 5-41]에서 6번째까지 실행하였을 때 생성되는 함수이며 그림과 같이 작성한다. 클래스 위자드의 'Edit Code' 버튼이나 Dialog에서 생성한 '모터 초기화' 버튼을 더블클릭하면 생성된 함수로 이동한다. 이는 Dialog에서 생성한

'모터 초기화' 버튼을 눌렀을 때 실행되는 코드로, 'Motion_Library.h' 파일안의 'DCServo01_Initialize()' 함수를 이용하여 모터를 초기화한다. 만약 모터를 초기화하는데 실패하였다면 "모터 초기화 실패" 라는 메시지를 출력할 것이다.

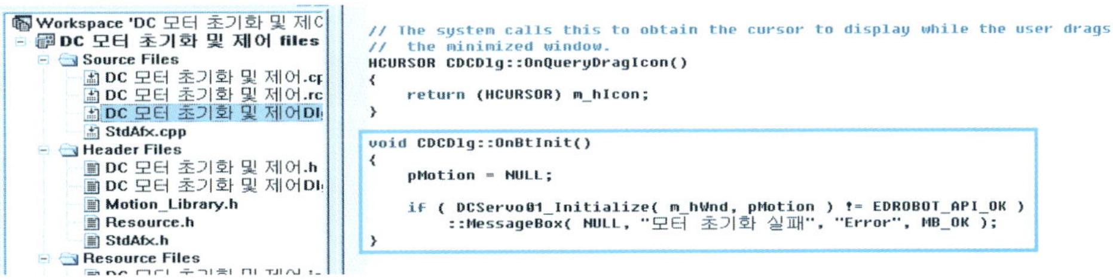

〔그림 5-42〕 모터 초기화 함수

3) Dialog 종료

DC 모터 제어와 관련된 프로그램을 종료하는 경우 'DCServo01_Close()' 함수가 Application close 및 Destory 부분에서 반드시 실행되어야 한다. 이 함수가 실행되지 않을 경우 다음 프로그램 실행시 DC 모터 초기화가 안되는 경우가 발생한다.

이 함수는 특정 버튼이나 Edit Box를 사용하는 것이 아닌 해당 Dialog를 종료할 때 자동적으로 실행되는 'WM_DESTORY'를 클래스 위자드를 이용하여 생성, 추가해주면 된다.

먼저 클래스 위자드를 실행하여 해당 함수를 추가한다.

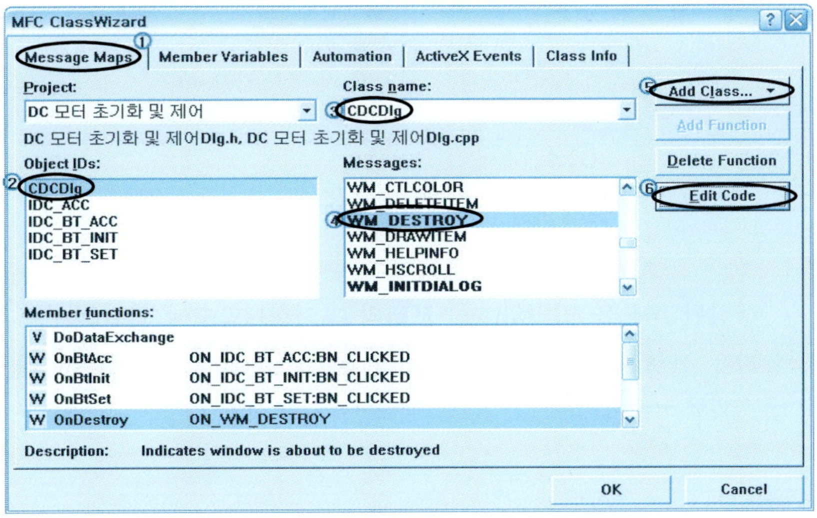

〔그림 5-43〕 WM_DESTORY 클래스 생성

추가된 함수에 다음 그림의 부분의 코드를 작성한다.

```
void CDCDlg::OnDestroy()
{
    CDialog::OnDestroy();

    DCServo01_Close( pMotion );
}
```

〔그림 5-44〕 DCServo()1_Close() 함수의 코드 추가

4) 모터 세팅

모터의 기본 Spec.과 PID 값들을 설정하는 함수를 작성한다.

'Motion_Library.h' 파일안의 'DCServo01_FillterSet()'을 사용하여 모터 번호, Encoder 펄스, 감속기의 감속비, PID Gain 값들을 설정한다.

다음 그림은 PID 설정을 연결하는 버튼을 생성하는 부분으로 그림과 같이 버튼을 추가한 후 속성을 설정한다.

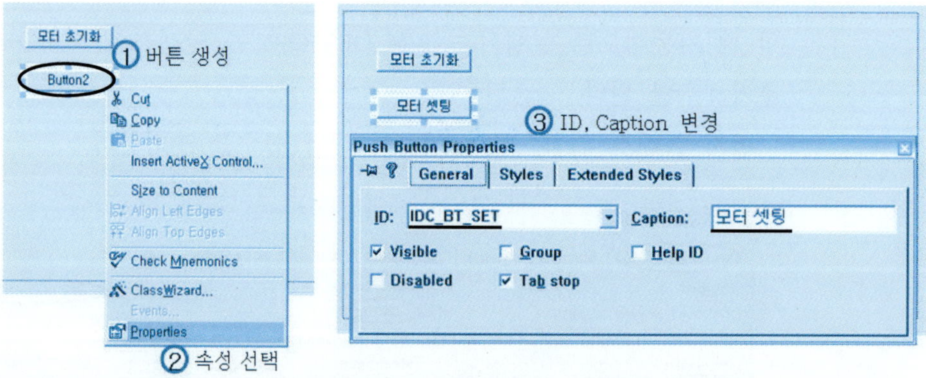

〔그림 5-45〕 모터 세팅 버튼 추가와 속성 설정

생성된 버튼을 임의의(ex : 모터의 초기화) 함수에 연결(버튼 입력으로 임의의 동작을 실행)하기 위하여 클래스 위자드(Class Wizard, Ctrl+W)를 선택하고 그림과 같이 입력한다.

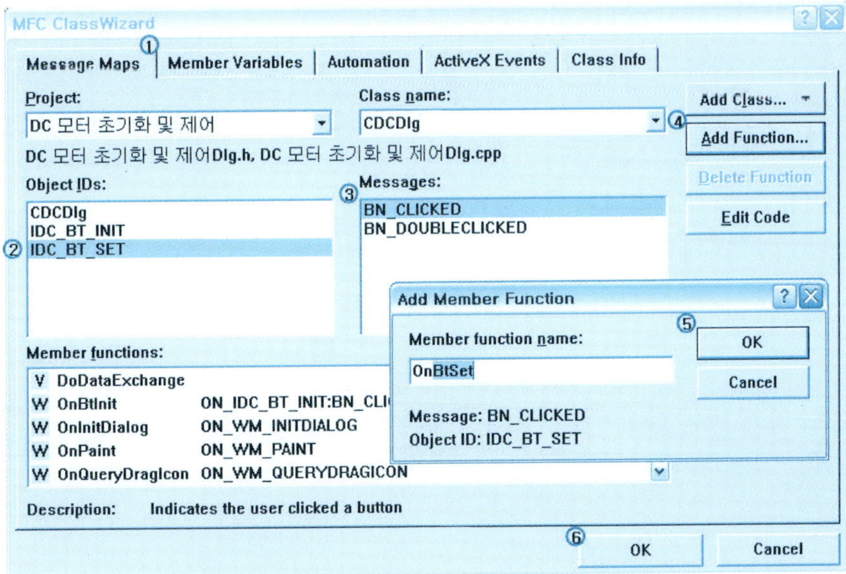

[그림 5-46] 모터 세팅 - 클래스 위자드

위 과정을 실행한 후 생성되는 함수는 다음과 같으며, 생성된 함수에 그림과 같이 작성한다.

```
void CDCDlg::OnBtSet()
{
    DCServo01_FillterSet( pMotion, 1, 14, 30, 200, 0, 0, 0 );  // PID Setting Motor 1
    DCServo01_FillterSet( pMotion, 2, 14, 30, 200, 0, 0, 0 );  // PID Setting Motor 2

}
```

[그림 5-47] 모터 세팅 함수

'DCServo01_FillterSet()' 함수의 인자는 다음 표의 순서와 같으며, [그림 5-47]에 작성된 코드에서 Encoder 펄스값과 감속비는 ED7271에 사용된 모터의 Spec.이며, Kp, Ki, Kd, 그리고 Interval은 기본 설정 값이다.

차후, 프로그램 작성 방식에 따라 '모터 세팅 코드'를 '모터 초기화 함수'에 추가하여 작성할 수 있다.

〈표 5-1〉 'DCServo01_FillterSet()' 함수의 인자

인 자	설 명
pMotion	DC Servo Motor를 제어하기 위한 Session 핸들 정보
nSelectMotor	사용하고자 하는 모터 번호, 모터 1~4번까지 사용 가능
dwEncoder	모터와 연결된 Encoder pulse 입력
dbReduction	감속기의 감속비 입력
dwKp	PID Gain 중 Kp 입력
dwKi	PID Gain 중 Ki 입력
dwKd	PID Gain 중 Kd 입력
dwIl	PID Gain 중 Interval 입력

5) Acceleration 설정

'DCServo01_SetAbsoluteAcceleration()' 함수를 사용하여 모터의 가속도를 설정한다.

가속도를 설정하는 함수는 'DCServo01_SetAbsoluteAcceleration()'와 'DCServo01_SetRelativeAcceleration()' 함수가 있는데, 두 함수의 차이점은 절대적인 가속도 값(항상 고정적인, '0'을 기준으로 입력된 값을 적용)을 적용하는 것과 상대적인 가속도 값(입력하기 전의 가속도 값에 입력한 값이 누적되어 적용 : 더하기 개념)을 사용하느냐의 차이이다.

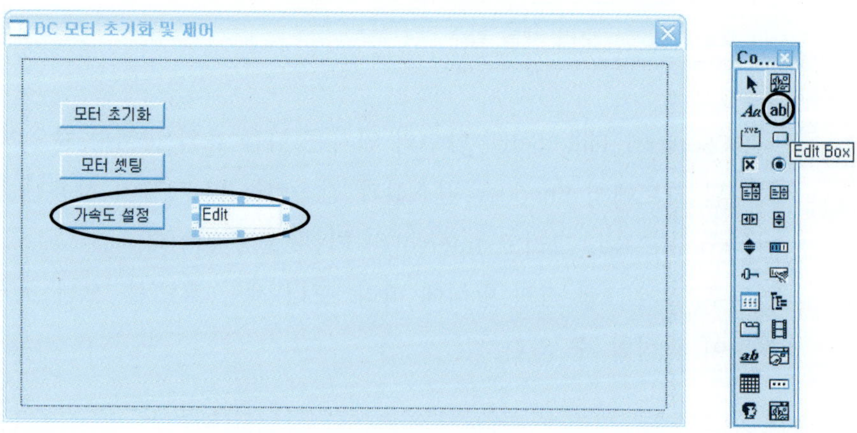

〔그림 5-48〕 가속도 설정 버튼과 Edit Box 생성

[그림 5-48]과 같이 가속도를 설정하는 버튼을 생성하고, 사용자가 가속도를 변경할 수 있도록 Control 메뉴의 Edit 버튼을 사용하여 Edit Box를 생성한다. 생성된 버튼과 Edit Box의 ID와 Caption을 [그림 5-49]와 같이 설정한다.

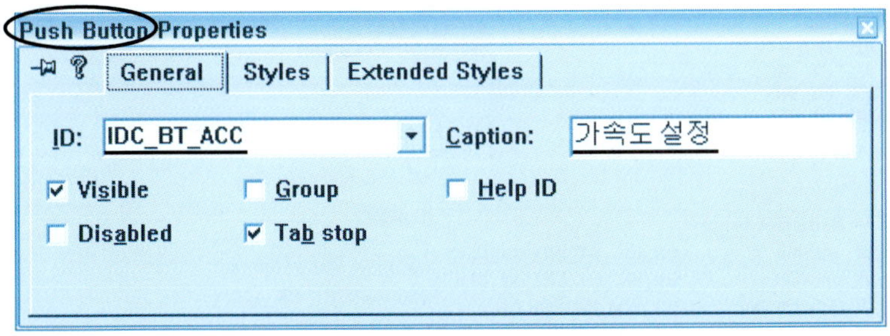

a) 가속도 버튼 속성 설정

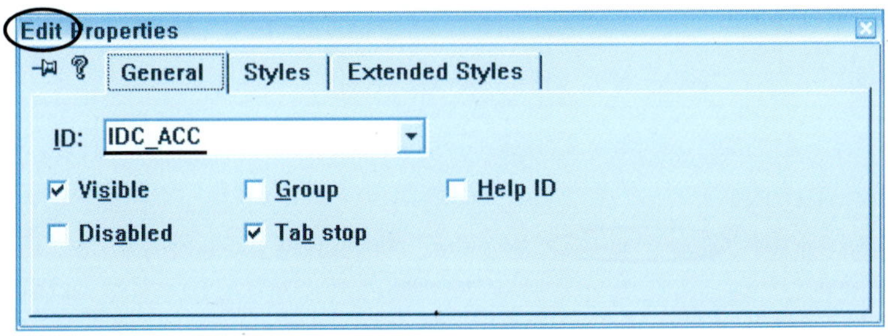

b) Edit Box 속성 설정

[그림 5-49] 속성 설정

가속도 설정 버튼에 연결될 함수와 Edit Box에 연결될 변수의 생성을 위하여 클래스 위자드를 실행시키고 [그림 5-50], [그림 5-51]과 같이 각각에 대하여 함수와 변수를 생성한다.

가속도 설정 버튼의 경우 버튼의 입력(눌림)에 의해 실행되는 함수를 생성하는 것이나, Edit Box의 경우 사용자가 입력하는 값, 즉 변수를 받아서 가속도 설정 함수에서 사용할 수 있도록 각각의 버튼과 Edit Box를 함수에 연결해주는 것이다.

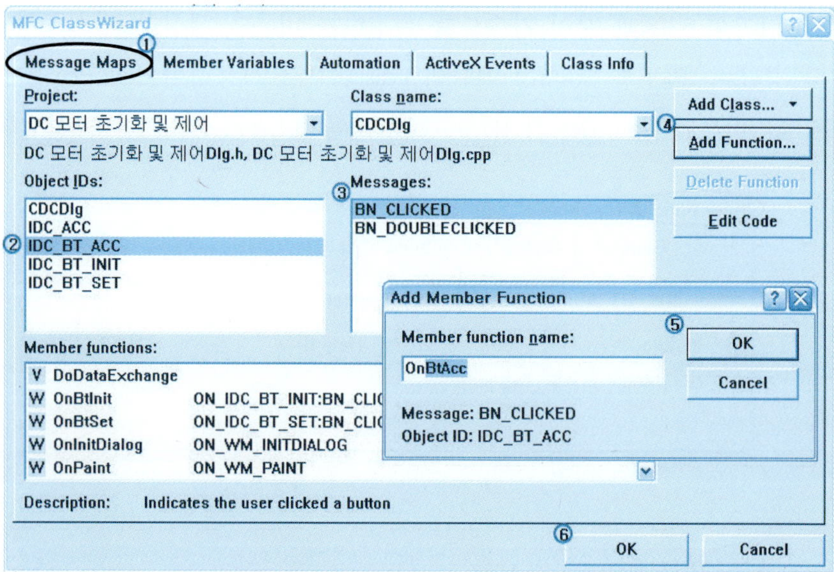

〔그림 5-50〕 가속도 설정 버튼 - 클래스 위자드

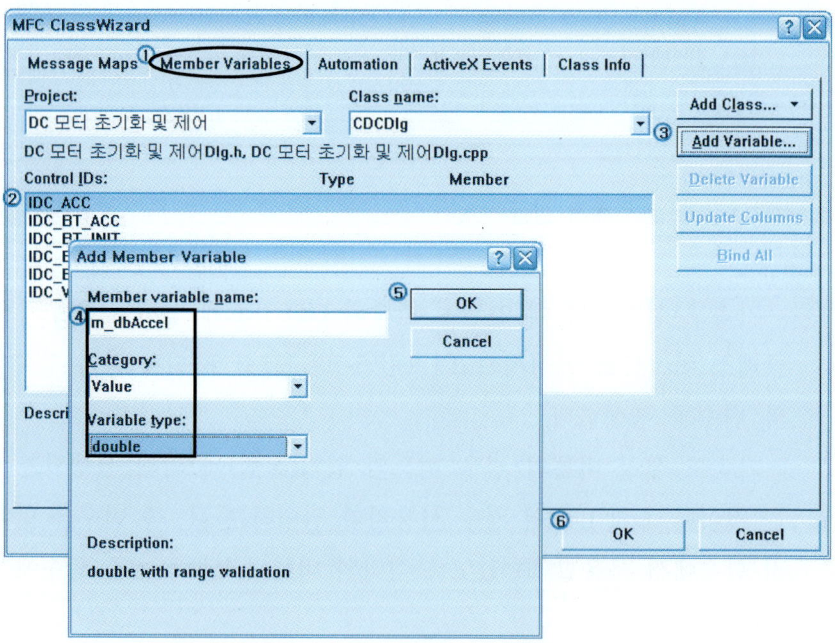

〔그림 5-51〕 가속도 설정 Edit Box - 클래스 위자드

클래스 위자드를 통하여 생성된 가속도 설정 함수는 다음과 같으며, 그림과 같이 작성한다. 가속도 설정함수의 인자는 모터를 제어하는 객체와 모터 번호, 가속도 값이다.

```
void CDCDlg::OnBtAcc()
{
    UpdateData(TRUE);

    DCServo01_SetAbsoluteAcceleration( pMotion, 1, m_dbAccel );
    DCServo01_SetAbsoluteAcceleration( pMotion, 2, m_dbAccel );

    UpdateData(FALSE);
}
```

〔그림 5-52〕 가속도 설정 함수

최종 프로그램을 실행시켰을 때 Edit Box에 가속도 값을 입력하고 가속도 설정 버튼을 누르면 입력한 값은 'm_dbAccel' 변수에 저장되어 모터의 전, 후진 등에 적용된다.

6) Velocity 설정

'DCServo01_SetAbsoluteVelocity()' 함수를 사용하여 모터의 회전속도, 즉 Velocity를 설정한다. 속도를 설정하는 함수 또한 가속도와 같이 'DCServo01_SetAbsolute Velocity()'와 'DCServo01_SetRelativeVelocity()'가 있으며, 그 차이는 가속도의 경우와 같다.

[그림 5-53]과 같이 속도를 설정하는 버튼을 생성하고, 사용자가 속도를 변경할 수 있도록 Control 메뉴의 Edit 버튼을 사용하여 Edit Box를 생성한다. 생성된 버튼과 Edit Box의 ID, 그리고 Caption을 [그림 5-54]와 같이 설정한다.

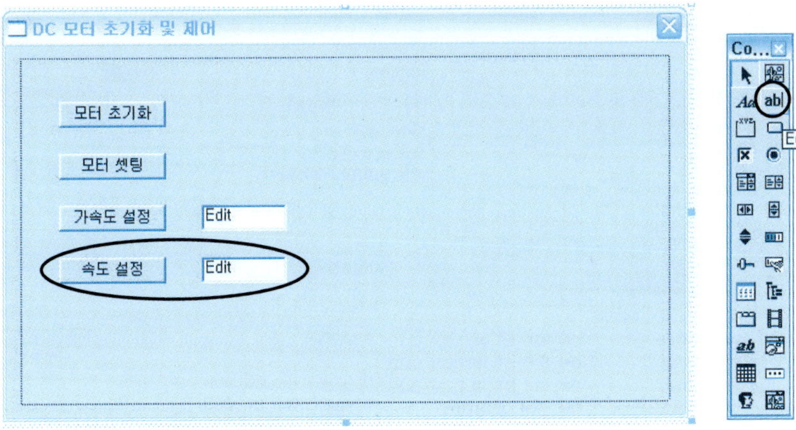

〔그림 5-53〕 속도 설정 버튼과 Edit Box 생성

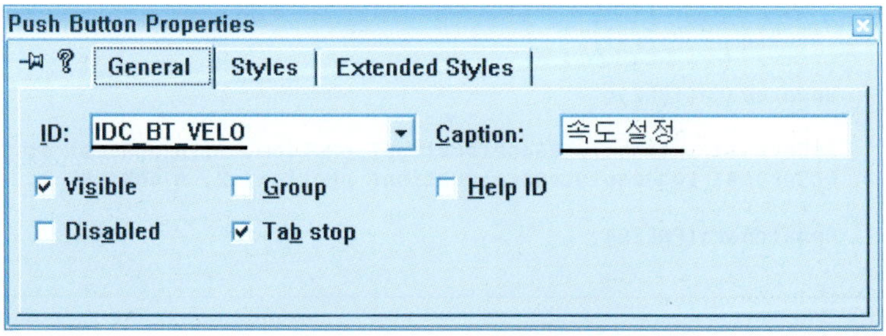

a) 속도 버튼 속성 설정

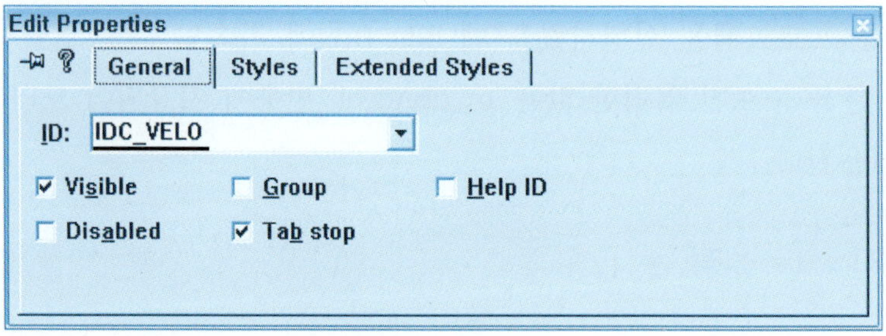

b) Edit Box 속성 설정

〔그림 5-54〕 속성 설정

속도 설정 버튼에 연결될 함수와 Edit Box 에 연결될 변수의 생성을 위하여 클래스 위자드를 실행시키고 [그림 2-55]와 [그림 5-56]과 같이 각각에 대하여 함수와 변수를 생성한다.

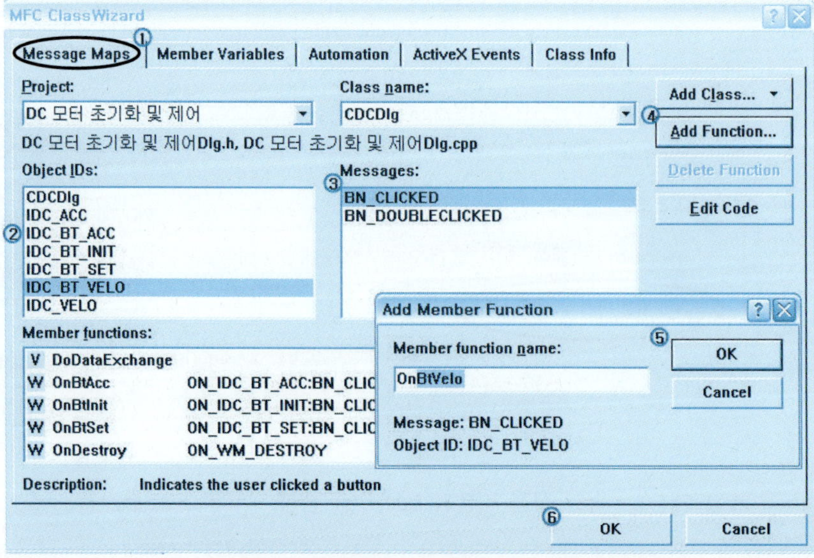

〔그림 5-55〕 속도 설정 버튼 - 클래스 위자드

속도 설정 버튼의 경우 버튼의 입력(눌림)에 의해 실행되는 함수를 생성하는 것이나, Edit Box의 경우 사용자가 입력하는 값, 즉 변수를 받아서 속도 설정 함수에서 사용할 수 있도록 각각의 버튼과 Edit Box를 함수에 연결해주는 것이다.

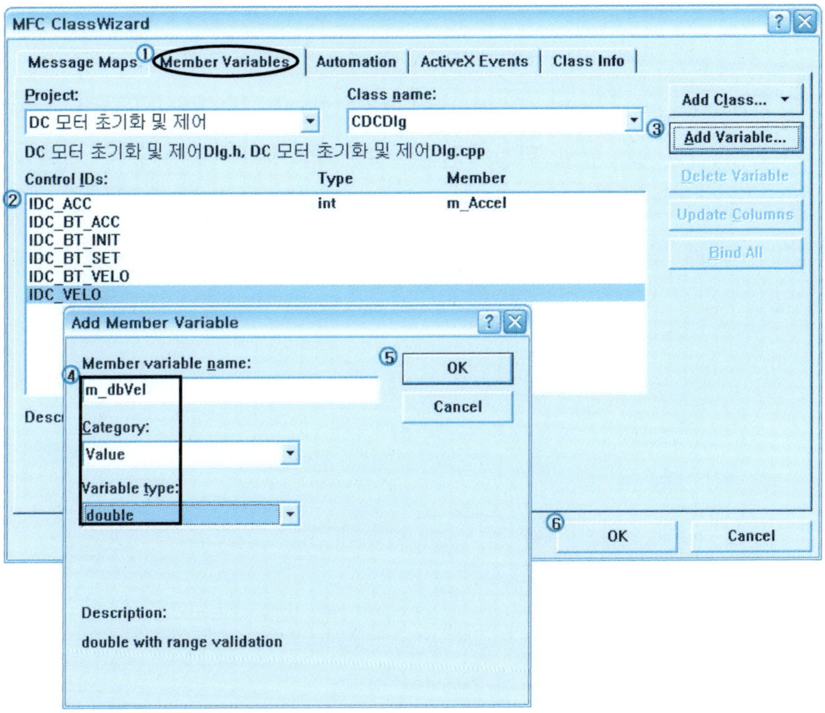

〔그림 5-56〕 속도 설정 Edit Box - 클래스 위자드

클래스 위자드를 통하여 생성된 속도 설정 함수는 다음과 같으며, 그림과 같이 작성한다. 속도 설정 함수의 인자는 모터를 제어하는 객체와 모터 번호, 가속도 값이다.

```
void CDCDlg::OnBtVelo()
{
    UpdateData(TRUE);

    DCServo01_SetAbsoluteVelocity( pMotion, 1, m_dbVel );
    DCServo01_SetAbsoluteVelocity( pMotion, 2, m_dbVel );

    UpdateData(FALSE);
}
```

〔그림 5-57〕 속도 설정 함수

최종 프로그램을 실행시켰을 때 Edit Box에 속도 값을 입력하고, 속도 설정 버튼을 누르면 입력한 값은 'm_dbVel' 변수에 저장되어 모터의 전, 후진 등에 적용된다.

7) DC 모터 전진

'DCServo01_ForwardStart()'와 'DCServo01_BackwardStart()' 함수를 이용하여 DC 모터를 앞, 뒤로 회전시킨다. 일반적인 이동 로봇이 두 개의 바퀴로 움직인다는 것을 상정하여 두 개의 DC 모터를 사용, 가상적으로 로봇을 전진시키도록 한다.

그림과 같이 '전진' 버튼을 생성한 후 ID와 캡션을 변경한다.

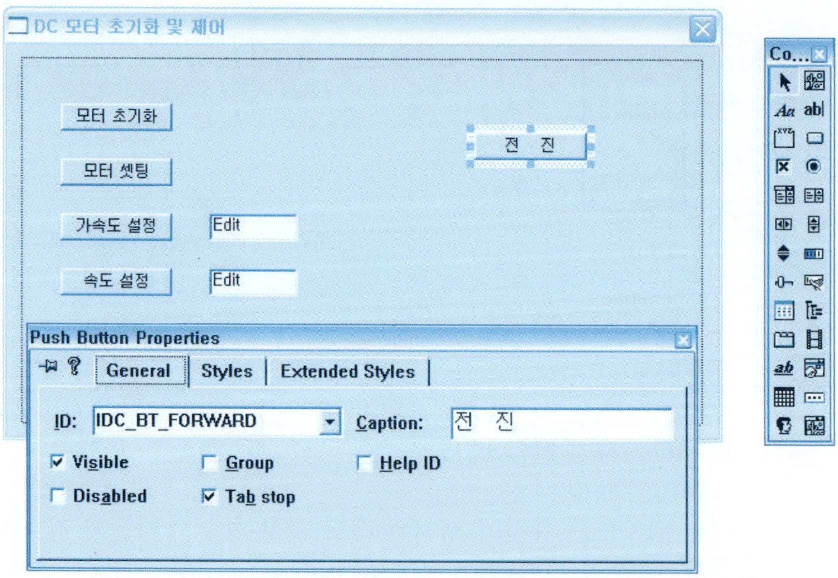

〔그림 5-58〕 전진 버튼 생성

클래스 위자드를 통하여 전진 버튼이 눌러졌을 때 실행되는 함수를 생성한 후,

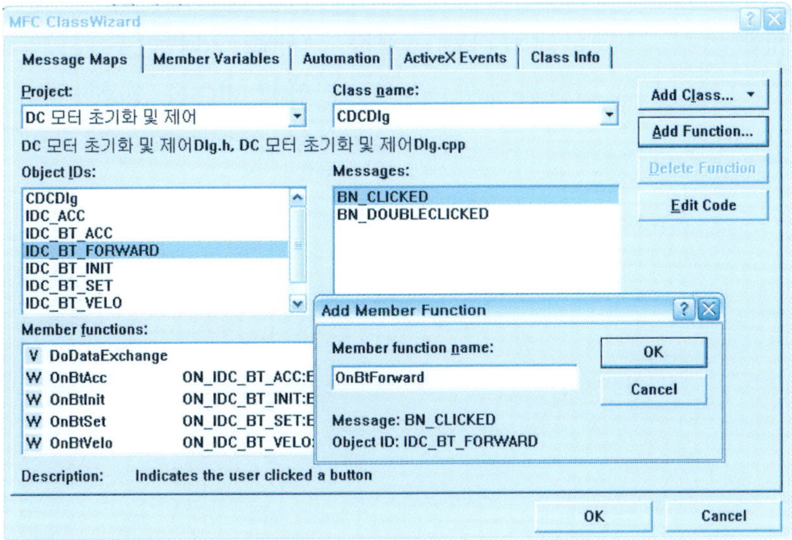

〔그림 5-59〕 클래스 위자드 - 전진 함수 생성

생성된 함수에 다음 그림과 같이 작성한다. 모터 전진 함수의 인자는 모터를 제어하는 객체와 모터 번호이다.

```
void CDCDlg::OnBtForward()
{
    UpdateData(TRUE);

    DCServo01_ForwardStart( pMotion, 1 );
    DCServo01_BackwardStart( pMotion, 2 );
}
```

〔그림 5-60〕 모터 전진 함수

ED7271의 두 개의 DC 모터는 서로 역방향으로 설치되어 바퀴를 구동시키는 구조이므로, 한쪽 바퀴는 'DCServo01_ForwardStart()', 다른 한쪽 바퀴는 'DCServo01_BackwardStart()' 함수를 사용하여 회전시켜야 실제 이동 로봇은 전진하게 된다.

8) DC 모터 정지

'DCServo01_StopSmoothly()' 함수를 이용하여 DC 모터를 정지시킨다. 모터 정지

에 대한 함수는 'DCServo01_StopSmoothly()', 'DCServo01_StopAbruptly()' 그리고 'DCServo01_MotorOff()' 3 종류가 있으며, 각 함수의 차이는 입력된 '가속도를 적용한 정지', '가속도를 무시한 급정지' 그리고 '모터에 공급되는 전원 OFF'이다.

'(7) DC 모터 전진'과 같은 방법으로 '정지' 버튼을 생성한 후 ID와 캡션을 변경한다.

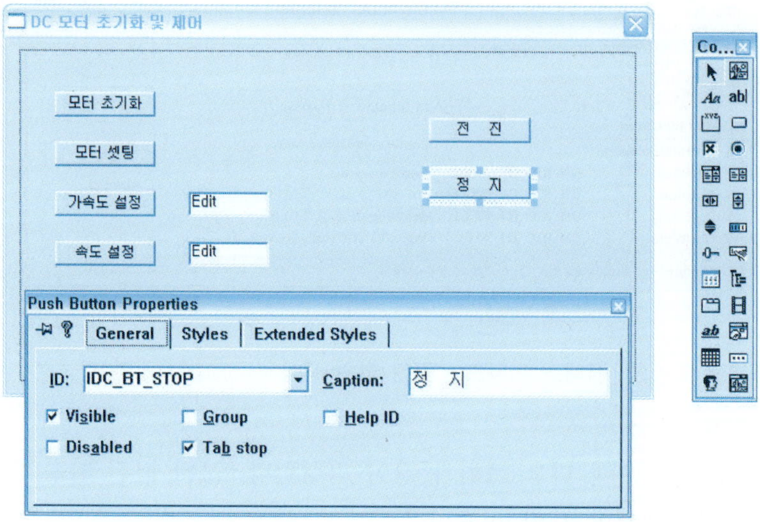

〔그림 5-61〕 정지 버튼 생성

클래스 위자드를 통하여 정지 버튼이 눌러졌을 때 실행되는 함수를 생성한 후,

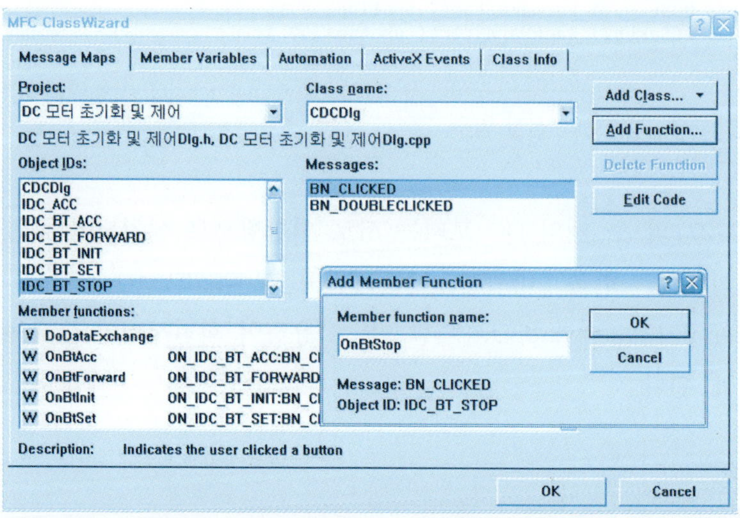

〔그림 5-62〕 클래스 위자드 - 정지 함수 생성

다음 그림처럼 코드를 작성하면 된다. 모터 정지 함수의 인자는 모터를 제어하는 객체와 모터 번호이다.

```
void CDCDlg::OnBtStop()
{
    DCServo01_StopSmoothly( pMotion, 1 );
    DCServo01_StopSmoothly( pMotion, 2 );
}
```

〔그림 5-63〕 모터 정지 함수

차후 특정 상황이나 조건, 입력 등이 있을 때 특정 명령(예 : 모터 전진, 모터 정지 등)을 실행시키고자 할 때는 해당 함수들을 추가하면 된다.

다음 그림은 Dialog 창이 닫힐 때 자동적으로 모터가 정지되도록 추가한 예제이다.

```
void CDCDlg::OnDestroy()
{
    CDialog::OnDestroy();

    OnBtStop();

    DCServo01_Close( pMotion );
}
```

〔그림 5-64〕 OnDestory() 함수에 모터 정지 함수 추가

9) DC 모터 후진, 좌회전, 우회전

DC 모터의 후진과 좌회전, 우회전은 '(7) DC 모터 전진'에 쓰인 함수, 'DCServo01_ForwardStart()'와 'DCServo01_BackwardStart()'를 조건에 맞도록 모터의 번호를 변경하거나, 함수를 변경하여 적용할 수 있다. '후진', '좌회전', '우회전'에 해당하는 버튼을 각각 생성한 후 클래스 위자드를 통하여 함수를 생성하고 각 함수에 코드를 작성한다.

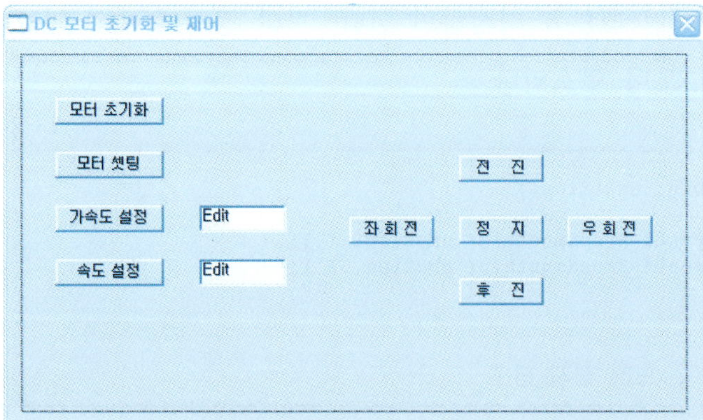

〔그림 5-65〕 버튼 생성

〈표 5-2〉 후진, 좌회전, 우회전 버튼의 ID, 캡션

	ID	Caption
후진	IDC_BT_BACKWARD	후진
좌회전	IDC_BT_LEFT	좌회전
우회전	IDC_BT_RIGHT	우회전

```
void CDCDlg::OnBtBackward()
{
    UpdateData(TRUE);

    DCServo01_ForwardStart( pMotion, 2 );
    DCServo01_BackwardStart( pMotion, 1 );
}

void CDCDlg::OnBtLeft()
{
    UpdateData(TRUE);

    DCServo01_BackwardStart( pMotion, 1 );
    DCServo01_BackwardStart( pMotion, 2 );
}

void CDCDlg::OnBtRight()
{
    UpdateData(TRUE);

    DCServo01_ForwardStart( pMotion, 1 );
    DCServo01_ForwardStart( pMotion, 2 );
}
```

〔그림 5-66〕 후진, 좌회전, 우회전 코드

10) DC 모터 정보(상태) 읽기

차후 다루게 될 응용 실습에서는 모터의 상태값에 따른 제어가 필요하다. ED7271 실습실험장치에서는 회전하고 있는 모터의 위치, 각도, 거리, 속도에 대한 정보 값을 획득할 수 있도록 되어 있다.

Dialog 창에 다음 그림과 같이 버튼과 Edit Box를 설정한다. 좌측 하단의 '모터 1'과 '모터 2'는 'Static Text' 버튼을 이용한 것으로 'Caption'캡션을 변경하여 모터 정보를 나타내는 Edit Box 를 분류, 설명하기 위하여 사용한 것이다. 'Static Box'는 이처럼 설명의 목적으로 쓰일 수도 있으며, Edit Box처럼 특정 모듈의 정보를 Dialog에 나타나게 할 수 있다. 단, 값의 입력은 불가능하다.

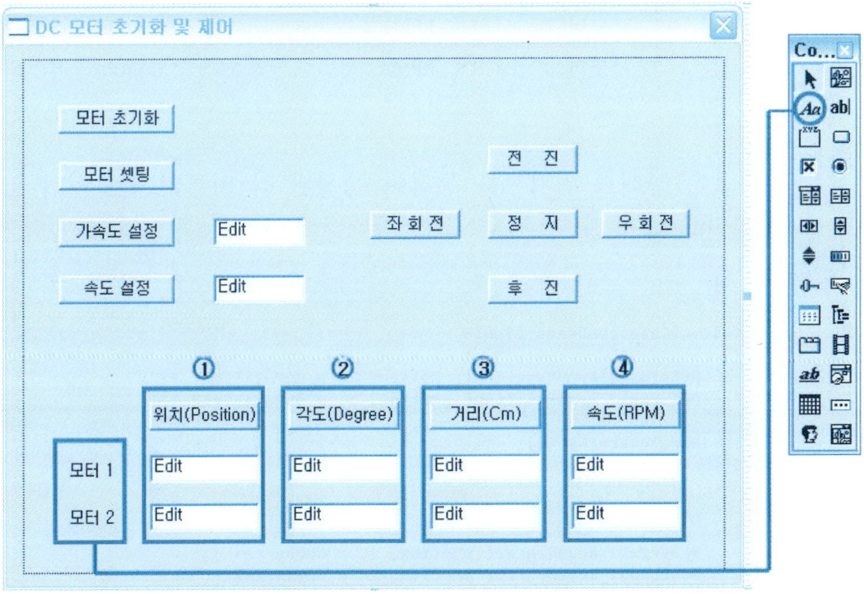

〔그림 5-67〕 버튼, Edit Box, Static Text 생성

생성한 각 버튼과 그 하단에 위치한 Edit Box 각각에 대하여 속성창과 클래스 위자드를 사용하여 다음 표와 같이 ID, 변수 형과 변수 명을 설정, 지정한다(각 버튼에만 함수를 생성하고 Edit Box에는 변수만을 생성시킨다.

5장

〈표 5-3〉 ID, 변수 형, 변수 명

번호	이름	ID	변수 형	변수 명
1	버튼	IDC_BT_POSITION	·	·
	모터 1	IDC_POSITON1	double	m_dbPosition1
	모터 2	IDC_POSITON2	double	m_dbPosition2
2	버튼	IDC_BT_DEGREE	·	·
	모터 1	IDC_DEGREE1	double	m_dbDegree1
	모터 2	IDC_DEGREE2	double	m_dbDegree2
3	버튼	IDC_BT_CANTIMETER	·	·
	모터 1	IDC_CANTIMETER1	int	m_Canti1
	모터 2	IDC_CANTIMETER2	int	m_Canti2
4	버튼	IDC_BT_RPM	·	·
	모터 1	IDC_RPM1	double	m_dbRpm1
	모터 2	IDC_RPM2	double	m_dbRpm2

다음은 클래스 위자드를 통하여 생성된 각 버튼의 함수이다. 그림과 같이 코드를 작성한다.

```
void CDCDlg::OnBtPosition()
{
    DCServo01_ReadPosition( pMotion, 1, m_dbPosition1 );
    DCServo01_ReadPosition( pMotion, 2, m_dbPosition2 );

    UpdateData(FALSE);
}

void CDCDlg::OnBtDegree()
{
    DCServo01_ReadDegree( pMotion, 1, m_dbDegree1 );
    DCServo01_ReadDegree( pMotion, 2, m_dbDegree2 );

    UpdateData(FALSE);
}

void CDCDlg::OnBtCantimeter()
{
    DCServo01_ReadCantimeter( pMotion, 1, m_Canti1 );
    DCServo01_ReadCantimeter( pMotion, 2, m_Canti2 );

    UpdateData(FALSE);
}

void CDCDlg::OnBtRpm()
{
    DCServo01_ReadRpm( pMotion, 1, m_dbRpm1 );
    DCServo01_ReadRpm( pMotion, 2, m_dbRpm2 );

    UpdateData(FALSE);
}
```

〔그림 5-68〕 위치, 각도, 거리, 속도정보 획득 코드

실제 프로그램을 실행하여 모터의 정보를 획득하면, 전진이나 후진 동작 실행 시 1번 모터와 2번 모터의 값의 부호가 서로 틀리게 나옴을 확인할 수 있다. 이는 모터가 서로 다른 방향으로 세팅되어 있기 때문으로, [그림 5-68]의 코드에서 해당되는 모터 번호가 있는 함수의 변수(m_XXXXX) 앞에 '-' 부호를 추가해주는 것만으로 해결할 수 있다.

11) Tip.

앞서 '모터 세팅 코드'를 '모터 초기화 함수'에 포함시킬 수 있으나, 안정적인 실습을 위하여 권하지는 않는다고 언급한 바 있다. 그러나 '모터 세팅'과 '모터 초기화'를 함께 쓸 수 없을 뿐 '모터 초기화'를 Dialog가 처음 생성될 때 초기화시키는 부분에, '모터 가속도 설정'을 '모터 세팅'에, '모터 속도 설정'을 '모터 제어(전/후진, 좌/우회전)'에 포함시키는 등 각각 다른 함수에 포함시킴으로써 코드를 단순화시킬 수 있다. 이러한 방법들은 계속되는 응용 실습을 통하여 실제 적용해 보도록 한다.

5-5 스텝 모터 제어 실습

ED7271 지능형 로봇 실험실습장비에 있는 스텝 모터를 제어하는 기본 프로그램을 MFC를 사용하여 작성하도록 한다. 다음 그림은 본 실습의 목표이며 이 Dialog를 통하여 사용자는 스텝 모터의 회전 속도과 방향을 제어할 수 있으며, 회전 상태에 따른 스텝 모터의 상태 값을 확인할 수 있다.

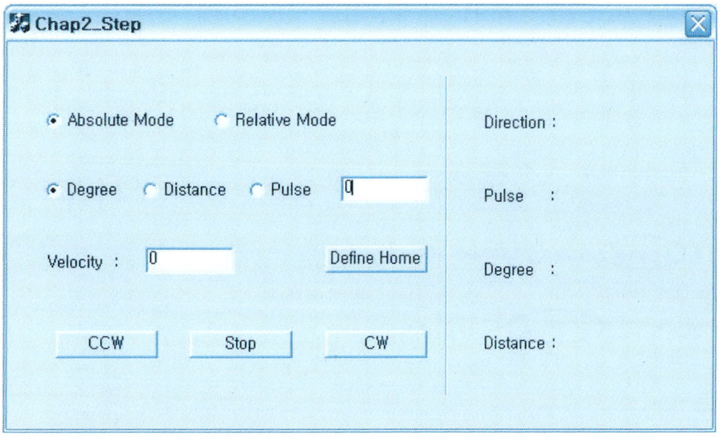

[그림 5-69] 실습 목표

1) 프로젝트 생성 및 스텝 모터 초기화

5-7절의 1)~3)과 같은 방법으로 진행한다. 단 2)에서 작성한 초기화 코드를 다음 그림과 같이 Dialog가 생성될 때 실행되는 Dialog 초기화 함수에 포함시켜 보도록 한다. '2)에서 생성한 버튼과 클래스 위자드로 함수의 생성, 버튼에 연결하는 과정이 생략되고, DC 모터 초기화 함수의 코드가 Dialog 초기화 함수 안에 포함되는 것이다.'

```
BOOL CChap2_StepDlg::OnInitDialog()
{
    CDialog::OnInitDialog();

    // Add "About..." menu item to system menu.

    // IDM_ABOUTBOX must be in the system command range.
    ASSERT((IDM_ABOUTBOX & 0xFFF0) == IDM_ABOUTBOX);
    ASSERT(IDM_ABOUTBOX < 0xF000);

    //////////이 부분은 생략되었습니다. 수정할 필요가 없습니다.///////////////

    // TODO: Add extra initialization here

    pMotion = NULL;

    if ( DCServo01_Initialize( m_hWnd, &pMotion ) != EDROBOT_API_OK )
        ::MessageBox( NULL, "모터 초기화 실패", "Error", MB_OK );

    return TRUE;  // return TRUE  unless you set the focus to a control
}
```

〔그림 5-70〕 프로젝트 생성설 스텝 모터 초기화

2) Absolute, Relative 이동 모드 선택

스텝 모터의 제어 역시 절대적인 수치 입력방식과 상대적인 수치 입력방식이 있다. Radio 버튼을 통하여 입력방식을 결정하게 한다.

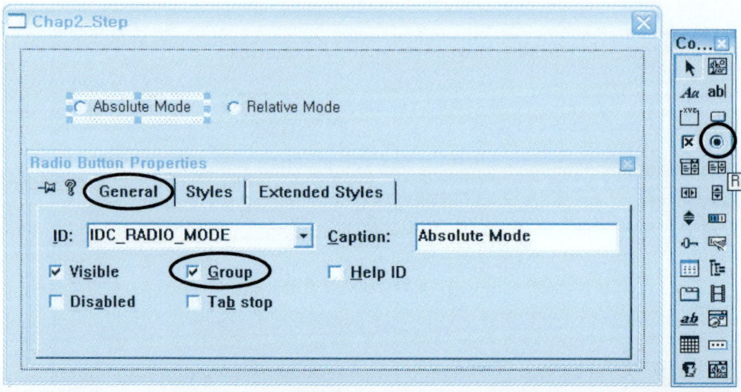

〔그림 5-71〕 Radio 버튼 생성

그림과 같이 Radio 버튼을 생성한다. 가장 왼쪽에 있는 Radio 버튼에만 ID값을 부여하고, 'Group'에 체크를 한다. 캡션은 그림처럼 각각의 버튼에 입력해준다.

클래스 위자드를 통하여 IDC_RADIO_MODE에 다음 그림과 같이 변수를 연결한다.

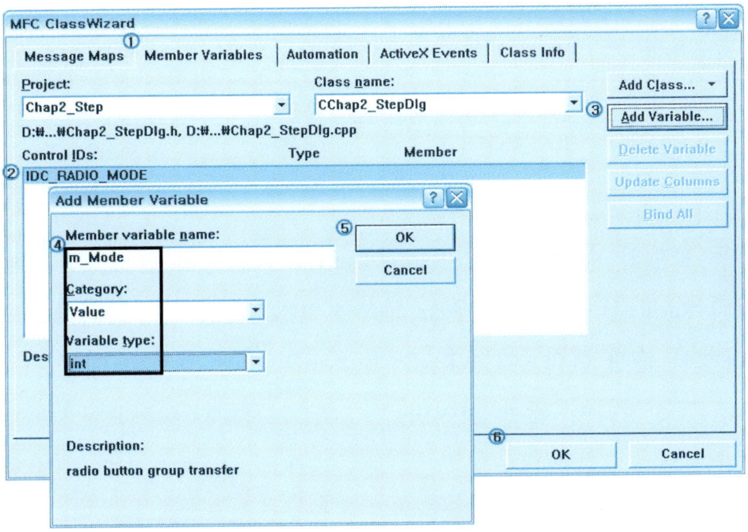

〔그림 5-72〕 클래스 위자드 - Radio 버튼에 변수 연결

3) Degree, Distance, Pulse 이동 방식 선택

ED7271 실험실습 장비에서 스텝 모터는 다음 3가지의 이동 방식으로 움직인다. 각도(Degree), 거리(Distance), 펄스(Pulse)이며 [(2) Absolute, Relative 이동 모드 선택]와 같은 방식으로 각각 Radio button을 통하여 이동 방식을 선택하게 한 후 각도, 거리 혹은 펄스 값을 입력받게 한다.

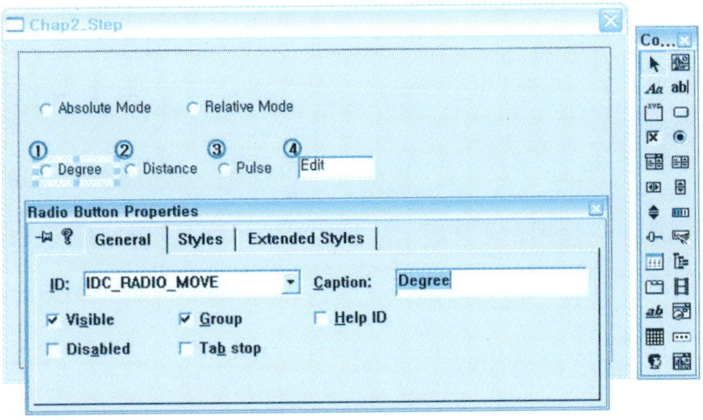

〔그림 5-73〕 Radio 버튼, Edit Box 생성

가장 왼쪽에 있는 Radio button에만 Group 체크를 하며, Radio button과 Edit Box에 대한 속성, 클래스 위자드로 연결하는 변수 형과 변수 명은 다음 표와 같다.

〈표 5-4〉 ID, Caption, **변수 형, 변수 명**

번 호	ID	Caption	변수 형	변수 명
1	IDC_RADIO_MOVE	Degree	int	m_Move
2	·	Distance	·	·
3	·	Pulse	·	·
4	IDC_MOVE	·	double	m_dbMove

이동 모드와 방식에 대한 Radio button의 설정이 끝났으면, Ctrl+D를 누른 후 각각의 Radio button에 마우스 왼쪽을 번호 순서대로 클릭하여 그림과 같은 번호 라벨이 붙게 한다. 이는 Radio button의 이동 모드와 이동 방식, 각각에 대한 Group을 설정하기 위한 것이다.

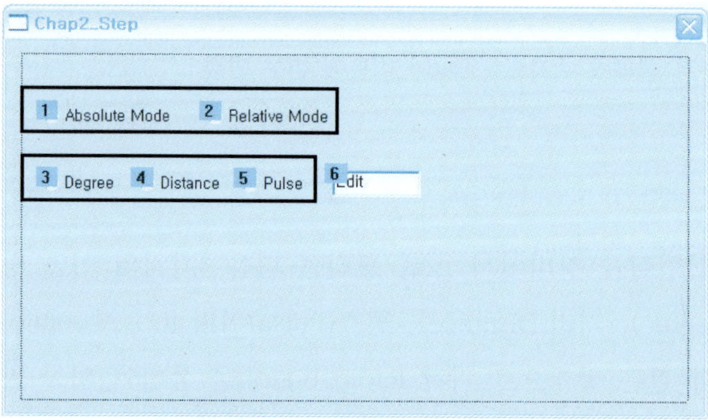

〔그림 5-74〕 Group 설정

4) Velocity 설정

스텝 모터의 이동 속도를 입력받기 위한 변수를 설정한다. Static Text와 Edit Box를 이용하여 그림과 같이 생성한 후 Edit Box의 ID를 'IDC_VELOCITY', 변수 형을 'DWORD', 변수 명을 'm_dwVel'로 클래스 위자드를 이용하여 설정한다.

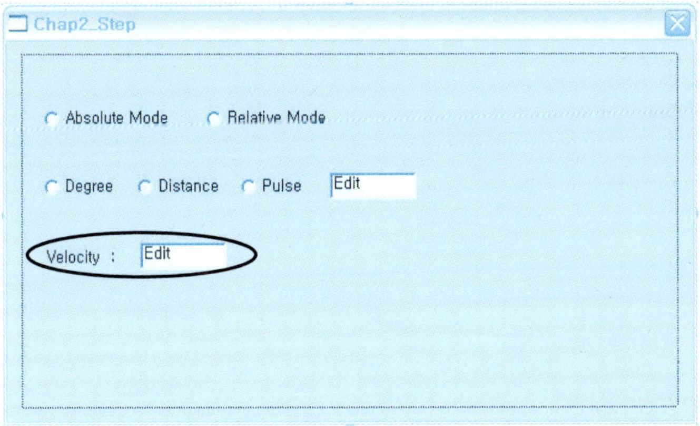

〔그림 5-75〕 Edit Box(Velocity) 생성

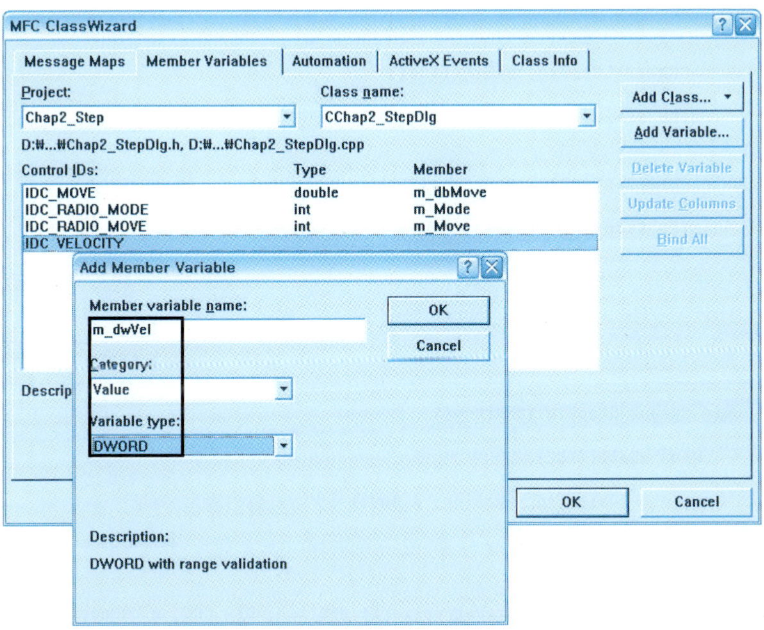

〔그림 5-76〕 클래스 위자드 - 속도 변수 설정

5) 위치초기화, CCW, Stop, CW

선택된 이동 모드와 이동 방식, 그리고 입력받은 속도 값을 전달받아 스텝 모터를 CCW, CW방향으로 회전, 정지, 그리고 스텝 모터가 회전하면서 변하는 각도, 거리, 펄스 값을 초기화시키는 함수를 만든다.

다음 그림과 같이 각 버튼을 만들며 ID 값은 'IDC_BT_DEFINE', 'IDC_BT_CCW', 'IDC_BT_STOP', 'IDC_BT_CW'으로 입력하고 각각의 함수를 생성한다.

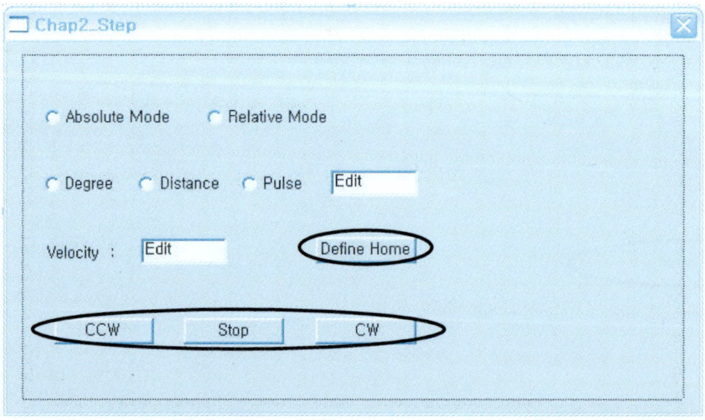

〔그림 5-77〕 버튼 생성

생성된 함수에 다음 그림과 같이 각 함수별로 코드를 작성한다.

```
void CChap2_StepDlg::OnBtDefine()
{
    STEP_DefineHome( pMotion );
}

void CChap2_StepDlg::OnBtStop()
{
    STEP_Stop( pMotion );
}
```

〔그림 5-78〕 위치초기화, Stop 함수

```
void CChap2_StepDlg::OnBtCcw()
{
    UpdateData(TRUE);

    STEP_SetVelocity( pMotion, m_dwVel );  // 입력받은 속도값을 전달

    if ( m_Mode == 0 ) // 이동 모드 = Absolute 모드
    {
        if ( m_Move == 0 ) // 이동 방식 = Degree 방식
            STEP_AbsoulteDegreeStart( pMotion, DIR_CCW, m_dbMove );
        else if ( m_Move == 1 ) // 이동 방식 = Distance 방식
            STEP_AbsoulteDistanceStart( pMotion, DIR_CCW, m_dbMove );
        else if ( m_Move == 2 ) // 이동 방식 = Pluse 방식
            STEP_AbsoultePulseStart( pMotion, DIR_CCW, (DWORD)m_dbMove );
    }

    else if ( m_Mode == 1 ) // 이동 모드 = Relative 모드
    {
        if ( m_Move == 0 ) // 이동 방식 = Degree 모드
            STEP_RelativeDegreeStart( pMotion, DIR_CCW, m_dbMove );
        else if ( m_Move == 1 ) // 이동 방식 = Distance 모드
            STEP_RelativeDistanceStart( pMotion, DIR_CCW, m_dbMove );
        else if ( m_Move == 2 ) // 이동 방식 = Pluse 모드
            STEP_RelativePulseStart( pMotion, DIR_CCW, (DWORD)m_dbMove );
    }
}
```

〔그림 5-79〕 CCW 함수

CCW 방식의 회전에 대한 코드 설명은 위 그림에 주석으로 나타나 있다. CW 코드는 CCW 코드에서 'DIR_CCW'를 'DIR_CW'로 변경해주면 된다.

6) 스텝 모터 정보(상태) 읽기

스텝 모터의 정보(상태)를 읽기 위하여 다음 그림과 같이 Static Text를 사용하여 생성한다. 정보를 출력하기 위한 Static Text의 ID와 변수 명은 다음 표와 같다.

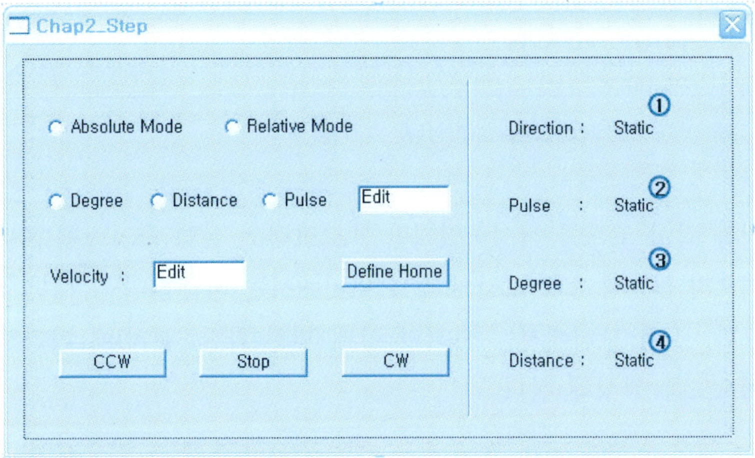

〔그림 5-80〕 Static Text 생성

〈표 5-5〉 Static Text 설정

번 호	ID	변수 명
1	IDC_DIRECTION	m_strDirection
2	IDC_PULSE	m_strPulse
3	IDC_DEGREE	m_strDegree
4	IDC_DISTANCE	m_strDistance

클래스 위자드를 통하여 생성된 함수에 다음과 같이 작성한다.

```
void CChap2_StepDlg::StepState()
{
    unsigned char dir = 0;
    DWORD pulse = 0;
    double degree = 0, distance = 0;

    STEP_ReadState( pMotion, dir, pulse, degree, distance );

    if ( dir == 0 ) m_strDirection.Format( "CW" );
    else m_strDirection.Format( "CCW" );

    m_strPulse.Format( "%4.1d", pulse );
    m_strDegree.Format( "%4.1f", degree );
    m_strDistance.Format( "%4.1f", distance);

    UpdateData(FALSE);
}
```

〔그림 5-81〕 Step 모터 정보(상태) 읽기 함수

위와 같이 코드를 작성하였지만 프로그램을 실행해도 스텝 모터의 상태 값이 들어오지 않는다. DC 모터의 정보 읽기에서는 버튼을 누를 때만 상태 값이 들어왔으나, 스텝 모터에서는 모터의 상태 변화(회전, 정지)에 따라서 정보가 계속 들어오도록 작성해 본다.

클래스 위자드를 통하여 'OnTimer()' 함수를 생성한다.

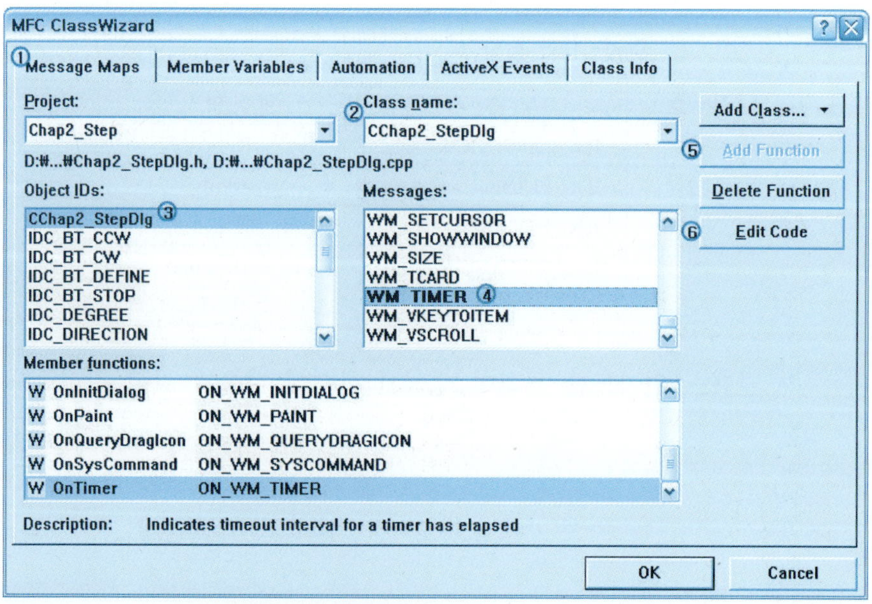

〔그림 5-82〕 클래스 위자드 - WM_TIMER 생성

'OnTimer()' 함수는 SetTimer()와 KillTimer() 함수에 의하여 특정 조건이나 명령에 의하여 OnTimer() 안에 있는 주어진 명령을 반복하여 실행하며, 중지한다. OnTimer() 함수에 다음 그림과 같이 코드를 작성하고, SetTimer() 함수를 OnBtCcw() 함수와 OnBtCw() 함수에 다음과 같이 추가한다. 또한 KillTimer() 함수를 StepStop() 함수와 OnDestory() 함수에 추가한다.

```
void CChap2_StepDlg::OnTimer(UINT nIDEvent)
{
    StepState();

    CDialog::OnTimer(nIDEvent);
}
```

〔그림 5-83〕 WM_Timer 함수

```
void CChap2_StepDlg::OnBtCcw()
{
    UpdateData(TRUE);

    SetTimer( 0, 100, NULL );

    STEP_SetVelocity( pMotion, m_dwVel );  // 입력받은 속도값을 전달

/////////////////////////////// 생략된 부분입니다. ///////////////////////////////////

void CChap2_StepDlg::OnBtCw()
{
    UpdateData(TRUE);

    SetTimer( 0, 100, NULL );

    STEP_SetVelocity( pMotion, m_dwVel );
```

〔그림 5-84〕 SetTimer() 함수 추가

```
void CChap2_StepDlg::OnDestroy()
{
    CDialog::OnDestroy();

    KillTimer(0);
    DCServo01_Close( pMotion );
}

void CChap2_StepDlg::OnBtStop()
{
    STEP_Stop( pMotion );
    KillTimer(0);
}
```

〔그림 5-85〕 KillTimer() 함수 추가

OnBtCcw() 함수와 OnBtCw() 함수안에 추가된 코드에 의하여 OnTimer() 함수를 호출하며, 호출된 OnTimer() 함수는 다시 StepState() 함수를 호출하여 CCW, CW 버튼이 눌릴 때마다(스텝 모터가 동작할 때마다) StepState() 함수에서 획득한 정보들을 Static Text에 출력한다.

5-6 RC 모터 제어 실습

ED7271 지능형 로봇 실험실습 장비에 있는 RC 모터를 제어하는 기본 프로그램을 MFC를 사용하여 작성하도록 한다. 다음 그림은 본 실습의 목표이며 이 Dialog를 통하여 사용자는 RC 모터의 Pan / Tilt 제어와 회전 각도를 통한 제어, 그리고 그에 따른 상태 값을 확인할 수 있다.

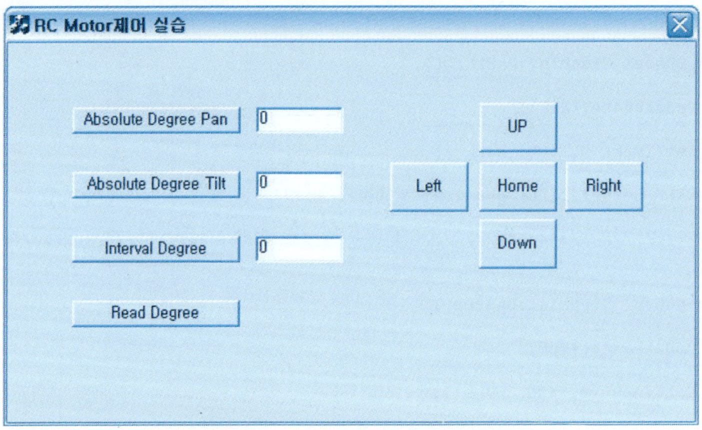

〔그림 5-86〕 실습 목표

1) 프로젝트 생성 및 RC 모터 초기화

[(7) 프로젝트 생성 및 스텝 모터 초기화]와 동일하게 수행한다.

2) Absolute Degree Pan / Tilt 제어

RC 모터의 가로방향(Pan)의 움직임과 세로방향(Tilt)의 움직임은 절대값을 이용하여 제어한다. 다음 그림과 같이 버튼과 Edit Box를 생성하고, 속성창과 클래스 위자드를 이용하여 각각의 ID와 변수 형, 변수 명을 표와 같이 설정, 함수를 생성한다.

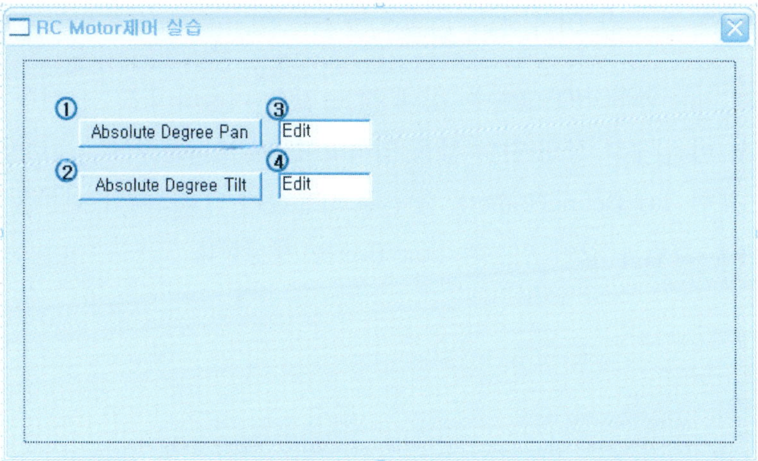

〔그림 5-87〕 버튼, Edit Box 생성

〈표 5-6〉 버튼, Edit Box의 설정, 변수 형, 변수 명

번 호	ID	변수 형	변수 명
1	IDC_BT_ABSOLUTE_PAN	·	·
2	IDC_BT_ABSOLUTE_TILT	·	·
3	IDC_ABSOLUTE_PAN	int	m_Pan
4	IDC_ABSOLUTE_TILT	int	m_Tilt

생성된 함수에 다음 그림과 같이 작성한다.

```
void CRCMotorDlg::OnBtAbsolutePan()
{
    UpdateData(TRUE);

    RC_AbsoluteDegree( pMotion, 1, m_Pan ); // Edit Box에 + 값 입력시 Right
}

void CRCMotorDlg::OnBtAbsoluteTilt()
{
    UpdateData(TRUE);

    RC_AbsoluteDegree( pMotion, 2, -m_Tilt );   // Edit Box에 + 값 입력시 Up.
}
```

〔그림 5-88〕 Pan, Tilt 코드 작성

3) 상대 각도값 이용, Up, Dwon, Left, Right 제어 / 위치초기화

'RC_IntervalStart()' 함수는 상대 각도 값을 이용하여 RC 모터를 제어하는 함수이다. 이 함수로 상대 각도 값을 입력받아 RC 모터를 가로, 세로방향으로 제어한다. 또한 'RC_DefineHome()' 함수를 사용하여 RC 모터의 위치를 초기화시킨다.

다음 그림과 같이 버튼과 Edit Box를 생성한다.

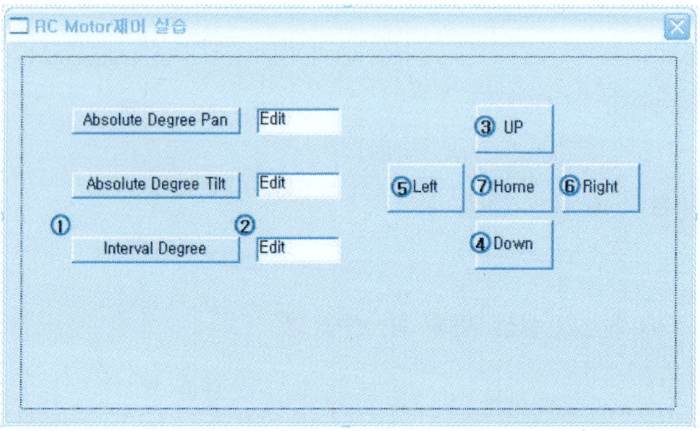

〔그림 5-89〕 버튼, Edit Box 생성

각 버튼과 Edit Box의 속성 창, 그리고 클래스 위자드를 사용하여 각각에 대하여 ID, 함수와 변수를 다음 표와 같이 설정한다.

〈표 5-7〉 ID, 변수 형, 변수 명

번 호	I D	변수 형	변수 명
1	IDC_BT_INTERVAL	·	·
2	IDC_INTERVAL	int	m_uiInterval
3	IDC_BT_UP	·	·
4	IDC_BT_DOWN	·	·
5	IDC_BT_LEFT	·	·
6	IDC_BT_RIGHT	·	·
7	IDC_BT_HOME	·	·

클래스 위자드를 통해 생성된 함수에 다음 그림과 같이 작성한다.

```
void CRCMotorDlg::OnBtInterval()
{
    UpdateData(TRUE);
}

void CRCMotorDlg::OnBtHome()
{
    RC_DefineHome( pMotion, 1 );
    RC_DefineHome( pMotion, 2 );
}
```

〔그림 5-90〕 Intercal, 위치초기화 코드


```
void CRCMotorDlg::OnBtUp()
{
    UpdateData(TRUE);

    RC_IntervalStart( pMotion, 2, DIR_CCW, m_Interval );
}

void CRCMotorDlg::OnBtDown()
{
    UpdateData(TRUE);

    RC_IntervalStart( pMotion, 2, DIR_CW, m_Interval );
}

void CRCMotorDlg::OnBtLeft()
{
    UpdateData(TRUE);

    RC_IntervalStart( pMotion, 1, DIR_CW, m_Interval );
}

void CRCMotorDlg::OnBtRight()
{
    UpdateData(TRUE);

    RC_IntervalStart( pMotion, 1, DIR_CCW, m_Interval );
}
```

〔그림 5-91〕 Up, Down, Left, Right 코드

제6장

지능형 로봇 응용시스템의 센서 모듈

6-1 조도 센서(iluminance sensor ; ED7271-1)

1) 기반지식

(1) 포토 다이오드

포토 다이오드는 pn접합 다이오드의 $I-V$ 특성에서 광의존성을 이용한 것이다. 그 동작원리는 pn다이오드에 역바이어스를 가하면 아주 작은 역포화전류가 흐른다. 여기에 빛을 가하면 역포화전류는 더 많이 흐르게 된다. 즉 빛의 양에 역포화전류는 비례적으로 흐른다.

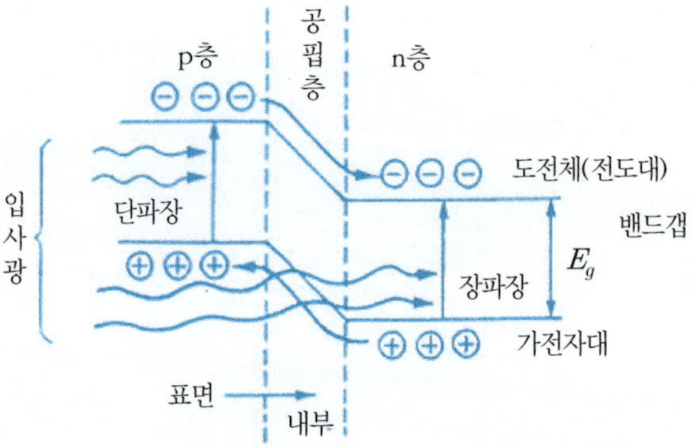

〔그림 6-1〕 포토 센서 원리

(2) 센서 적용원리

ED7271-1에 적용한 조도 센서는 파나소닉의 'AMS302T'이다. 조도 센서는 포토 다이오드의 원리를 적용한 것으로 센서에 역바이어스를 가해주면 빛의 양에 따라 RL의 흐르는 전류의 양이 변하면서 출력전압 V_o는 빛의 밝기에 따라 증가한다. 아날로그 출력전압을 측정하기 위해 마이크로프로세서에 내장된 AD컨버터를 사용하여 아날로그 출력전압을 디지털로 변환해 사용한다.

〔그림 6-2〕 조도 센서(AMS302T)

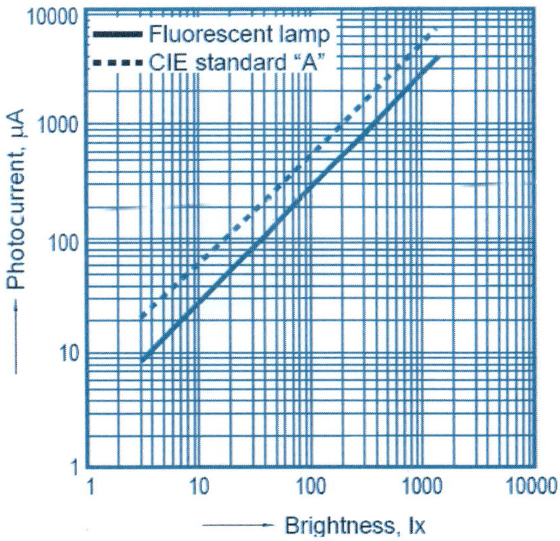

〔그림 6-3〕 조도와 전류의 비교

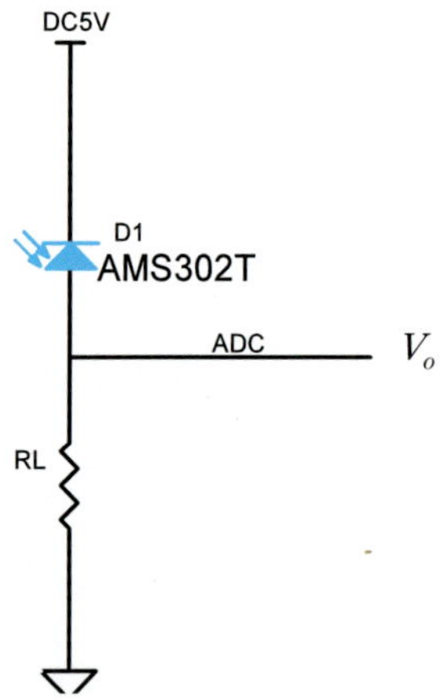

〔그림 6-4〕 센서 회로도

2) 조도 센서(ED7271-1)의 이해

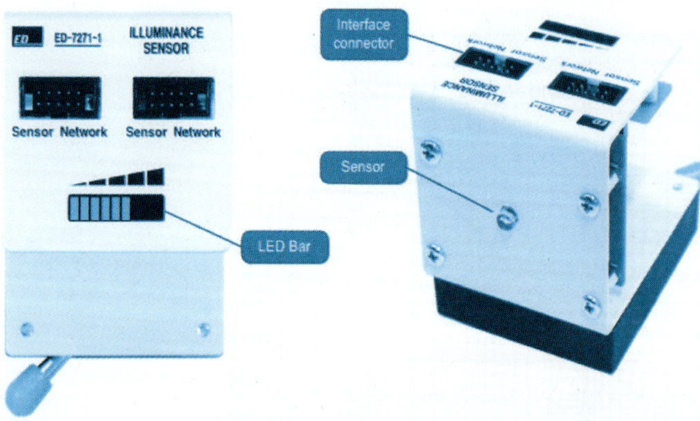

〔그림 6-5〕 조도 센서 모듈의 구성

① 인터페이스 커넥터 : 메인제어 모듈과 연결

② 센서

③ LED Bar : 센서로 측정한 빛의 밝기로 레벨 0~10까지 LED 표시

조도 센서 모듈의 작업 프로세스는 다음과 같다.

주기적으로 센서의 값을 읽고 데이터를 계산하여 메모리영역에 밝기정보를 업데이트하고 있다. 동시에 현재의 밝기를 LED로 표시한다. 또한 PC로부터 조도 센서 모듈에 맞는 ID와 CMD를 수신한 후 조도 센서의 ID, CMD, 현재 센서 데이터를 포함한 패킷 데이터를 PC로 송신하는 동작 프로세스를 갖고 있다.

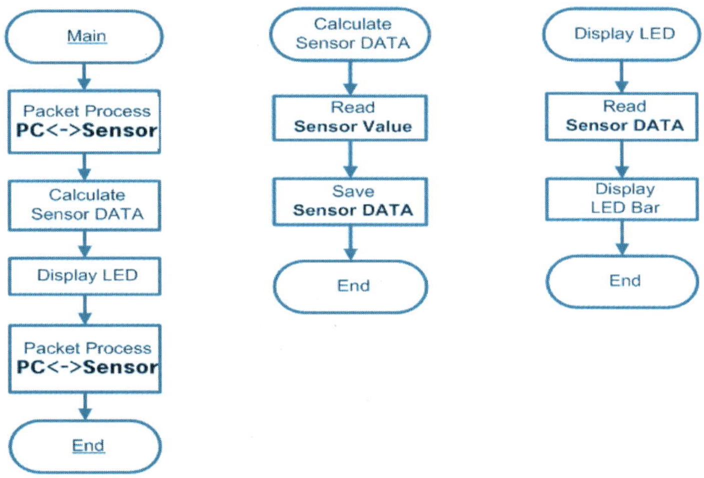

〔그림 6-6〕 순서도

3) 광원 모듈(ED7271-2)의 이해

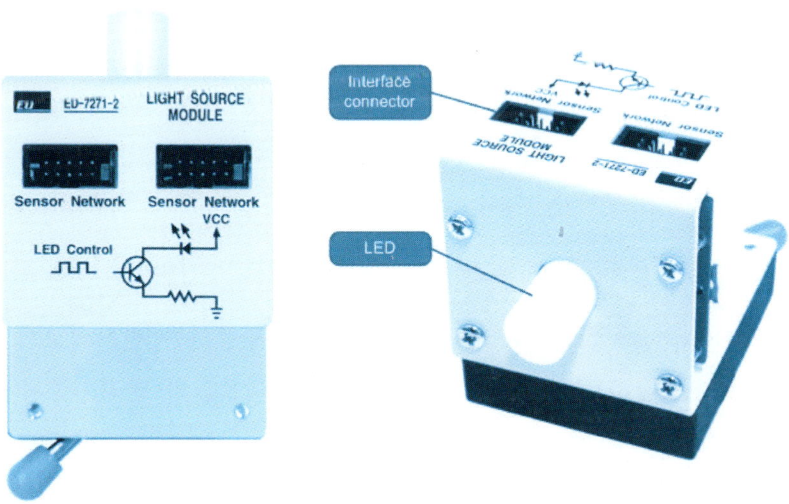

〔그림 6-7〕 광원 모듈의 구조

① 인터페이스 커넥터 : 메인제어 모듈과 연결

② LED : 원하는 빛의 밝기를 출력한다.

광원 모듈의 작업 프로세스는 다음과 같다.

PC로부터 광원 모듈에 맞는 ID와 CMD를 수신한다. 광원 모듈은 명령에 맞는 레벨의 밝기에 맞게 LED를 제어하며 패킷 프로세서를 실행하며 밝기 데이터를 PC쪽에 전송한다.

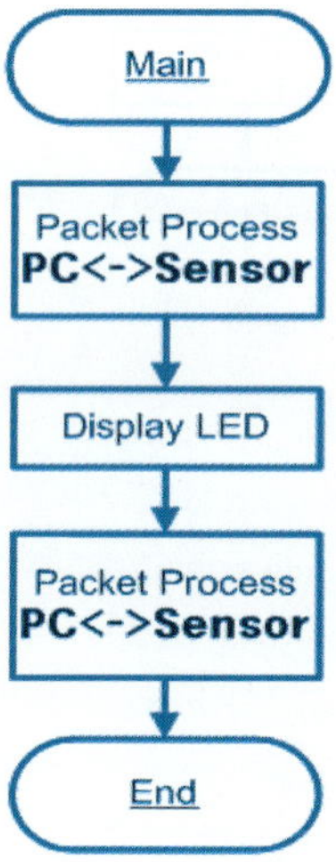

〔그림 6-8〕 순서도

6-2 적외선 센서(infrared sensor ; ED7271-4)

1) 기반지식

(1) PSD(Position Sensitive Detector) 거리측정원리

PSD(Position Sensitive Detector)는 빛에 반응하는 반도체로서 포토 다이오드와 비슷한 구조로 되어 있다. 일반 포토 다이오드와 달리 p층과 pn결합층의 저항이 매우 높은 점이 다르다.

외부에서 집속광을 받게 되면 PDS 센서의 출력전류(I_o)로 수광점의 위치를 계산할 수 있다.

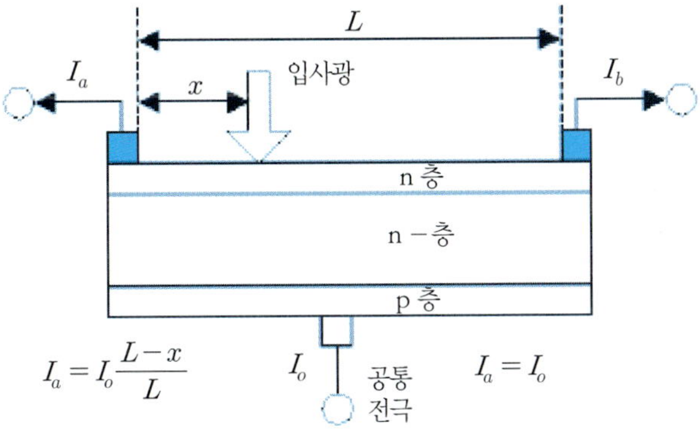

〔그림 6-9〕 PSD 원리

PSD 단독으로는 거리 센서를 구성할 수 없으므로 PSD의 최대특성인 위치감지 특성과 [그림 6-9]와 같이 삼각측량법을 이용해서 거리 센서를 구성할 수 있다. 포토 TR에서 출발한 적외선은 수신 PSD쪽의 수신렌즈를 통해 집속된 다음 PSD의 한 점에 이르게 되고, 수광점의 위치를 PSD 센서로 알 수 있게 된다. 송광렌즈, 수광렌즈상의 거리와 수광렌즈, PSD까지의 거리는 렌즈 시스템의 비례관계에 의해 축소되므로 물체까지의 거리 a는 다음과 같은 식으로 구할 수 있다.

$$\frac{b}{a} = \frac{x}{d}, \qquad \text{거리} \ a = \frac{bd}{x}$$

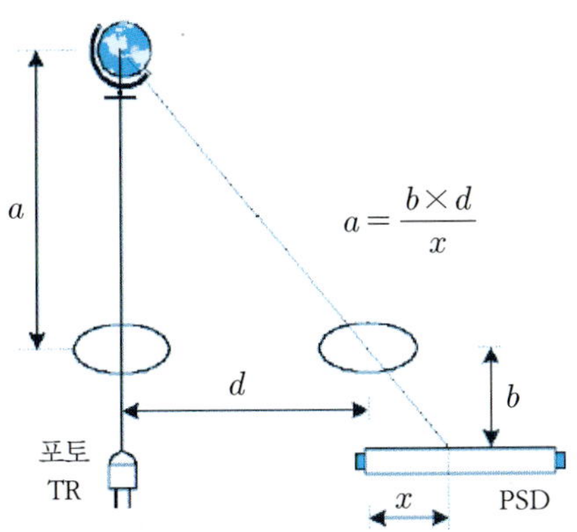

〔그림 6-10〕 거리측정 원리

(2) 센서 적용원리

ED7271-4 모듈에는 샤프사의 'GP2D12'를 사용한다. 이 적외선 거리 센서의 출력형태는 장애물 반사거리에 반비례하는 아날로그 전압출력이다. 센서로부터 대상물까지의 거리가 멀수록 아날로그 출력전압은 낮아진다.

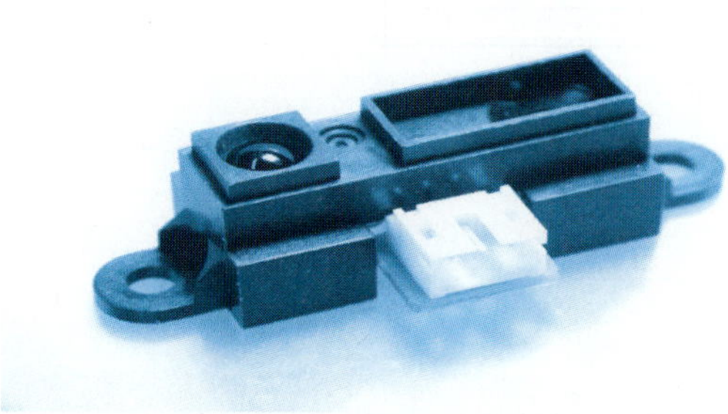

〔그림 6-11〕 적외선 거리 센서(GP2D12)

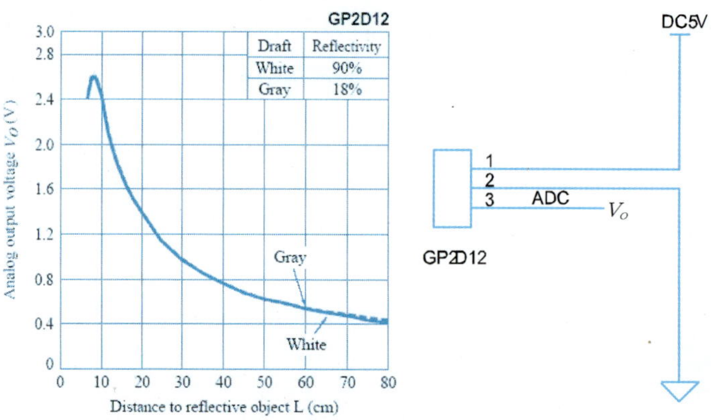

〔그림 6-12〕 전압과 거리의 비교

2) 적외선 센서(ED7271-4)의 이해

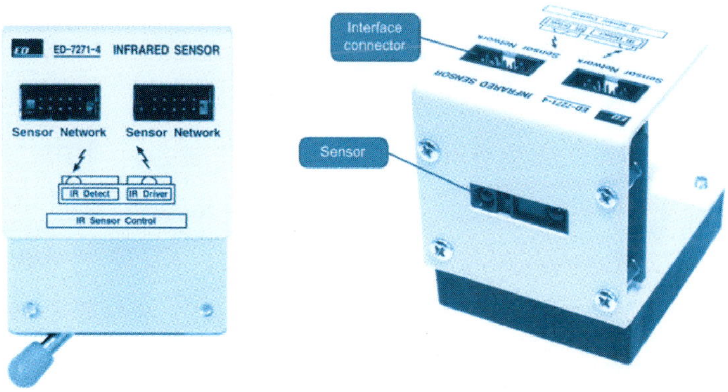

〔그림 6-13〕 적외선 센서 모듈

① 인터페이스 커넥터 : 메인제어 모듈과 연결

② 센서 : GP2D12

적외선 거리 센서 모듈의 작업과정은 다음과 같다.

주기적으로 거리 센서의 아날로그 전압의 데이터를 ADC 후 거리의 값으로 환산하여 메모리공간에 거리정보를 업데이트한다. PC로부터 적외선 거리 센서 모듈의 지정 ID와 CMD를 입력받으면 ID와 CMD, 그리고 센서의 거리 데이터를 포함한 패킷 데이터를 PC로 전송하는 시스템 과정을 갖는다.

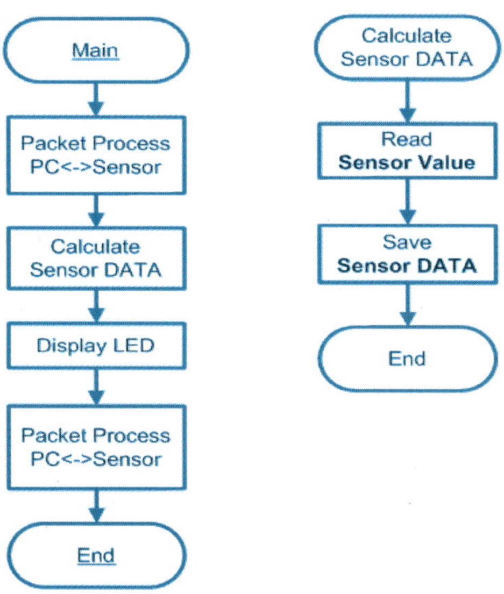

〔그림 6-14〕 순서도

6-3 초음파 센서(ultra sonic sensor ; ED7271-3)

1) 기반지식

(1) 초음파 센서의 원리

초음파란 일반적으로 인간의 귀에 들리지 않는 높은 주파수의 음 약 14kHz 이상을 통칭하는데, 인간의 귀로 듣는 것을 목적으로 하지 않는 공업 분야에 적용하는 가청음도 초음파라고 부르기도 한다. 따라서 초음파 센서란 '음향에너지 중에서 비교적 주파수가 높은 영역에서 검출하기 위한 센서로서 20kHz 이상의 음향에너지를 검출하는 소자' 라고 정의할 수 있으며, 이 종류의 센서 소자는 압전의 정효과 및 부효과를 동시에 이용하는 압전 세라믹소자를 이용하는 경우가 많다.

초음파 센서에 적용되는 주파수는 그 사용용도에 따라 결정되는 것이 원칙이나 일반적으로 공기 중 물체감지에 적용되는 초음파 센서에서 사용되는 주파수는 9kHz에서 50kHz 정도이며 이 범위의 주파수는 강력한 초음파펄스를 발생하기 쉽고 지향특성을 얻기가 용이하기 때문이다.

초음파 센서의 측정원리는 초음파 센서에서 발사된 초음파 펄스가 피측정물의 표면에서 반사되어 다시 초음파 센서로 되돌아올 때까지의 시간을 측정하여 측정대상에 따른 정보를 얻는 방법을 사용한다. 즉 초음파를 송신한 후 되돌아올 때까지의 지연시간을 측정하는 방법을 사용하는 것이다. 일반적으로 공기 중에서의 음속은 약 340m/s이고 거리산출은 다음과 같은 식으로 간단히 구할 수 있다.

$$H = \frac{t}{2} \times u$$

H : 센서와 측정물체까지의 거리

u : 음속(340m/s)

t : 소요시간

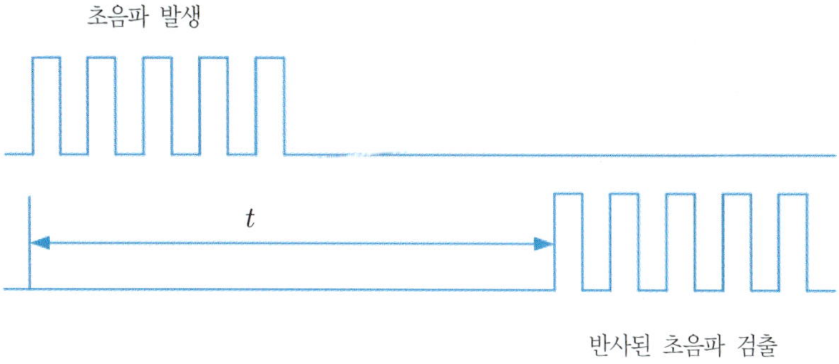

〔그림 6-15〕 초음파 거리측정원리

(2) 센서적용원리

무라타의 초음파를 발생하는 송파용 센서 'MA40B8S'와, 장애물에 반사된 음파를 수신하는 수신용 센서 'MA40B8R'을 사용했다. 송파용 센서에 40kHz에 해당하는 펄스를 주고 수파용 센서에 음파가 되돌아올 때까지의 시간을 측정하여 거리를 측정한다.

〔그림 6-16〕 송수신용 초음파센서 MA40B8R, MA40B8S

(2) 초음파 센서(ED7271-3)의 이해

① 센서 : 왼쪽이 음파를 발생하는 센서이고 오른쪽이 반사된 음파를 수신하는 센서이다.

② 인터페이스 커넥터 : 메인제어 모듈과 연결

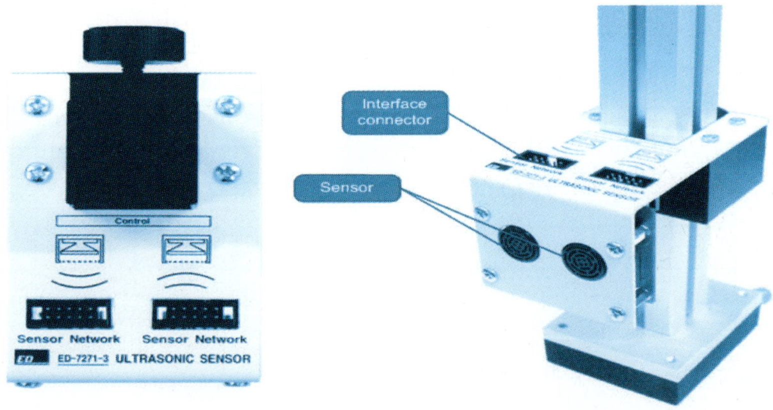

〔그림 6-17〕 초음파센서 모듈

초음파센서 모듈은 약 55ms 주기마다 40kHz의 초음파를 발생시킨다. 이 초음파는 장애물을 만나 반사되어 센서의 수파기에 되돌아온다. 초음파 발생 후 되돌아오는 초음파를 검출할 때까지의 시간을 측정하여 거리를 산출한다. 이렇게 측정한 거리데이터를 메모리에 저장한다.

PC에서 초음파센서에 맞는 ID와 CMD를 송신하면 초음파센서는 ID와 CMD, 그리고 거리데이터를 다시 PC로 전송한다.

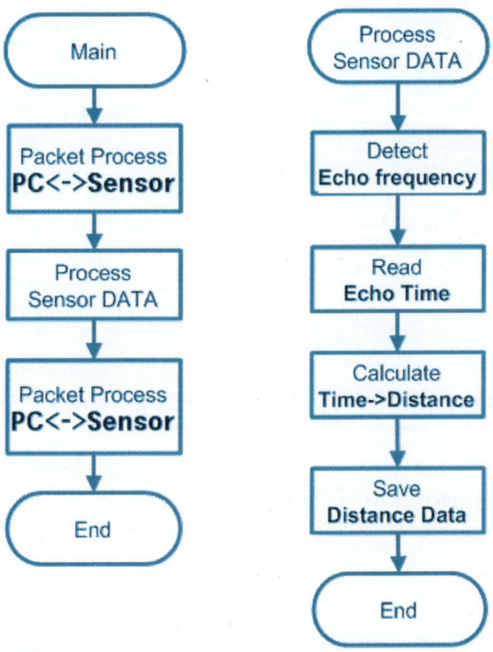

〔그림 6-18〕 순서도

6-4 가속도(기울기) 센서(inclination sensor ; ED7271-6)

1) 기반지식

(1) 가속도(기울기) 센서의 원리

질량(진자)에 작용하는 가속도에 의한 관성력을 이용한다. 마찰이 적은 피벗으로 진자를 지지하고, 가속도 a가 가해지면 진자는 반대방향으로 변위한다. 이와 같은 변위를 측정하여 가속도로 환산하게 된다. 이런 가속도센서는 가속도뿐만 아니라 현재의 기울기값 측정이 가능하다. 예를 들어 진자가 중력방향과 일치한다면 기울기는 0°가 될 때의 변압기의 전압과 일정각도가 기울었을 때의 전압 차이로 기울기값이 전압차로 환산된다.

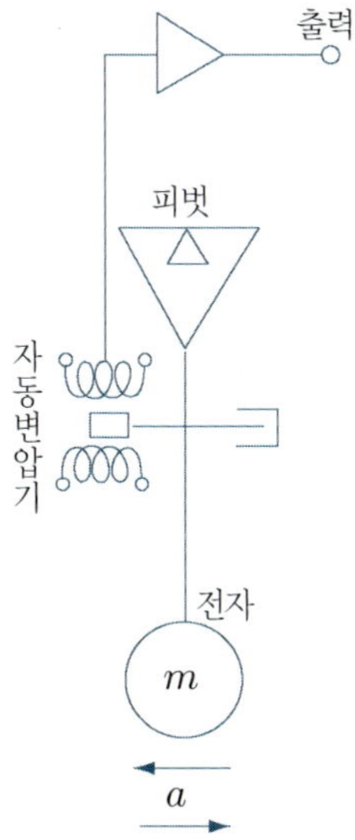

〔그림 6-19〕 가속도센서원리

(2) 센서적용원리

'VTI Technology'의 2축가속도(기울기)센서인 'SCA1000'을 사용한다. 이 가속도센서는 X, Y 2축의 가속도(기울기)를 측정할 수 있다. 데이터 출력형태는 아날로그 전압출력과 SPI방식의 디지털 출력방식 2가지를 사용할 수 있다. 가속도센서 모듈(ED7271-6)은 SPI방식의 디지털 출력형태를 취하고 있다.

〔그림 6-20〕 가속도센서 SCA1000

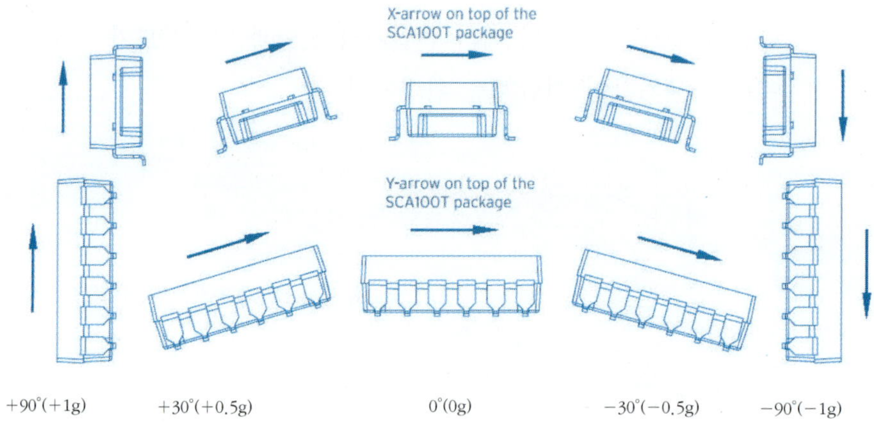

〔그림 6-21〕 각도에 따른 센서의 위치

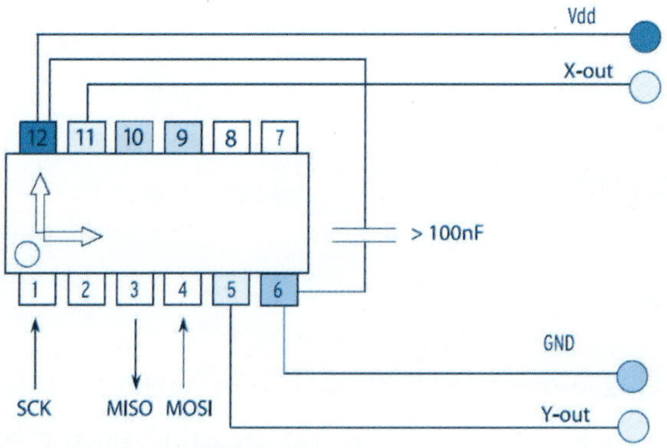

〔그림 6-22〕 SCA1000 SPI인터페이스

(2) 가속도 센서(ED7271-6)의 이해

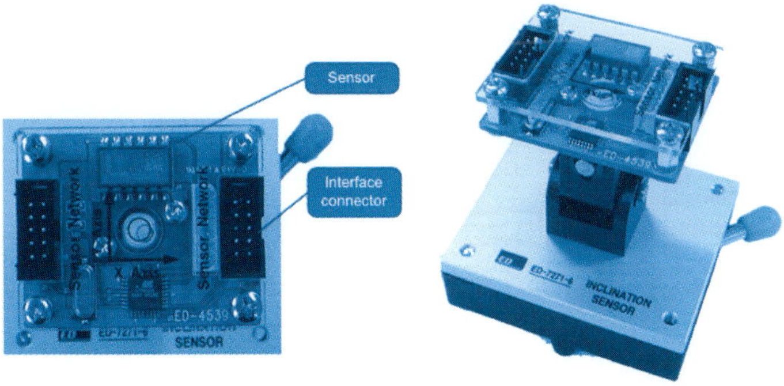

[그림 6-23] 가속도 센서 모듈

6장

① 인터페이스 커넥터 : 메인제어 모듈과 연결
② 센서 : SCA1000

이 모듈은 SPI방식의 데이터 접근방식으로 센서의 X, Y축의 기울기 데이터를 주기적으로 읽어온다. 각각의 기울기 데이터는 2개의 레지스터에 저장된다. PC에서 이 가속도 센서 모듈에 맞는 ID 및 CMD를 송신하면 센서 모듈은 ID와 CMD를 확인한 후 ID, CMD, 기울기 데이터를 다시 PC로 송신한다.

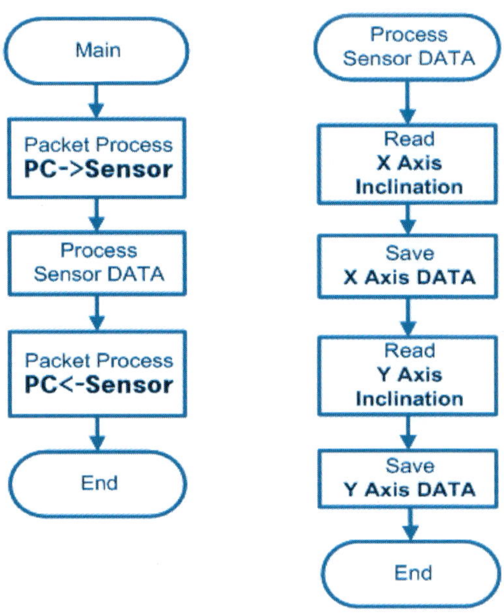

[그림 6-24] 순서도

6-5 초전(인체감지) 센서(pyroelectricity sensor ; ED7271-7)

1) 기반지식

(1) 초전(인체감지) 센서의 원리

초전 센서는 물체로부터 방사되는 적외선이 창을 통해 초전체에 입사될 때 일으키는 초전표면전하의 변화로부터 적외선을 측정하고 이로부터 물체의 온도를 열적으로 감지한다. 센서에서 적외선이 들어오면 초전체의 온도가 상승하고, 그 결과 초전체 표면에 유기되는 전하량이 변하여 출력이 얻어진다. 그런데 물체로부터 방사되는 적외선에 변화가 없으면 유기되는 전하의 변화도 없으므로 출력은 0으로 된다. 따라서 이동물체 또는 온도가 변화하는 물체의 온도만을 검출할 수 있다.

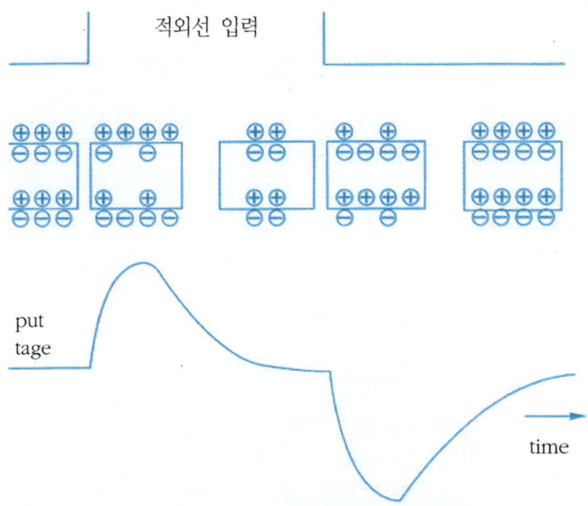

〔그림 6-25〕 일반적인 초전 센서의 출력형태

(2) 센서 적용원리

파나소닉사의 'AMN13112'는 초전 센서에 응용외부회로를 겸한 센서로 동물체 또는 온도가 변하는 물체를 감지할 때 5V 레벨 ON/OFF 형태의 출력을 나타낸다. 초전 센서는 대부분 30cm 내외의 짧은 감지거리 때문에 센서 외부에 멀티렌즈를 장착하면 5m 정도의 검출거리를 나타낼 수 있다.

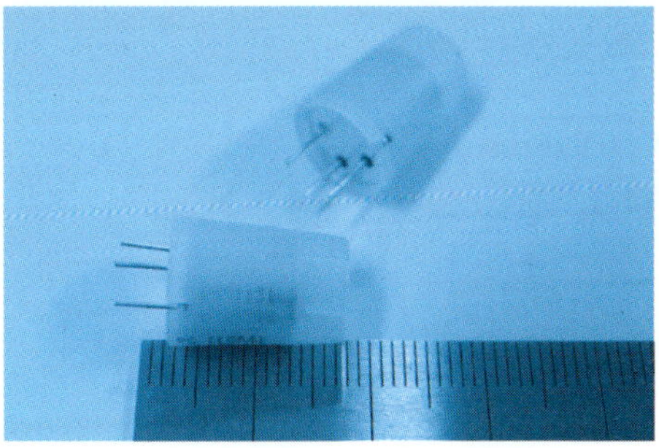

〔그림 6-26〕 초전 센서(AMN13112)

2) 초전 센서(ED7271-7)의 이해

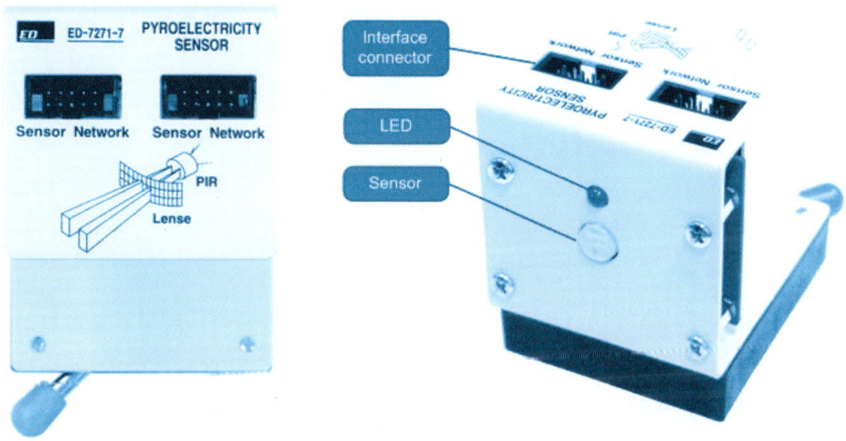

〔그림 6-27〕 초전 센서 모듈의 구성

① 인터페이스 커넥터 : 메인제어 모듈의 직렬 센서 네트워크(serial sensor network)와 연결

② LED : 인체감지를 했을 때 LED 표시

③ 센서 : 초전 센서

초전 센서는 인체감지를 위한 모듈로 사용된다. 이 초전 센서 모듈은 열의 변화를 감지하기 때문에 사람이 움직이면 LED가 켜지면서 반응을 보인다.

전원이 공급되면 센서는 곧바로 동작을 하게 된다. 사람이 감지되면 LED는 곧바로 켜졌다 꺼진다. 열의 변화가 생겨야 센서는 출력을 내보내기 때문이다. 이 센서 모듈은 감지되면 레지스터에 현재의 감지상태를 저장한다. PC와 packet process(ID, CMD 수신) 과정 후 센서 모듈은 PC쪽으로 ID, CMD, 센서의 데이터를 보낸다.

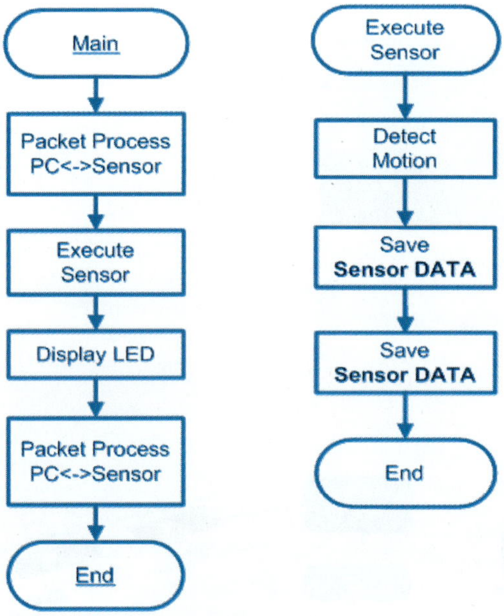

〔그림 6-28〕 순서도

6-6 전자나침반 센서(electronic compass ; ED7271-5)

1) 기반지식

(1) 전자나침반 센서

전자나침반 센서를 사용하여 자유공간을 움직이는 항체(vehicle) 또는 센서 모듈의 방위각을 계산하는 방법을 사용하고 있으며, 최근에는 MEMS 기술의 발달로 칩(chip)형 전자나침반 센서가 모듈화되어 있다. 전자나침반 센서는 지구자기장의 세기를 측정하는 장치로 지구자기장의 흐름벡터와 이를 측정하는 센서의 측정축 벡터가 평행해야만 정확한 자기장의 세기를 측정할 수 있다. 이때 직각으로 배치된 2개의 전자나침반 센서를 수평으로 장착한 후 두 센서의 출력을 이용하여 센서 모듈이 가리키고 있는 방위각을 계산한다.

그러나 전자나침반 센서가 수평을 이루고 있지 않은 경우 지구 자기장의 세기를 정확하게 측정할 수 없으므로 이때의 방위각 정보는 큰 오차를 포함하게 된다. 따라서 사용할 때 전자나침반 센서는 수평을 유지하고 사용하여야 한다.

〔그림 6-29〕 전자나침반 센서

(2) 센서적용원리

ROBOT Electronics사의 'CMPS03'를 사용한다. 'CMPS03'는 북쪽을 기준으로 기울어진 각도 값을 I2C방식의 16bit 디지털 데이터 형태로 출력한다. [그림 6-32]와 같이 데이터 포맷으로 CMPS03으로부터 데이터를 읽는다. 분해능은 0.1°이다.

6장

〔그림 6-30〕 CMPS03 핀의 내용

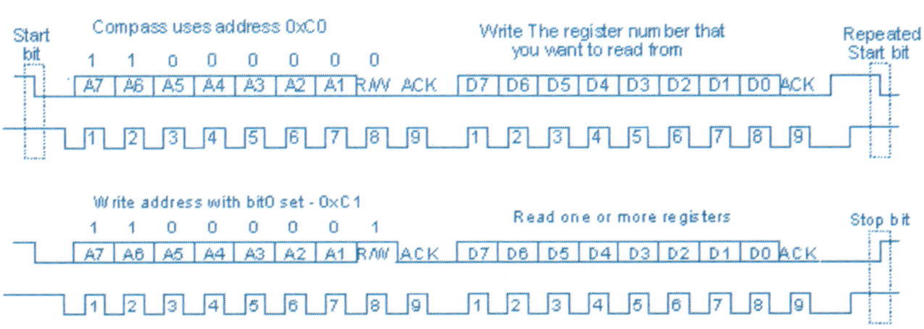

〔그림 6-31〕 I2C방식 프로토콜

2) 전자나침반 센서(ED7271-5)의 이해

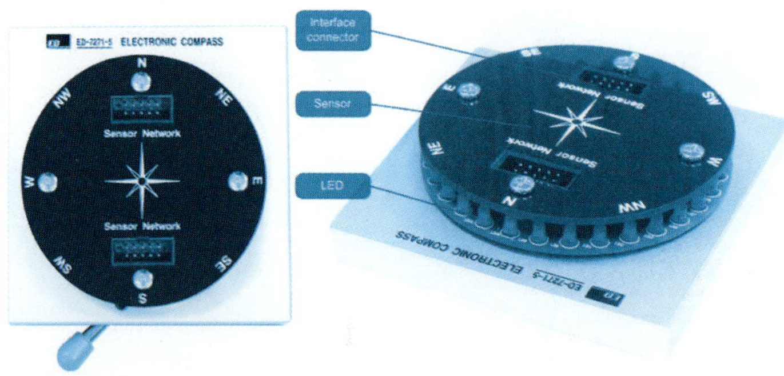

〔그림 6-32〕 전자나침반 센서 모듈

① 인터페이스 커넥터 : 메인제어 모듈과 연결

② 센서 : 내부에 'CMPS03'이 삽입되어 있다.

③ LED : 32개의 LED로 북쪽을 표시한다.

전자나침반 센서와 I2C 인터페이스 방식으로 주기적으로 방위 데이터를 입력받는다. 이렇게 입력받은 방위 데이터를 이용해 32개의 LED로 방위를 표시하고, 방위 데이터 메모리영역에 전자나침반 모듈의 'N' 방향을 기준으로 비틀린 각도를 저장한다. PC쪽에서 현재 각도 값을 요청하면 전자나침반 모듈은 ID, CMD를 확인하고 ID, CMD, 각도 데이터를 PC에 송신한다.

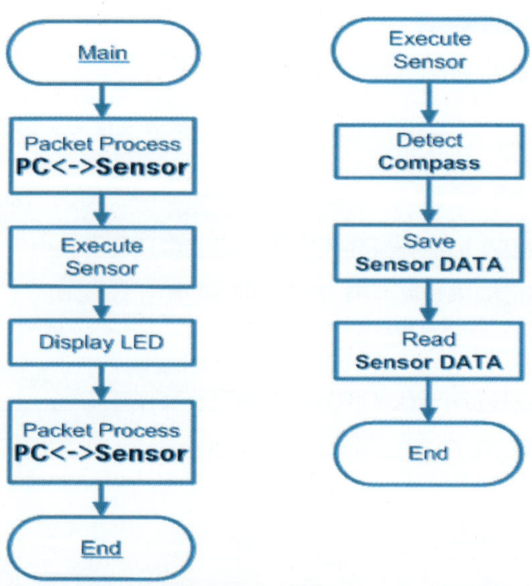

〔그림 6-33〕 순서도

6-7 음성인식 모듈(voice recognition module ; ED7271-8)

1) 기반지식

(1) 음성인식이란

음성인식은 인간의 음성에 포함되어 있는 언어정보를 자동으로 추출하여 원하는 사람에게 필요한 정보를 제공해주는 기술을 말한다. 즉, 마이크, 헤드셋, 전화기 등을 통하여 시스템에 입력된 음성의 특징을 분석하여 이 음성명령에 대한 특정한 동작을 수행하는 기술이라 할 수 있다.

■ 음성인식과정

- 음성입력 : 사람의 목소리를 마이크 또는 헤드셋을 이용하여 입력한다.
- 음성검출 : 음성인식의 성능에 큰 영향을 미치는 부분으로서 주어진 입력소스로부터 음성부분만을 검출한다.
- 음성특징추출 : 일종의 음성압축부분이며, 또한 인간의 발성기관을 모델링하여 필터계수를 찾아내는 부분이다.
- 인식알고리즘 : 음성의 시변적인 특성을 잘 모델링할 수 있는 알고리즘이어야 하며, 이 알고리즘을 이용하여 실제의 음성인식이 이루어진다. 일반적인 알고리즘으로는 DTW, HMM, ANN 등이 있다.
- 음성인식결정 : 인식알고리즘을 이용하여 나온 결과에 대해 인식/오인식을 결정한다.

■ 인식대상에 따른 분류

- 화자종속 특정화자의 음성만을 인식한다.
- 화자독립 불특정화자의 음성을 인식한다.
- 화자적응 화자독립의 성질을 가지고 있으면서도 특정화자의 음향학적 성질에 적응한다.

(2) 센서 적용원리

'전원테크'의 'JT1000'의 음성인식 모듈을 사용한다. 이 음성 모듈은 10가지이며 이미 녹음된 음성을 화자독립방식의 인식을 취하고 있다. 음성인식을 하기 전에 미리 10가지의 음성을 녹음한다. 이렇게 녹음을 하는 작업을 'JT1000' 모듈에서는 '트레이닝' 모드라 한다. 녹음작업을 한 후 '인식모드'를 선택하고 마이크에

말을 하면 인식된 결과를 'JT1000' 모듈은 현재의 인식 데이터를 BCD 형태로 출력한다.

- JP1의 3~7번 핀은 음성인식 결과 BCD 출력 핀
- JP2의 5번 핀 초기상태에서 음성인식 모드전환 스위치 입력 핀
- JP2의 4번 핀 초기상태에서 음성녹음(트레이닝) 모드전환 스위치 입력 핀
- JP2의 6번 핀은 음성인식 진행 중 표시 LED 출력 핀
- JP2의 7번 핀은 음성패턴처리 진행 중 표시 LED 출력 핀

	JP2	JP1	
VCC	1	1	MIC. INPUT
SPK.OUTPUT	2	2	NC(미사용)
LEVEL. SW	3	3	2^4
TRAINING. SW	4	4	2^3
RECOG. SW	5	5	2^2
GREEN LED	6	6	2^1
YELLOW LED	7	7	2^n
NC(미사용)	8	8	RX
NC(미사용)	9	9	TX
GND	10	10	/RESET

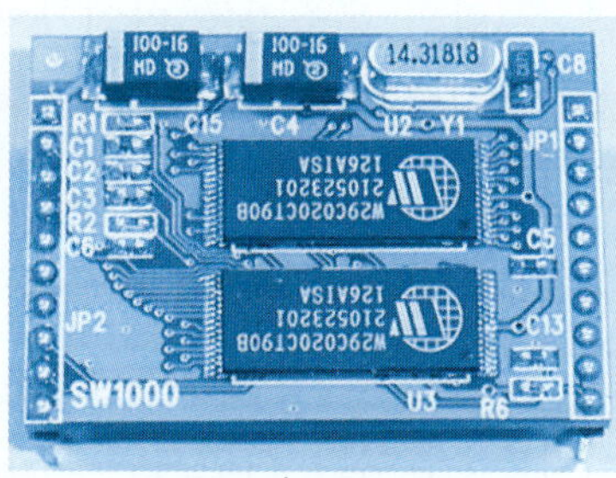

〔그림 6-34〕 JT1000 핀의 내용

2) JT1000 사용 방법

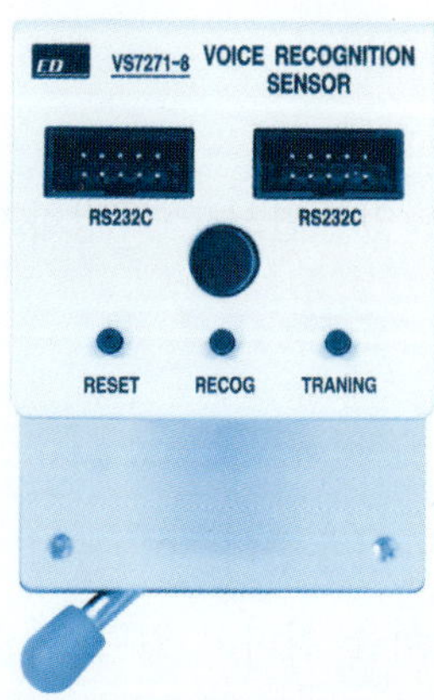

〔그림 6-35〕 음성인식 모듈

① 모듈에 전원을 공급하면 '삐'라는 음을 출력한다.
② 'JT1000'은 미리 녹음된 10가지의 음성만을 인식하기 때문에 음성학습(training)을 해주어야 한다.
③ 재트레이닝을 하기 위해 이전에 녹음된 음성을 제거한다.
④ 제거 방법은 'Reset'을 누른 후 'Recog'와 'Training'을 동시에 누른다.
⑤ 모듈 안쪽의 'Level' S/W를 눌러 알맞은 레벨을 조절한다.
⑥ 'Training'을 누른다. '1이라고 말하세요' 라는 메시지가 출력될 것이다. 녹음시킬 말을 녹음한다. 한 번 더 반복해서 녹음한다.
⑦ 만약 녹음이 잘 되지 않을 경우 '다시 말하세요', '더 크게 말하세요' 라는 메시지가 출력된다. 다시 한 번 말한다.
⑧ 제대로 인식이 되면 '1이라고 말하세요' 라는 음성이 출력된다.
⑨ ⑥에서 ⑧까지의 과정을 9번 더 반복하면 10개의 음성이 녹음된다.
⑩ 이렇게 녹음된 음성을 인식시키기 위해 'Reset'을 누르고 'Recog' 버튼을 누르고 말을 하면 음성인식을 시작한다.

6장

3) 음성인식 모듈(ED7271-8)의 이해

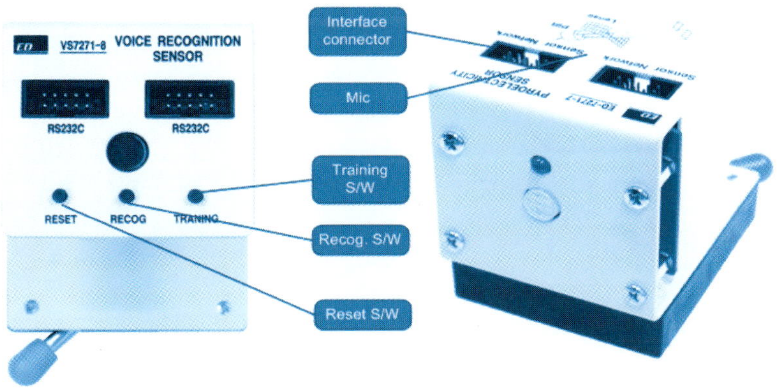

〔그림 6-36〕 음성인식 모듈의 구성

① 인터페이스 커넥터 : 메인제어 모듈과 연결
② 마이크 : 콘덴서 마이크
③ Training S/W : 인식할 음성을 녹음 또는 학습할 때 사용

④ Recog. S/W : 음성인식을 시작할 때 사용

⑤ Reset S/W : 음성인식을 시작하기 위해서는 앞에서 설명한 'JT1000'에 인식할 단어의 녹음작업이 선행되어야 한다. 각각의 단어인식을 하면 녹음한 순서에 따라 1~10까지 메모리에 저장을 하게 된다. 'Recog. S/W'를 누른 후 첫번째로 녹음된 음성을 인식하면 '1'의 데이터를 메모리에 저장한다. PC에서 음성인식결과를 요구하는 패킷 프로세스를 진행하면 음성인식 모듈은 ID, CMD를 확인한 후 ID, CMD, 음성인식 결과데이터를 PC쪽으로 송신하는 패킷 프로세스를 실행한다.

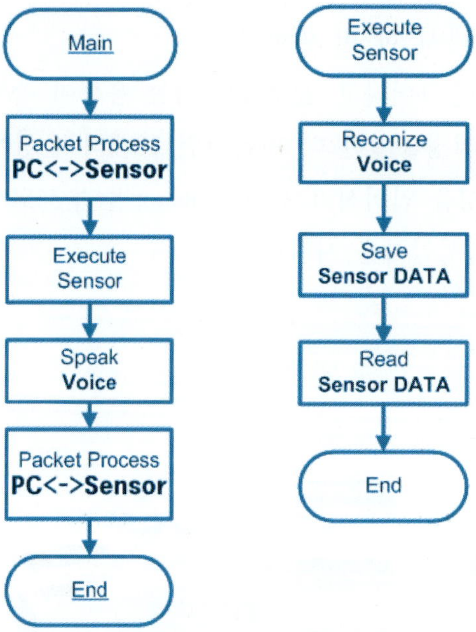

〔그림 6-37〕 순서도

6-8 음향탐지 모듈(voice direction module ; ED7271-9)

1) 기반지식

(1) 음향탐지원리

음향탐지 로봇의 경우 소리가 났을 때 로봇은 음파의 방향을 감지해 뒤를 돌아본다. 이와 같은 음향탐지의 원리를 알아본다.

〔그림 6-38〕 적용원리

마이크는 음파를 전기적인 신호로 바꿔주는 역할을 한다. 전기적인 음성신호를 판단하여 소리의 방향을 알 수 있는데, 어떤 지점에서 소리가 발생했을 때 발생지점으로부터 각 마이크의 위치는 미소한 거리차가 발생한다. 마이크에 동일한 음파를 감지했을 때 음파의 발원지로부터 가장 가까운 마이크에 음파가 가장 먼저 도달한다. 이런 원리로 소리의 발원지의 방향, 그리고 더 나아가 거리까지 판단할 수 있을 것이다.

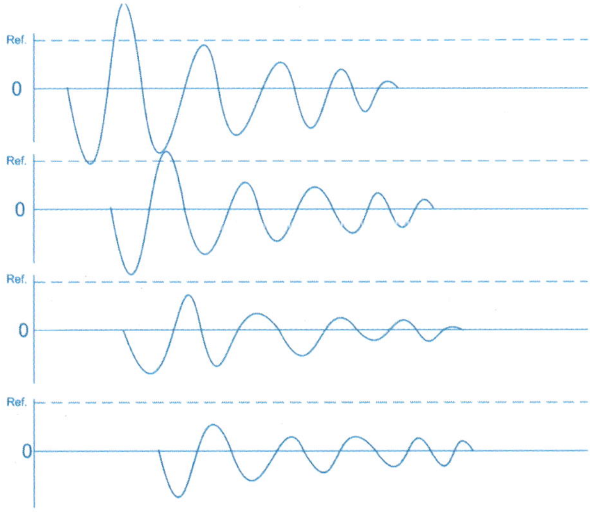

〔그림 6-39〕 마이크 출력파형

실제로 마이크 파형을 보면 [그림 6-41]과 같다. 가장 가까운 마이크에서부터 먼 순서로 음파의 형태를 나타낸다. 가장 가까운 마이크에 음파가 먼저 도달하는 것을 볼 수 있다.

2) 음향탐지 모듈(ED7271-9)의 이해

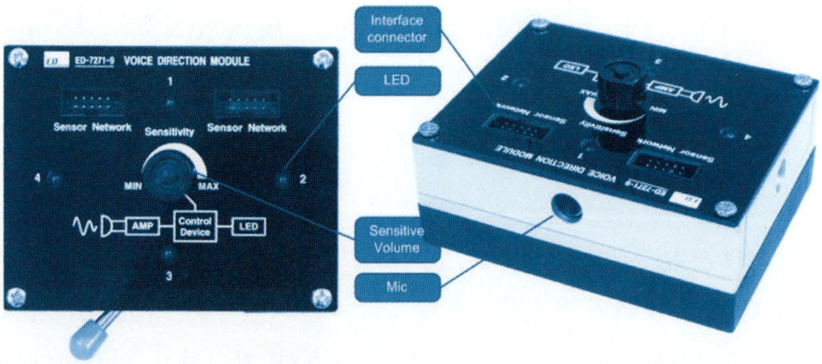

〔그림 6-40〕 음향탐지 모듈

① 인터페이스 커넥터 : 메인제어 모듈과 연결
② LED : 감지된 소리의 방향을 표시
③ 센서 볼륨 : 민감도 조절볼륨
④ 마이크 : 4개의 마이크로 소리의 방향을 감지

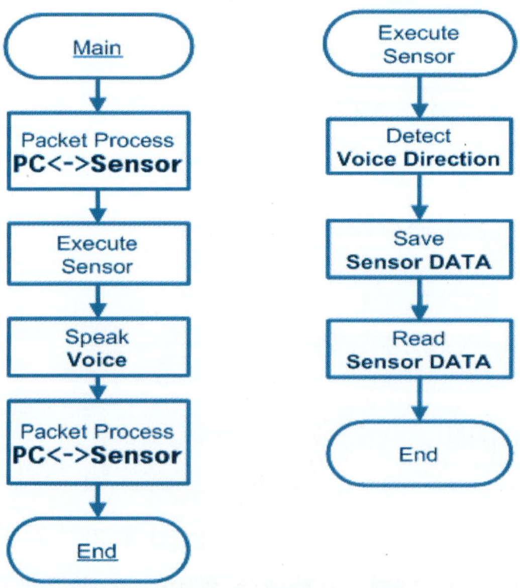

〔그림 6-41〕 순서도

음향탐지 모듈은 로봇이 소리의 방향을 감지해 그 방향을 향해 움직임을 보일 수 있는 원리를 적용한 것이다.

4개의 마이크와 증폭앰프회로, 그리고 민감도 조절볼륨과 감지된 방향을 표시해주는 LED로 구성되어 있다.

각 마이크의 음파를 시간별로 분석, 소리의 방향을 감지해 정해진 메모리상에 방향데이터를 저장한다. PC에서 방향데이터를 요구하는 패킷 프로세스를 진행하면 음향탐지 모듈은 ID, CMD를 확인한 후 ID, CMD, 결과데이터를 PC쪽으로 송신하는 패킷 프로세스를 실행한다.

6-9 Serial Sensor Network(SSN) 응용 실습

ED-7271 지능형 로봇 실험실습 장비에 있는 각 Sensor들로부터 측정값들을 획득하는 기본 프로그램을 MFC를 사용하여 작성하도록 한다. [그림 6-42]는 본 실습의 최종 목표이며 우선 SSN의 초기화, 전원 공급, 그리고 각 센서별 데이터를 획득하는 과정을 배울 것이다.

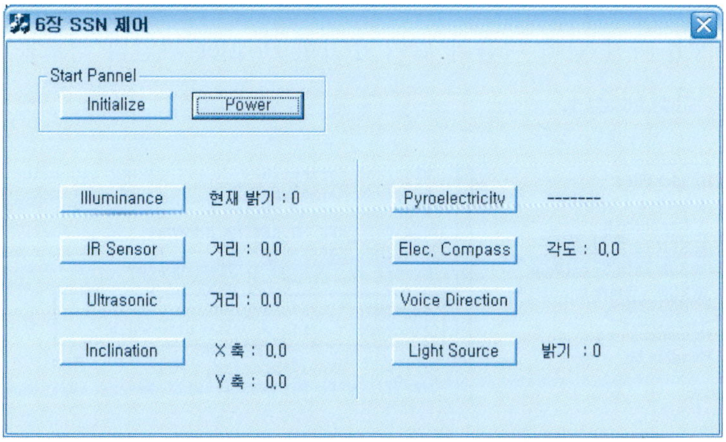

[그림 6-42] 실습 목표

ED-7271 지능형 로봇 실험실습장비에서 각 센서들로부터 정보를 획득하기 위해서는 우선 ED-7271-15 제어모듈에서 모션보드의 초기화시켜준 다음, 'DCServo01_ExternalPower_5V()' 함수를 사용하여 센서로 전원을 공급해 주어야 한다.

1) 프로젝트 생성

5장 1) '프로젝트 생성'과 동일한 과정을 수행하며, 다음 그림들의 과정을 참조, 추가하여 진행한다.

Work Space의 Header 폴더에 'Motion_Library.h' 파일과 'SSN_Library.h' 파일을 추가한다.

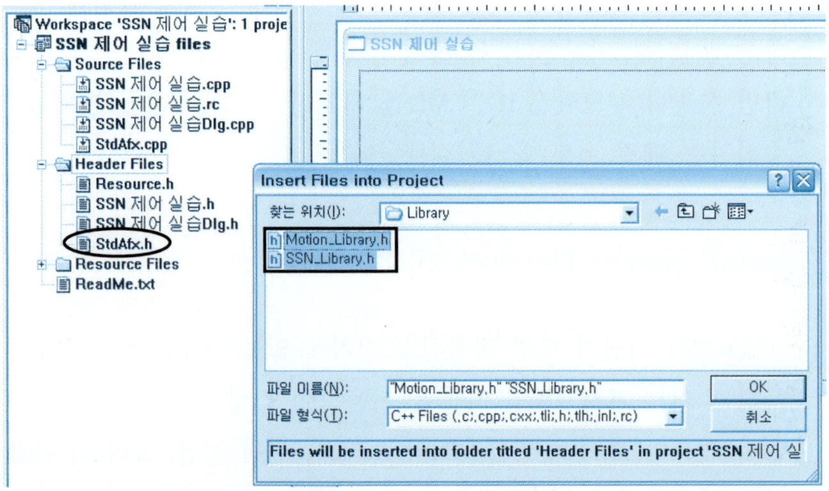

〔그림 6-43〕 Header 파일의 추가

StdAfx.h 파일 안에 다음과 같이 추가한 Header 파일의 경로를 설정하여 프로젝트와 연결해준다.

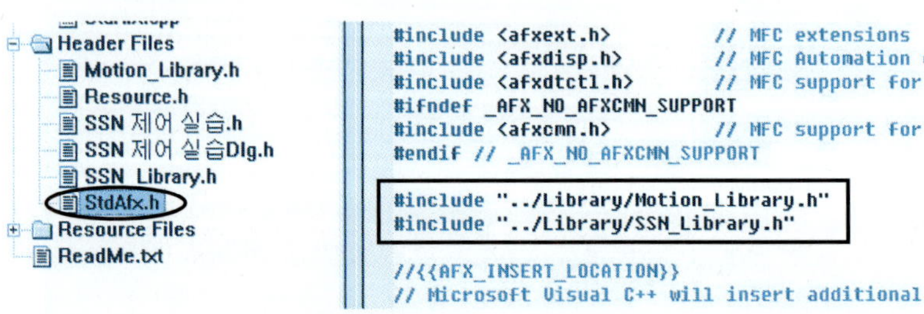

〔그림 6-44〕 Header 파일의 연결

Header 파일 폴더 안의 "SSN 제어 실습Dlg.h" 파일 안에 다음 그림과 같이 모션 보드를 제어하는 객체와 센서를 제어하는 객체들을 생성한다.

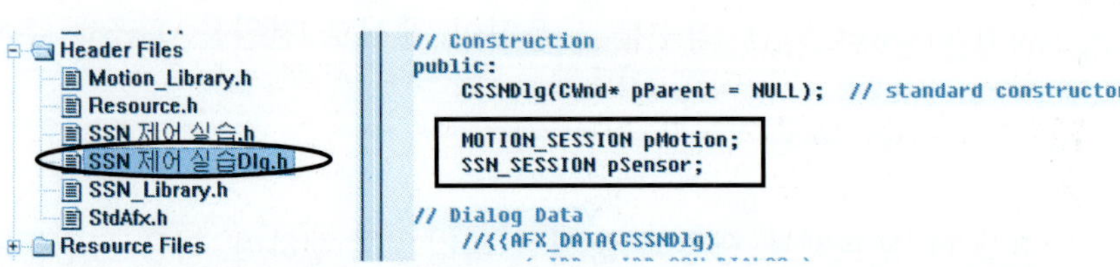

〔그림 6-45〕 객체 생성

'Project Setting' (Alt + F7)에서 다음과 같이 Library 파일의 경로를 설정한다.

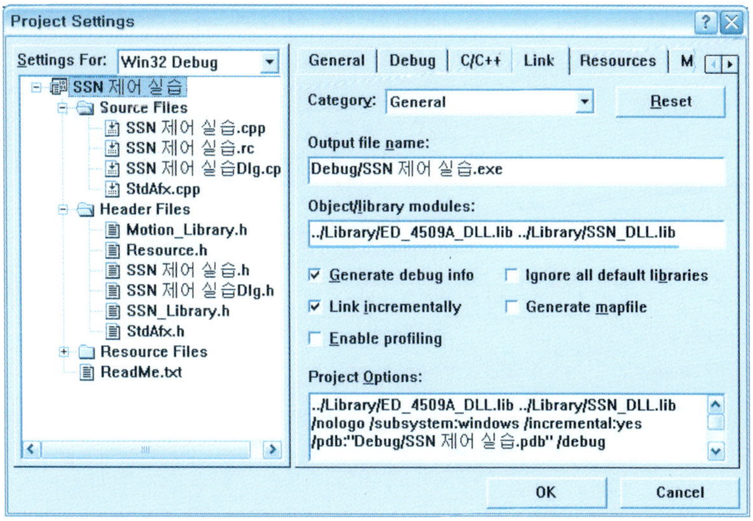

〔그림 6-46〕 Library 경로 설정

마지막으로 실행 파일이 생성되는 폴더(Debug)에 DLL 파일을 다음 그림과 같이 복사하면 프로젝트 생성은 끝난다.

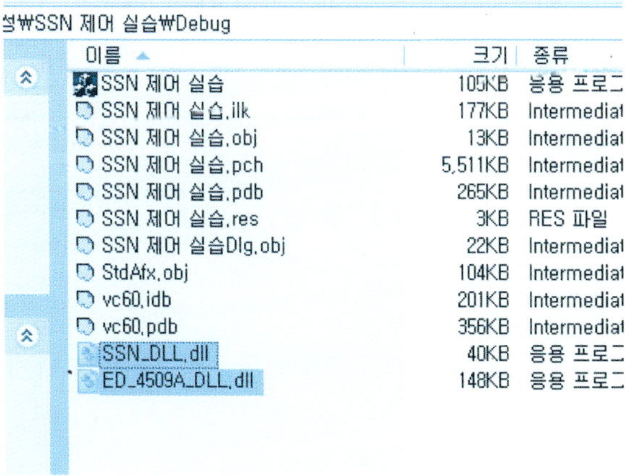

〔그림 6-47〕 DLL 파일의 복사

2) SSN 초기화

다음 그림과 같이 버튼을 생성한 후 생성된 함수에 다음과 같이 작성한다.

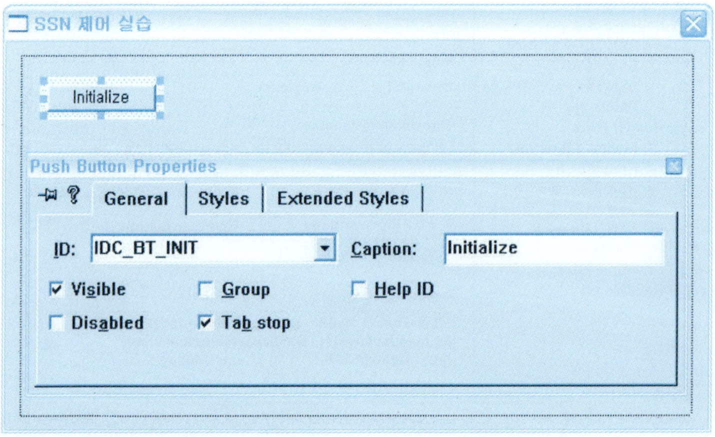

〔그림 6-48〕 초기화 버튼 생성

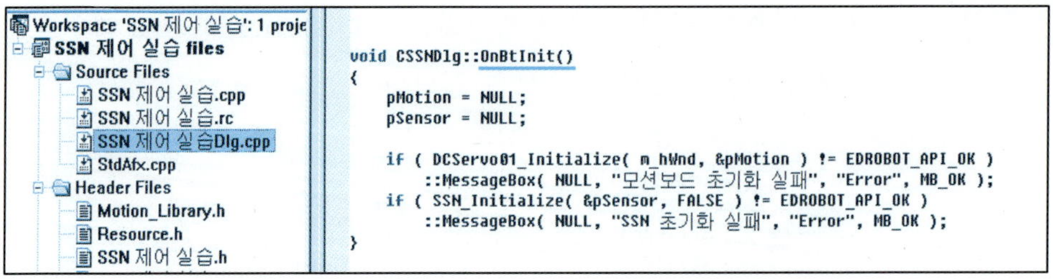

〔그림 6-49〕 초기화 코드

3) Dialog 종료

Dialog 종료는 앞에서 했던 방법으로 진행한다. 단 다음 그림과 같이 센서 종료를 위한 코드를 추가한다.

```
void CSSNDlg::OnDestroy()
{
    CDialog::OnDestroy();

    SSN_Close( pSensor );
    DCServo01_Close( pMotion );
}
```

〔그림 6-50〕 Dialog 종료 코드

4) Extern Power 공급 / 차단

ED7271-15 제어 모듈에서 Serial Cable을 통해 센서들에게 공급되는 전원은 모션보드 제어 함수를 통해 공급된다. 초기화 함수에 다음 코드를 추가할 수도 있지만, 본 교재에서는 별도의 버튼을 생성하도록 한다.

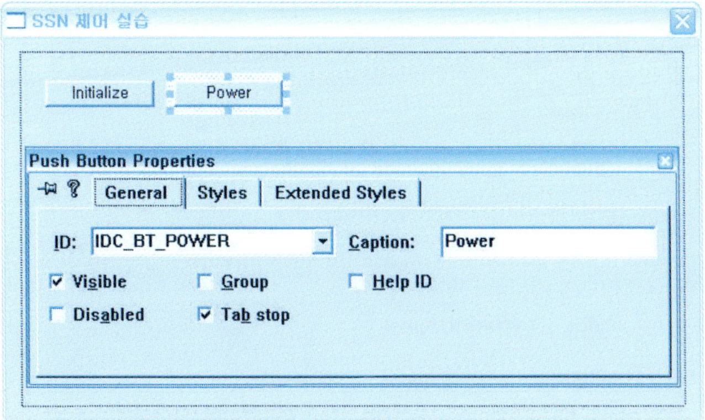

〔그림 6-51〕 전원 버튼 생성

```
void CSSNDlg::OnBtPower()
{
    DCServo01_ExternalPower_5V( pMotion, Ext5V_OFF );  // 전원 OFF

    Sleep(500);

    if ( DCServo01_ExternalPower_5V( pMotion, EXT5V_ON ) != EDROBOT_API_OK )  // 전원 ON
        ::MessageBox( NULL, "전원공급 실패", "Error", MB_OK );

    SSN_Start( pSensor ); // 센서 데이터 취득 시작
}
```

〔그림 6-52〕 Power 버튼 코드

프로그램 종료시 외부 전원의 공급을 종료하기 위하여 OnDestory() 함수에 다음과 같이 추가한다.

```
void CSSNDlg::OnDestroy()
{
    CDialog::OnDestroy();

    SSN_Stop( pSensor );  // 센서 데이터 취득 정지

    DCServo01_ExternalPower_5V( pMotion, EXT5V_OFF );  // 전원 OFF

    SSN_Close( pSensor );
    DCServo01_Close( pMotion );
}
```

〔그림 6-53〕 OFF 코드, 센서 데이터 취득 정지 코드 추가

6장

5) 조도 센서(Illuminance Sensor : ED7271-1) 데이터 획득

조도 센서를 통하여 주변 빛의 밝기를 레벨(0~10)로 표현하도록 한다.

다음 그림과 같이 Dialog에 데이터 획득을 위한 버튼과 데이터를 표현하기 위하여 Static Text를 생성하고 표와 같이 속성, 변수 형, 변수 명을 설정한다.

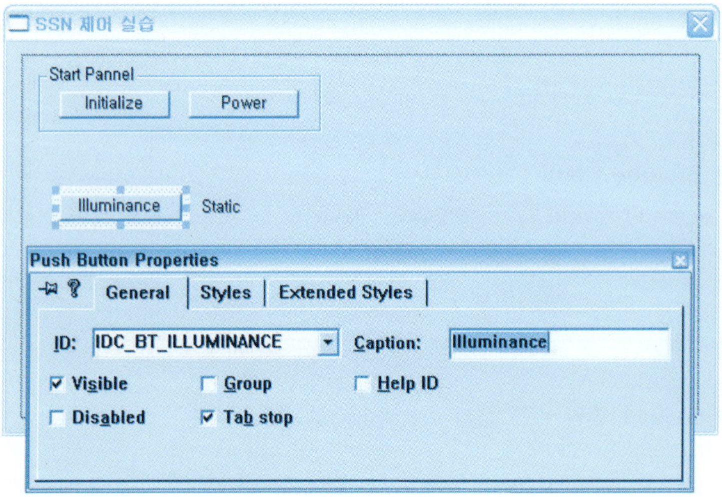

〔그림 6-54〕 버튼, Static Text 생성

〈표 6-1〉 ID, 변수 형, 변수 명

구 분	ID	변수 형	변수 명
버튼	IDC_BT_ILLUMINANCE	·	·
Static Text	IDC_ILLUMINANCE	CString	m_strIlluminance

생성된 함수에 다음 그림처럼 작성한다.

```
void CSSNDlg::OnBtIlluminance()
{
    char Illumi = 0;

    SSN_GetIlluminance( pSensor, Illumi );
    m_strIlluminance.Format( "현재 밝기 : %d", Illumi );

    UpdateData(FALSE);
}
```

〔그림 6-55〕 조도 센서 코드

프로그램 실행시 다음과 같은 결과를 확인할 수 있다.

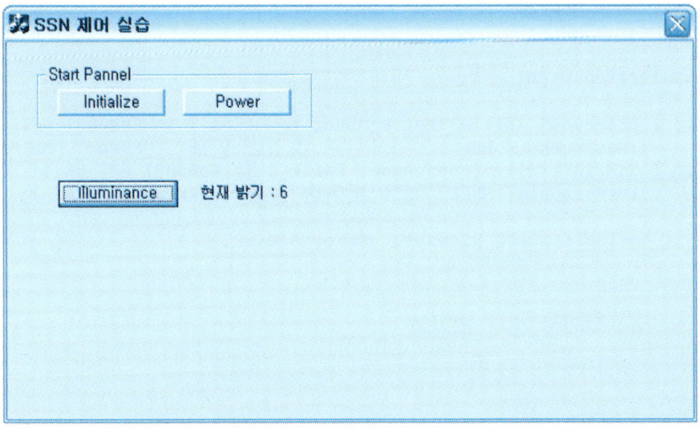

〔그림 6-56〕 조도 센서 데이터 획득

6) 적외선 거리감지 센서(Infrared Sensor : ED7271-4) 데이터 획득

적외선 거리감지 센서로 물체와의 거리 정보를 획득하도록 한다.

'SSN 제어 실습Dlg.h' 파일에 다음과 같이 작성한다.

```
MOTION_SESSION pMotion;
SSN_SESSION pSensor;

unsigned char nSelectSensor[1]; // 사용할 적외선 센서의 개수

float fIRSensor[1];
```

〔그림 6-57〕 변수 추가

'nSelectSensor[1]'은 사용할 적외선 센서의 개수를 선언하는 배열이며, 'fIRSensor[1]'은 설정된 번호의('0'번 적외선 센서) 적외선 센서에서 보내는 데이터를 받기 위한 변수이다.

초기화 함수('OnBtInit()')에 다음 그림의 밑줄 부분, 적외선 센서의 데이터를 담아 오기 위해 변수에 센서 번호를 추가하고 센서 번호를 설정하는 부분을 추가한다.

```
void CSSNDlg::OnBtInit()
{
    pMotion = NULL;
    pSensor = NULL;

    nSelectSensor[0] = 1; // 센서 번호 추가

    if ( DCServo01_Initialize( m_hWnd, &pMotion ) != EDROBOT_API_OK )
        ::MessageBox( NULL, "모션보드 초기화 실패", "Error", MB_OK );
    if ( SSN_Initialize( &pSensor, FALSE ) != EDROBOT_API_OK )
        ::MessageBox( NULL, "SSN 초기화 실패", "Error", MB_OK );

    SSN_SetIRDistance( pSensor, nSelectSensor, 1 ); // 지정된 센서 설정
}
```

〔그림 6-58〕 적외선 센서 초기화

Dialog에 다음과 같이 버튼과 Static Text를 생성하고 표와 같이 설정한다.

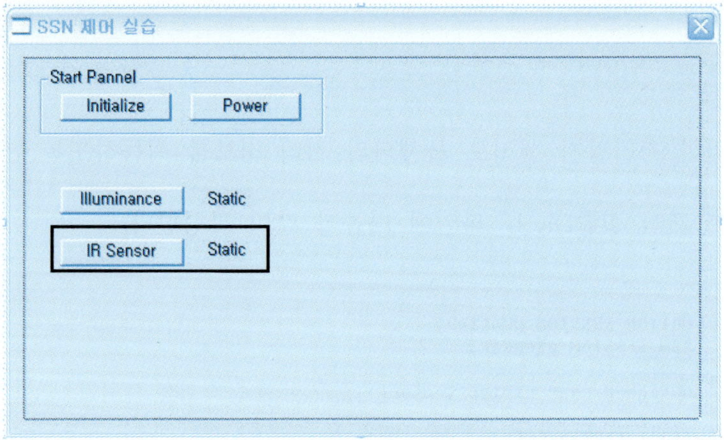

〔그림 6-59〕 버튼, Static Text 생성

〈표 6-2〉 **ID, 변수 형, 변수 명**

구 분	ID	변수 형	변수 명
버튼	IDC_BT_IRSENSOR	·	·
Static Text	IDC_IRSENSOR	CString	m_strIRSensor

적외선 센서의 데이터를 획득하기 위한 함수를 생성한 다음 아래와 같이 작성한다

```
void CSSNDlg::OnBtIrsensor()
{
    SSN_GetIRDistance( pSensor, fIRSensor );
    m_strIRSensor.Format( "거리 : %4.1f", fIRSensor[0] );
    UpdateData(FALSE);
}
```

〔그림 6-60〕 적외선 센서 데이터 획득 코드

프로그램 실행시 다음과 같은 결과를 확인할 수 있다.

〔그림 6-61〕 적외선 데이터 획득

7) 초음파 센서(Ultrasonic Sensor : ED7271-3) 데이터 획득

초음파 센서로 물체와의 거리 정보를 획득하도록 한다.

진행 방법은 [(6) 적외선 거리감지 센서 데이터 획득]과 동일하며, 단 함수 명과 변수 명이 다를 뿐이다.

'SSN 제어 실습Dlg.h' 파일에 다음과 같이 작성한다.

```
    MOTION_SESSION pMotion;
    SSN_SESSION pSensor;

    unsigned char nSelectSensor[1]; // 사용할 적외선, 초음파 센서 각각의 개수

    float fIRSensor[1];
    float fUltrasensor[1];
```

〔그림 6-62〕 변수 추가

'nSelectSensor[1]' 은 사용할 초음파 센서의 개수를 선언하는 배열이며, 적외선 센서와 초음파 센서의 함수에서 각각 사용한다. 'fUltrasensor[1]'는 설정된 번호의 ('0'번 초음파 센서) 초음파 센서에서 보내는 데이터를 받기 위한 변수이다.

초기화 함수('OnBtInit()')에 다음 그림의 밑줄 부분, 초음파 센서의 데이터를 담아 오기 위해 변수에 센서 번호를 추가하고 센서 번호를 설정하는 부분을 추가한다.

```
    if ( DCServo01_Initialize( m_hWnd, &pMotion ) != EDROBOT_API_OK )
        ::MessageBox( NULL, "모션보드 초기화 실패", "Error", MB_OK );
    if ( SSN_Initialize( &pSensor, FALSE ) != EDROBOT_API_OK )
        ::MessageBox( NULL, "SSN 초기화 실패", "Error", MB_OK );

    SSN_SetIRDistance( pSensor, nSelectSensor, 1 ); // 지정된 센서 설정
    SSN_SetUltrasonic( pSensor, nSelectSensor, 1); // 지정된 센서 설정
}
```

〔그림 6-63〕 초음파 센서 초기화

Dialog에 다음과 같이 버튼과 Static Text를 생성하고 표와 같이 설정한다.

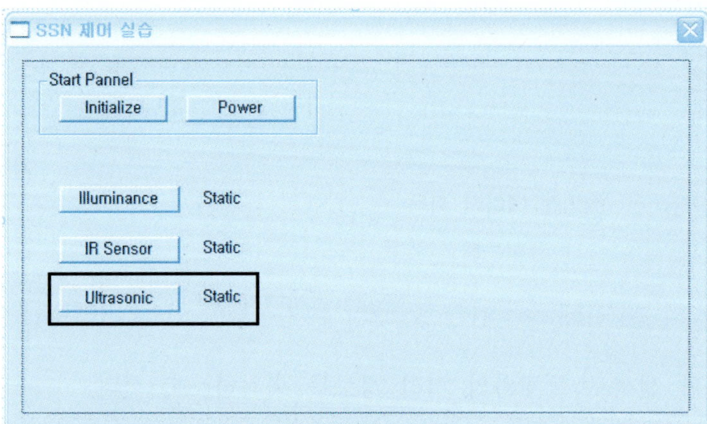

〔그림 6-64〕 버튼, Static Text 생성

〈표 6-3〉 ID, 변수 형, 변수 명

구 분	ID	변수 형	변수 명
버튼	IDC_BT_ULTRASENSOR	·	·
Static Text	IDC_ULTRASENSOR	CString	m_strUltrasensor

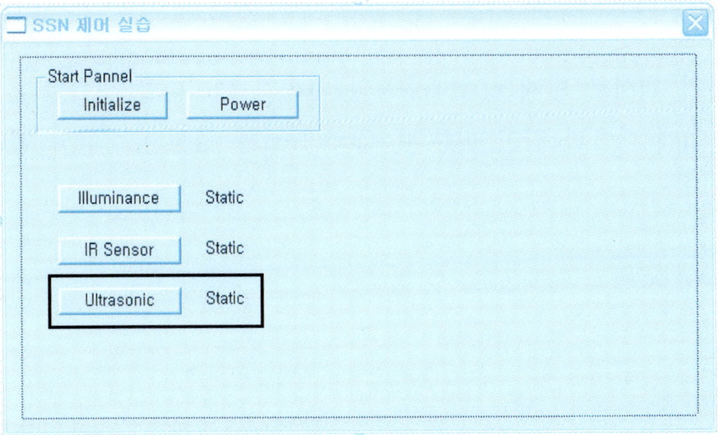

〔그림 6-65〕 버튼, Static Text 생성

초음파 센서의 데이터를 획득하기 위한 함수를 생성한 다음 아래와 같이 작성한다.

```
void CSSNDlg::OnBtUltrasensor()
{
    SSN_GetUtrasonic( pSensor, fUltrasensor );
    m_strUltrasensor.Format( "거리 : %4.1f", fUltrasensor[0] );
    UpdateData(FALSE);
}
```

〔그림 6-66〕 초음파 센서 데이터 획득 코드

프로그램 실행시 다음과 같은 결과를 확인할 수 있다.

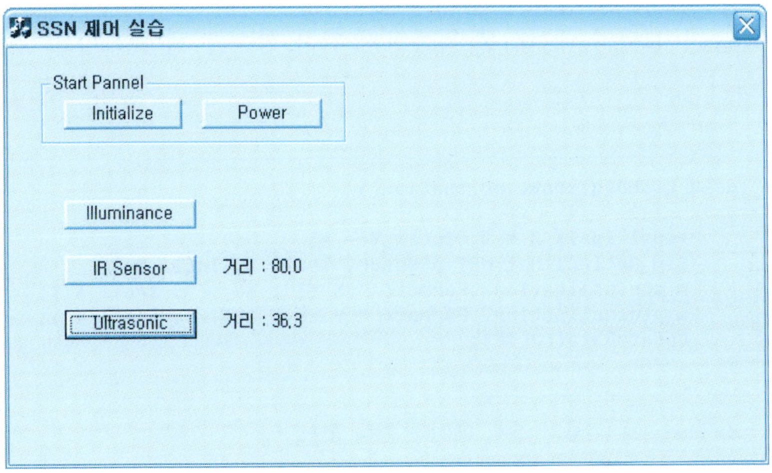

〔그림 6-67〕 초음파 데이터 획득

8) 기울기 센서(Inclination Sensor : ED7271-6) 데이터 획득

기울기 센서로 현재 x, y 두 축의 기울기 데이터를 획득한다.

Dialog에 다음과 같이 버튼과 Static Text를 생성하고 표와 같이 설정한다.

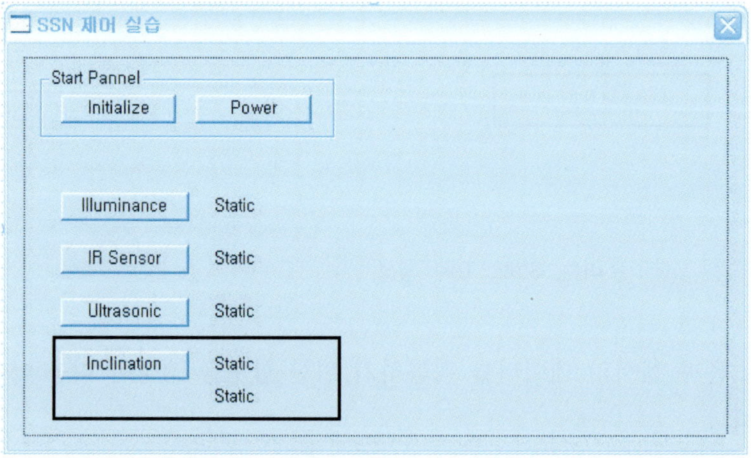

〔그림 6-68〕 버튼, Static Text 생성

〈표 6-4〉 ID, 변수 형, 변수 명

구 분	ID	변수 형	변수 명
버튼	IDC_BT_INCLINATION	·	·
Static Text	IDC_INCLINATION_X	CString	m_strInclinationX
Static Text	IDC_INCLINATION_Y	CString	m_strInclinationY

기울기 센서의 데이터를 획득하기 위한 함수를 생성한 다음 아래와 같이 작성한다.

```
void CSSNDlg::OnBtInclination()
{
    float Incli_X = 0, Incli_Y = 0;
    SSN_GetInclination( pSensor, Incli_X, Incli_Y );
    m_strInclinationX.Format( " X 축 : %4.1f", Incli_X );
    m_strInclinationY.Format( " Y 축 : %4.1f", Incli_Y );
    UpdateData(FALSE);
}
```

〔그림 6-69〕 기울기 센서 데이터 획득 코드

프로그램 실행시 다음과 같은 결과를 확인할 수 있다.

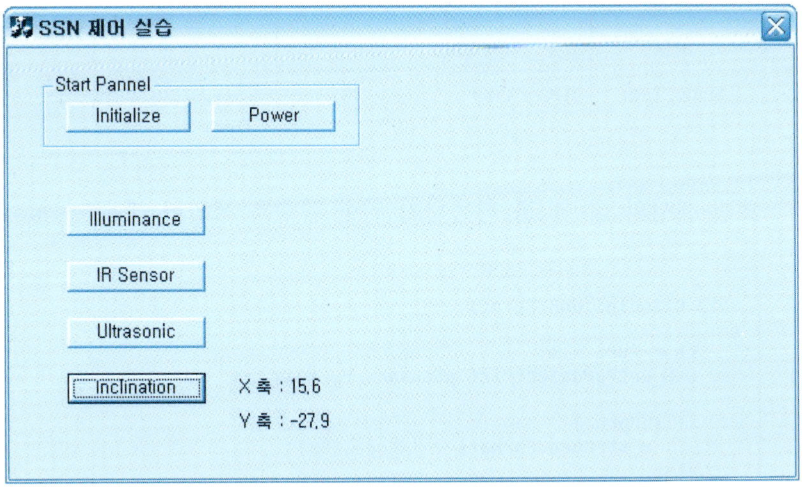

〔그림 6-70〕 기울기 센서 데이터 획득

9) 초전(인체감지) 센서(Pyroelectricity Sensor : ED7271-7) 데이터 획득

초전 센서로 인체의 감지 여부에 대한 데이터를 획득한다.

Dialog에 다음과 같이 버튼과 Static Text를 생성하고 표와 같이 설정한다.

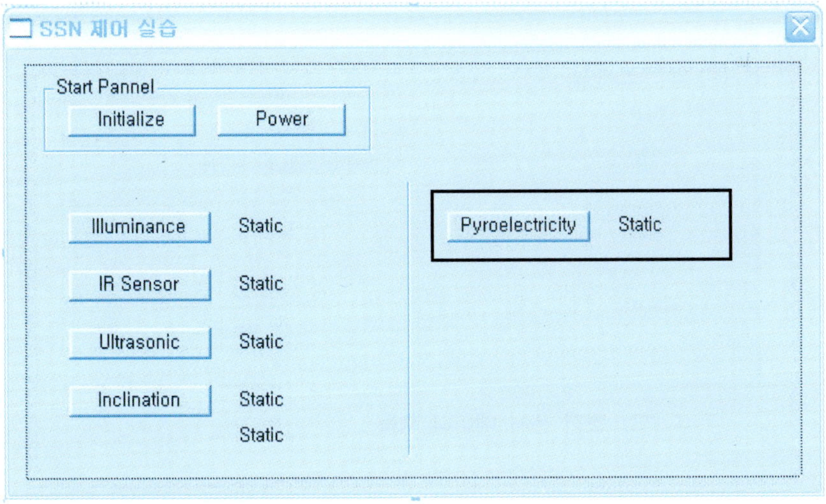

〔그림 6-71〕 버튼, Static Text 생성

〈표 6-5〉 ID, 변수 형, 변수 명

구 분	ID	변수 형	변수 명
버튼	IDC_BT_PYRO	·	·
Static Text	IDC_PYRO	CString	m_strPyro

초전 센서의 데이터를 획득하기 위한 함수를 생성한 다음 아래와 같이 작성한다.

```
void CSSNDlg::OnBtPyro()
{
    char Pyro = 0;
    SSN_GetPyroelectric( pSensor, Pyro );

    if ( Pyro )
        m_strPyro.Format( "인체감지!" );
    else
        m_strPyro.Format( " ------- " );

    UpdateData(FALSE);
}
```

〔그림 6-72〕 초전 센서 데이터 획득 코드

프로그램 실행시 다음과 같은 결과를 확인할 수 있다.

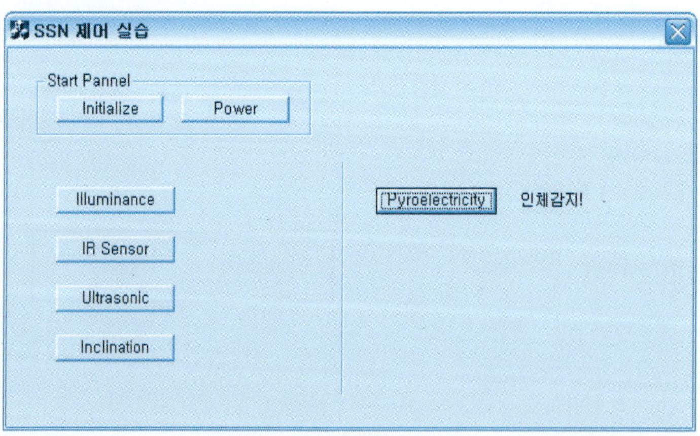

〔그림 6-73〕 초전 센서 데이터 획득

※ 초전 센서의 하드웨어적 특성상 처음 전원을 인가 후 약 30초 정도의 waiting time 후에 정상적으로 동작한다. (해당 시간동안에는 인체감지와 무관하게 LED가 점멸된다)

10) 전자나침반(Electronic Compass : ED7271-5) 데이터 획득

전자나침반으로 정북('N') 방향을 기준으로 비틀린 각도에 대한 데이터를 획득한다.

Dialog에 다음과 같이 버튼과 Static Text를 생성하고 표와 같이 설정한다.

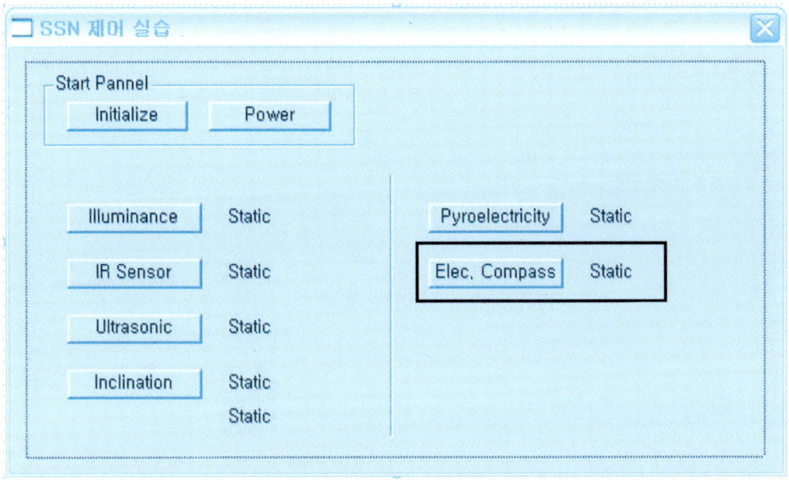

〔그림 6-74〕 버튼, Static Text 생성

〈표 6-6〉 ID, 변수 형, 변수 명

구 분	ID	변수 형	변수 명
버튼	IDC_BT_ELECCOMPASS	·	·
Static Text	IDC_ELECCOMPASS	CString	m_strElecCompass

전자나침반 센서의 데이터를 획득하기 위한 함수를 생성한 다음 아래와 같이 작성한다.

```
void CSSNDlg::OnBtEleccompass()
{
    float Compass =0;
    SSN_GetElectronicCompass( pSensor, Compass );
    m_strElecCompass.Format( " 각도 : %4.1f", Compass );
    UpdateData(FALSE);
}
```

〔그림 6-75〕 전자나침반 센서 데이터 획득 코드

프로그램 실행시 다음과 같은 결과를 확인할 수 있다.

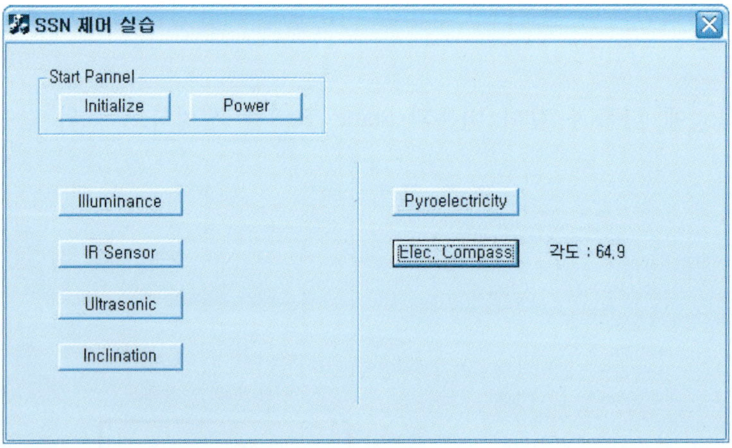

〔그림 6-76〕 전자나침반 센서 데이터 획득

11) 음향탐지 모듈(Voice Direction Module : ED7271-9) 데이터 획득

소리의 방향을 감지한 데이터를 획득한다.
Dialog에 다음과 같이 버튼과 Static Text를 생성하고 표와 같이 설정한다.

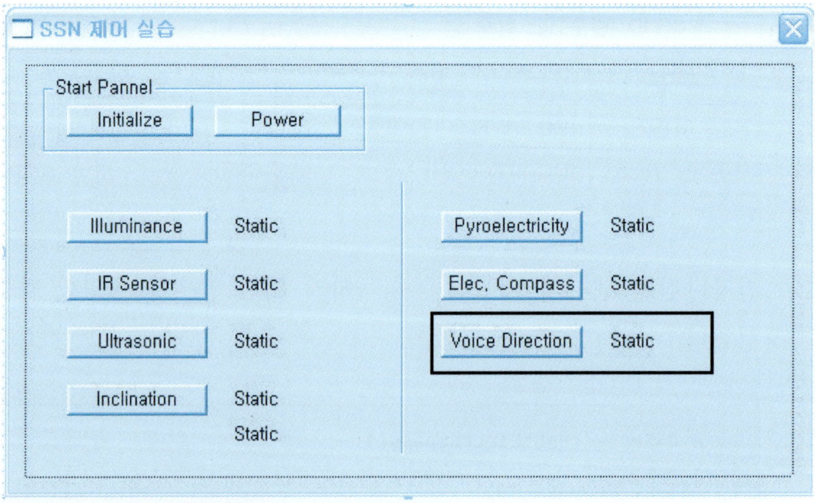

〔그림 6-77〕 버튼, Static Text 생성

〈표 6-7〉 ID, 변수 형, 변수 명

구 분	I D	변수 형	변수 명
버튼	IDC_BT_VOICEDIRECTION	·	·
Static Text	IDC_VOICEDIRECTION	CString	m_strVoiceDirection

음향탐지 모듈의 데이터를 획득하기 위한 함수를 생성한 다음 아래와 같이 작성한다.

```
void CSSNDlg::OnBtVoicedirection()
{
    char Direc=0;

    SSN_GetVoiceDirection( pSensor, 1, Direc ); // '1' = ED-7271 식별 번호

    if ( Direc == 0x01 )
        m_strVoiceDirection.Format( "  앞  " );
    else if ( Direc == 0x02 )
        m_strVoiceDirection.Format( "오른쪽" );
    else if ( Direc == 0x04 )
        m_strVoiceDirection.Format( "  뒤  " );
    else if ( Direc == 0x08 )
        m_strVoiceDirection.Format( " 왼쪽 " );

    UpdateData(FALSE);
}
```

〔그림 6-78〕 음향탐지 모듈 데이터 획득 코드

프로그램 실행 시 다음과 같은 결과를 확인할 수 있다.

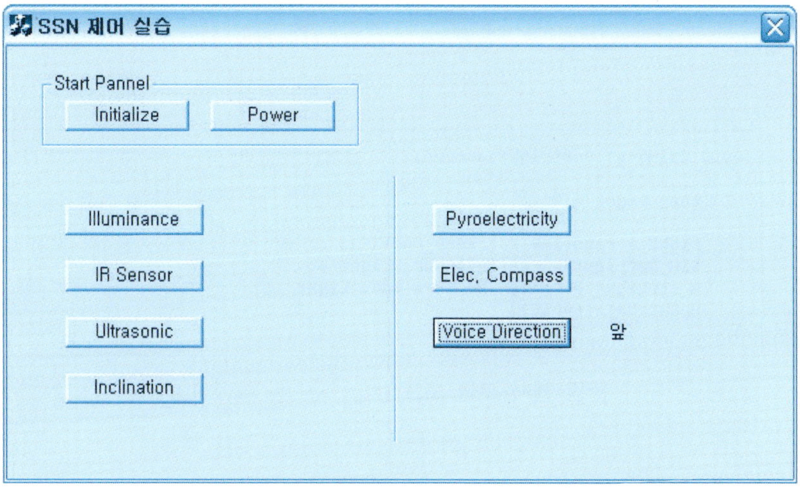

〔그림 6-79〕 음향탐지 모듈 데이터 획득

12) 광원 센서(Light Source Sensor Module : ED7271-2) 제어

랜덤한 입력 값으로 그에 대응되는 빛의 밝기를 출력하도록 한다.

Dialog에 다음과 같이 버튼과 Static Text를 생성하고 표와 같이 설정한다.

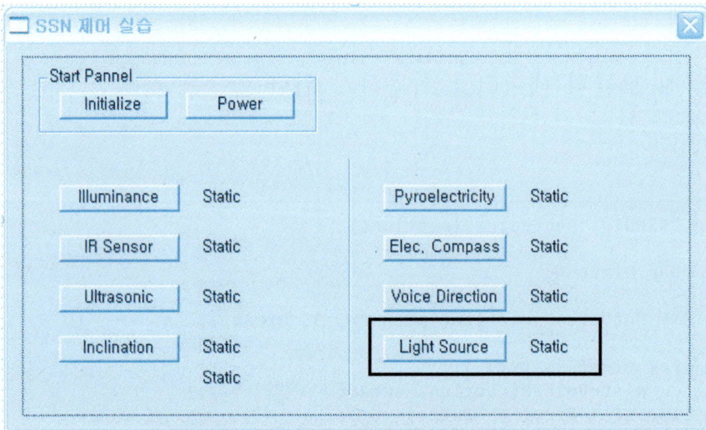

〔그림 6-80〕 버튼, Static Text 생성

〈표 6-8〉 ID, 변수 형, 변수 명

구 분	I D	변수 형	변수 명
버튼	IDC_BT_LIGHTSOURCE	·	·
Static Text	IDC_LIGHTSOURCE	CString	m_strLight

광원 센서 모듈에 랜덤한 입력을 주기 위한 함수를 생성한 다음과 같이 작성한다.

```
void CSSNDlg::OnBtLightsource()
{
    char Light = 0;

    Light = rand()*9 / ( RAND_MAX+1 ); // 0 ~ 9 까지의 랜덤 값 발생
    SSN_SetLightSource( pSensor, Light );
    m_strLight.Format( "밝기  : %d", Light );
    UpdateData(FALSE);
}
```

〔그림 6-81〕 광원 센서 모듈 코드

프로그램 실행 시 다음과 같은 결과를 확인할 수 있다.

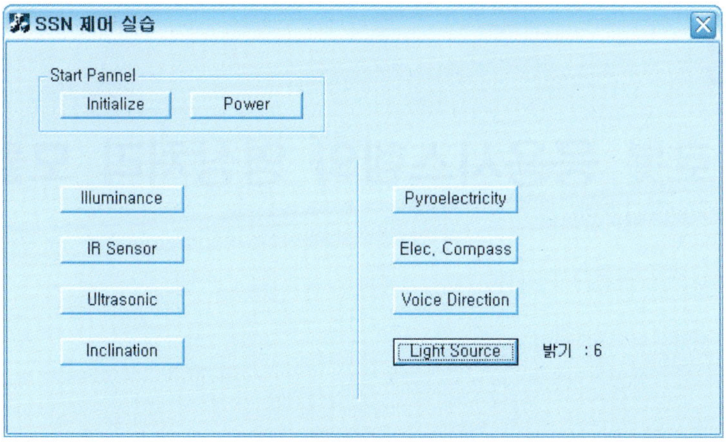

〔그림 6-82〕 광원 센서 모듈의 빛 밝기 실험

제7장

지능형 로봇 응용시스템의 영상처리 모듈

7-1 디지털 영상처리

1) 디지털 영상처리 개요

영상처리는 사진 또는 그림, 영상 등을 디지털화하여 컴퓨터에서 이를 처리하는 기술로서 많은 응용분야에서 사용되고 있는 넓은 영역을 총칭한다. 이러한 영상처리 기술은 낡고 훼손된 영상을 원 영상과 가깝게 복원하며, 영상 내에 포함된 잡음을 제거하거나, 색상과 영상의 질을 개선하거나 저하하기도 한다.

또한 영상에 포함된 정보를 최대한 잘 표현하기 위해 두드러진 특징을 더욱 강조하며, 다른 영상과 합성하여 새로운 영상을 만들기도 하며, 저장 공간의 절약

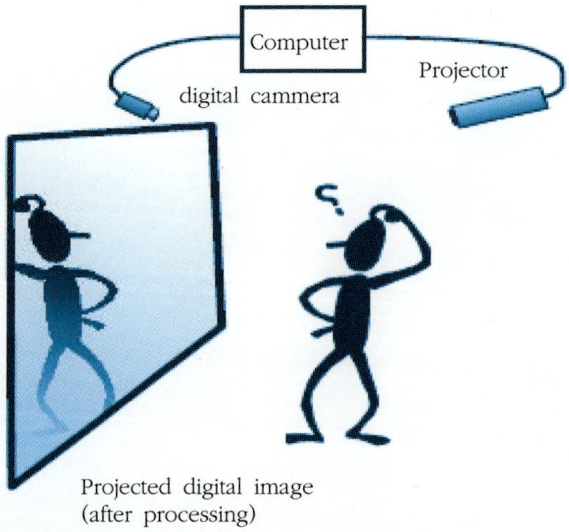

〔그림 7-1〕 영상처리 인식

과 전송속도를 높이기 위해 영상의 크기를 압축할 뿐 아니라, 자동 색상조절, 물체 및 문자 인식 등과 같은 기술을 수행한다.

인간은 기본적으로 시각적인 생물이다. 사람이 기울에 비쳐시년 거울은 사람과 똑같은 행동을 한다. 만약 로봇이 사람과 똑같은 행동을 하게 하려면 어떻게 해야 할까? 사람은 환경에 대한 정보 중 99% 이상을 눈에 의존한다. 영상처리란 이처럼 우리에게 친숙한 영상을 카메라나 스캐너 등을 통하여 전자적으로 얻은 후, 여러 가지 목적에 따라 컴퓨터와 여러 가지 알고리즘을 적용하여 처리하는 것이다.

영상처리는 이와 같은 의문점에 대해 해결책을 제시하고 그 의문점에 대한 해답을 찾는 과정을 말한다.

2) 영상처리 응용 분야

영상처리(image processing)는 시각정보의 중요성과 영상을 취득하는 장비의 발달 및 처리기술의 향상으로 인하여 다양한 분야(로봇, 생물 ,항공, 해양, 국방, 의료, 가정, 기상 등)에서 그 중요성과 활용도가 급격히 증가하고 있으며, 이에 따른 연구가 세계적으로 활발히 진행 중에 있다.

(1) 생물학적 분야

DNA를 판독한다든가 미생물들을 개체별로 나누어서 판단하기 위해서는 정확한 관찰 능력이 필요하다. 이러한 것들을 영상처리를 이용하여 판단, 검출할 수 있다.

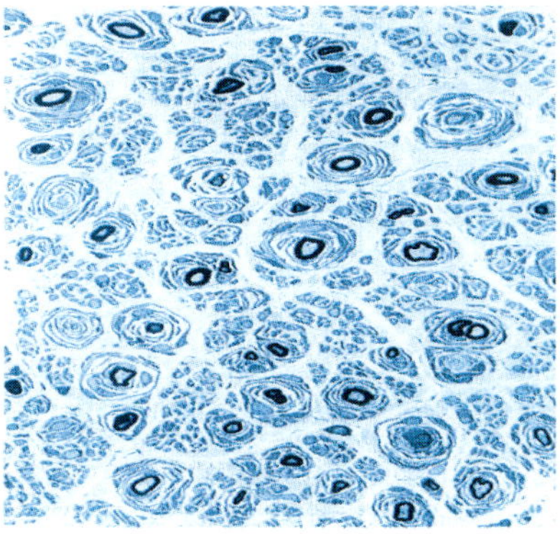

〔그림 7-2〕 체세포 분석

(2) 군사적 분야

위성으로 적군의 움직임을 감시하고 정확한 군의 위치에 미사일을 발사한다든지, 전투용 로봇이 전투를 하는 등 여러 가지 분야에 쓰인다.

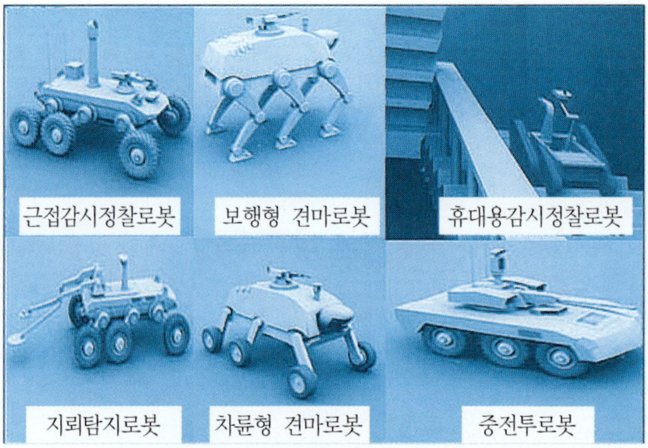

〔그림 7-3〕 견마형 로봇

(3) 의학적 분야

MRI, CT 촬영 후 영상처리를 이용하여 의사들은 척추, 머리, 그리고 골반과 같은 뼈의 상태를 진단할 수 있다.

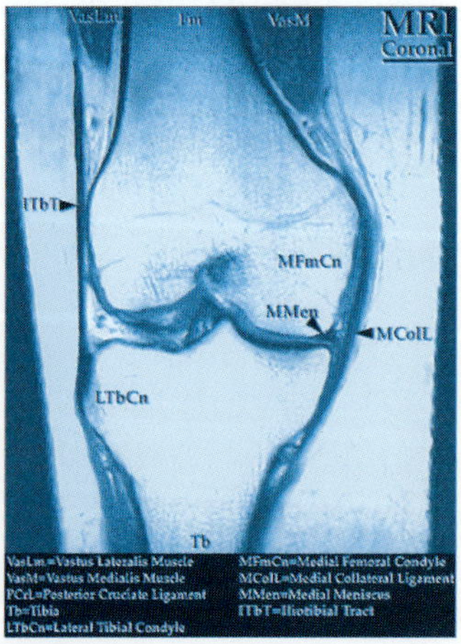

〔그림 7-4〕 MRI 영상

(4) 자동화 분야

자동차 공장에서 로봇이 조립을 하기 위해 영상처리를 이용하여 자동차 조립을 하고, 자동화 라인에서 제품의 불량을 검출하는 데 이용된다.

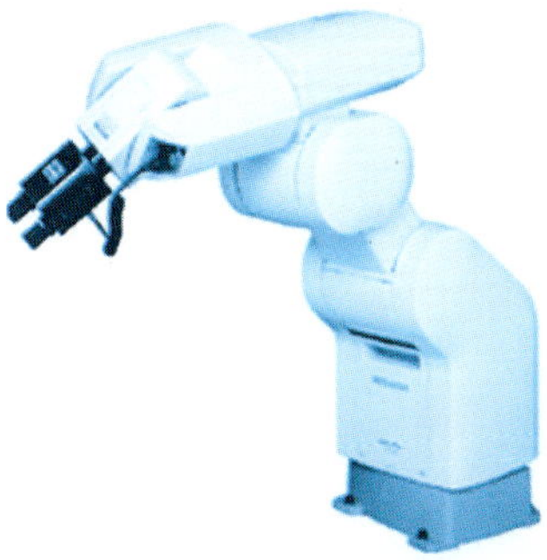

〔그림 7-5〕 다관절 로봇

(5) 로봇 분야

현재 로봇이 인간과 같이 사물을 인식하고 행동할 수 있게 여러 가지 분야에서 영상처리가 이용된다.

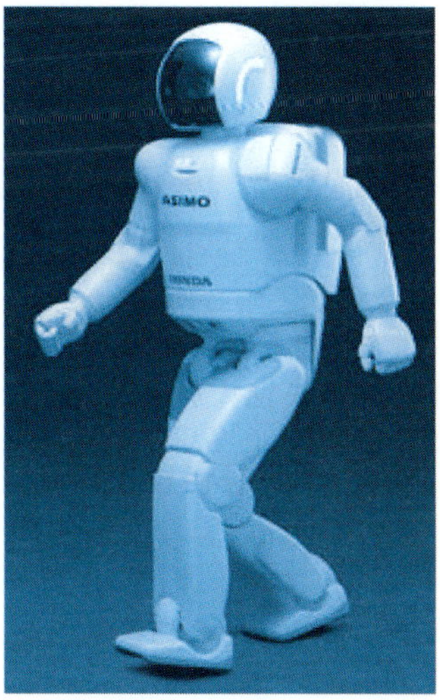

〔그림 7-6〕 휴머노이드

(6) 우주학적 분야

태양계를 탐험해서 우주 밖에서 촬영된 영상이 지구로 연속된 데이터 스트림으로 전송되며 정전기와 태양의 섬광에 의해 차단되고 영상의 질이 떨어지게 된 정보를 영상처리 기술을 이용하여 잡음을 제거하고 영상의 잃어버린 부분을 복원시키는 데 이용된다.

〔그림 7-7〕 화성 탐사선

위와 같이 영상처리를 이용하여 여러 가지 분야에 도움을 줄 수 있을 뿐만 아니라 인간의 꿈과 현실화시켜 주는 데 쓰이고 있다.

3) 영상처리 기초 이론

(1) 시각과 인식

인간이 사물을 보는 것처럼 로봇이 사물을 인식하게 하게 하려면 여러분은 어떤 방법으로 사물을 인식하게 할 것인가?

현재의 카메라도 인간의 눈처럼 비슷한 구조를 가졌지만 카메라가 보내온 정보를 인간의 뇌처럼 인식하려면 컴퓨터에게 인간이 명령을 줘야 한다. 컴퓨터는 단지 0과 1만 알기 때문이다.

이제부터 컴퓨터가 사물을 인식할 수 있도록 영상을 처리하는 기초적인 영상처리 방법을 배울 것이다.

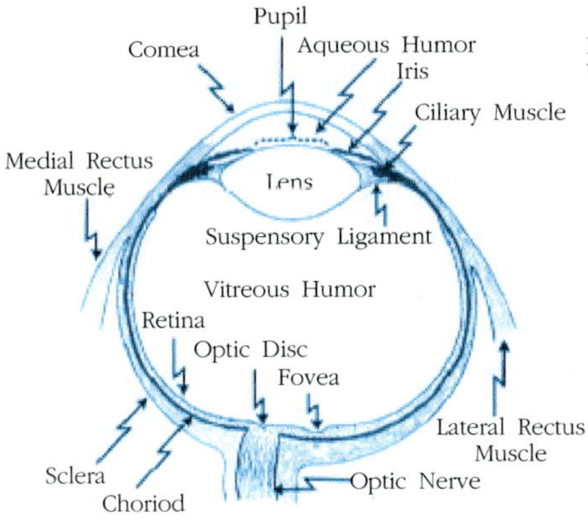

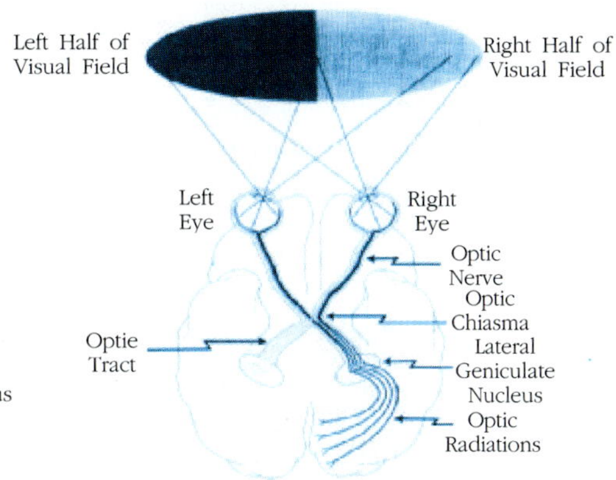

〔그림 7-8〕 인간의 눈 구조와 영상 인식 과정

(2) Color Model

우리가 컬러 영상정보를 인지하는 방법은 세 가지 지각 변수로 분류되는데 색상(hue), 채도(saturation), 명도(brightness)가 그것이다.

우리의 시각 시스템은 넓은 범위의 빛의 강도를 처리할 수 있지만, 한 순간에 일어나는 작은 범위의 밝기 변화는 감지하지 못한다. 이러한 예를 하나는 우리가 아주 환한 대낮에 실외에 있다가 극장 안으로 들어갈 때이다. 처음에는 모든 것이 검은색으로 보인다. 그때 눈이 그 상황에 적응되었는데, 사물이 점차 무양을 갖추어 보이게 되고 우리의 눈은 그 환경에 대한 빛의 밝기의 범위에서 볼 수 있게 된다.

컬러 모형(또는 컬러 공간)은 어떤 컬러와 다른 컬러들과의 관계를 표현하는 방법이다. 서로 다른 영상처리 시스템은 각각의 다른 이유로 인해 서로 다른 컬러 모형을 사용한다. 컬러 영상은 흑백영상에 비교해서 훨씬 많은 정보를 가지고 있다. 그래서 색상 모델을 이용하여 영상의 색상을 추출할 수 있으며 이를 이용해 물체를 인식할 수 있다.

여기서 우리는 RGB, CMY, HSI, LAB 컬러 모형을 살펴볼 것이다.

(3) RGB 모델

가장 흔히 사용되는 색상 모델로서 CRT 모니터나 컴퓨터 그래픽에서 사용되고 있다. Red(255, 0, 0), Green(0, 255, 0), Blue(0, 0, 255)의 색을 조합해서 색을 만들어 낼 수 있다.

RGB 색상은 결합하면 흰색이 되기 때문에 첨가 색상이라고도 한다. 모든 색상을 하나로 혼합하면 흰색이 만들어지는 것은 모든 빛이 반사되어 보이기 때문이다. 첨가 색상은 조명, 비디오 및 모니터에 사용된다. 예를 들어, 모니터는 빨강, 녹색 및 파랑 형광체를 통해 빛을 방출하여 색상을 만든다.

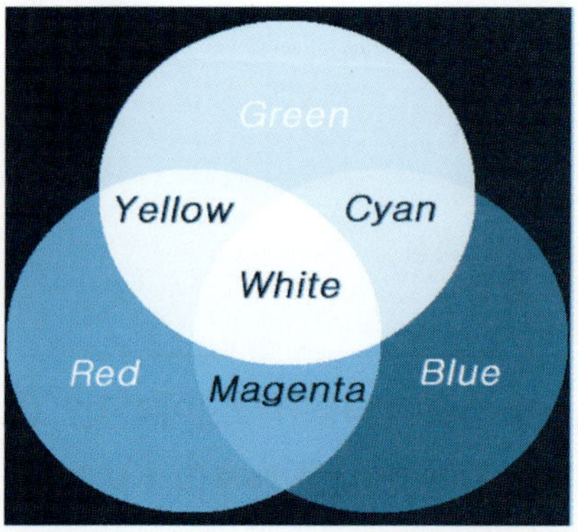

〔그림 7-9〕 RGB 색상

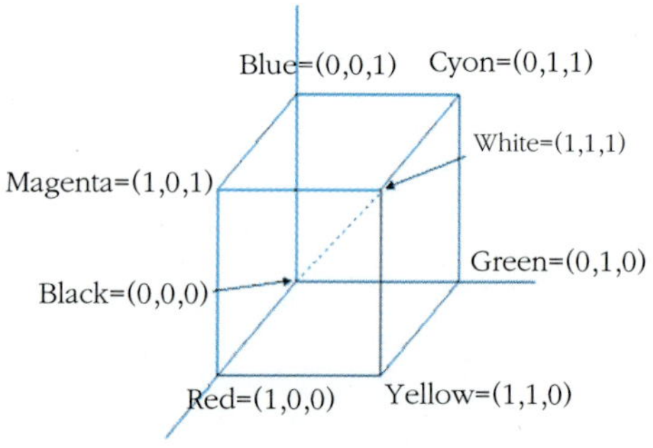

〔그림 7-10〕 RGB 컬러육면체

〔그림 7-11〕 RGB 색상 분리

(4) CMY 모델

RGB 공간과 반대 개념을 가진 공간을 CMY(K) 공간이라 한다. 이 공간은 감산혼색에 의해 생성된 색상으로 프린터와 같은 장치에 사용된다. CMY 컬러 모델은 각각 Cyan(청록색), Magenta(진홍색), Yellow(황색)을 기본색으로 사용하는 컬러 모델이다.

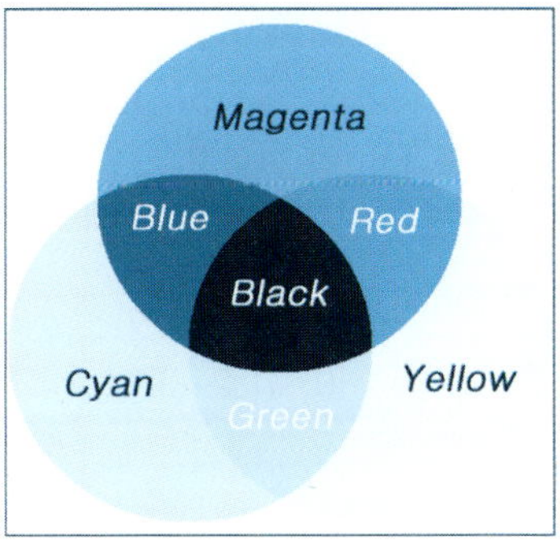

〔그림 7-12〕 CMY 색상

$$\begin{bmatrix} C \\ M \\ Y \end{bmatrix} = \begin{bmatrix} W \\ W \\ W \end{bmatrix} - \begin{bmatrix} R \\ G \\ B \end{bmatrix} \qquad \text{[식 7-1]}$$

RGB와 CMY가 보색의 관계에 있기 때문에 두 공간 사이의 변환은 쉽다. RGB에서 CMY로 변환하기 위해서는 다음 식과 같이 흰색에 대한 보수를 취한다.

$$C = 1.0 - R$$
$$M - 1.0 - G$$
$$Y = 1.0 - B$$

다음은 CMY에서 RGB로 변환하는 경우이다.

$$R = 1.0 - C$$
$$G = 1.0 - M$$
$$B = 1.0 - Y$$

〔그림 7-13〕 CMY 색상 분리

(5) HIS(Hue, Saturation and Intensity) 모델

- Hue(色相) : 색만을 선택(Red, Yellow, Green)[0, 360] 각도로 표현
- Saturation: 진하고 옅음을 조정(채도) : 백색에 의해 희석되지 않은 정도, [0, 1]로 표현 1 = pure, 0 = mono image
- Intensity(강도) : 밝고 어두움을 조정) : [0, 1]로 표현 : 0 = Black, 1 = White

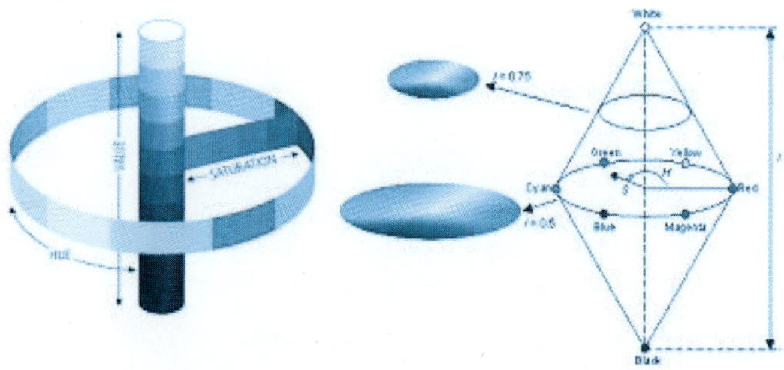

〔그림 7-14〕 HSI 컬러 모형

색채 요소(H와 S)와 명암 요소(I)를 분리하여 명암 요소를 제거함으로써 영상 획득시의 조명 변화에 영향을 줄일 수 있는 장점을 갖는다.

HSI 컬러 좌표계는 사람들이 알고 있는 컬러를 표현하기 쉬운 좌표계이다. H의 값은 컬러 집합을 통해서 360도의 각도를 가지고 S는 각도에 대한 컬러의 세기, 즉 채도를 나타낸다. S가 높을수록 높은 순도의 컬러가 된다. I값은 명도로 컬러의 어두움과 밝음을 나타낸다. I값이 클수록 컬러는 흰색에 가까워진다. HSI 컬러모델은 인간 시각 시스템의 색체 감지 특성에 기초한 영상처리 알고리즘 개발에 유용하다.

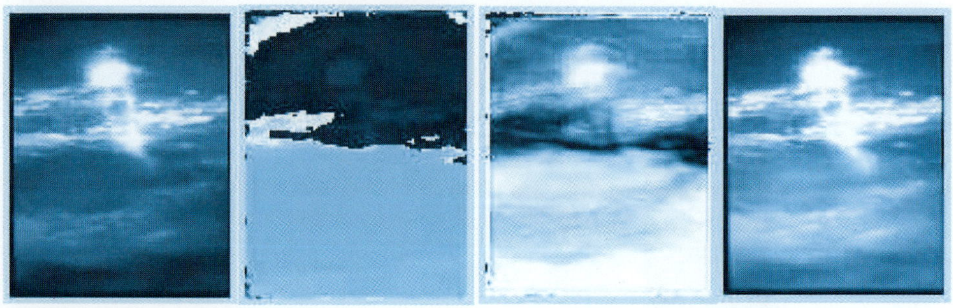

〔그림 7-15〕 HSI 색상 분리

(6) CIE LAB 모델

LAB 색상 모델은 1931년, CIE(Commission Internationale d'clairage)에서 색상 측정의 국제 표준으로 제시한 것이다. 이 모델은 1976년에 교정되어 CIE L*a*b이라는 이름이 붙여졌다. L*a*b 색상은 장치에 영향을 받지 않는 색상에 적합한 색상으로, 이미지를 만들거나 출력하는 장치(모니터, 프린터, 컴퓨터 또는 스캐너 등)에 관계없이 일관된 색상을 만들 수 있다. L*a*b 색상은 광도 또는 밝기 구성 요소(L)와 2개의 색채 구성 요소인 a 구성 요소(녹색에서 빨강) 및 b 구성 요소(파랑에서 노랑)로 이루어져 있다.

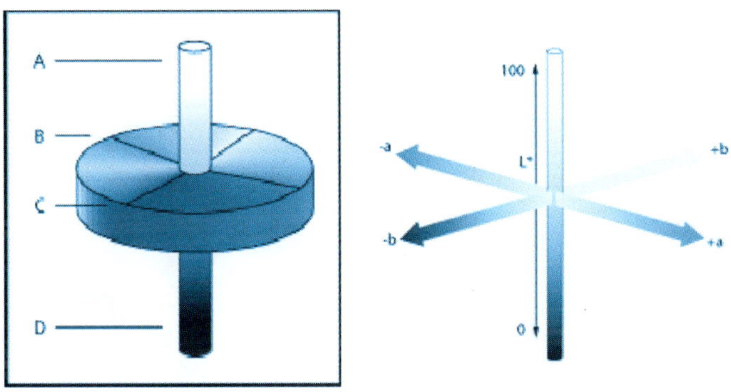

[그림 7-16] LAB 컬러 모형

A. 광도 = 100(흰색)
B. 녹색에서 빨강 구성 요소
C. 파랑에서 노랑 구성 요소
D. 광도 = 0(검정)

RGB 색을 Lab 색상으로 변경하려면 RGB-> XYZ -> Lab 이렇게 색상을 변경해야 한다.

〈RGB to XYZ〉

$$\begin{bmatrix} X \\ Y \\ Z \end{bmatrix} = \begin{bmatrix} 0.412453 & 0.357580 & 0.180423 \\ 0.212671 & 0.715160 & 0.072169 \\ 0.019334 & 0.119193 & 0.950227 \end{bmatrix} * \begin{bmatrix} R \\ G \\ B \end{bmatrix} \quad \text{[식 7-2]}$$

〈 XYZ to Lab〉

$L^* = 116(Y/Yn)1/3 - 16,$

$a^* = 500[(X/Xn)1/3 - (Y/Yn)1/3],$

$b^* = 200[(Y/Yn)1/3 - (Z/Zn)1/3],$ [식 7-3]

4) 픽셀 기반 영상처리

(1) GRAY 영상

일반적인 흑백 사진을 의미하는 영상(농담 영상)을 말한다. $0 \le f(x, y) \le 2n-1$ 까지의 값들을 가질 수 있다. RGB 색상의 컬러 영상의 화소 값을 0부터 255까지 레벨로 분류한다.

〔그림 7-17〕 원영상과 그레이 영상

② Binary

카메라로부터 얻어진 명암영상(gray image)을 이진화하기 위해 각 화소의 밝기 값을 임계치 기준으로 2개의 집합으로 구분한다.

if g(x, y) 〉 threshold

0 else(0 x N-1, 0 y M-1)

N × M의 배열에서 임의의 좌표(x, y)에 대해 g(x, y) : 화소의 밝기, b(x, y) : 이진화 작업 후의 화소값 화소가 0 혹은 1의 값만을 가지므로, 표현이 간단하고,

기억용량의 수요가 적으며, 실시간 처리에 유리하다.

〔그림 7-18〕 그레이 영상을 이진화

5) 기하학적 변환 영상처리

(1) Labeling

■ 개 념

- 비슷한 특징을 가지는 이웃 화소들을 하나의 영역으로 묶는 것
- 다른 영역에 속하는 화소들과 구분되는 번호를 부여

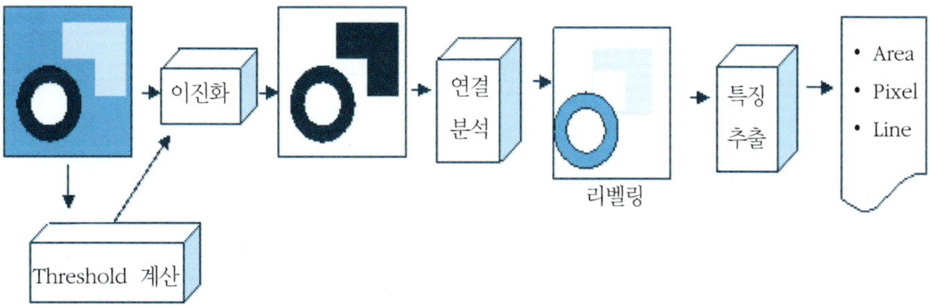

〔그림 7-19〕 이진화를 이용한 라벨링 과정

위의 그림은 원 영상을 이진화 처리하여 0과 255의 값만 가지는 영상으로 만들고 이 영상으로 라벨링을 수행하는 과정을 보여준다. 라벨링된 영상의 임의의 번호를 가진 영역만 추출하면 영역의 분리가 이루어지며 추출된 영역의 크기, 외각선의 길이, 중심좌표 등을 알 수 있게 된다. 이를 이용하여 도형의 모양이나

패턴 인식 등 영역을 구별하여 사물의 생김새 등을 알 수 있게 된다.

255	255	255	255							255		
255	255	255	255						255	255	255	
255	255	255	255					255	255	255	255	255
255	255	255	255									

21	21	21	21							31		
21	21	21	21						31	31	31	
21	21	21	21					31	31	31	31	31
21	21	21	21									

〔그림 7-20〕 이진화된 영상을 라벨링 영상변환

[그림 7-20]은 이치화된 영상의 라벨링 처리를 볼 수 있다. 라벨링이 된 후 서로 연결된 인접화소 영역은 픽셀 등의 값이 동일한 하나의 번호로 라벨링되어 나타나며 다른 인접영역 성분은 또 다른 번호로 나타내게 된다.

■ 라벨링 알고리즘

라벨링 알고리즘의 방법에는 Stack의 구조를 이용한 방법이 있다. 이 스택을 이용하여 알고리즘의 영역을 저장하여 각 영역의 분할을 가능하게 한다.

반복문을 이용한 라벨링

```
        for(i=0; i<height; i++)
        {
                for(j=0; j<width; j++)
                {
        // 이미 방문한 점이거나 픽셀값이 255가 아니라면 처리 안함
        if(coloring[i*width+j]!=0 || m_buffer[i*width+j]!=255)
        continue;
         // 라벨데이타를 저장하는 버퍼    , 이치화된 영상

                r=i;
                c=j;
                top=0;
                curColor++;

                while(1)
                {
GRASSFIRE:
                for(m=r-1; m<=r+1; m++)
```

```
                {
                        for(n=c-1; n<=c+1; n++)
                        {
                // 관심 픽셀이 영상경계를 벗어나면 처리 안함
        if(m<0 || m>=height || n<0 || n>=width*3) continue;

        if((int)m_buffer[m*width+n]==255 &&
        coloring[m*width+n]==0)
                                        {
        coloring[m*width+n]=curColor; // 현재 라벨로 마크

        if(push(stackx,stacky,(short)m,(short)n,&top)==-1)
continue;
        // 스택을 이용해서 저장
                        r=m;
                        c=n;
                        goto GRASSFIRE;
                                }
                        }
                }
        if(pop(stackx,stacky,&r,&c,&top)==-1) break;
        스택을 이용해서 데이타를 얻어냄
                }
        }
        }
```

〔그림 7-21〕 라벨링 소스코드

라벨링의 원리는 이진화된 영상을 탐색하다가 밝기가 255인 화소 값을 만나면 라벨링을 수행하고 이 라벨링 점을 4근방 또는 8근방의 중심으로 이동 후 다시 인접화소의 미 방문 255화소 값을 라벨링하는 방식이다. 마지막 버퍼에는 위의 그림과 값은 결과루 저장되어 그 디음의 특징점을 추출하는데 편리하게 사용할 수 있다.

(2) 경계 추적

▪ 개 념

이진화된 영상 또는 라벨링된 영상에서 일정한 밝기 값을 가지는 영역의 경계를 추적하여 경계 픽셀의 순서화된 정보를 얻어내는 것이다. 원 영상에서부터 영역의 경계를 찾는 전처리 과정을 알 수 있다.

〔그림 7-22〕 경계 영역 찾는 과정

■ 경계 추적의 단계

- 영상의 왼쪽 맨 위에 있는 픽셀로부터 차례로 스캔하다가 값이 255인 픽셀값을 만나면 경계추적을 시작한다.
- 처음 만나는 지점에 X표시를 하고 그 점 주변을 돌면서 255 값을 찾는다. 관심픽셀의 주위 픽셀 아래 그림을 이용하여 주변의 경계 화소를 찾으면서 X를 만나면 추적을 멈춘다.

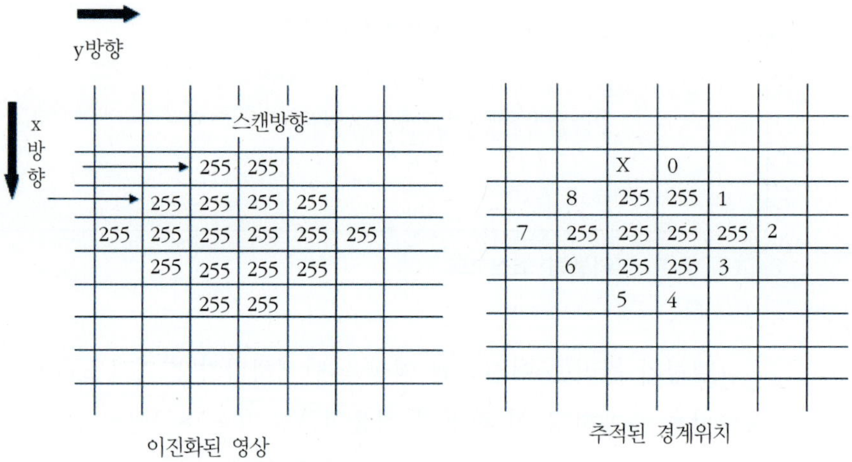

〔그림 7-23〕 이진화 영상을 경계 추적하는 과정

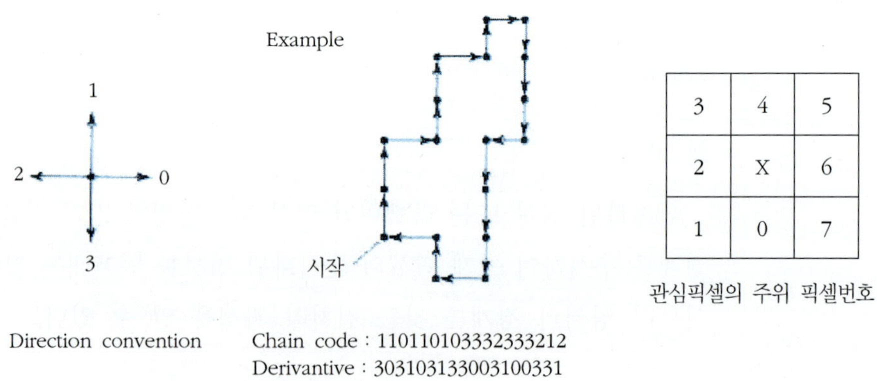

〔그림 7-24〕 체인 코드 진행 과정

위 그림처럼 체인코드 형식으로 경계 추적을 하면서 1픽셀의 두께를 가지는 픽셀의 순서화된 연속체인 정보를 얻는 것이 가능하기 때문에 물체의 영역의 길이, 모양의 생김새 등과 같은 특징들을 얻을 수 있다.

위와 같은 라벨링 알고리즘과 경계추적 알고리즘을 통해 아래와 같은 여러 가지 인식이 가능하다.

- 물체의 중심 : 영상내부에서 xi와 yi는 라벨링된 임의의 한 영역에 대한 구성픽셀의 세로와 가로 영상 좌표이다.

$$x = \frac{1}{n}\sum_{i=0}^{N-1} xi$$ [식 7-4]

$$y = \frac{1}{n}\sum_{i=0}^{N-1} yi$$ [식 7-5]

- 경계 길이 : 이진화된 영역의 경계를 추적해서 경계 길이를 추적 가능하다.
- 원형도 : 원형 또는 형상의 모양이 얼마나 원에 가까운가를 나타내는 척도로써 이상적인 원은 1의 값이 나오며 원형에서 멀어질수록 값이 작아진다, 아래의 식은 원형도 계산식이다. 라벨링 과정을 거쳐서 A값을 얻을 수 있고 경계 추적 알고리즘을 이용하여 l의 경계 길이를 알 수 있으므로 원형도를 쉽게 찾을 수 있다.

$$e = \frac{4\pi A}{l^2}$$ [식 7-6]

영상의 확대 및 축소

영상의 확대 및 축소를 하는 이유는 서로 비교하고 싶은 두 영상을 확대 및 축소를 통해서 두 영상의 일치 여부를 판단할 수 있기 때문이다.

영상을 확대하거나 축소시키면 공백이나 과다한 충돌 등이 발생하게 된다. 이를 해결하기 위해서는 이상이 생긴 부분의 주변 값들을 이용하여 영상을 보관해야 하는 데 이러한 영상처리 방법을 이중선형 보간법이라고 한다.

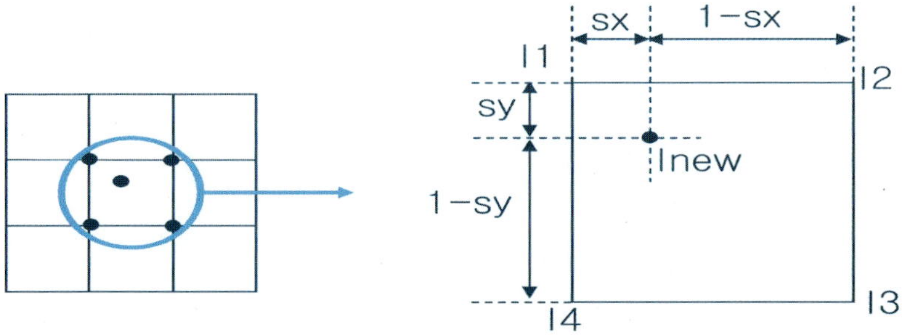


```
Inew =
        I1*(1-sx)*(1-sy) +
        I2*(sx)*(1-y) +
        I3*(sx)*(sy) +
        I4*(1-sy)*sy
```

〔그림 7-25〕 보간법

위의 I1, I2, I3, I4 지점은 보간 지점과 이웃한 네 지점의 밝기 값이며 이중 선형 보간 방법의 경우 보간 지점과의 떨어진 거리에 비례하여 가중치를 두고 있다.

정수배 확대의 경우 역방향 매핑을 이용하고 축소를 할 때는 역방향 매핑을 이용하여 영상을 확대 · 축소한다.

$$\left| \begin{array}{l} x_{new} = s_x \times x_{org} \\ y_{new} = s_y \times y_{ogr} \end{array} \right. \rightarrow \begin{array}{l} x_{org} = \dfrac{1}{s_x} \times x_{new} \\ y_{org} = \dfrac{1}{s_y} \times y_{new} \end{array} \qquad [식\ 7\text{-}7]$$

원영상 확대 축소

〔그림 7-26〕 이중 선형 보간법을 이용하여 확대 및 축소를 한 결과

6) 패턴 인식

(1) 패턴 인식 개요

패턴 인식이란 공학적 접근법을 이용하여 인공지능의 실제 구현 문제인 센싱된 대상을 인식하는 문제를 주로 다룬다. 패턴 인식을 여러 방식으로 정의할 수 있겠지만 "계산이 가능한 기계적인 장치(컴퓨터)가 어떠한 대상을 인식하는 문제를 다루는 인공지능의 한 분야"라고 정의한다.

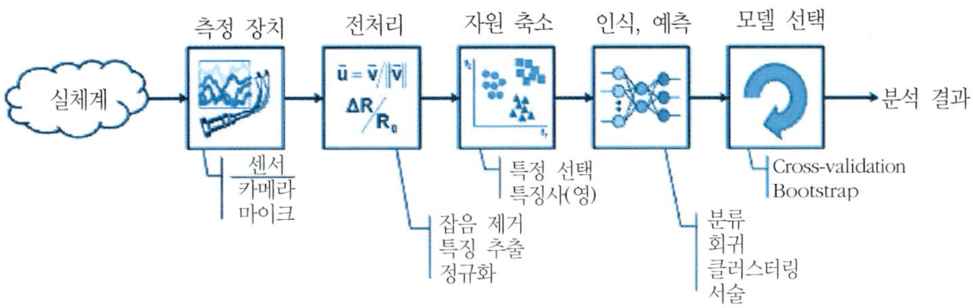

〔그림 7-27〕 패턴인식 과정

패턴 인식에서 패턴이란 사람이 인식하려는 정보를 물리적으로 표현한 대상물로 정의할 수 있으며, 인식은 대상물의 존재를 아는 인지(cognition)의 과정에서 한걸음 더 나아가 구체적인 의미나 정보를 판정하는 것을 의미한다. 패턴 인식 시스템의 구성 요소에 따른 처리 과정은 위 그림과 같다.

위의 그림을 다르게 표현하자면 "입력 영상이 n개의 카테고리 중 어디에 속하는지?"에 대한 답을 구하는 것이다.

(2) 농담정규화 정합(Normalized Gray-Level Correlation : NGC) 개요

템플레이트 정합은 검사할 영상이 주어졌을 때 미리 주어진 템플레이트 영상을 이용하여 검사할 영상 내부에 있는 유사한 영상 패턴을 찾아낸다.

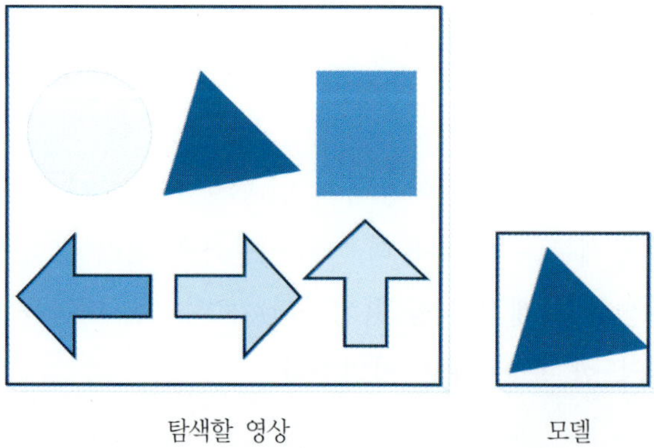

〔그림 7-28〕 탐색할 영상과 템플레이트 영상

연산횟수

템플레이트 크기 : M × N

검사할 영사의 기 : R × C

겹침이 발생하는 횟수 : (R－M) × (C－N) [식 7-8]

NGC(Normalized Gray-level Correlation) 정합 알고리즘은 템플레이트 영상을 입력영상에 겹쳐가면서 두 겹친 부분이 얼마나 밝기가 유사한지 검사하는 방법이다.

템플레이트 정합을 통한 알고리즘 중에는 MAD, MSD 알고리즘이 있는데 이 알고리즘 같은 경우는 밝기 값이 변하게 되면 정확한 패턴 인식이 불가능하다. 하지만 NGC 알고리즘은 입력영상에서 취한 비교할 영상 영역의 밝기 평균을 구해서 평균 값을 빼버린 영상을 만들고 이 영상을 비교하기 위한 영상으로 사용하는 방법을 생각할 수가 있다.

이때 유사하게 템플레이트 영상도 밝기의 평균을 계산하여 평균 밝기 값을 템플레이트와 비교할 검사 영상의 비교 영역을 밝기에 대해 정규화시켜 비교한다면 전체적인 조명의 밝기가 높아지거나 낮아진다고 하여도 패턴의 비교가 가능할 것이다.

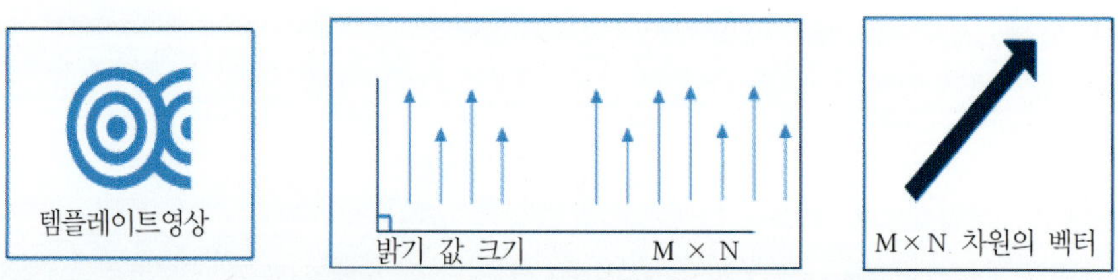

〔그림 7-29〕 다차원 공간에서의 영상 벡터 정의

앞 그림은 상의 크기 M×N이다. 화소수가 전부 MN개가 있으므로 이 화소수를 수평축으로 하고 화소의 밝기 값을 수직축으로 해서 펼친 그래프가 중간에 있는 밝기 그래프이다. 이 때 화소수만큼 큰 이론적인 고차원을 하나 정의한다면 이 템플레이트의 화소값 데이터는 MN-차원 상에 놓여 있는 하나의 벡터가 된다.

$$r = \frac{a \cdot b}{|a| \cdot |b|} = \frac{\sum_{i=0}^{M}\sum_{j=0}^{N} a(i,j)b(i,j)}{\sqrt{\sum_{i=0}^{M}\sum_{j=0}^{N} a(i,j) \sum_{i=0}^{M}\sum_{j=0}^{N} b(i,j)^2}} \qquad \text{[식 2-9]}$$

$$r = \frac{(MN)\sum gt - (\sum g)\sum t}{\sqrt{[(MN)\sum g^2 - (\sum g^2)][(MN)\sum t^2 - (\sum t^2)]}} \qquad \text{[식 2-9]}$$

두 식 모두 평균 밝기를 빼서 정규화시킨 두 영상을 두 벡터 비교식을 이용하여 유사도를 검사하는 수식이다. 유사도 값을 이용하여 두 그림과의 인식률을 가지고 패턴을 인식할 수 있다.

(3) Signature 기법 알고리즘

이 알고리즘은 물체의 중심에서 경계까지의 거리를 각도 변화에 따라 나타냄으로써 물체의 특징을 알 수 있는 알고리즘이다.

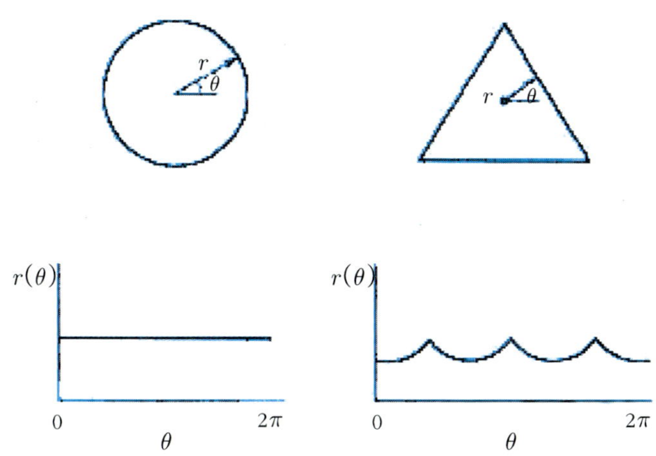

〔그림 7-30〕 Signature 기법

앞 그림은 사인 기법 알고리즘에 대한 그림이다. 물체의 중심점에서 일정한 각도와 크기를 가진 선분을 그려서 중심점에서 한 바퀴 돌리면서 선분과 만나는 점들의 집합을 가지고 특징을 추출할 수 있다. 위의 원의 그래프는 일정한 길이를 가지는 것을 볼 수 있고 삼각형이나 사각형 같은 경우는 볼록하게 솟아오르는 꼭지점으로 도형을 구별할 수 있다.

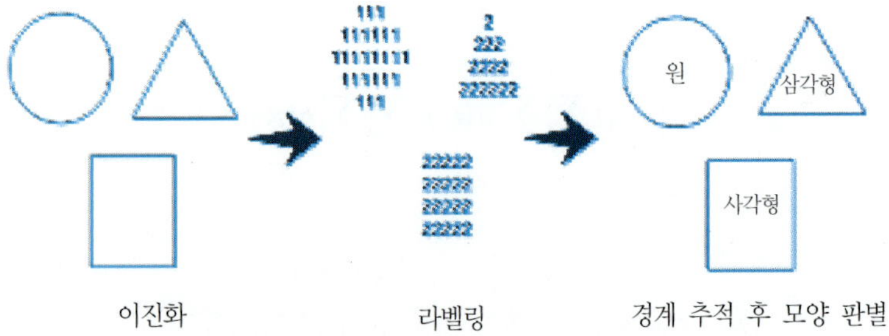

〔그림 7-31〕 Signature 기법 전처리 과정

위 그림은 다각형을 구하는 방법에 대해서 설명해 놓았다. 영상에 들어온 물체를 이진화를 한 후 라벨링 알고리즘을 거쳐서 라벨링된 알고리즘의 각각의 영역에 대해서 경계 추적을 한다. 이때 경계추적을 하면서 각 영역의 외각 에지의 좌표를 저장한다. 저장된 좌표를 이용하여 물체의 중심점에서 각 화소의 좌표들의 거리를 계산하여 물체의 특징을 알 수 있다.

7-2 USB 카메라 영상처리

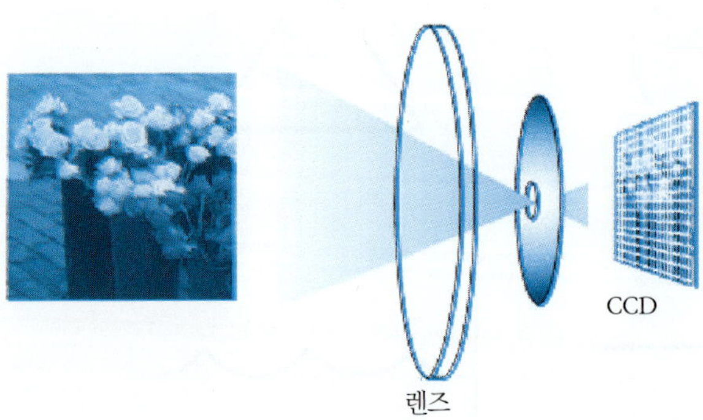

〔그림 7-32〕 CCD 카메라의 원리

[그림 7-32]처럼 USB 카메라는 렌즈를 통한 영상을 CCD(Charge Coupled Device)에 저장하고 저장된 값을 버퍼에 저장해서 이 값을 파일로 저장하거나 모니터로 볼 수 있게 된다. USB 카메라의 CCD는 빛의 신호를 전기적인 신호로 바꿔주는 역할을 하는 수많은 광전소자로 구성되어 있는데, 그 소자들을 픽셀 또는 화소라고 표현한다.

7-3 카메라 초기화 및 영상 인식 실습

영상처리에 대한 프로그램 골격과 실습 목표는 다음 그림들과 같다.

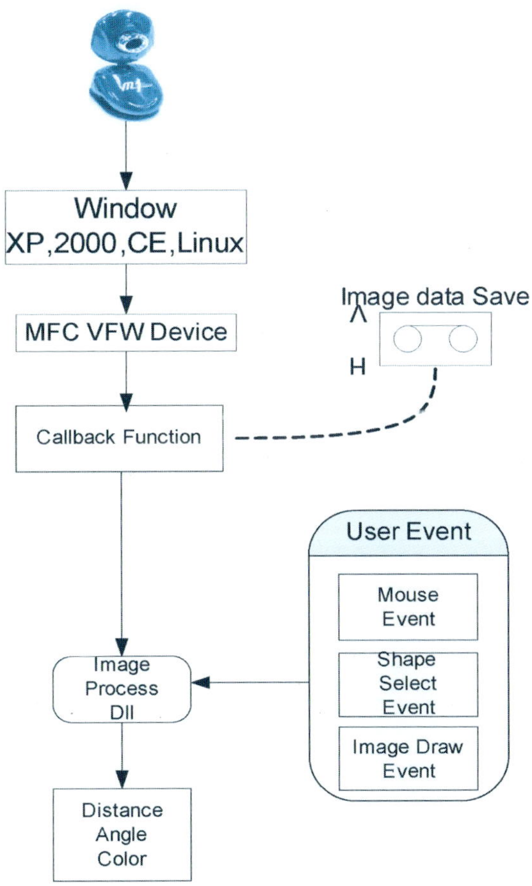

[그림 7-33] MFC 응용 구조

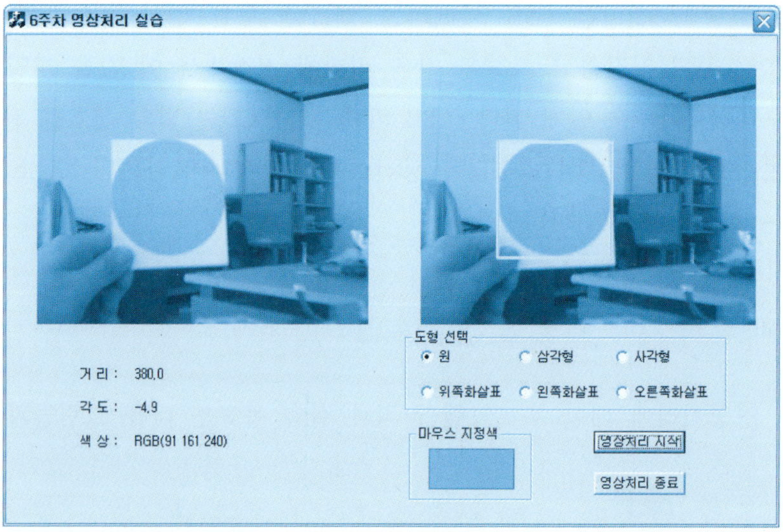

〔그림 7-34〕 실습 목표

※ 본 교재에 나와있는 프로그램의 프로젝트 명과 예제 프로그램의 프로젝트 명이 틀리나 실습에는 영향이 없으므로 교재나 예제 둘 중에 선택하여 따라하도록 한다.

1) 프로젝트 생성

MicroSoft사의 'Visual C++'를 실행한다.

'Visual C++'의 초기 실행 화면에서 메뉴창의 'File'를 클릭한 후 'New'를 선택한다.

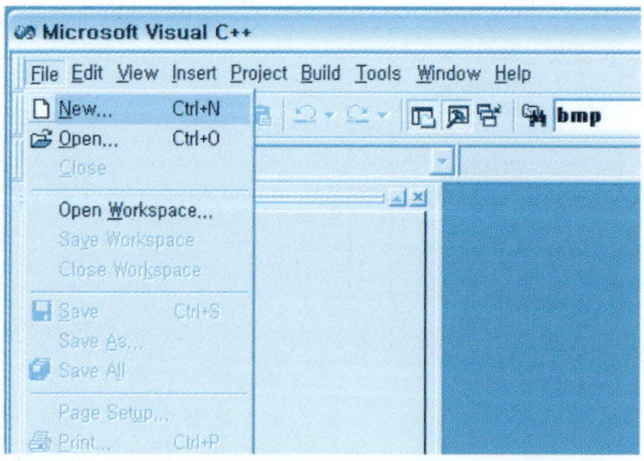

〔그림 7-35〕 메 뉴

다음과 같은 새로운 창이 열리면 좌측 상단의 'Project'란을 선택한 후, 'MFC AppWizard [exe]'를 클릭한 후, 'Project name'를 기입하고, Project 파일들이 저장될 폴더를 'Location' 란에 지정한다(지정된 폴더에 'Project name'으로 하위폴더가 생성되어 저장된다).

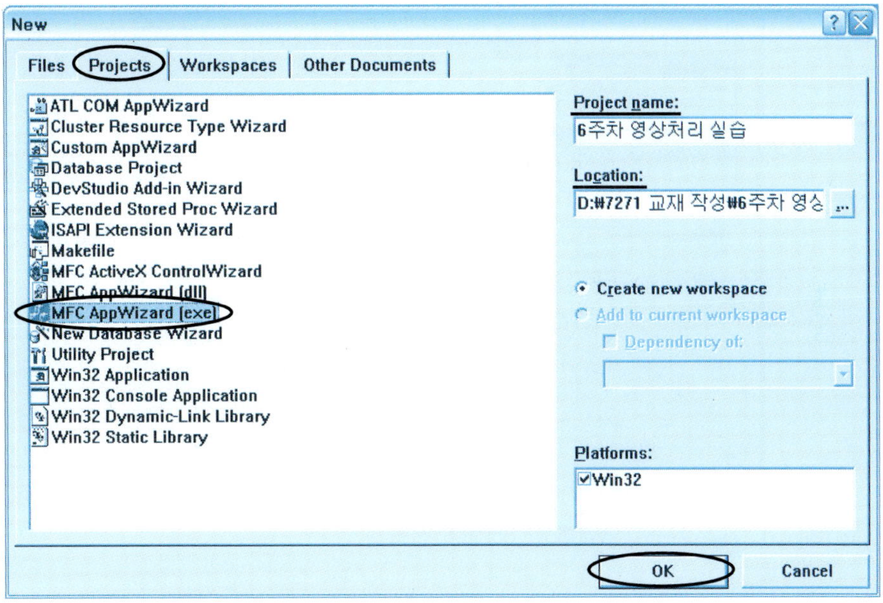

〔그림 7-36〕 프로젝트 종류와 이름, 폴더 지정

'OK' 버튼을 누르면 다음과 같은 화면이 나오며, 'Dialog based'를 선택한 후 'NEXT'를 클릭한다.

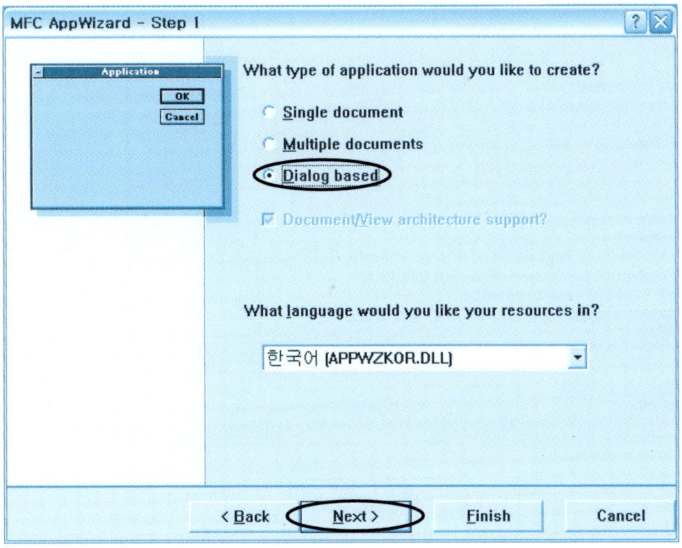

〔그림 7-37〕 Application Type 선택

TCP/IP 통신을 하기 위해서 'Windows Sockets'을 선택하고 'Finish' 버튼을 누른다.

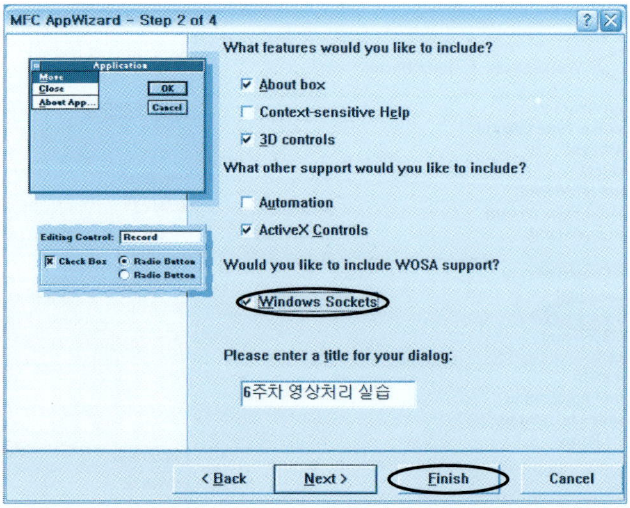

〔그림 7-38〕 'Window Socket' 선택

최종적으로 생성된 프로젝트의 정보가 나와 있는 창이 열리며, 'OK' 버튼을 클릭하면 기본적인 프로젝트의 생성은 끝난다.

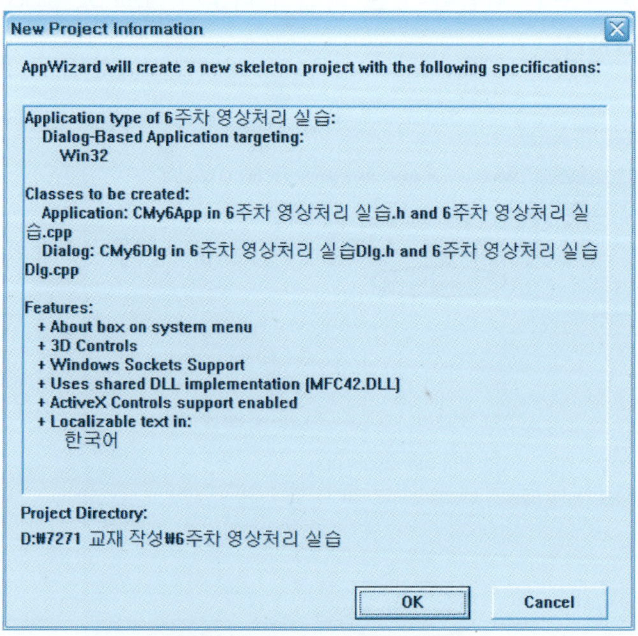

〔그림 7-39〕 프로젝트 생성 화면

'OK' 버튼을 클릭하면 다음 화면이 나오며, 기본적인 Dialog 창이 생성되어 있음을 볼 수 있다. 우선 원으로 선택되어 있는 항목들을 삭제한다(우측 상단의 '확인', '취소' 버튼을 필히 삭세할 필요는 없나. : 선택사항).

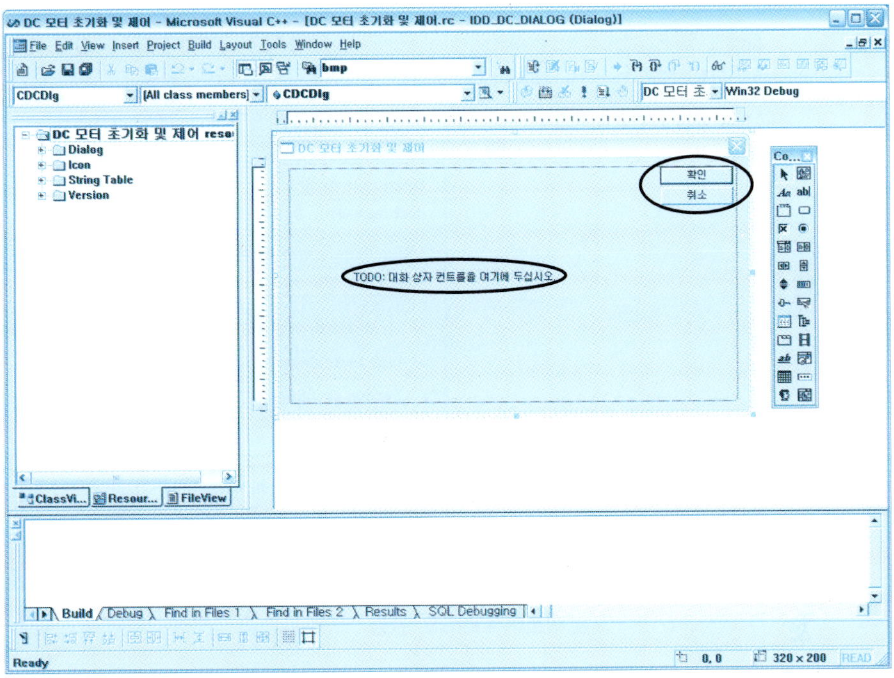

〔그림 7-40〕 기본 Dialog Box 생성 화면

2) 화면에 카메라 영상 출력

MFC Application에서 화면에 영상을 출력하기 위하여 윈도우 VFW 장치를 이용하면 CallBack 함수로 지정된 카메라의 영상을 화면상에 출력할 수 있다.

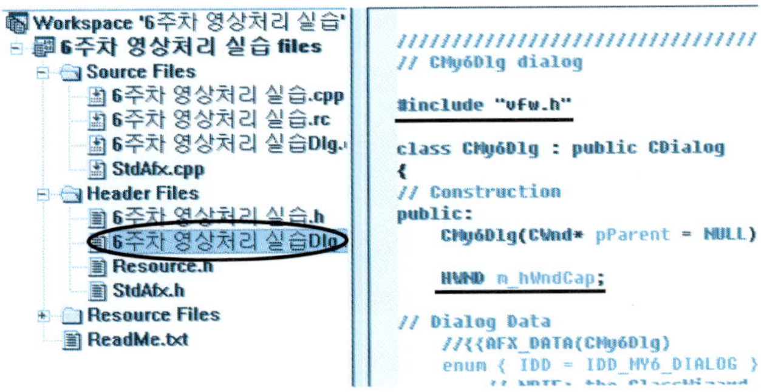

〔그림 7-41〕 vfw.h와 윈도우 핸들 추가

'영상처리 실습Dlg.h' 파일에 vfw.h와 윈도우 핸들을 추가한다.

컴파일 링크 환경을 설정해 주기 위해 프로젝트 세팅 메뉴에서 다음과 같이 추가한다.

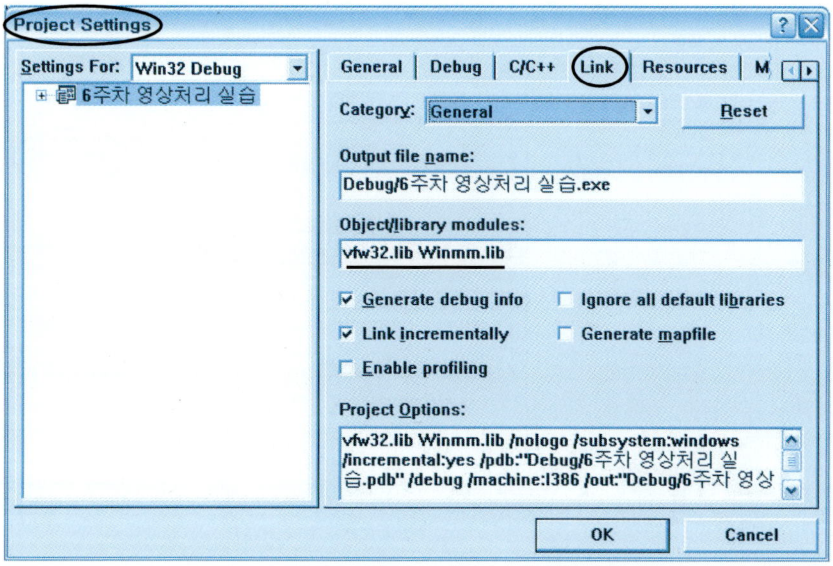

〔그림 7-42〕 프로젝트에 Library 연결

'영상처리 실습Dlg.cpp' 파일에 다음과 같이 추가한다.

```
#undef THIS_FILE
static char THIS_FILE[] = __FILE__;
#endif

BITMAPINFO BmInfo;                // 장치 독립 비트맵(DIB)에 대한 컬러 정보를 포함하는 구조체
unsigned char *pImageBuffer;      // 영상을 담을 포인터

/////////////////////////////////////////////////////////////////////////////
// CAboutDlg dialog used for App About

class CAboutDlg : public CDialog
{
public:
```

〔그림 7-43〕 구조체와 포인터 추가

'영상처리 실습Dlg.cpp' 파일의 생성자 부분에 'pImageBuffer' 변수를 NULL로 초기화시켜준다.

```
CMy6Dlg::CMy6Dlg(CWnd* pParent /*=NULL*/)
    : CDialog(CMy6Dlg::IDD, pParent)
{
    //{{AFX_DATA_INIT(CMy6Dlg)
        // NOTE: the ClassWizard will add member initialization here
    //}}AFX_DATA_INIT
    // Note that LoadIcon does not require a subsequent DestroyIcon in Win32
    m_hIcon = AfxGetApp()->LoadIcon(IDR_MAINFRAME);

    pImageBuffer = NULL;    // 버퍼 초기화
}
```

〔그림 7-44〕 변수 초기화

'영상처리 실습Dlg.cpp' 파일의 'OnInitDialog' 함수에 다음과 같이 작성한다.

```
    // TODO: Add extra initialization here

    // 주어진 위치에 주어진 화면 크기로 영상 출력
    m_hWndCap = capCreateCaptureWindow( _T( "Gomins Capture for Windows" ), WS_CHILD | WS_VISIBLE,
                                        30,30, 320, 240, this->m_hWnd, NULL );

    // 매 frame이 캡처될때마다 호출될 callback function 지정
    if ( capSetCallbackOnFrame( m_hWndCap, capCallbackOnFrame ) == FALSE ) return FALSE;

    // Camera Driver와 Capture Window 연결
    if ( capDriverConnect( m_hWndCap, 0 ) == FALSE ) return FALSE;

    // 현재 Video Format을 조사해서 24bits color가 아니면 24bits color로 바꿈
    capGetVideoFormat( m_hWndCap, &BmInfo, sizeof(BITMAPINFO) );
    if ( BmInfo.bmiHeader.biBitCount != 24 )
    {
        BmInfo.bmiHeader.biBitCount         = 24;
        BmInfo.bmiHeader.biCompression      = 0;
        BmInfo.bmiHeader.biSizeImage        = BmInfo.bmiHeader.biWidth*BmInfo.bmiHeader.biHeight*3;
        capSetVideoFormat( m_hWndCap, &BmInfo, sizeof(BITMAPINFO) );
    }

    capPreviewRate(m_hWndCap, 30);      // 주어진 프레임 속도로 프레임 캡처 후 화면에 출력
    capOverlay( m_hWndCap, false );
    capPreview(m_hWndCap, true);

    return TRUE;  // return TRUE  unless you set the focus to a control
}
```

〔그림 7-45〕 OnInitDialog 함수에 코드 추가

영상을 실시간으로 출력하기 위해서 'CallBack' 함수를 호출한다. 우선 '영상처리 실습Dlg.h' 파일에 다음과 같이 CallBack 함수를 선언한다.

```
    //}}AFX_MSG
    DECLARE_MESSAGE_MAP()
};

LRESULT CALLBACK    capCallbackOnFrame( HWND hWnd, LPVIDEOHDR lpVHdr );

//{{AFX_INSERT_LOCATION}}
// Microsoft Visual C++ will insert additional declarations immediately befor
```

〔그림 7-46〕 Callback 함수 선언

보통의 함수가 사용자가 호출하는데 반해 CallBack 함수는 OS가 호출하는 함수이다. OS 는 주기적으로 이 함수를 호출하면서 CallBack 함수의 내용을 처리하기 때문에 이를 이용하여 윈도우 화면에 영상을 나타낼 수 있다.

'영상처리 실습Dlg.cpp' 파일의 하단에 다음과 같이 작성하여 화면에 영상을 출력한다.

```
LRESULT CALLBACK capCallbackOnFrame(HWND hWnd, LPVIDEOHDR lpVHdr)
                                          //윈도우 핸들, 비디오 헤더 구조체
{
    return( LRESULT ) TRUE;
}
```

〔그림 7-47〕 CallBack 함수 작성

클래스 위자드에서 'OnDestory()' 함수를 추가한 후, 다음과 같이 작성한다.

```
void CAboutDlg::OnDestroy()
{
    CDialog::OnDestroy();

    if ( pImageBuffer != NULL ) delete [] pImageBuffer;
}
```

〔그림 7-48〕 'OnDestory()' 함수 추가 / 작성

이제 카메라를 연결하고 프로그램을 실행하면 Dialog에 영상이 나오는 것을 볼 수 있다.

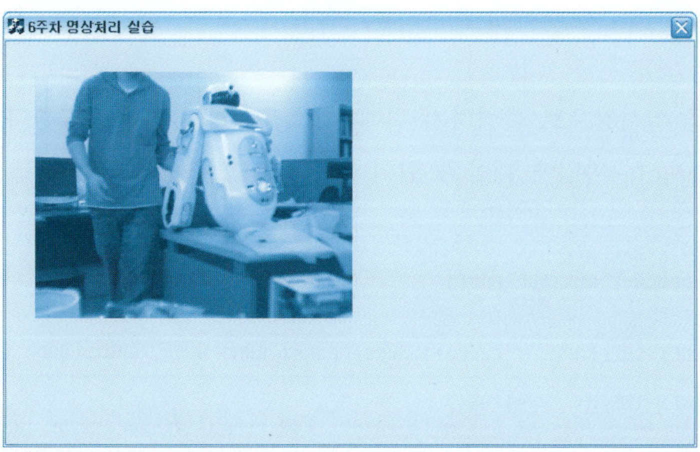

〔그림 7-49〕 실행 결과

영상을 뿌려줄 때 Preview 모드를 이용했기 때문에 지정한 Window의 위치(30, 30)와 영상의 크기(320, 240)에서 영상을 볼 수 있다.

3) 영상처리 알고리즘 라이브러리 추가

앞 절에서 카메라로부터 윈도우 장치인 VFW 를 이용하여 Dialog Box에 나타나는 영상을 볼 수 있었다. 이제 이 영상을 영상처리의 알고리즘이 있는 DLL 파일을 이용하여 색을 선택하고 6개의 지정되어 있는 도형을 인식할 수 있는 Application을 만들어 보도록 하겠다.

제공되는 파일 중 DLL 파일은 현 프로젝트의 실행 파일이 생성되는 폴더에, 6개의 도형 DB는 프로젝트 폴더에 복사한다.

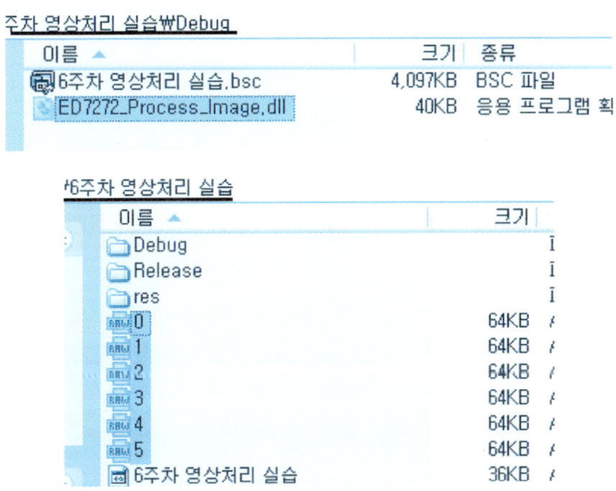

〔그림 7-50〕 파일 복사

'ED7272_Process_Image.lib' 파일을 프로젝트에 연결한다.

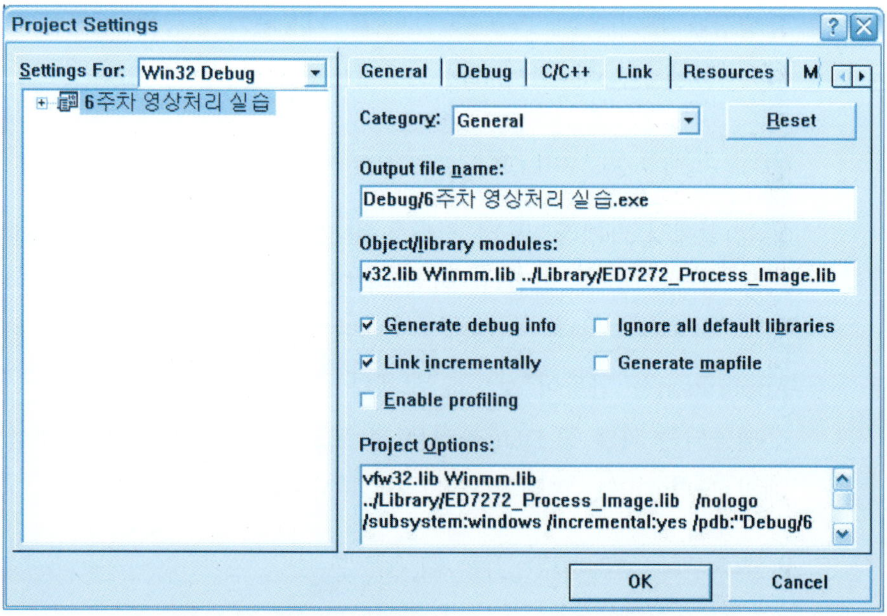

〔그림 7-51〕 프로젝트에 Library 파일 연결

Dialog box를 다음 그림과 같이 작성한다.

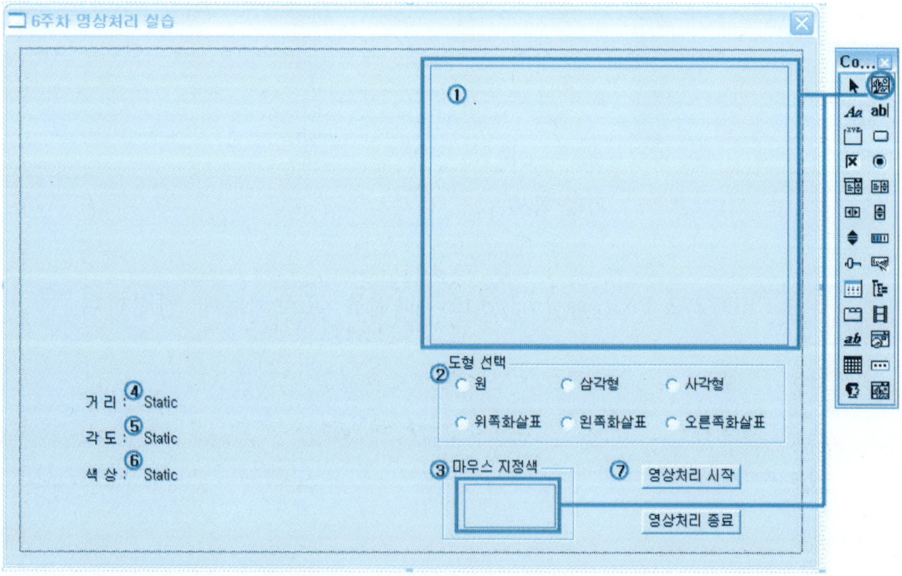

〔그림 7-52〕 Dialog box 배치

우선 다음 표와 같이 ID와 변수 형, 변수 명을 속성창과 클래스 위자드를 사용하여 지정한다.

〈표 7-1〉 ID, 변수 형, 변수 명

번 호		ID	변수 형	변수 명
1		IDC_PROCESS_VIEW	CStatic	m_View
2	원	IDC_CIRCLE	int	m_Shape
	삼각형	IDC_TRIANGLE	·	·
	사각형	IDC_RECT	·	·
	위쪽화살표	IDC_UARR	·	·
	왼쪽화살표	IDC_LARR	·	·
	오른쪽화살표	IDC_RARR	·	·
3		IDC_MOUSE	·	·
4		IDC_DISTANCE	double	m_dbDistance
5		IDC_ANGLE	double	m_dbAngle
6		IDC_COLOR	CString	m_strColor
7	영상처리시작	IDC_PROCESSSTART	·	·
	영상처리종료	IDC_PORCESSSTOP	·	·

'Ctrl+D'을 누른 후, 2번 Radio 버튼들에게 마우스 왼쪽 버튼을 사용하여 다음 그림과 같이 순서를 할당하고(1~6), 'IDC_CIRCLE' Radio버튼의 속성 창에서 'Group'에 체크한다(IDC_CIRCLE의 속성 창에만 체크).

지능형 로봇 실습실험장치 ED7271에서 사용하는 영상처리를 위하여 제공되는 RAW 파일에는 각 패널들의 모양이 아래 그림의 번호순으로 저장되어 있다(예 : RAW 이미지 0번은 '원', 4번은 '왼쪽 화살표'를 가리킨다). 프로그램 실행 시, 영상처리를 위하여 DLL 파일을 호출하고, DLL 내부에서는 각 모양에 해당되어 있는 번호를 순차적으로 RAW 이미지와 비교(라벨링 등)하여 사용자가 선택한 이미지를 판별한다. 그러므로 아래 그림의 번호와 도형 이름이 맞지 않을 시, 원하지 않는 결과가 나올 수 있으므로 그림처럼 번호와 도형 이름을 똑같게 하여야 한다.

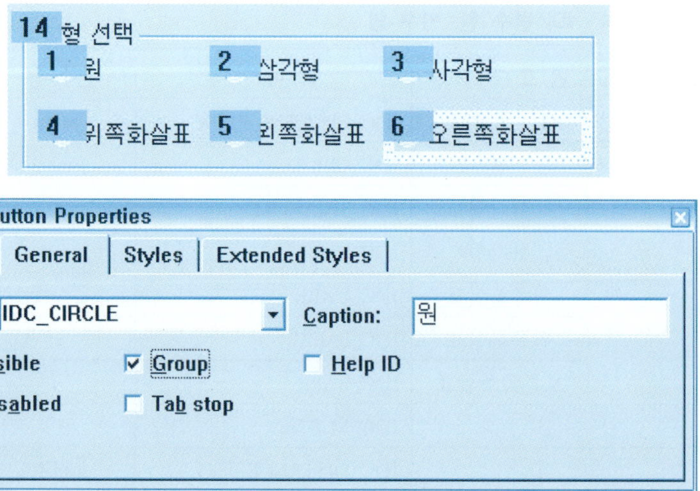

〔그림 7-53〕 Radio 버튼 번호 할당과 IDC_CIRCLR 속성 창에서 Group 체크

이제 각 Radio 버튼에 연결될 함수를 작성한다. 영상처리에서 도형의 모양을 정하기 위해서 사용자가 버튼을 클릭했을 때, 찾고자 하는 도형의 모양을 알려주는 역할이다(m_Shape 변수에는 각 패널에 해당하는 번호가 저장된다). 클래스 위자드에서 Radio 버튼에 해당하는 ID에 BN_CLICKED을 이용하여 각각의 함수를 생성한다. 혹은 Dialog box의 각 Radio 버튼을 더블클릭하여 생성한다. 생성된 함수들에게 다음 그림과 같이 모두 작성한다.

```
void CMy6Dlg::OnCircle()
{
    UpdateData( TRUE );
    Process.Shape = m_Shape; //DLL 파일에서 특정 모양을 찾으라는 명령 전달
    UpdateData( FALSE );
}

void CMy6Dlg::OnTriangle()
{
    UpdateData( TRUE );
    Process.Shape = m_Shape;
    UpdateData( FALSE );
}

void CMy6Dlg::OnRect()
{
    UpdateData( TRUE );
    Process.Shape = m_Shape;
    UpdateData( FALSE );
```

〔그림 7-54〕 생성된 Radio 버튼의 함수에 코드 작성

'영상처리 시작'과 '영상처리 종료' 버튼에 다음과 같이 함수를 생성, 작성한다.

```
void CMy6Dlg::OnProcessstart()
{
    process_flag = FALSE; // 영상처리의 ON/OFF 를 하는 변수
    UpdateData( FALSE );
}

void CMy6Dlg::OnProcessstop()
{
    process_flag = TRUE;
    UpdateData( TRUE );
}
```

〔그림 7-55〕 영상처리 시작, 종료 버튼의 함수에 코드 작성

'영상처리 실습Dlg.h'에 다음 그림들과 같이 변수와 함수를 추가한다.

```
public:
    CMy6Dlg(CWnd* pParent = NULL);  // standard constructor

    HWND m_hWndCap;

    HWND m_hWndCap;

    CRect m_Cap_Rect;
    CRect m_RectTrack;
    CRect m_RECT_mouse;
    unsigned char *MouseImg, ndir;
    COLORREF m_CaptureColor( unsigned char *InImg );
    // 마우스로 도형의 색을 추출하는 변수 초기화

// Dialog Data
    //{{AFX_DATA(CMy6Dlg)
    enum { IDD = IDD_MY6_DIALOG };

////////////////////////// 생략 된 부분입니다. ////////////////////////////////
```

〔그림 7-56〕 header 파일에 변수, 함수 선언-1

```
////////////////////////// 생략 된 부분입니다. ////////////////////////////////

    afx_msg void OnRarr();
    afx_msg void OnProcessstart();
    afx_msg void OnProcessstop();
    //}}AFX_MSG
    DECLARE_MESSAGE_MAP()
};

LRESULT CALLBACK    capCallbackOnFrame( HWND hWnd, LPVIDEOHDR lpVHdr );
void SaveToBitmapFile( LPCTSTR pFilename, BYTE *pSaveImage );

//{{AFX_INSERT_LOCATION}}
```

〔그림 7-57〕 header 파일에 변수, 함수 선언-2

'영상처리 실습Dlg.cpp'에 다음 그림과 같이 전역변수를 추가한다.

※ 구조체 내에서 변수의 순서를 그림과 똑같이 작성해야 한다. 이 구조체를 이용하여 DLL 파일에 명령 등을 전달하는데, 동일한 양식으로 선언되어 있으므로 순서 등이 틀릴 경우 프로그램이 실행되지 않는다.

```
BITMAPINFO BmInfo;                // 장치 독립 비트맵(DIB)에 대한 컬러 정보를 
unsigned char *pImageBuffer;      // 영상을 담을 포인터

BOOL m_flagMouse;                 // mouse flag
BOOL process_flag;                // image process flag
int SHAPE;                        // user select shape
COLORREF m_SelColor;              //선택되어진 Color

typedef struct tagProcess_Info
{
    int width;
    int height;
    unsigned char *m_Inimg;       // 영상을 저장할 버퍼
    int Shape;                    // 사용자가 지정한 도형
    int R;                        // 사용자가 지정한 색
    int G;
    int B;
    double distance;              // 거리
    double Angle;                 // 로봇과의 각도
    int Object_Top;
    int Object_Bottom;
    int Object_Left;
    int Object_Right;
    BOOL find_success;            // 물체를 찾았는지 성공 여부
    int robot_select;             // 도형 모양의 사용자 선택 -> 1
                                  // DB 안의 모든 도형 찾기 -> 2

}Process_Info,*KProcess_Info;
Process_Info Process;  //구조체 선언

#define EDROBOT_API extern "C" __declspec(dllimport)
EDROBOT_API void Proccess_Image( KProcess_Info Process );

//////////////////////////////////////////////////////////////////////////////
// CAboutDlg dialog used for App About
```

[그림 7-58] 전역변수 추가

'영상처리 실습Dlg.cpp'의 생성자 함수에서 다음 그림과 같이 작성한다.

```
CMy6Dlg::CMy6Dlg(CWnd* pParent /*=NULL*/)
    : CDialog(CMy6Dlg::IDD, pParent)
{
    //{{AFX_DATA_INIT(CMy6Dlg)
    m_View = _T("");
    m_dbDistance = _T("");
    m_strColor = _T("");
    m_dbAngle = _T("");
    m_Shape = -1;
    //}}AFX_DATA_INIT
    // Note that LoadIcon does not require a subsequent DestroyIcon in Win32
    m_hIcon = AfxGetApp()->LoadIcon(IDR_MAINFRAME);

    pImageBuffer = NULL;    // 버퍼 초기화

    Process.m_Inimg = NULL; // Process 버퍼 초기화
    MouseImg = NULL;        // 버퍼 초기화
    process_flag = TRUE;    // Process flag
}
```

〔그림 7-59〕 생성자 함수에 전역 변수에서 선언한 변수의 초기화

'영상처리 실습Dlg.cpp'의 OnInitDialog 함수에서 다음 그림과 같이 작성한다.

```
    // TODO: Add extra initialization here
    m_view.GetWindowRect( &m_Cap_Rect );
    ScreenToClient( &m_Cap_Rect );        // Process image rect get

    GetDlgItem( IDC_MOUSE )->GetWindowRect( &m_RECT_mouse );
    ScreenToClient( &m_RECT_mouse );        // mouse color drag rect get

    GetDlgItem( IDC_PROCESS_VIEW )->SetWindowPos( &wndBottom,400,30,320,240,SWP_DRAWFRAME );
    // 뿌려지는 화면위치 지정

    // 주어진 위치에 주어진 화면 크기로 영상 출력
    m_hWndCap = capCreateCaptureWindow( _T( "Gomins Capture for Windows" ), WS_CHILD | WS_VISIBLE,
                                        30,30, 320, 240, this->m_hWnd, NULL );

    ///////////////////////// 생략된 부분입니다. /////////////////////////

    capOverlay( m_hWndCap, false );
    capPreview(m_hWndCap, true);

    pImageBuffer= new unsigned char[BmInfo.bmiHeader.biWidth*BmInfo.bmiHeader.biHeight*3];
    // 저장할 버퍼의 크기 설정
    SetTimer(0, 100,NULL);  // 타이머 설정

    m_shape=0;              // Radio 버튼 초기화
    Process.robot_select=1; // 1 -> 사용자가 영상을 Radio 버튼을 이용하여 개별 선택
                            // 2 -> DB안의 모든 영상을 자동적으로 비교하여 확인

    return TRUE;  // return TRUE  unless you set the focus to a control
}
```

〔그림 7-60〕 Dialog 초기화 함수에 코드 추가

'Process.robot_select'를 이용하여 프로그램 목적에 맞게 영상의 개별 선택모드와 지정된 색의 모든 도형 선택 모드를 구분하여 사용할 수 있다.

다음은 마우스 선택 안에 들어간 픽셀들의 RGB 값을 조사해서 평균값을 낸 후, RGB 값으로 Return해주는 함수이다. 다음 그림과 같이 작성한다.

```
COLORREF CMy6Dlg::m_CaptureColor( unsigned char *InImg )
{
    int y,x,index,count=0;
    int count_r=0, count_g=0, count_b=0;

    int width=320;
    int height=240;


    for(y=(m_RectTrack.top-30); y<m_RectTrack.bottom-30; y++)

    {
        index = (height-y-1)*width*3;
        for(x=(m_RectTrack.left-400); x<(m_RectTrack.right-400); x++)
        {
            count_r += InImg[index+3*x+2];
            count_g += InImg[index+3*x+1];
            count_b += InImg[index+3*x  ];
            count++;
        }
    }
    if(count==0){
        count_r = InImg[(height-m_RectTrack.top-30-1)*width*3+3*(m_RectTrack.left-400)+2];
        count_g = InImg[(height-m_RectTrack.top-30-1)*width*3+3*(m_RectTrack.left-400)+1];
        count_b = InImg[(height-m_RectTrack.top-30-1)*width*3+3*(m_RectTrack.left-400)];
    }
    else {
        count_r = (int)(count_r/count);
        count_g = (int)(count_g/count);
        count_b = (int)(count_b/count);
    }
    return RGB(count_r,count_g,count_b);
}
```

〔그림 7-61〕 마우스의 선택 영역의 색 추출 함수

영상처리를 하면서 저장되는 BMP 파일을 저장하는 함수이다. BMP 구조를 정의한 후 버퍼안의 내용을 파일에 복사한다.

```
void SaveToBitmapFile(LPCTSTR pFilename, BYTE *pSaveImage)
{


    BITMAPFILEHEADER    bmFileHeader;
    BITMAPINFOHEADER    bmInfoHeader;
    CFile               file;

    bmFileHeader.bfSize      = sizeof(BITMAPFILEHEADER);
    bmFileHeader.bfType      = 0x4D42;
    bmFileHeader.bfOffBits   = sizeof(BITMAPFILEHEADER) + sizeof(BITMAPINFOHEADER);

    bmInfoHeader.biSize              = sizeof(BITMAPINFOHEADER);
    bmInfoHeader.biWidth             = 320;
    bmInfoHeader.biHeight            = 240;
    bmInfoHeader.biPlanes            = BmInfo.bmiHeader.biPlanes;
    bmInfoHeader.biBitCount          = 24;
    bmInfoHeader.biCompression       = BmInfo.bmiHeader.biCompression;
    bmInfoHeader.biSizeImage         = (240 * 320 * 3);
    bmInfoHeader.biXPelsPerMeter     = BmInfo.bmiHeader.biXPelsPerMeter;
```

```
    bmInfoHeader.biYPelsPerMeter      = BmInfo.bmiHeader.biYPelsPerMeter;
    bmInfoHeader.biClrUsed            = BmInfo.bmiHeader.biClrUsed;
    bmInfoHeader.biClrImportant       = BmInfo.bmiHeader.biClrImportant;

    file.Open(pFilename, CFile::modeNoTruncate |
              CFile::modeCreate | CFile::modeReadWrite );
    file.Write(&bmFileHeader, sizeof(BITMAPFILEHEADER));
    file.Write(&bmInfoHeader, sizeof(BITMAPINFOHEADER));
    file.Write(pSaveImage, 320*240*3);
    file.Close();
}
```

〔그림 7-62〕 BMP 파일 저장 함수

마우스를 드래그하여 선택된 영역의 색을 capture 하기 위해선 마우스 event가 발생할 때마다 처리해주는 Message Map이 필요하다. 이를 생성하기 위하여 클래스 위자드를 열어서 다음과 같이 Message Map을 만든다.

WM_LBUTTONDOWN, WM_LBUTTONUP, WM_MOUSEMOVE 세가지 함수를 추가한다.

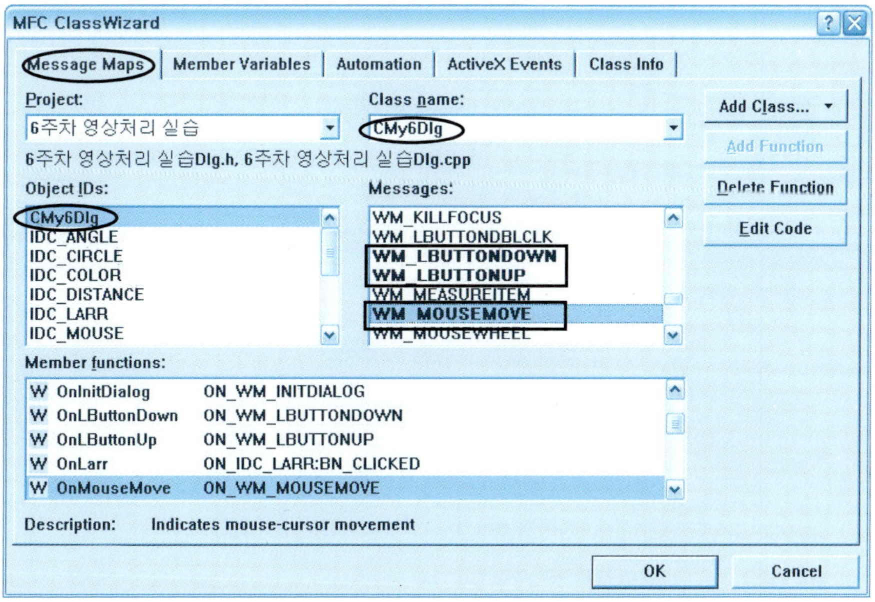

〔그림 7-63〕 Mouse Event를 처리하는 Message Map 생성

위 그림과 같이 함수들을 생성한 후 각각의 함수에 다음 그림들과 같이 작성한다.

```
void CMy6Dlg::OnLButtonDown(UINT nFlags, CPoint point)
{
    if(point.y<m_Cap_Rect.top|| point.y>m_Cap_Rect.bottom) return;
    if(point.x<m_Cap_Rect.left || point.x>m_Cap_Rect.right) return;


    m_RectTrack.left = m_RectTrack.right = point.x;
    m_RectTrack.top = m_RectTrack.bottom = point.y;

    m_flagMouse = TRUE;

    CDialog::OnLButtonDown(nFlags, point);
}
```

〔그림 7-64〕 WM_LBUTTONDOWN 함수

```
void CMy6Dlg::OnLButtonUp(UINT nFlags, CPoint point)
{
    if(m_flagMouse==TRUE)
    {

        if(point.y<m_Cap_Rect.top|| point.y>m_Cap_Rect.bottom) return;
        if(point.x<m_Cap_Rect.left || point.x>m_Cap_Rect.right) return;


        m_RectTrack.right = point.x;
        m_RectTrack.bottom = point.y;

        m_flagMouse = FALSE;
        if(m_RectTrack.top>m_RectTrack.bottom) {
            int tmp = m_RectTrack.top;
            m_RectTrack.top = m_RectTrack.bottom;
            m_RectTrack.bottom = tmp;
        }
        if(m_RectTrack.left>m_RectTrack.right) {
            int tmp = m_RectTrack.left;
            m_RectTrack.left = m_RectTrack.right;
            m_RectTrack.right = tmp;
        }

        m_SelColor = m_CaptureColor(pImageBuffer);

        Process.R=GetRValue(m_SelColor);
        Process.G=GetGValue(m_SelColor);
        Process.B=GetBValue(m_SelColor);

        CClientDC pDC(this);
        CBrush Brush(m_SelColor),*OldBrush;
        OldBrush = pDC.SelectObject(&Brush);     // 출력 Color 영역 설정.
        pDC.FillRect(&m_RECT_mouse,&Brush);
        pDC.SelectObject(OldBrush);

        Invalidate(FALSE);
    }

    CDialog::OnLButtonUp(nFlags, point);
}
```

〔그림 7-65〕 WM_LBUTTONUP 함수

```
void CMy6Dlg::OnMouseMove(UINT nFlags, CPoint point)
{
    if(m_flagMouse==TRUE)
    {

        if(point.y<m_Cap_Rect.top|| point.y>m_Cap_Rect.bottom) return;
        if(point.x<m_Cap_Rect.left || point.x>m_Cap_Rect.right) return;

        m_RectTrack.right = point.x;
        m_RectTrack.bottom = point.y;
        // 드래그 하는 것을 화면에 표시

        CPen pen;
        pen.CreatePen(PS_SOLID,2,RGB(255,0,0));
        CClientDC dc(this);
        dc.SelectObject(&pen);
        dc.DrawEdge(m_RectTrack,EDGE_ETCHED,BF_RECT);


    }

    CDialog::OnMouseMove(nFlags, point);
}
```

〔그림 7-66〕 WM_MOUSEMOVE 함수

영상을 실시간으로 화면에 뿌려주기 위하여 OnTimer() 함수를 이용한다. 클래스 위자드를 사용하여 다음 그림처럼 함수를 추가한다.

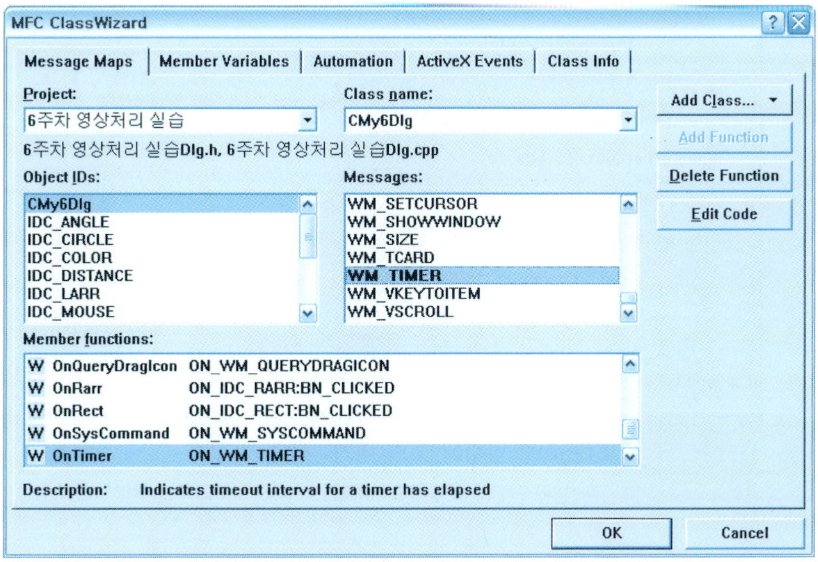

〔그림 7-67〕 OnTimer() 함수 추가

추가된 함수에 다음 그림과 같이 작성한다.

```
void CMy6Dlg::OnTimer(UINT nIDEvent)
{
    OnPaint();

    CDialog::OnTimer(nIDEvent);
}
```

〔그림 7-68〕 OnTimer() 함수

실제 화면에 영상을 출력하기 위해 MFC 안의 OnPaint() 함수를 이용하여 Dialog에 영상과 영상처리된 결과물을 출력할 수 있다. 다음 그림과 같이 OnPaint() 함수에 추가한다.

```
    // Draw the icon
    dc.DrawIcon(x, y, m_hIcon);
}
else
{
    /************************************************************************/
    /*                   processing 이미지 그리기                           */
    /************************************************************************/
    CClientDC dc(this);
    CDC MemDC;
    MemDC.CreateCompatibleDC(&dc);

    CBitmap bitmap;
    CString strPathname = "Org.bmp";
    bitmap.DeleteObject();

    bitmap.Attach((HBITMAP)LoadImage(NULL,strPathname,IMAGE_BITMAP, 0, 0, LR_LOADFROMFILE));

    CBitmap *oldbm = MemDC.SelectObject(&bitmap);

    dc.StretchBlt(  400,30,
        320,
        240,
        &MemDC,0,0,320,240,SRCCOPY);
    MemDC.SelectObject(oldbm);


    /************************************************************************/
    /*                   찾고자하는 도형의 물체 추적                         */
    /************************************************************************/
    if(process_flag==FALSE)
    {
```

〔그림 7-69〕 OnPaint() 함수에 코드 추가 - 1

```
/**************************************************************************/
/*                    찾고자하는 도형의 물체 추적                          */
/**************************************************************************/
if(process_flag==FALSE)
{

    CClientDC pDC(this);

    CPen myPen;
    CPen *pOldPen;
    COLORREF cr;
    cr = RGB(0,255,0);
    myPen.CreatePen(PS_SOLID, 3, cr);
    pOldPen = pDC.SelectObject(&myPen);


    int x,y,x1,y1;


    x=400+Process.Object_Left;
    y=30  +(240-Process.Object_Top);
    x1=400 +Process.Object_Right;
    y1=30 +(240-Process.Object_Bottom);


    pDC.MoveTo(x,y);
    pDC.LineTo(x1,y);
    pDC.LineTo(x1,y1);
    pDC.LineTo(x,y1);
    pDC.LineTo(x,y);

    pDC.SelectObject(pOldPen);
    myPen.DeleteObject();
}

CDialog::OnPaint();
    }
}
```

〔그림 7-70〕 OnPaint() 함수에 코드 추가 - 2

CallBack 함수에서 영상의 데이터를 버퍼에 저장하고 영상처리를 하는 코드를 작성한다. 생성되어 있는 함수에 다음 그림과 같이 작성한다.

```
LRESULT CALLBACK capCallbackOnFrame(HWND hWnd, LPVIDEOHDR lpVHdr)
{
    int height=BmInfo.bmiHeader.biHeight;    // 영상의 높이 값 설정
    int width=BmInfo.bmiHeader.biWidth;      // 영상의 넓이 값 설정
    for(int i=0; i<height*width-1; i++)
    {
        *(pImageBuffer + (i*3))     =     *(lpVHdr->lpData + (i*3)     );
        *(pImageBuffer + (i*3) + 1) =     *(lpVHdr->lpData + (i*3) + 1);
        *(pImageBuffer + (i*3) + 2) =     *(lpVHdr->lpData + (i*3) + 2) ;
    }       // VFW 에서 들어오는 영상데이터를 버퍼에 저장


    Process.m_Inimg=new unsigned char[width*height*3];
    memcpy(Process.m_Inimg,pImageBuffer,sizeof(unsigned char)*width*height*3);

    Process.width=320;
    Process.height=240;

    if(process_flag==FALSE)
    {
```

```
        Proccess_Image(&Process);
    }       // 영상처리하는 DLL 파일을 실행시키면서 영상데이터 및 정보를 넘겨주는 코드

    CString bit;
    bit.Format("Org.bmp");
    SaveToBitmapFile(bit,Process.m_Inimg);  // 1 Frame 을 저장

    delete []Process.m_Inimg;

    return (LRESULT)TRUE;
}
```

〔그림 7-71〕 CallBack 함수에 코드 작성

마지막으로 CallBack 함수에서 영상으로 처리하고 나온 결과물인 거리, 색, 각도 정보를 Dialog에 표시하기 위하여 OnTimer() 함수에 다음 그림과 같이 추가 작성한다.

```
void CMy6Dlg::OnTimer(UINT nIDEvent)
{
    OnPaint();

    m_dbDistance.Format( "%4.1f", Process.distance );
    m_dbAngle.Format( "%4.1f", Process.Angle );
    m_strColor.Format( "RGB(%d %d %d)", Process.R, Process.G, Process. B );

    UpdateData(FALSE);

    CDialog::OnTimer(nIDEvent);
}
```

〔그림 7-72〕 OnTimer() 함수에 코드 추가

최종 작성된 프로그램을 실행한 후 다음 순서에 맞게 실행하면 된다.

① 찾고자 하는 도형의 패널을 영상에 나타나게 한다.
② 도형의 모양을 선택한다(Radio 버튼).
③ 영상처리 부분의 Picture Box(오른쪽)에서 도형의 색이 있는 부분에 마우스로 드래그한다. 마우스 지정색에 현재 드래그한 영역의 색이 표시될 것이다.
④ 영상처리 시작 버튼을 누르면 선택한 도형의 모양에 사각형의 네모가 그려지고 왼쪽 하단에 거리, 각도, 색상 값이 나타난다.
⑤ 영상처리 종료 버튼을 누르면 해당 처리 과정이 종료된다.

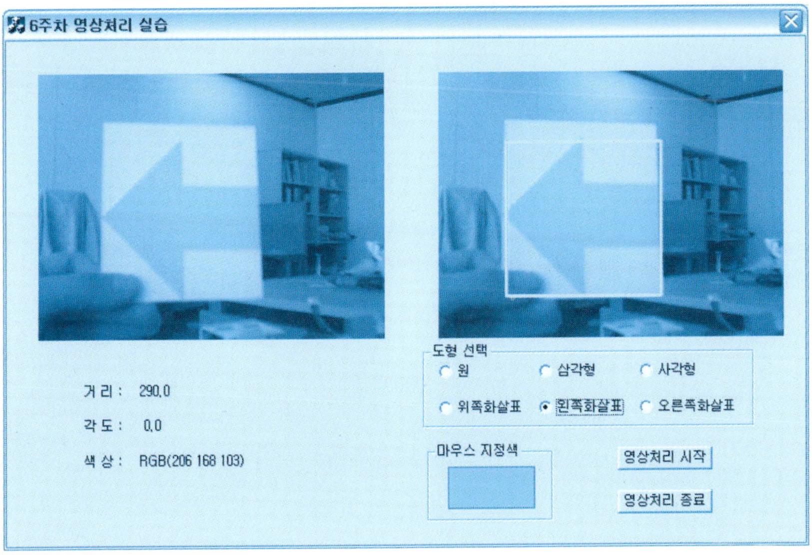

〔그림 7-73〕 최종 완성 프로그램

제 Ⅲ 부

지능형 로봇 응용시스템의 제어 실습

지능형 로봇 응용시스템에서 사용하는 로봇 제어 소프트웨어인 IRES과 ED7271을 이용하여 21종의 지능형 로봇에서 사용되는 기능을 실습을 통하여 습득하고자 한다.

실습내용은 DC 모터 제어, 스텝 모터 제어, RC 모터 제어, 광원 모듈 제어, 모터의 속도제어, DC 모터 이동거리제어, 스텝 모터의 방향제어, 속도제어, 바이디렉션 모듈 제어, 로봇 방향제어, 음성인식, 영상처리, 로봇 반응, 경보장치, 미로찾기, 자동문제어, 방향감지 카메라 제어, 이동 로봇 제어 실습 등을 실습하여 로봇의 작동원리 및 프로그램 능력을 향상시킨다.

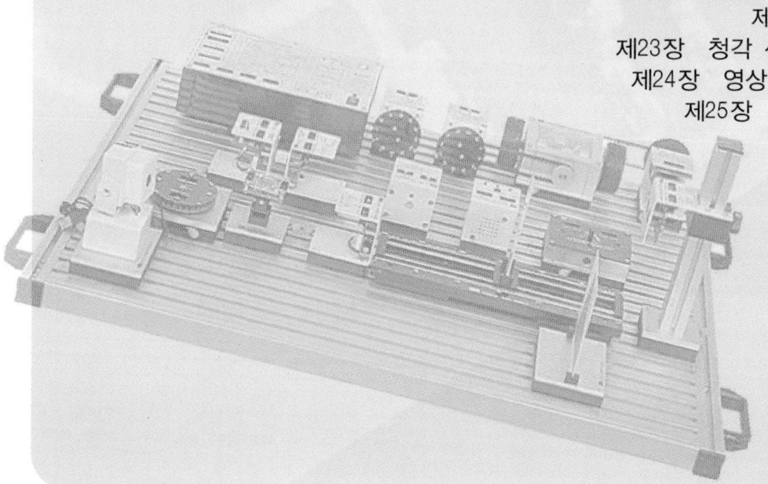

제8장

외부 밝기에 따른 광원 모듈 제어

8-1 실습 과제

조도 센서 모듈을 이용해 빛의 밝기에 따라 광원 모듈의 밝기를 제어한다.

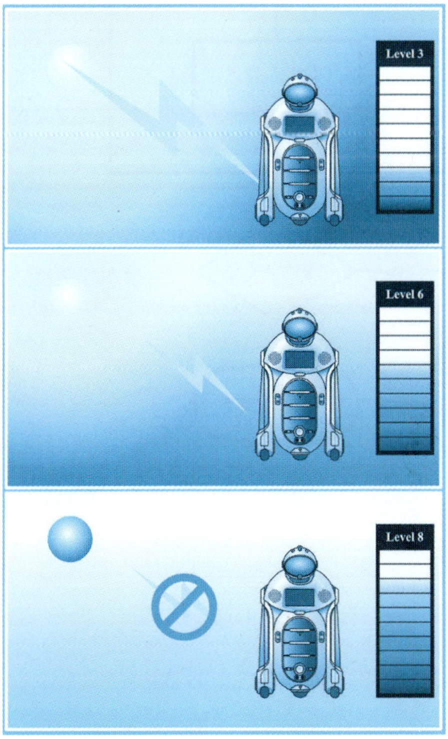

8-2 실습 목표

로봇 프로그램의 기본인 센서의 입력을 받는 방법을 이해하고 분기 객체를 학습한다.

8-3 순서도 작성

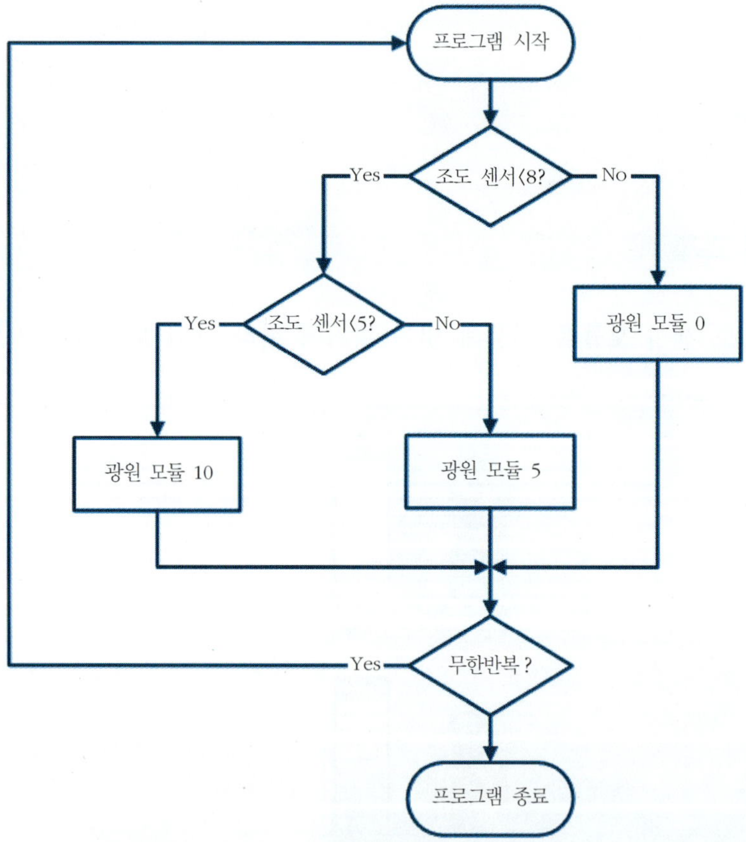

8-4 실습 준비

메인제어 모듈(ED7271-15)	1EA
조도 센서(ED7271-1)	1EA
광원 모듈(ED7271-2)	1EA
USB 케이블 A <-> B	1EA

16P Plat 케이블	1EA
AC220V 전원선	1EA

8-5 장비 결선

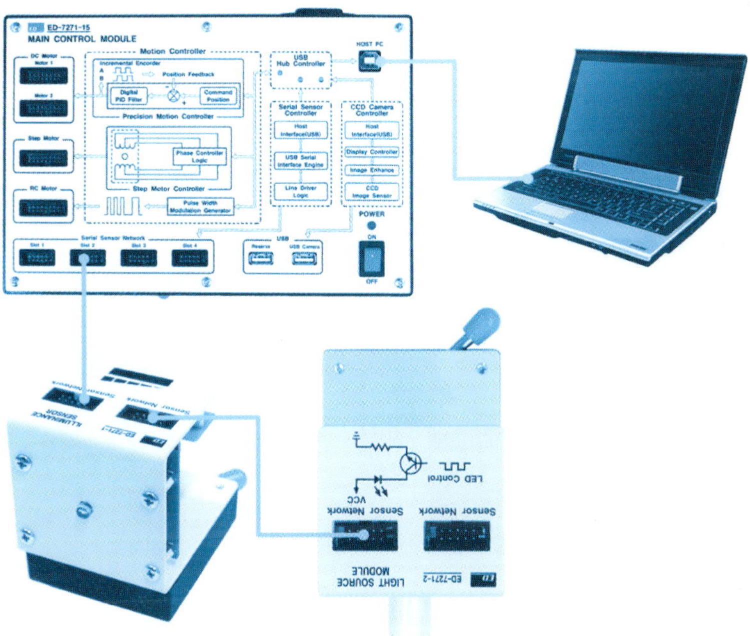

8-6 프로그램 작성

현재 조도가 레벨 8 이상이면 광원 모듈을 끄고, 레벨 5 이상이면 광원 모듈의 레벨을 5로 설정하고 그 이하의 조도 레벨이 측정된다면 광원 모듈의 밝기를 최대 설정(레벨 10)하게 프로그램한다. 조도 센서의 경우 빛의 밝기에 대한 인식이 용이하도록 'Progress control'을 병행 사용하여 표현한다.

① IRES를 이용한 프로그램 작성

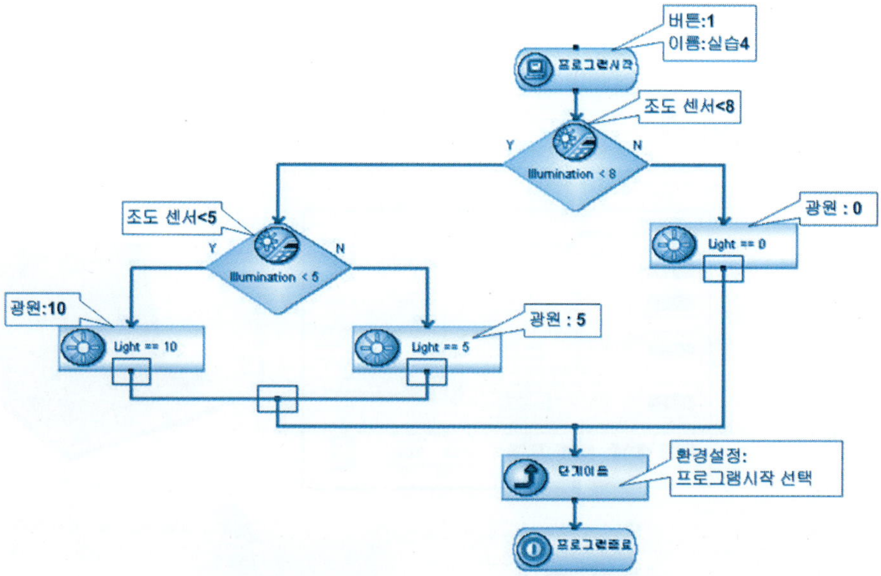

② MFC를 이용한 프로그램 작성

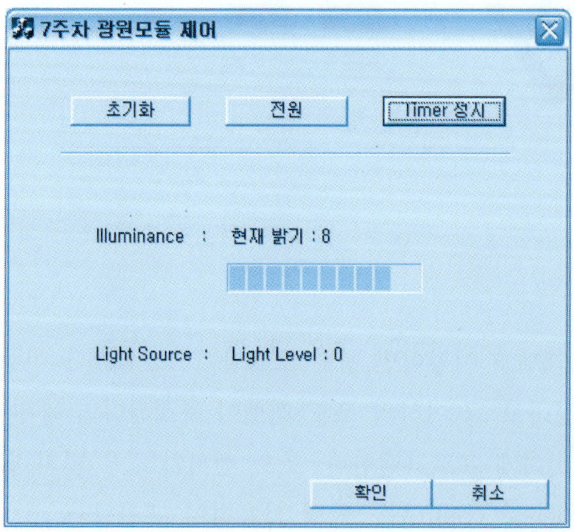

〔그림 8-1〕 실습 목표

1) 프로젝트 생성

7장과 동일한 방법으로 프로젝트를 생성한다.

(1) 초기화, 전원공급 버튼, OnDestory() 생성

다음 그림과 같이 버튼을 생성, 각 버튼에 대하여 '초기화', '전원' 버튼, OnDestory() 함수를 생성하여 작성한다.

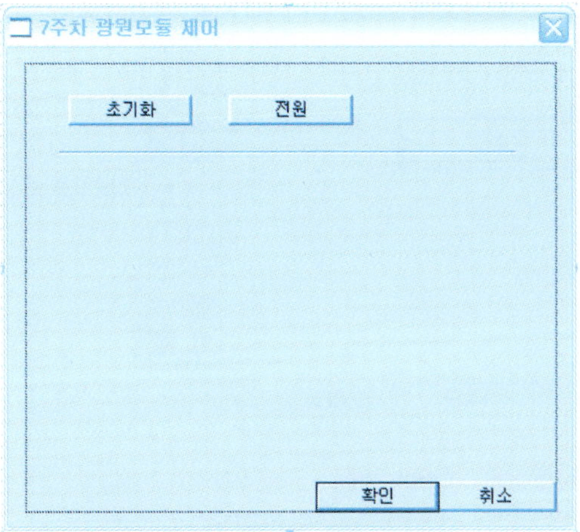

〔그림 8-2〕 초기화, 전원 버튼 생성

```
void CMy7Dlg::OnBtInit()
{
    pMotion = NULL;
    pSensor = NULL;

    if ( DCServo01_Initialize( m_hWnd, &pMotion ) != EDROBOT_API_OK )
        ::Message( NULL, "모션보드 초기화 실패", "Error", MB_OK );

    if ( SSN_Initialize( &pSensor, FALSE ) != EDROBOT_API_OK )
        ::Message( NULL, "센서 초기화 실패", "Error", MB_OK );
}

void CMy7Dlg::OnDestroy()
{
    CDialog::OnDestroy();

    SSN_Close( pSensor );
    DCServo01_ExternalPower_5V( pMotion, EXT5V_OFF );
    DCServo01_Close( pSensor );
}

void CMy7Dlg::OnBtPower()
{
    DCServo01_ExternalPower_5V( pMotion, EXT5V_OFF );
    Sleep(500);
    if ( DCServo01_ExternalPower_5V( pMotion, EXT5V_ON ) != EDROBOT_API_OK )
        ::MessageBox( NULL, "전원공급 실패", "Error", MB_OK );
    SSN_Start ( pSensor );
}
```

〔그림 8-3〕 초기화, 전원, OnDestory() 함수

8장

(2) 조도 센서, 광원 모듈 제어 함수 작성

다음 그림과 같이 조도 센서의 데이터와 광원 모듈의 레벨을 Dialog에 출력하는 Static Text와 Progress control을 생성한다.

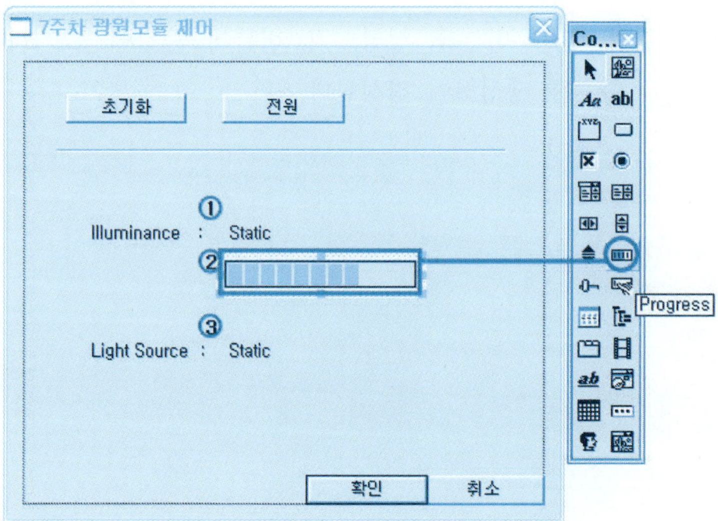

〔그림 8-4〕 Static text, Progress control 생성

〈표 8-1〉 ID, 변수 형, 변수 명

번 호	ID	변수 형	변수 명
1	IDC_ILLUMINANCE	CString	m_strIlluminance
2	IDC_ILLUMINANCE_PROG	CProgressCtrl	m_ctrlIlluminanceProg
3	IDC_LIGHTSOURCE	CString	m_strLightsource

조도 센서로부터 외부 밝기 데이터를 획득할 수 있는 함수를 작성하고, 그 데이터를 받아 광원 모듈의 레벨(빛의 밝기)을 결정하는 함수를 작성한다.

각 센서의 데이터를 저장하는 변수를 Header 파일에 선언한다.

```
    MOTION_SESSION pMotion;
    SSN_SESSION pSensor;

    char cLight, cIlluminance; // 변수 선언

// Dialog Data
```

〔그림 8-5〕 변수 선언

조도 센서로부터 데이터를 받아 출력하는 함수와 광원 모듈의 레벨을 결정하는 함수를 다음 그림과 같이 '광원 모듈 제어Dlg.cpp' 파일(파일명은 사용자가 작성한 프로젝트 이름에 따라 다르다.)에 직접 작성한다. 클래스 위자드를 통하여 함수를 생성하는 것이 아니므로, 함수 명을 직접 선언하고 작성해주어야 한다.

조도 센서로부터 받은 데이터로 광원 모듈의 빛의 밝기를 결정하는 함수를 순서도를 참고하여 '광원 모듈 제어 Dlg.cpp'에 작성하고, '광원 모듈 제어Dlg.h'에 선언한다

```
void CMy7Dlg::GetIlluminance()
{
    cIlluminance = 0;
    m_ctrlIlluminance.SetRange(0, 10);  // Progress 범위 설정
    m_ctrlIlluminance.SetStep(1);  // 증가될 스텝을 지정

    SSN_GetIlluminance( pSensor, cIlluminance );
    m_strIlluminance.Format( "현재 밝기 : %d ", cIlluminance );
    m_ctrlIlluminance.SetPos( (int)cIlluminance );  // Progress control에 넘겨줄 변수 설정
    UpdateData(FALSE);
}

void CMy7Dlg::Lightsource()
{
    SSN_SetLightSource( pSensor, cLight );
    m_strLightsource.Format( "Light Level : %d ", cLight );
    UpdateData(FALSE);
}
```

〔그림 8-6〕 조도 센서와 광원 모듈 함수 작성

```
void CMy7Dlg::LightControl()
{
    GetIlluminance();                    // 조도센서로부터 외부 밝기 데이터를 가져온다.

    if ( cIlluminance < 8 )              // 외부 밝기가 8 보다 작으면..
        {
            if ( cIlluminance < 5 )      // 외부 밝기가 5 보다 작으면..
            {
                cLight = 10;             // 광원 모듈의 밝기는 10
                LightSource();
            }
            else
            {
                cLight = 5;              // 광원 모듈의 밝기는 5
                LightSource();
            }

        }
        else                             // 외부 밝기가 8 이상이면..
        {
            cLight = 0;                  // 광원 모듈의 밝기는 0
            LightSource();
        }
}
```

〔그림 8-7〕 LightControl 함수

8장

```
    MOTION_SESSION pMotion;
    SSN_SESSION pSensor;

    BOOL bTimerFlag;              // flag 선언

    char cLight, cIlluminance;    // 변수 선언

    void GetIlluminance();
    void Lightsource();
    void LightControl();

// Dialog Data
```

〔그림 8-8〕 생성한 함수의 선언

외부 밝기에 따른 광원 모듈 제어에 필요한 함수의 작성은 끝났으며, 이제 작성한 함수를 동작시키는 것만 남았다. 본 교재에서는 OnTimer() 함수를 사용하여 동작시키도록 한다.

(3) OnTimer() 함수 생성, 작성

Dialog에 다음과 같이 버튼을 생성한 후 다음 그림들과 같이 작성한다.

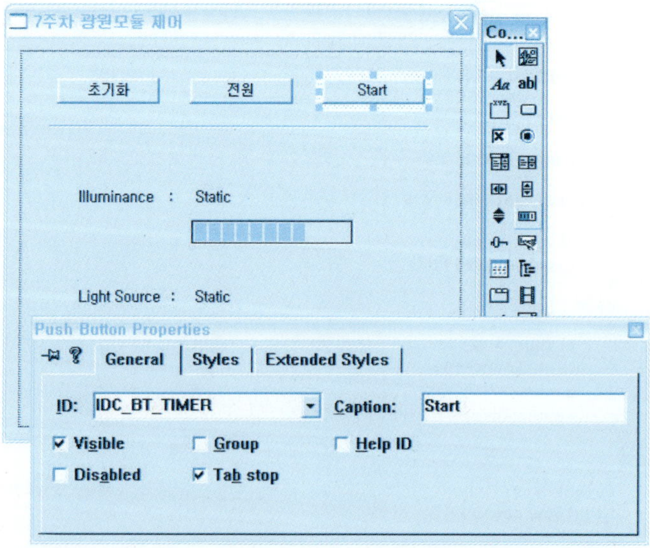

〔그림 8-9〕 Start 버튼 생성

버튼 동작을 위하여 flag 변수를 선언하고 초기 값을 설정한다.

```
MOTION_SESSION pMotion;
SSN_SESSION pSensor;

BOOL bTimerFlag;                // flag 선언

char cLight, cIlluminance;   // 변수 선언
```

〔그림 8-10〕 Header 파일에 flag 선언

```
void CMy7Dlg::OnBtInit()          // 초기화
{
    pMotion = NULL;
    pSensor = NULL;

    bTimerFlag = FALSE;          // flag 초기값 설정

    if ( DCServo01_Initialize( m_hWnd, &pMotion ) != EDROBOT_API_OK )
        ::MessageBox( NULL, "모션보드 초기화 실패", "Error", MB_OK );

    if ( SSN_Initialize( &pSensor, FALSE ) != EDROBOT_API_OK )
        ::MessageBox( NULL, "센서 초기화 실패", "Error", MB_OK );
}
```

〔그림 8-11〕 Initial 함수에 flag 초기 값 설정

생성한 함수(버튼에 연결된)에 다음과 같이 작성한다. 선언한 flag 변수에 의하여 버튼을 눌렀을 때 OnTimer() 함수를 Call하여 동작, 정지하게 된다.

```
void CMy7Dlg::OnBtTimer()                 // 버튼에 연결된 함수
{
    if( bTimerFlag == FALSE )
    {
        bTimerFlag = TRUE;
        SetTimer( 0, 100, NULL );       // Timer() 함수 시작
        SetDlgItemText( IDC_BT_TIMER, "Timer 정지" );   // 버튼에 표시될 Text
    }
    else
    {
        bTimerFlag = FALSE;
        KillTimer(0);                   // Timer() 함수 정지
        SetDlgItemText( IDC_BT_TIMER, "TImer 실행" );   // 버튼에 표시될 Text
    }
}
```

〔그림 8-12〕 버튼에 연결된 함수에 코드 작성

'SetTimer(0, 100, NULL)' 구문은 생성할 OnTimer() 함수를 호출하는 부분이다. 이 구문으로 '0' 번째 Timer를 100ms 마다 호출, 실행시키게 된다.

이제 실제 동작하게 될 OnTimer() 함수를 생성, 작성하도록 한다. 클래스 위자드를 실행하여 WM_TIMER를 추가한다.

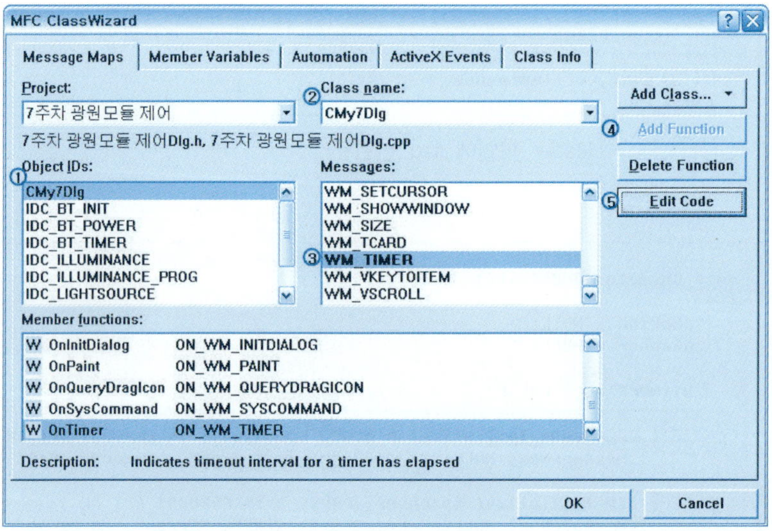

〔그림 8-13〕 클래스 위자드 - OnTimer() 생성

생성된 함수에 다음과 같이 작성한다.

```
void CMy7Dlg::OnTimer(UINT nIDEvent)
{
    LightControl();

    CDialog::OnTimer(nIDEvent);
}
```

〔그림 8-14〕 OnTimer() 함수 코드

'Start' 버튼이 눌러졌을 때 실제 실행되는 함수이며 이 함수에서 다시 LightControl() 함수를 호출하여 동작하게 된다. LightControl() 함수안에 작성한 코드를 이 OnTimer() 함수 안에 직접 작성하여 동작시킬 수도 있다. 다음 그림은 그에 대한 예시이다.

```
void CMy7Dlg::OnTimer(UINT nIDEvent)
{
    if ( nIDEvent == 0 )              // SetTimer() 에서 Timer 번호가 '0'이면..
    {
        GetIlluminance();             // 조도센서로부터 외부 밝기 데이터를 가져온다.

        if ( cIlluminance < 8 )       // 외부 밝기가 8 보다 작으면..
        {
            if ( cIlluminance < 5 )   // 외부 밝기가 5 보다 작으면..
            {
                cLight = 10;          // 광원 모듈의 밝기는 10
                Lightsource();
            }
            else
            {
                cLight = 5;           // 광원 모듈의 밝기는 5
                Lightsource();
            }
        }
        else                          // 외부 밝기가 8 이상이면..
        {
            cLight = 0;               // 광원 모듈의 밝기는 0
            Lightsource();
        }
    }

    CDialog::OnTimer(nIDEvent);
}
```

〔그림 8-15〕 OnTimer() 함수(예)

위 그림과 작성하면 LightControl() 함수를 작성할 필요가 없이 버튼이 눌러졌을 때 바로 위 그림의 코드와 같은 동작을 실행하게 된다. 두 방법 모두 같은 동작을 실행하며, 어떠한 방법으로 프로그램할지는 개개인의 취향이라 하겠다.

8장

8-7 동작 확인 및 결과

작성한 프로그램이 올바르게 동작하는지 확인한다.

본 지능형 로봇 실험실습 장치는 빛의 밝기를 측정하기 위해서 포토다이오드를 사용한다. 조도를 측정하기 위한 다른 센서는 어떤 것이 있는지 알아보고, 각각의 장단점을 비교해보자.

1) 동작 확인

① 조도가 8 이상이면 광원 모듈 밝기는 0이 된다.

② 1이 아니고 조도가 5 이상이면(8 > 조도 ≥ 5) 광원 모듈 밝기는 5가 된다.

③ 1, 2가 아닐 경우(5 > 조도) 광원 모듈 밝기는 10이 된다.

2) 결과 및 토의

조도가 8보다 작을 경우 빛의 밝기에 따라서 광원 모듈의 밝기가 5 또는 10으로 정상 작동하였다. 그러나 조도가 8보다 클 경우 광원 모듈의 밝기가 0이 되지 않았다.

조도 센서에 측정되는 빛의 세기가 8이상으로 유지될 때도 광원 모듈이 일정한 밝기(0)를 유지하지 않고 0과 5를 오가며 깜빡거린다.

8-8 심화학습

- 기울기센서를 사용하여 x축의 기울기가 10보다 작을 때 광원모듈이 동작하도록 프로그램하시오.
- 조도센서에 측정되는 빛의 세기가 8 이상으로 유지될 때도 광원모듈이 일정한 밝기를 유지하기위한 방법을 생각해보시오.
- 기울기센서의 기울기에 따라 광원모듈의 레벨이 달라지는 프로그램을 작성하시오. (예 : 기울기가 커질수록 광원모듈의 레벨이 상승하도록…)

제9장

빛의 밝기에 따른 모터의 속도 제어 실습

9-1 실습 과제

빛의 밝기에 따라 로봇의 움직임 속도를 제어한다.

9-2 실습 목표

로봇 프로그램의 기본인 센서의 입력 방법을 이해한다.

9-3 순서도 작성

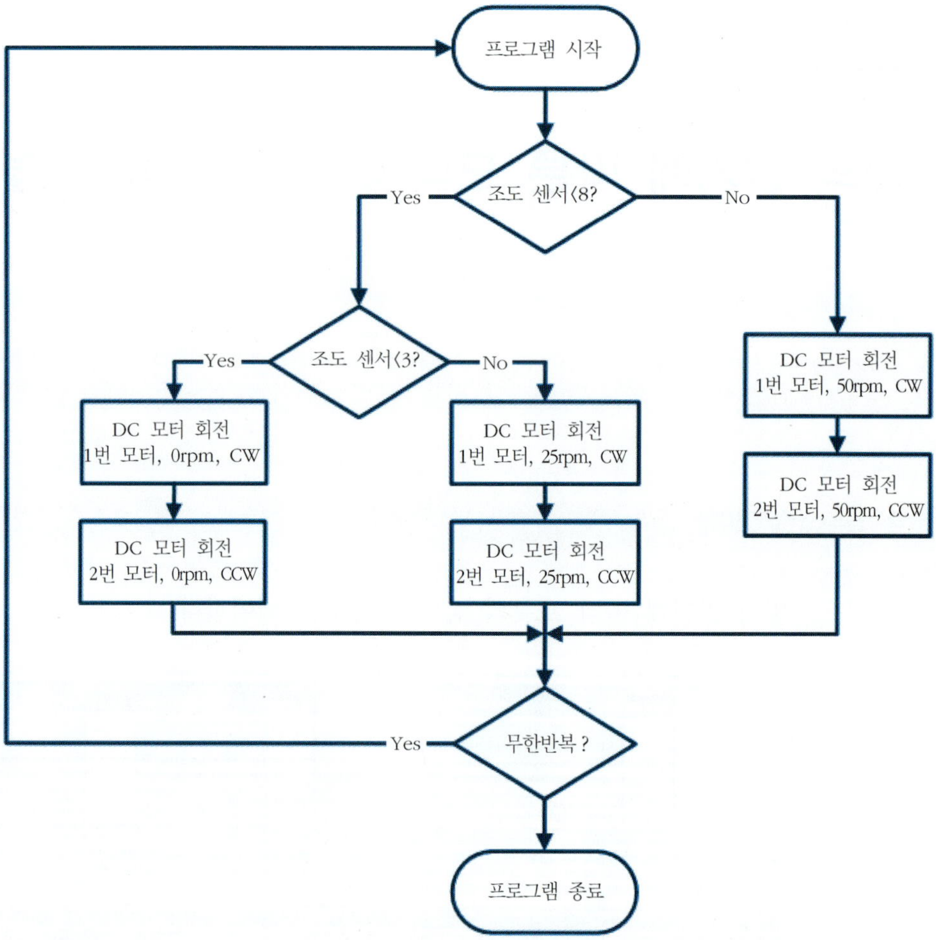

9-4 실습 준비

메인제어 모듈(ED7271-15)	1EA
조도 센서(ED7271-1)	1EA
광원 모듈(ED7271-2)	1EA
DC 모터(ED7271-13)	2EA
양방향 구동 모듈	1EA
타이밍벨트	2EA
USB 케이블 A <-> B	1EA
16P Plat 케이블	1EA
AC220V 전원선	1EA

9-5 장비 결선

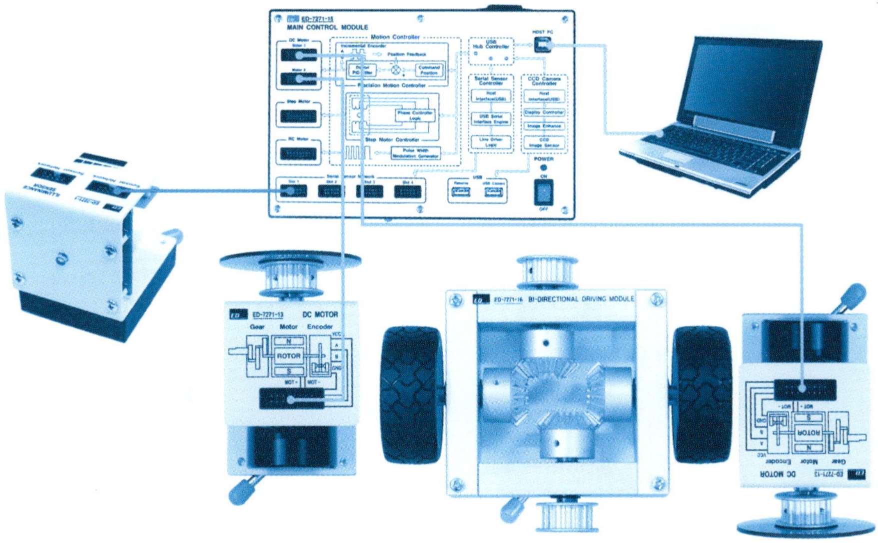

9-6 프로그램

조도 센서의 입력이 레벨 8 이상일 때 DC 모터의 속도를 50rpm으로 동작하고 레벨 3 이하일 경우 로봇을 정지한다. 레벨 7~레벨 4의 영역에서는 25rpm으로 프로그램을 작성한다.

1) IRES를 이용한 프로그램 작성

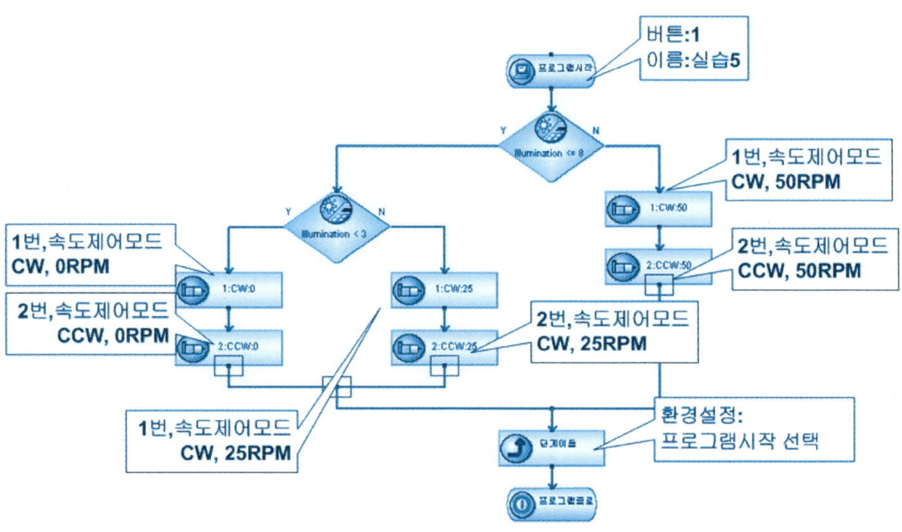

2) MFC를 이용한 프로그램 작성

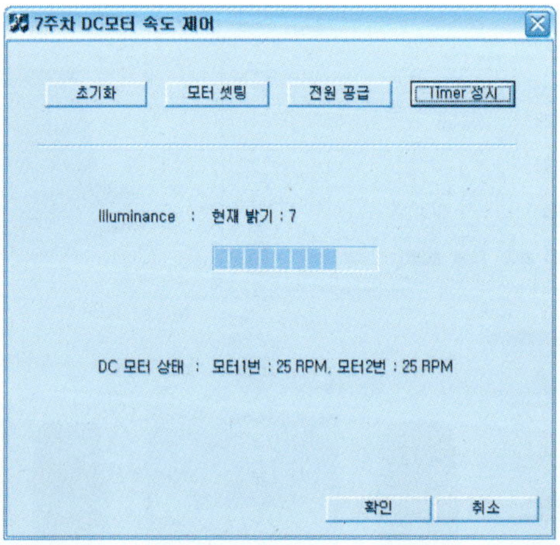

〔그림 9-1〕 실습 목표

(1) 프로젝트 생성

7장에서 같은 과정을 수행, 프로젝트를 생성한다.

(2) 초기화, 전원공급, 모터 세팅 버튼, OnDestory() 생성

다음 그림과 같이 버튼을 생성, 각 버튼에 대하여 '초기화', '모터 세팅', '전원 공급', 'Start' 버튼과 OnDestory() 함수를 생성하여 작성한다. 지난 응용 실습들과 달리 'DCServo01_SetAbsoluteAcceleration()' 함수를 '모터 세팅' 함수 안에 포함하여 작성토록 한다.

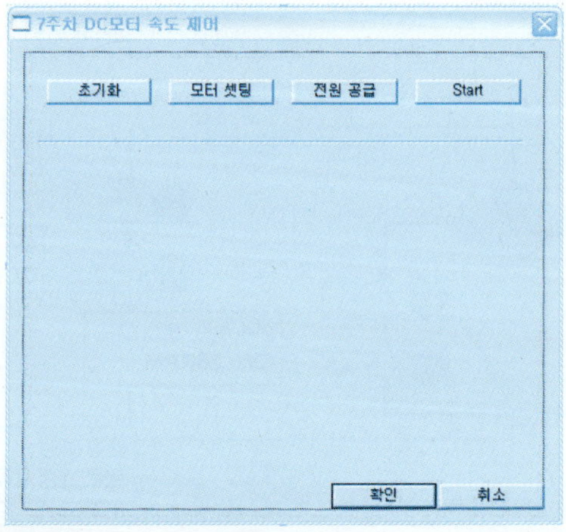

〔그림 9-2〕 버튼 생성

```
void CMy7DCDlg::OnBtInit()      // 초기화
{
    pMotion = NULL;
    pSensor = NULL;

    bTimerFlag = FALSE;         // flag 초기값 설정

    if ( DCServo01_Initialize( m_hWnd, &pMotion ) != EDROBOT_API_OK )
        ::MessageBox( NULL, "모션보드 초기화 실패", "Error", MB_OK );

    if ( SSN_Initialize( &pSensor, FALSE ) != EDROBOT_API_OK )
        ::MessageBox( NULL, "센서 초기화 실패", "Error", MB_OK );
}

void CMy7DCDlg::OnDestroy()
{
    CDialog::OnDestroy();

    SSN_Close( pSensor );
    DCServo01_ExternalPower_5V( pMotion, EXT5V_OFF );
    DCServo01_Close( pSensor );
}

void CMy7DCDlg::OnBtFilter()    // 모터 셋팅
{
    DCServo01_FillterSet( pMotion, 1, 14, 30, 200, 0, 0, 0 );
    DCServo01_FillterSet( pMotion, 2, 14, 30, 200, 0, 0, 0 );

    DCServo01_SetAbsoluteAcceleration( pMotion, 1, 200 );
    DCServo01_SetAbsoluteAcceleration( pMotion, 2, 200 );
}

void CMy7DCDlg::OnBtPower()     // 전원 공급
{
    DCServo01_ExternalPower_5V( pMotion, EXT5V_OFF );
    Sleep(500);
    if ( DCServo01_ExternalPower_5V( pMotion, EXT5V_ON ) != EDROBOT_API_OK )
        ::MessageBox( NULL, "전원공급 실패", "Error", MB_OK );
    SSN_Start ( pSensor );
}

void CMy7DCDlg::OnBtTimer()
{
    // TODO: Add your control notification handler code here

}
```

〔그림 9-3〕 초기화, OnDestory, 모터 세팅, 전원공급, Start 함수

Start 버튼에 대한 함수는 차후 작성토록 하며 다음 응용 실습부터는 이와 같은 방법으로 Dialog 안의 기본적인 버튼들을 생성, 작성하면 된다.

(3) 조도 센서, DC 모터 제어 함수 생성, 작성

다음 그림들과 같이 조도 센서, DC 모터 제어에 필요한 함수들을 생성하고 선언, 작성한다.

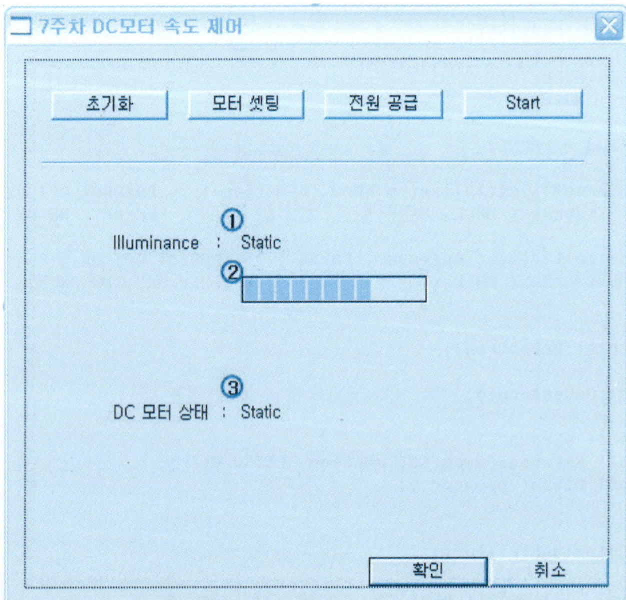

〔그림 9-4〕 Static text, Progress control 생성

〈표 9-1〉 ID, 변수 형, 변수 명

번 호	ID	변수 형	변수 명
1번	IDC_ILLUMINANCE	CString	m_strIlluminance
2번	IDC_ILLUMINANCE_PROG	CProgressCtrl	m_ctrlIlluminanceProg
3번	IDC_DCSTATE	CString	m_strDcstate

함수 작성 전, 함수 안에서 사용할 변수들에 대하여 Header 파일에 선언해준다.

```
MOTION_SESSION pMotion;
SSN_SESSION pSensor;

char cIlluminance;           // 변수 선언
double dbVelocity;           // 변수 선언
```

〔그림 9-5〕 Header 파일에 변수 선언

```
void CMy7DCDlg::GetIlluminance()
{
    cIlluminance = 0;
    m_ctrlProgress.SetRange(0, 10);  // Progress 범위 설정
    m_ctrlProgress.SetStep(1);  // 증가될 스텝을 지정

    SSM_GetIlluminance( pSensor, cIlluminance );
    m_strIlluminance.Format( "현재 밝기 : %d ", cIlluminance );
    m_ctrlProgress.SetPos( (int)cIlluminance );  // Progress control에 넘겨줄 변수 설정
    UpdateData(FALSE);
}

void CMy7DCDlg::DCForward()          // 모터 전진
{
    UpdateData(TRUE);

    DCServo01_SetAbsoluteVelocity( pMotion, 1, dbVelocity );
    DCServo01_SetAbsoluteVelocity( pMotion, 2, dbVelocity );

    DCServo01_ForwardStart( pMotion, 1 );
    DCServo01_BackwardStart( pMotion, 2 );
}

void CMy7DCDlg::DCStop()             // 모터 정지
{
    DCServo01_StopSmoothly( pMotion, 1 );
    DCServo01_StopSmoothly( pMotion, 2 );
}

void CMy7DCDlg::ReadRpm()                           // 모터 Rpm 값 획득, 출력
{
    double dbRpm1 = 0, dbRpm2 = 0;                  // 변수 선언

    DCServo01_ReadRpm( pMotion, 1, dbRpm1 );        // 모터1번 Rpm 값 획득
    DCServo01_ReadRpm( pMotion, 1, dbRpm2 );        // 모터1번 Rpm 값 획득

    m_strDcstate.Format( "모터1번 : %2.f RPM, 모터2번 : %2.f RPM", dbRpm1, dbRpm2 );    // 모터 Rpm 출력
    UpdateData(FALSE);
}
```

〔그림 9-6〕 조도 센서, 모터 제어 함수

```
void CMy7DCDlg::DCControl()
{
    GetIlluminance();

    if ( cIlluminance < 8 )
        {
            if ( cIlluminance > 2 )     // 외부 밝기가 8보다 작고 2보다 크면..
            {
                dbVelocity = 25;        // 모터 속도는 25
                DCForward();            // 모터 전진
                ReadRpm();              // 모터 속도 값 획득, 출력
            }
            else                        // 외부 밝기가 2보다 작으면..
            {
                DCStop();               // 모터 정지
                ReadRpm();              // 모터 속도 값 획득, 출력
            }
        }
        else                            // 외부 밝기가 8이상이면..
        {
            dbVelocity = 50;            // 모터 속도는 50
            DCForward();                // 모터 전진
            ReadRpm();                  // 모터 속도 값 획득, 출력
        }
}
```

〔그림 9-7〕 실행 함수

9장

작성한 함수들을 Header 파일에 선언해준다.

```
    char cIlluminance;          // 변수 선언
    double dbVelocity;          // 변수 선언

    void GetIlluminance();
    void DCForward();
    void DCStop();
    void DCControl();
    void ReadRpm();

// Dialog Data
    //{{AFX_DATA(CMy7DCDlg)
    enum { IDD = IDD_MY7DC_DIALOG };
```

〔그림 9-8〕 Header 파일에 생성한 함수 선언

(4) OnTimer() 함수 생성, 작성

생성되어 있는 Start 함수 안에 다음과 같이 작성한다.

```
void CMy7DCDlg::OnBtTimer()
{
    if( bTimerFlag == FALSE )
    {
        bTimerFlag = TRUE;
        SetTimer( 0, 100, NULL );          // Timer() 함수 시작
        SetDlgItemText( IDC_BT_TIMER, "Timer 정지" );    // 버튼에 표시될 Text
    }
    else
    {
        bTimerFlag = FALSE;
        DCStop();                          // DC 모터 정지
        KillTimer(0);                      // Timer() 함수 정지
        SetDlgItemText( IDC_BT_TIMER, "TImer 실행" );    // 버튼에 표시될 Text
    }
}
```

〔그림 9-9〕 Start 함수

버튼을 눌렀을 때 호출된 OnTimer() 함수를 앞 실습과 같은 방법으로 생성한 후 다음과 같이 작성한다.

```
void CMy7DCDlg::OnTimer(UINT nIDEvent)
{
    DCControl();

    CDialog::OnTimer(nIDEvent);
}
```

〔그림 9-10〕 OnTimer() 함수 작성

클래스 위자드로 On Timer( ) 함수를 생성하고 컴파일을 하면 Header 파일에 [그림 9-8]과 같이 선언한 함수들이 삭제되어 다시 선언해야 하는 경우가 발생한다. 이런 경우를 방지하기 위하여 On Timer( ) 함수까시 생성한 후 선언해주는 것도 방법이다. 본 교재에서는 기본 버튼 생성과 On Destory( ) 함수 생성시, On Timer( ) 함수도 같이 생성한 후 프로그램을 작성하는 방법을 사용하고 있다.

9-7 동작 확인 및 결과

빛의 밝기에 따라 속도가 변하는지 확인하자.

1) 동작 확인

빛의 밝기가 8 이상일 경우 모터는 50rpm으로 회전한다.
빛의 밝기가 3보다 작을 경우 모터는 정지한다.
위의 경우가 아닐 경우 모터는 25rpm으로 회전한다.

2) 결과 및 토의

정상적으로 동작한다. 빛의 밝기가 8 이상으로 밝을 경우에서 3 이하로 갑자기 작아지는 경우와 그 반대의 경우에 대해서도 DC 모터가 정상 작동하였다.

주변 환경에 대한 데이터를 이용하여 로봇이 가·감속을 조절하여 어두운 곳에 있는 경우에는 로봇의 속도를 낮추고, 밝은 곳에 있는 곳은 로봇의 주행 속도를 높여 주행할 수 있는 방법에 대하여 알았다.

9-8 심화학습

- 기울기센서를 사용하여 x축의 기울기가 10보다 작을 때 광원모듈이 동작하도록 프로그램하시오.
- 조도센서에 측정되는 빛의 세기가 8 이상으로 유지될 때도 광원모듈이 일정한 밝기를 유지하기위한 방법을 생각해보시오.
- 기울기센서의 기울기에 따라 광원모듈의 레벨이 달라지는 프로그램을 작성하시오(예 : 기울기가 커질수록 광원모듈의 레벨이 상승하도록…)

제10장

기울기 센서와 스텝 모터 속도 제어 실습

10-1 실습 과제

기울기 센서의 입력은 받은 데이터로 스텝 모터의 속도제어를 구현한다. 로봇이 경사면을 올라갈 때 저속의 고 토크의 구동법을 사용하고 평지를 이동할 때에는 고속의 저 토크 영역의 스텝 모터 제어 방법을 사용한다. 이에 따라 경사도가 높으면 저속으로 주행하고, 낮으면 고속으로 움직이는 알고리즘을 구현한다.

10-2 실습 목표

로봇에서 기울기 센서의 용도를 모색하고 기울기 센서의 활용도를 높인다.

10-3 순서도 작성

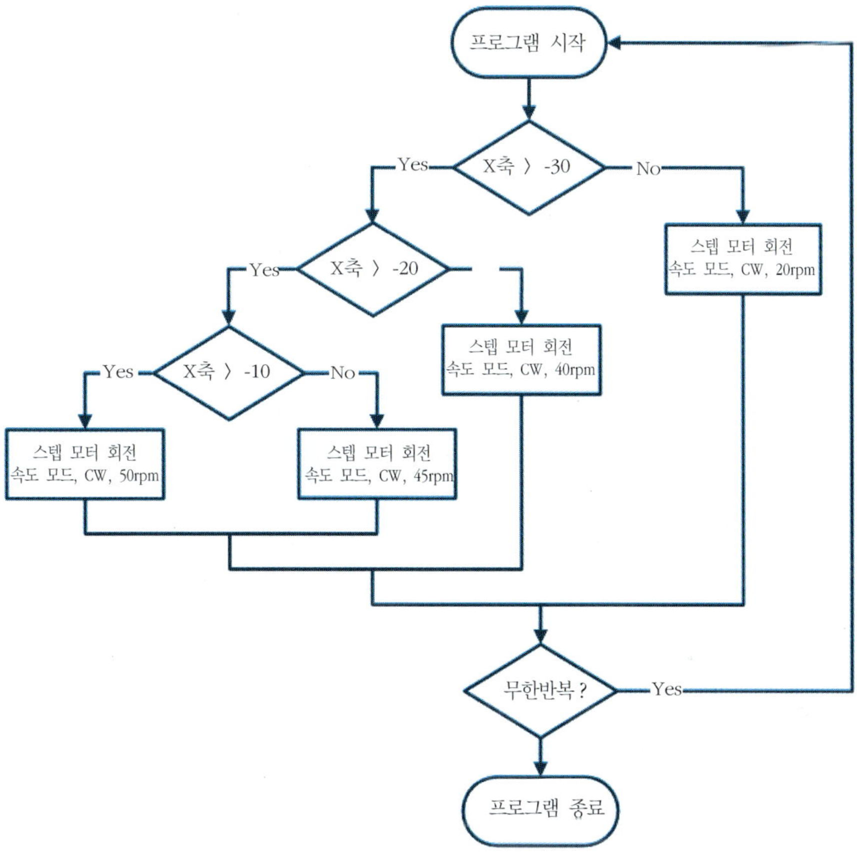

10-4 실습 준비

메인제어 모듈(ED7271-15)	1EA
가속도 센서(ED7271-6)	1EA
RC 모터(ED7271-10)	1EA
USB 케이블 A 〈-〉 B	1EA
10P Plat 케이블	1EA
16P Plat 케이블	1EA
AC220V 전원선	1EA

10-5 장비 결선

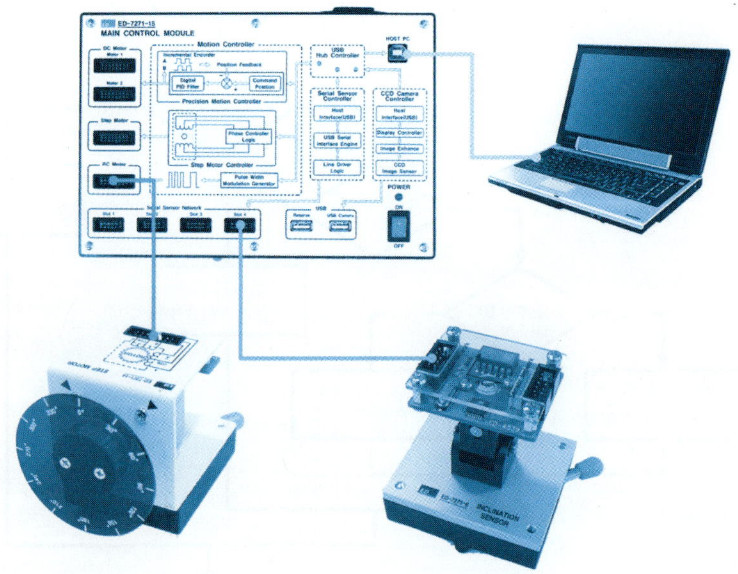

10-6 프로그램

X축 기울기에 대해서만 프로그램을 작성한다. 간략한 프로그램을 예로 든다. X축의 기울기 값이 −30°보다는 −20°이 더 완만하다. 기울기에 따라 모터의 속도를 변화하는 프로그램을 작성하고 0°의 기울기 값이 측정될 때는 평지를 의미한다. 평지일 때 가장 빠른 속도로 모터를 제어하는 프로그램을 작성한다.

1) IRES를 이용한 프로그램 작성

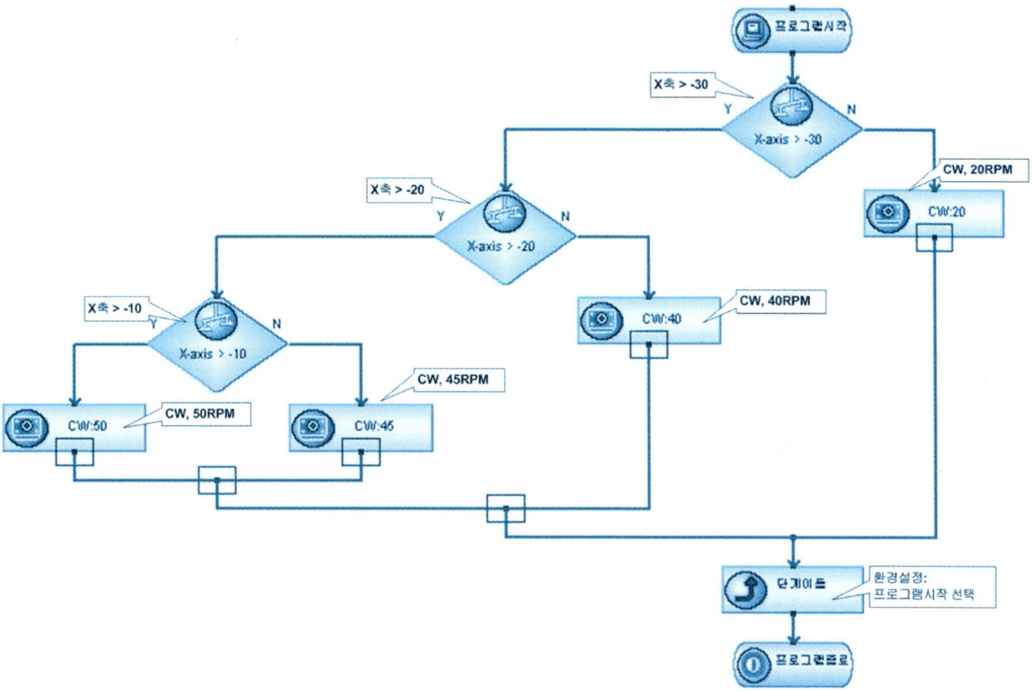

2) MFC를 이용한 프로그램 작성

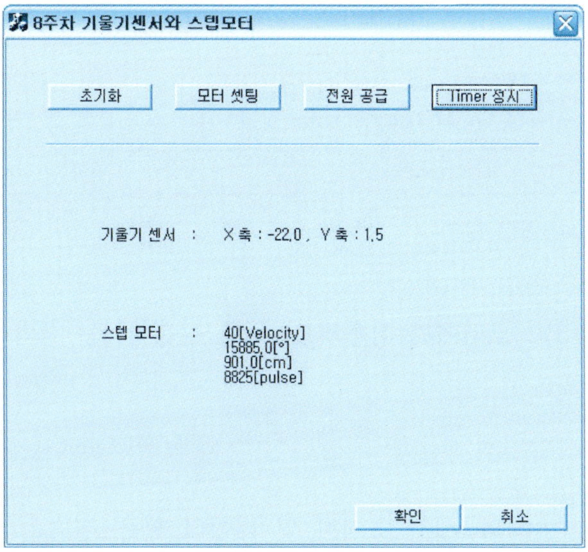

〔그림 10-1〕 실습 목표

(1) 프로젝트 및 기본 버튼 생성

이전 실습들과 동일한 방법으로 다음 그림을 참조하여 생성한다.

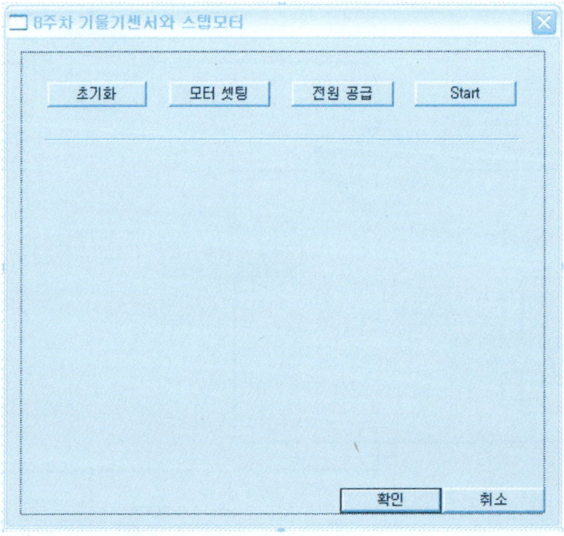

〔그림 10-2〕 버튼 생성

```
void CMy8Dlg::OnBtTimer()
{
    if( bTimerFlag == FALSE )
    {
        bTimerFlag = TRUE;
        SetTimer( 0, 100, NULL );         // Timer() 함수 시작
        SetDlgItemText( IDC_BT_TIMER, "Timer 정지" );   // 버튼에 표시될 Text
    }
    else
    {
        bTimerFlag = FALSE;
        KillTimer(0);                     // Timer() 함수 정지
        SetDlgItemText( IDC_BT_TIMER, "TImer 실행" );   // 버튼에 표시될 Text
    }
}
```

〔그림 10-3〕 'Start' 버튼 함수

※ '모터 세팅'은 DC 모터에만 적용되므로, 현 실습에서는 생략해도 무방하다.

(2) 기울기 센서, 스텝 모터 제어, 기울기에 따른 스텝 모터 제어 함수 작성

'모터 초기화 및 제어'와 '센서 초기화 및 데이터 획득' 실습을 참고하여 다음 그림들과 같이 작성한다.

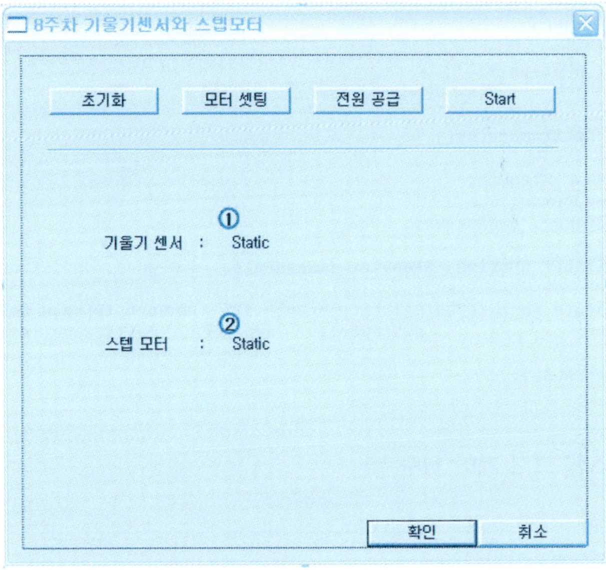

〔그림 10-4〕 Dialog 구성

〈표 10-1〉 ID, 변수 형, 변수 명

번 호	ID	변수 형	변수 명
1	IDC_INCLINATION	CString	m_strInclination
2	IDC_STEPSTATE	CString	m_strStepstate

```
void CMy8Dlg::GetInclination()
{
    InclinationX = 0, InclinationY = 0;

    SSN_GetInclination( pSensor, InclinationX, InclinationY );
    m_strInclination.Format( "X 축 : %2.1f ,  Y 축 : %2.1f ", InclinationX, InclinationY );

    UpdateData(FALSE);
}
```

〔그림 10-5〕 기울기 센서 데이터 획득 함수

```
void CMy8Dlg::StepForward()
{
    UpdateData(TRUE);

    GetStepStatus();
    dwPluse = 10000;
    STEP_SetVelocity( pMotion, dwStepVel );
    STEP_AbsoultePulseStart( pMotion, DIR_CW, dwPluse );
}

void CMy8Dlg::StepStop()
{
```

```
    UpdateData(TRUE);
    KillTimer(1);
    STEP_Stop( pMotion );
}

void CMy8Dlg::GetStepStatus()
{
    unsigned char StepDir;
    DWORD dwReadPulse;
    double dwDegree, dwDistance;

    STEP_ReadState( pMotion, StepDir, dwReadPulse, dwDegree, dwDistance );

    m_strStepstate.Format("%d[Velocity]\r\n%4.1f[° ]\r\n%4.1f[cm]\r\n%4d[pulse]",
                          dwStepVel,    dwDegree,  dwDistance, dwReadPulse);

    UpdateData(FALSE);
}
```

〔그림 10-6〕 스텝 모터 제어 함수

```
void CMy8Dlg::StepControl()
{
    GetInclination();

        if ( InclinationX < -10 )
        {
            if ( InclinationX < -20 )
            {
                if ( InclinationX < -30 )
                {
                    dwStepVel = 20;      // 기울기가 30보다 클때
                    StepForward();
                    }
                else
                {
                    dwStepVel = 35;      // 기울기가 20보다 크고 30보다 작을때
                    StepForward();
                }
            }
            else
            {
                dwStepVel = 50;          // 기울기가 10보다 크고 20보다 작을때
                StepForward();
            }
        }
        else
        {
            GetStepStatus();
            dwStepVel = 70;              // 기울기가 10보다 작을때
            StepForward();
        }
}
```

〔그림 10-7〕 기울기에 따른 스텝 모터 제어 함수

```
    MOTION_SESSION pMotion;
    SSN_SESSION pSensor;

    BOOL bTimerFlag;         // Timerflag 선언

    float InclinationX, InclinationY;
    DWORD dwStepVel;
```

〔그림 10-8〕 변수 선언

위 그림들과 같이 생성 및 작성한다. [그림 10-8]의 변수들은 해당 함수 내에서만 사용되지 않기 때문에 위와 같이 Header 파일에 선언하며, 각 변수들에 저장된 값으로 [그림 10-6]의 함수가 실행된다.

생성한 함수들은 클래스 위자드를 사용하지 않았기 때문에 Header 파일에 선언을 필히 직접 해주어야 한다.

```
    BOOL bTimerFlag;            // Timerflag

    float InclinationX, InclinationY;
    DWORD dwStepVel;

    void GetInclination();
    void StepForward();
    void StepStop();
    void GetStepStatus();
    void StepControl();

// Dialog Data
    //{{AFX_DATA(CMy8Dlg)
```

〔그림 10-9〕 함수 선언

(3) OnTimer() 함수 생성

다음 그림들과 같이 OnTimer() 함수를 생성, 작성한다.

```
void CMy8Dlg::OnRtTimer()
{
    if( bTimerFlag == FALSE )
    {
        bTimerFlag = TRUE;
        STEP_DefineHome( pMotion );      // pulse 값 초기화
        SetTimer( 0, 100, NULL );        // Timer() 함수 시작
        SetDlgItemText( IDC_BT_TIMER, "Timer 정지" );   // 버튼에 표시될 Text
    }
    else
    {
        bTimerFlag = FALSE;
        StepStop();                      // 스텝 모터 정지
        KillTimer(0);                    // Timer() 함수 정지
        SetDlgItemText( IDC_BT_TIMER, "TImer 실행" );   // 버튼에 표시될 Text
    }
}

void CMy8Dlg::OnTimer(UINT nIDEvent)
{
    StepControl();

    CDialog::OnTimer(nIDEvent);
}
```

〔그림 10-10〕 OnTimer() 함수

10장

Start 버튼으로 프로그램을 시작할 때마다 스텝 모터의 상태 값들을 초기화시켜 주며, 정지시켰을 때, 스텝 모터를 정지시키는 함수를 추가하였다. StepStop() 함수를 Destory() 함수 안에 추가할 수도 있다.

10-7 동작 확인 및 결과

프로그램이 올바르게 실행되는지 확인한다.

1) 동작 확인

기울기 센서의 X축 기울기가 커질수록 스텝 모터의 회전 속도가 감소하는 것을 확인할 수 있다.

또한 기울기의 수평계가 정 가운데 위치하는 경우 스텝 모터가 설정된 최대 속도로 회전하는 것을 확인할 수 있다.

2) 결과 및 토의

본 프로그램의 경우에는 기울기의 단계를 3단계로 하여 스텝 모터의 가감속에 대한 반응이 부드럽지가 않다.

기울기 센서의 단계를 보다 세부적으로 프로그램하면 보다 스텝 모터가 부드럽게 가감속이 될 것이며, 이것은 로봇이 정지하거나 출발을 하는 경우 모터의 가감속에 사용될 수 있을 것 같다.

실제 로봇에 적용 시 스텝 모터보다 주로 DC 모터를 사용하므로 스텝 모터를 제거하고 DC 모터를 적용한 프로그램을 작성하여 보아야 한다.

10-8 심화학습

- DC모터를 이용하여 빛의 밝기가 8이상일 경우 로봇이 좌회전하고, 3보다 작을 경우 로봇이 우회전하고, 나머지 경우에 대해서는 직진하도록 프로그램 하시오.

제11장
전자나침반의 모듈을 이용한 바이디렉션 모듈 제어 실습

11-1 실습 과제

로봇에 전자나침반이 장착되었다고 가정하고 전자나침반 모듈로 특정 방향(동서남북)에 대해 직진하는 로봇을 구현하라.

로봇이 북쪽으로만 진행하게 프로그램을 작성한다. 로봇이 북쪽이 아닌 다른 방향으로 진행하고 있다는 센서 값을 획득하면 회전하여 북쪽 방향을 향하게 하고, 북쪽으로 진행방향이 고정되었을 때 로봇은 직진하는 알고리즘을 구현한다.

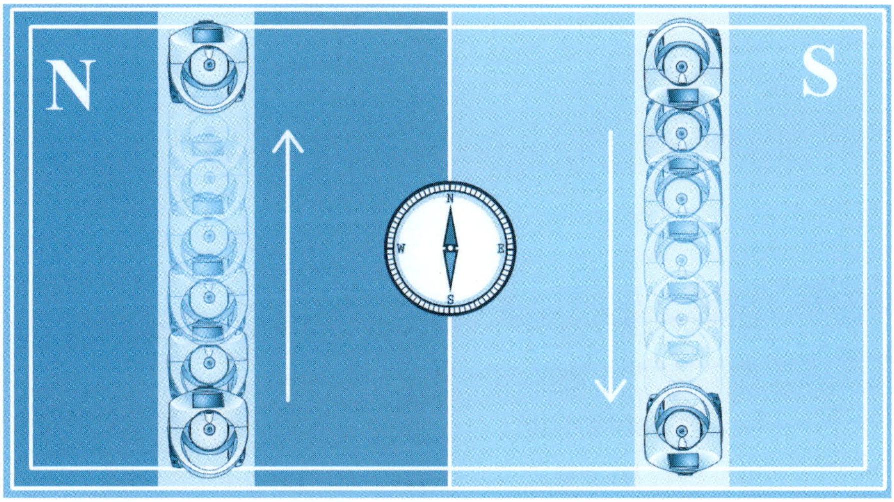

11-2 실습 목표

전자나침반의 동작원리와 로봇이 어떤 목적으로 사용되는지 알아보자.

11-3 순서도 작성

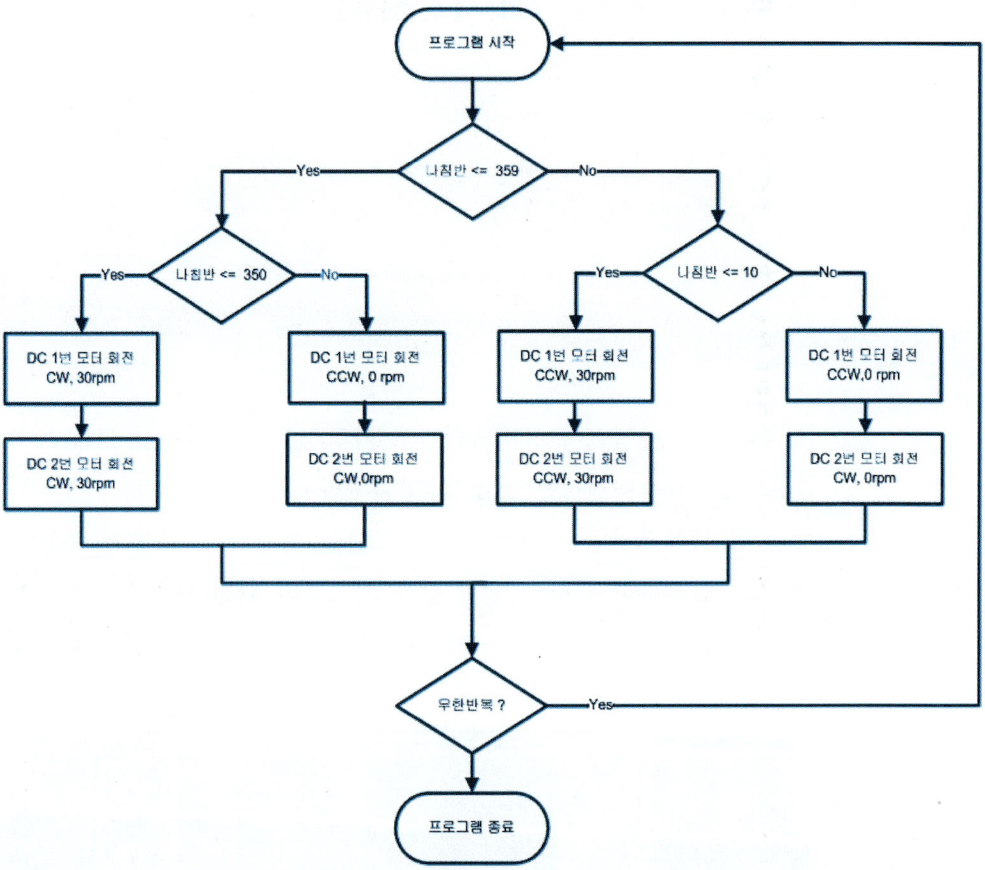

11-4 실습 준비

메인제어 모듈(ED7271-15)	1EA
전자나침반 모듈(ED7271-5)	1EA
DC 모터(ED7271-10)	2EA
양방향 구동 모듈	1EA
타이밍벨트	2EA

USB 케이블 A 〈-〉 B 1EA
10P Plat 케이블 1EA
16P Plat 케이블 2EA
AC220V 전원선 1EA

11-5 장비 결선

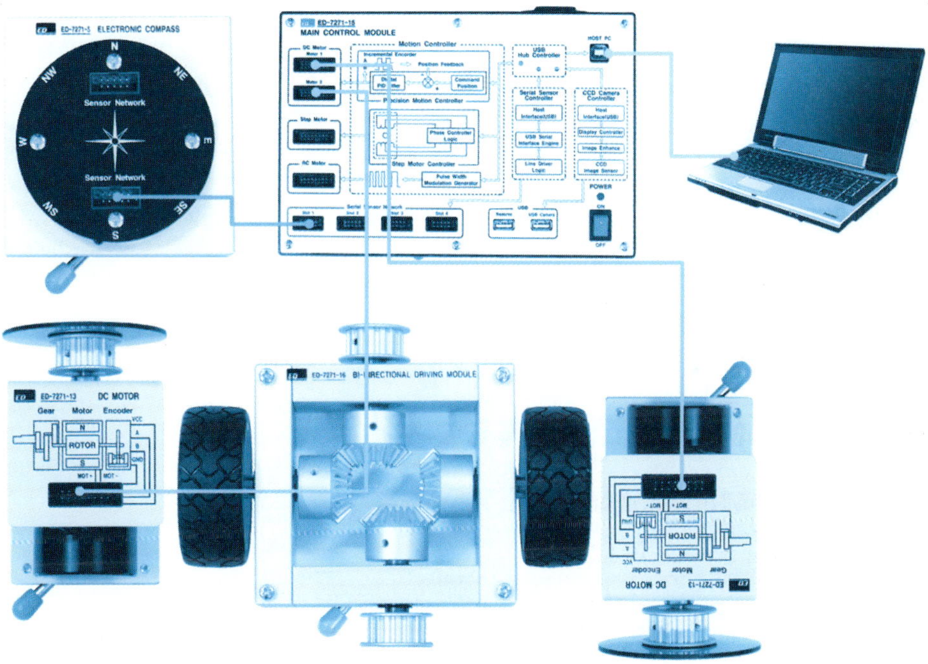

11-6 프로그램 작성

로봇이 정북으로 진행하기 위해서는 나침반의 각도가 335~25°사이일 때 직진을 수행하고 335° 이하의 각도에서는 로봇이 좌회전을 수행하여 0°의 각도를 맞추고 25° 이상일 때는 우회전을 수행하여 나침반과의 각도를 0°로 맞추어 진행하는 프로그램을 작성한다.

1) IRES를 이용한 프로그램 작성

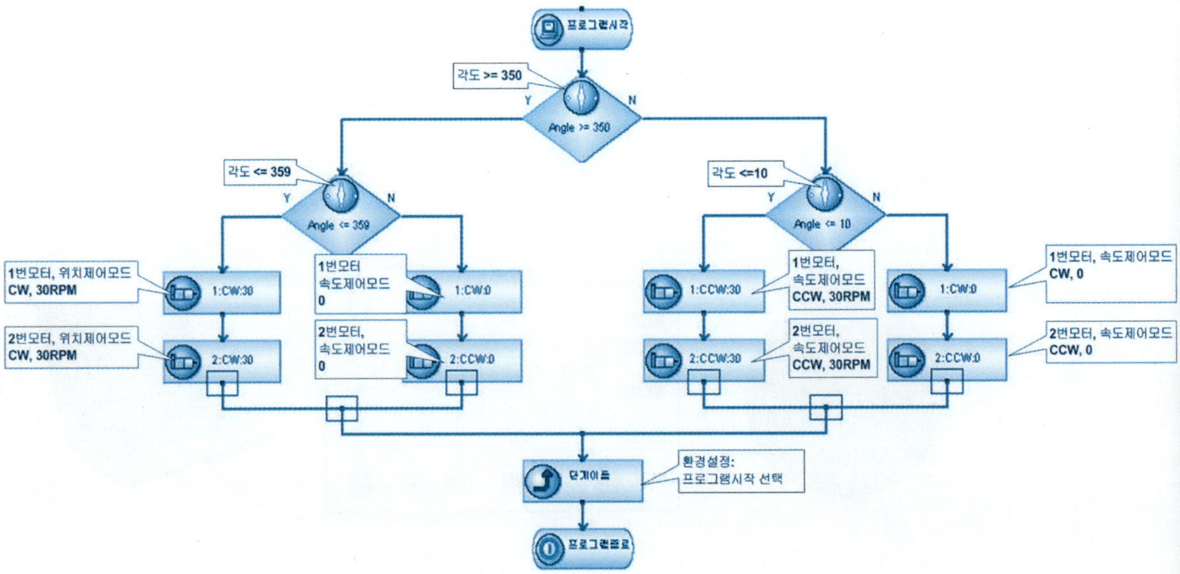

2) MFC를 이용한 프로그램 작성

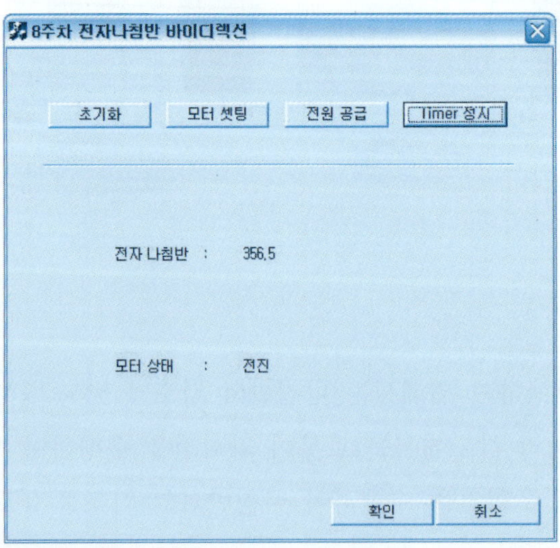

〔그림 11-1〕 실습 목표

(1) 프로젝트 생성, 기본 버튼 / 함수 작성

지난 실습들과 동일하게 작성한다.

(2) 전자나침반, 바이디렉션 제어 함수 작성

다음 그림들을 참조하여 작성한다.

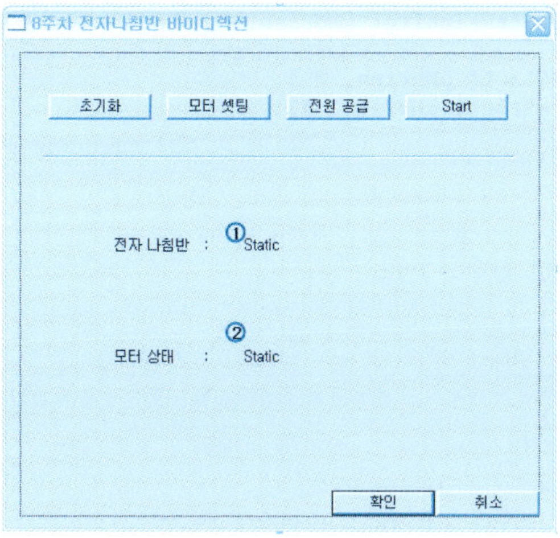

〔그림 11-2〕 Dialog 구성

〈표 11-1〉 ID, 변수 형, 변수 명

번 호	ID	변수 형	변수 명
1	IDC_COMPASS	CString	m_strCompass
2	IDC_STATE	CString	m_strState

```
void CMy8Dlg::GetElectronicCompass()
{
    fCompass = 0;

    SSN_GetElectronicCompass( pSensor, fCompass );
    m_strCompass.Format( "%4.1f", fCompass );

    UpdateData(FALSE);
}
```

〔그림 11-3〕 전자나침반 함수

```
void CMy8Dlg::DCForward()
{
    UpdateData(TRUE);

    DCServo01_SetAbsoluteVelocity( pMotion, 1, dbVelocity );
    DCServo01_SetAbsoluteVelocity( pMotion, 2, dbVelocity );

    DCServo01_ForwardStart( pMotion, 2 );
    DCServo01_BackwardStart( pMotion, 1);
}
```

〔그림 11-4〕 DC 모터 제어 함수 - 1

```
void CMy8Dlg::DCStop()
{
    UpdateData(TRUE);

    DCServo01_StopSmoothly( pMotion, 1 );
    DCServo01_StopSmoothly( pMotion, 2 );
}

void CMy8Dlg::DCRight()
{
    UpdateData(TRUE);

    DCServo01_SetAbsoluteVelocity( pMotion, 1, dbVelocity );
    DCServo01_SetAbsoluteVelocity( pMotion, 2, dbVelocity );

    DCServo01_ForwardStart( pMotion, 2 );
    DCServo01_ForwardStart( pMotion, 1);
}

void CMy8Dlg::DCLeft()
{
    UpdateData(TRUE);

    DCServo01_SetAbsoluteVelocity( pMotion, 1, dbVelocity );
    DCServo01_SetAbsoluteVelocity( pMotion, 2, dbVelocity );

    DCServo01_BackwardStart( pMotion, 2 );
    DCServo01_BackwardStart( pMotion, 1);
}
```

〔그림 11-5〕 DC 모터 제어 함수 - 2

```
void CMy8Dlg::BiDirection()
{
    GetElectronicCompass();

    if ( 5 < fCompass && fCompass < 355 )
    {
        if ( 180 < fCompass )
        {
            dbVelocity = 10;

            DCRight();
            m_strState.Format( "우회전" );
        }
        else
        {
            dbVelocity = 10;

            DCLeft();
            m_strState.Format( "좌회전" );
        }
    }
    else
    {
        dbVelocity = 50;
        DCForward();
        m_strState.Format( "전진" );
    }
}
```

〔그림 11-6〕 바이디렉션 제어 함수

```
    MOTION_SESSION pMotion;
    SSN_SESSION pSensor;

    BOOL bTimerFlag;            // Timerflag 선언

    float fCompass;
    double dbVelocity;
```

〔그림 11-7〕 Header 파일에 변수 선언

```
    float fCompass;
    double dbVelocity;

    void GetElectronicCompass();
    void DCForward();
    void DCStop();
    void DCRight();
    void DCLeft();
    void BiDirection();

// Dialog Data
    //{{AFX_DATA(CMy8Dlg)
```

〔그림 11-8〕 Header 파일에 함수 선언

(3) OnTimer() 함수 작성

지난 실습들과 동일한 방법으로 OnTimer() 함수를 생성한 후, Bidirection() 함수를 포함시키고, DCStop() 함수를 적절한 위치에 추가한다.

```
void CMy8Dlg::OnBtTimer()
{
    if( bTimerFlag == FALSE )
    {
        bTimerFlag = TRUE;
        SetTimer( 0, 100, NULL );          // Timer() 함수 시작
        SetDlgItemText( IDC_BT_TIMER, "Timer 정지" );   // 버튼에 표시될 Text
    }
    else
    {
        bTimerFlag = FALSE;
        DCStop();
        KillTimer(0);                       // Timer() 함수 정지
        SetDlgItemText( IDC_BT_TIMER, "TImer 실행" );   // 버튼에 표시될 Text
    }
}

void CMy8Dlg::OnTimer(UINT nIDEvent)
{
    BiDirection();

    CDialog::OnTimer(nIDEvent);
}
```

〔그림 11-9〕 OnTimer() 함수

11-7 동작 확인 및 결과

전자나침반은 지자계를 측정한다고 앞에서 설명한바 있다.

지자계는 약한 자계를 띄기 때문에 약한 자석에도 쉽게 측정 오차를 내는 것을 볼 수 있다.

로봇 내부에 이 센서를 적용할 때 어떤 문제점이 발생하는지 생각해보자.

1) 동작 확인

① 나침반이 북쪽에서 ±5°의 오차 범위 내를 가리킬 경우(355°보다 같거나 클 때 또는 5°보다 작을 때) 1번 2번 모터가 역방향으로 60rpm으로 회전하여야 로봇은 직진할 수 있다.

② ①의 경우 외에 나침반이 180°보다 큰 값을 가리키면 로봇이 오른쪽으로 회

전하게 한다.

③ ①, ②의 경우 외에 나침반이 180°보다 작은 값을 가리키면 로봇이 왼쪽으로 회전하게 한다. 회전할 때는 1번 2번 모터가 각각 반대 방향으로 10rpm의 느린 속도로 움직인다.

2) 결 과

센서의 오차와 DC모터의 동작을 고려하여 정확하게 북쪽을 향하게 하지 않고 북쪽(0°)에서 ±5°의 오차 범위를 주었다.

지자계의 센서의 특성상 자계의 영향에 의하여 데이터의 오차가 발생하는 것을 확인할 수 있다.

전자나침반을 로봇에 적용하는 경우에는 로봇에 취부하는 위치를 정확한 선정하고, 테스트 후 결정하여야 한다.

11-8 심화학습

- DC모터를 사용하고, 기울기의 단계를 7단계 이상으로 세분화하여 DC모터의 가·감속에 대한 반응이 더욱 부드럽게 되도록 프로그램 하시오.
- x축과 y축의 값이 모두 양수일 때 로봇이 직진, x축이 음수, y축이 양수일 때 로봇은 좌회전, x축이 양수, y축이 음수일 때 로봇은 우회전, x축과 y축이 모두 음수이면 로봇이 후진하는 프로그램을 작성하시오.

제12장
초음파 센서 모듈을 이용한 DC 모터 이동거리 제어 실습

12-1 실습 과제

초음파 센서로 장애물과의 거리가 5cm 이내로 측정이 되면 10cm 후진하여 오른쪽 방향으로 직진하는 프로그램을 작성한다.

12-2 실습 목표

초음파 센서의 특성을 파악하고, 지능형 로봇의 가장 기본적인 장애물 회피 알고리즘을 이해한다.

12-3 순서도 작성

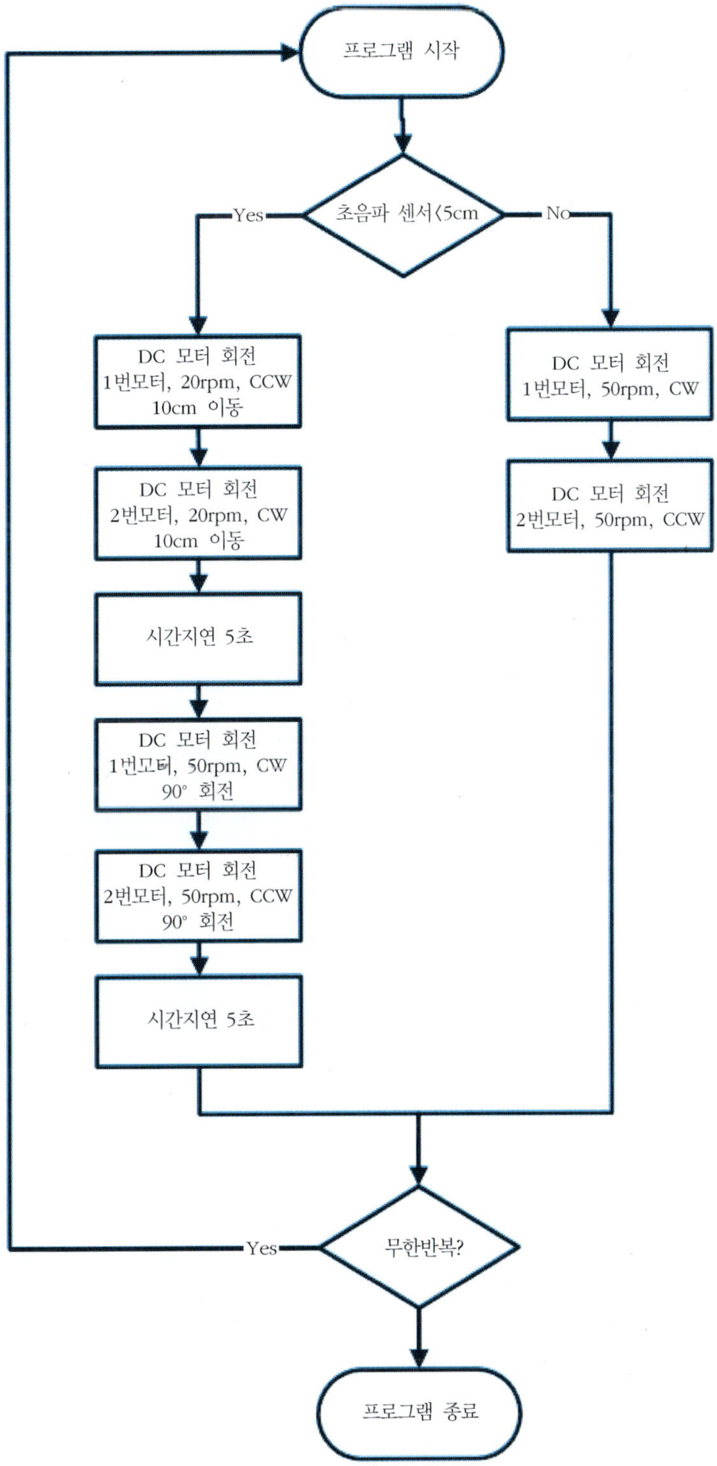
프로그램 시작
초음파 센서<5cm
Yes
No
DC 모터 회전
1번모터, 20rpm, CCW
10cm 이동
DC 모터 회전
2번모터, 20rpm, CW
10cm 이동
시간지연 5초
DC 모터 회전
1번모터, 50rpm, CW
90° 회전
DC 모터 회전
2번모터, 50rpm, CCW
90° 회전
시간지연 5초
DC 모터 회전
1번모터, 50rpm, CW
DC 모터 회전
2번모터, 50rpm, CCW
무한반복?
Yes
프로그램 종료

12-4 실습 준비

메인제어 모듈(ED7271-15)	1EA
초음파 센서(ED7271-4)	1EA
슬라이드 모듈(ED7271-11)	1EA
DC 모터(ED7271-13)	2EA
양방향 구동 모듈	1EA
타이밍벨트	2EA
USB 케이블 A 〈-〉 B	1EA
10P Plat 케이블	1EA
16P Plat 케이블	2EA
AC220V 전원선	1EA

12-5 장비 결선

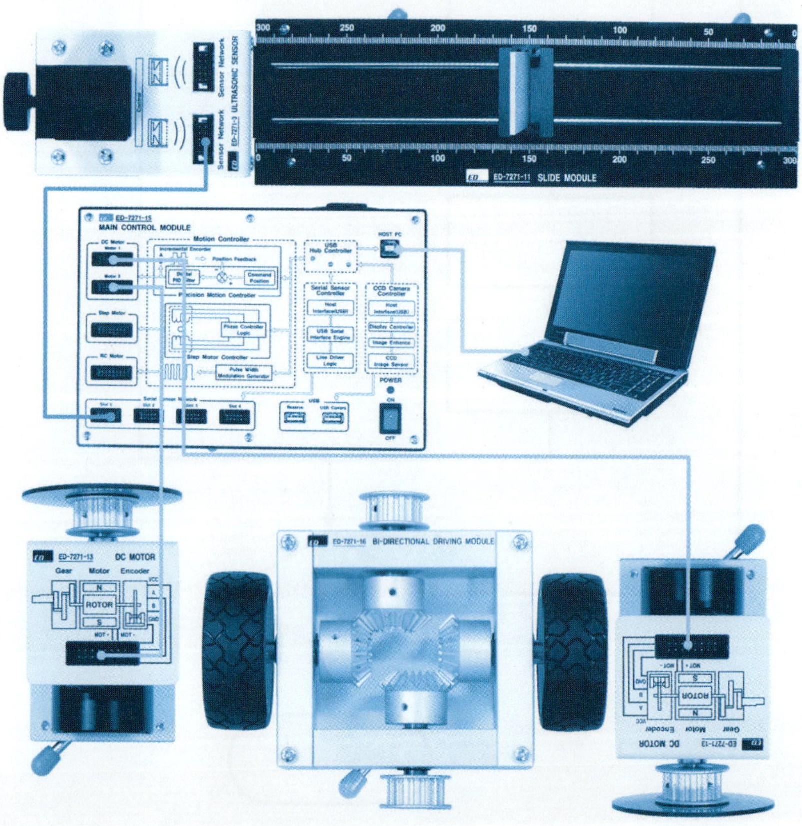

12-6 프로그램 작성

1) IRES를 이용한 프로그램 작성

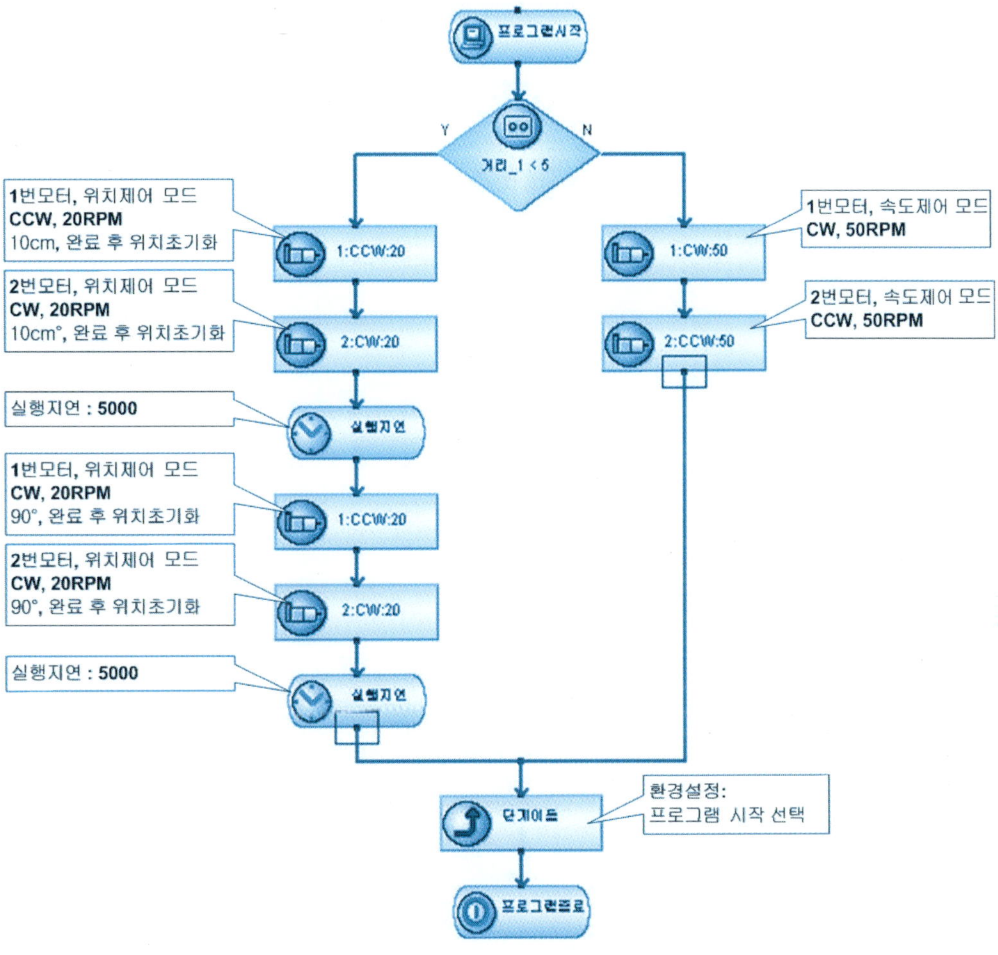

2) MFC를 이용한 프로그램 작성

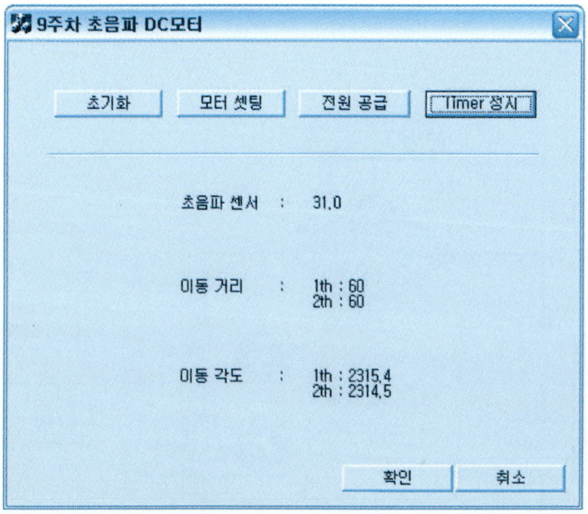

〔그림 12-1〕 실습 목표

(1) 프로젝트 생성, 기본 버튼 / 함수 작성

지난 실습들과 동일하게 작성한다.

(2) 초음파 데이터 획득, DC 모터 제어 함수 작성

초음파 데이터의 획득은 5주차 실습과 동일하게 작성하고, 장애물 회피를 위한 DC 모터 제어를 위하여 DC 모터의 이동 거리와 이동 각도를 이용하도록 한다.

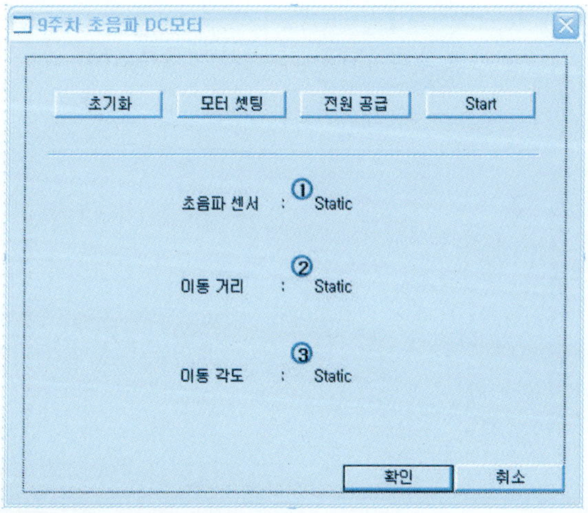

〔그림 12-2〕 Dialog 구성

〈표 12-1〉 ID, 변수 형, 변수 명

번 호	ID	변수 형	변수 명
1	IDC_ULTRASENSOR	CString	m_strUltrasensor
2	IDC_DISTANCE	CString	m_strDistance
3	IDC_DEGREE	CString	m_strDegree

```
void CMy9DCDlg::GetUtrasonic()
{
    SSN_GetUtrasonic( pSensor, fUltrasensor );

    m_strUltrasensor.Format( "%4.1f", fUltrasensor[0] );
    UpdateData(FALSE);
}
```

〔그림 12-3〕 초음파 데이터 획득 함수

```
void CMy9DCDlg::OnBtInit()
{
    pMotion = NULL;
    pSensor = NULL;

    nSelectSensor[0] = 1;

    bTimerFlag = FALSE;          // Flag 초기값 설정

    if ( DCServo01_Initialize( m_hWnd, &pMotion ) != EDROBOT_API_OK )
        ::MessageBox( NULL, "모션보드 초기화 실패", "Error", MB_OK );

    if ( SSN_Initialize( &pSensor, FALSE ) != EDROBOT_API_OK )
        ::MessageBox( NULL, "센서 초기화 실패", "Error", MB_OK );

    SSN_SetUtrasonic( pSensor, nSelectSensor, 1 );

    DCServo01_DefineHome( pMotion, 1 );      // 초기화시 1번 모터 정보 초기화
    DCServo01_DefineHome( pMotion, 2 );      // 초기화시 2번 모터 정보 초기화
}
```

〔그림 12-4〕 초기화 함수에 코드 추가

```
void CMy9DCDlg::DCForward()
{
    UpdateData(TRUE);

    DCServo01_SetAbsoluteVelocity( pMotion, 1, dbVelocity );
    DCServo01_SetAbsoluteVelocity( pMotion, 2, dbVelocity );

    DCServo01_ForwardStart( pMotion, 2 );
    DCServo01_BackwardStart( pMotion, 1 );
}
```

〔그림 12-5〕 DC 모터 제어 함수 - 1

```
void CMy9DCDlg::DCBackward()
{
    UpdateData(TRUE);

    DCServo01_SetAbsoluteVelocity( pMotion, 1, dbVelocity );
    DCServo01_SetAbsoluteVelocity( pMotion, 2, dbVelocity );

    DCServo01_ForwardStart( pMotion, 1 );
    DCServo01_BackwardStart( pMotion, 2 );
}

void CMy9DCDlg::DCStop()
{
    UpdateData(TRUE);

    DCServo01_StopSmoothly( pMotion, 1 );
    DCServo01_StopSmoothly( pMotion, 2 );
}

void CMy9DCDlg::DCRight()
{
    UpdateData(TRUE);

    DCServo01_SetAbsoluteVelocity( pMotion, 1, dbVelocity );
    DCServo01_SetAbsoluteVelocity( pMotion, 2, dbVelocity );

    DCServo01_ForwardStart( pMotion, 1 );
    DCServo01_ForwardStart( pMotion, 2 );
}
```

〔그림 12-6〕 DC 모터 제어 함수 - 2

```
void CMy9DCDlg::ReadCantimeter()
{
    DCServo01_ReadCantimeter( pMotion, 1, Centi1 );
    DCServo01_ReadCantimeter( pMotion, 2, Centi2 );
    m_strDistance.Format( "1th : %d ₩r₩n2th : %d", -Centi1, Centi2 );
    UpdateData(FALSE);
}

void CMy9DCDlg::ReadDegree()
{
    DCServo01_ReadDegree( pMotion, 1, dbDegree1 );
    DCServo01_ReadDegree( pMotion, 2, dbDegree2 );
    m_strDegree.Format( "1th : %4.1f ₩r₩n2th : %4.1f", -dbDegree1, dbDegree2 );
    UpdateData(FALSE);
}
```

〔그림 12-7〕 DC 모터 상태 값(이동 거리, 이동 각도) 읽기 함수

(3) 초음파 센서 값과 DC 모터 상태 값을 이용한 제어 함수

초음파 값 획득 후, DC 모터를 제어하여 10cm 후진, 90° 회전을 위해서는 각각의 동작을 순차적으로 제어할 수 있어야 한다.

이를 위한 방법으로 여러 개의 Timer를 사용할 수도 있으나, 본 교재에서는

'flag'를 사용하도록 하겠다. 다음 그림들을 참고하여 작성한다.

```
void CMy9DCDlg::OnRtInit()
{
    pMotion = NULL;
    pSensor = NULL;

    nSelectSensor[0] = 1;

    bTimerFlag = FALSE;           // flag 초기값 설정
    bAvoidBackflag = FALSE;
    bAvoidTurnflag = FALSE;
    dbVelocity = 0;

    if ( DCServo01_Initialize( m_hWnd, &pMotion ) != ED
        ::MessageBox( NULL, "모션보드 초기화 실패", "Er
```

〔그림 12-8〕 flag 추가

```
void CMy9DCDlg::ObstacleDetect()            // 장애물 확인 함수
{
    if ( bAvoidBackflag == FALSE && bAvoidTurnflag == FALSE )
    {
        if ( fUltrasensor[0] < 5 )          // 장애물과의 거리가 5보다 작을때
        {
            bAvoidBackflag = TRUE;          // 후진을 위한 함수의 flag값 set
            temp = -Centi1;                 // 현재 이동한 거리 값 저장
        }
        else
        {
            bAvoidBackflag = FALSE;
            bAvoidTurnflag = FALSE;
            dbVelocity = 40;
            DCForward();
        }
    }
    else if ( bAvoidBackflag == TRUE )
    {
        ObstacleAvoidBack();                // 후진 함수 호출
    }
    else if ( bAvoidTurnflag == TRUE )
    {
        ObstacleAvoidTurn();                // 회전 함수 호출
    }
}
```

〔그림 12-9〕 장애물 확인 함수

12장

```
void CMy9DCDlg::ObstacleAvoidBack()          // 10cm 후진 함수
{
    if ( bAvoidBackflag == TRUE )
    {
        dbVelocity = 10;
        DCBackward();

        if ( -Centi1 < temp-9 )              // 10cm 후진하였을 때
        {
            bAvoidBackflag = FALSE;          // 후진한 후 falg 값 초기화
            bAvoidTurnflag = TRUE;           // 회전을 위한 flag 값 set
            DCStop();
            temp = (int)-dbDegree2;          // 현재 이동한 각도 값 저장
            ObstacleAvoidTurn();
        }
    }
}
void CMy9DCDlg::ObstacleAvoidTurn()          // 90도 오른쪽 방향 회전 함수
{
    if ( bAvoidTurnflag == TRUE )
    {
        dbVelocity = 20;
        DCRight();

        if ( -dbDegree2 < temp-179 )         // 오른쪽 방향을 약 90도 회전하였을 때
        {
            DCStop();
            bAvoidTurnflag = FALSE;          // 회전후 flag 값 초기화
        }
    }
}
```

〔그림 12-10〕 10cm 후진, 90° 오른쪽 방향 회전 함수

```
    CMy9DCDlg(CWnd* pParent = NULL);    // standard const

    MOTION_SESSION pMotion;
    SSN_SESSION pSensor;

    BOOL bTimerFlag, bAvoidBackflag, bAvoidTurnflag;

    int Centi1, Centi2, temp;
    double dbVelocity, dbDegree1, dbDegree2;

    unsigned char nSelectSensor[1];     // 사용할 적외선,
    float fUltrasensor[1];
```

〔그림 12-11〕 Header 파일에 변수 선언

```
    unsigned char nSelectSensor[1]
    float fUltrasensor[1];

    void GetUtrasonic();
    void DCForward();
    void DCBackward();
    void DCStop();
    void DCRight();
    void ReadCantimeter();
    void ObstacleDetect();
    void ObstacleAvoidBack();
    void ObstacleAvoidTurn();
    void ReadDegree();


// Dialog Data
```

〔그림 12-12〕 Header 파일에 함수 선언

(4) OnTimer() 함수

```
void CMy9DCDlg::OnBtTimer()
{
    if( bTimerFlag == FALSE )
    {
        bTimerFlag = TRUE;
        SetTimer( 0, 100, NULL );
        SetTimer( 1, 100, NULL );
        SetDlgItemText( IDC_BT_TIMER, "Timer 정지" );
    }
    else
    {
        bTimerFlag = FALSE;
        DCStop();
        KillTimer(0);
        KillTimer(1);
        SetDlgItemText( IDC_BT_TIMER, "TImer 실행" );
    }
}

void CMy9DCDlg::OnTimer(UINT nIDEvent)
{
    if ( nIDEvent == 0 )
        ObstacleDetect();

    if ( nIDEvent == 1 )
    {
        GetUtrasonic();
        ReadCantimeter();
        ReadDegree();
    }
    CDialog::OnTimer(nIDEvent);
}
```

〔그림 12-13〕 OnTimer() 함수

12-7 동작 확인 및 결과

작성한 프로그램이 올바르게 동작하는지 알아보자.

1) 동작 확인

거리에 따라 초음파 센서의 출력 값이 똑바로 출력되는지 확인해 본다.

제공된 슬라이드 모듈의 아크릴 조각 이외에 다른 장애물로 초음파 센서의 출력 값을 확인해본다. 초음파 센서의 특성을 다시 한 번 생각하면서, 어떤 형태의 장애물은 초음파 센서로 측정이 불가능한지 생각해보자.

2) 결과 및 토의

초음파의 거리 체크를 아크릴 조각을 사용하여 변화를 주어 보았지만 데이터의 변화는 없었다.

초음파의 데이터는 음파를 이용하기 때문에 매질의 차이에 의하여 데이터의 차이가 발생하는 것을 확인할 수 있었다.

초음파의 장점의 경우에는 원거리에서 데이터를 취득할 수 있다는 것을 확인할 수 있다.

초음파의 특성상 센서에서 음파를 발산하는 것을 확인할 수 있다.

초음파를 취부하기 위해서는 초음파의 센서가 케이스 및 수신부와 떨어져 있어야 하는 것을 확인할 수 있다.

12-8 심화학습

- 전자 나침반을 이용한 바이디렉션 모듈제어가 실생활에 적용될 수 있는 사례를 생각해보시오.

제13장

적외선 센서와 스텝 모터 방향 제어 실습

13-1 실습 과제

적외선 센서를 이용해 스텝 모터의 회전 방향을 제어한다.

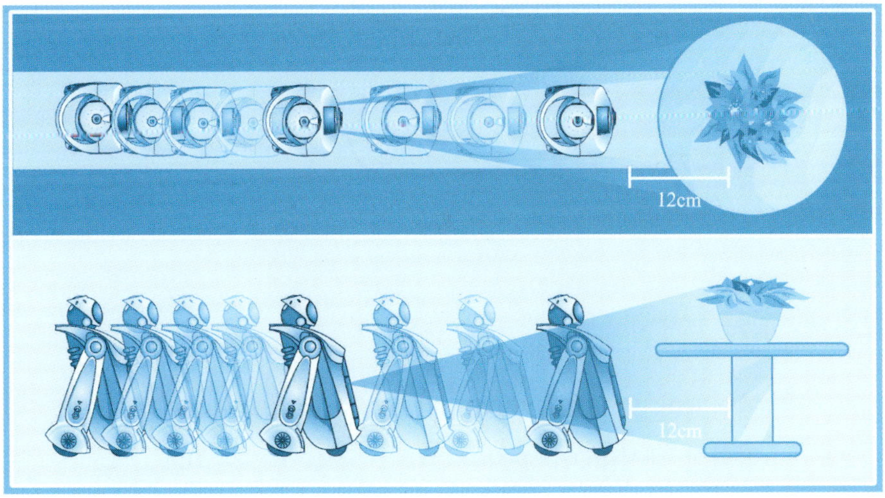

13-2 실습 목표

PSD를 이용한 적외선 센서의 원리 및 특징을 파악하고, 로봇에 어떤 용도로 적용되고 있는지 알아본다.

13-3 순서도 작성

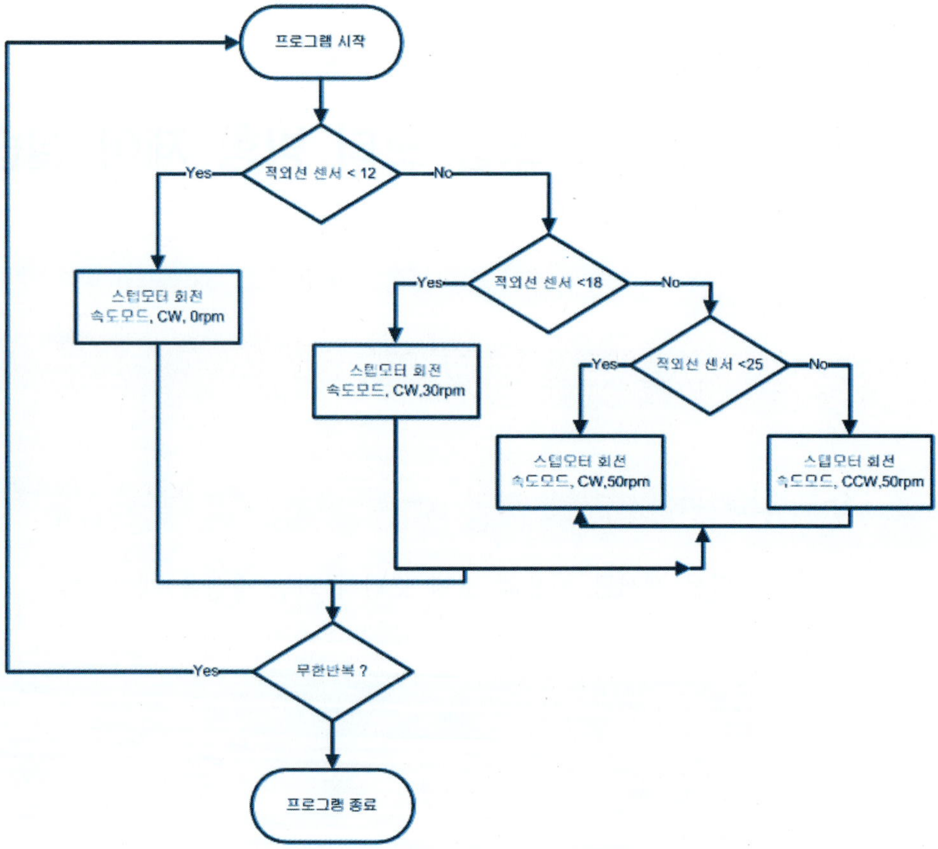

13-4 실습 준비

메인제어 모듈(ED7271-15)	1EA
적외선 센서(ED7271-3)	1EA
슬라이드 모듈(ED7271-11)	1EA
스텝 모터(ED7271-13)	1EA
USB 케이블 A 〈-〉 B	1EA
10P Plat 케이블	1EA
16P Plat 케이블	2EA
AC220V 전원선	1EA

13-5 장비 결선

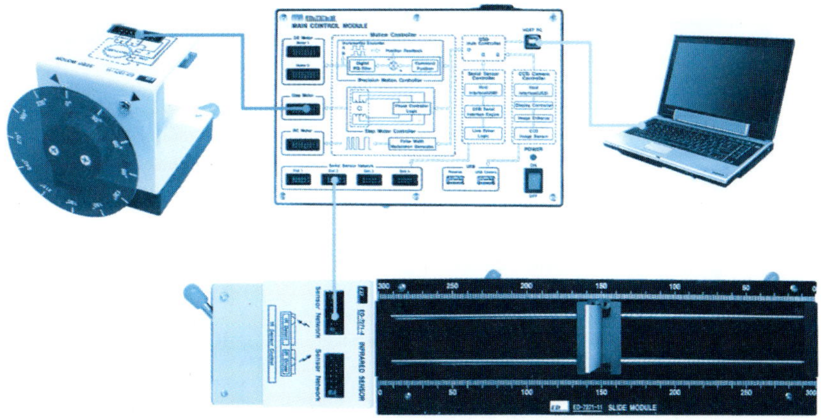

13-6 프로그램

적외선 센서로 장애물을 감지하는 로봇이 장애물과의 거리가 가까워짐에 따라 속도를 낮추고 12cm 이하로 감지가 되면 로봇을 정지하는 프로그램을 작성한다.

1) IRES를 이용한 프로그램 작성

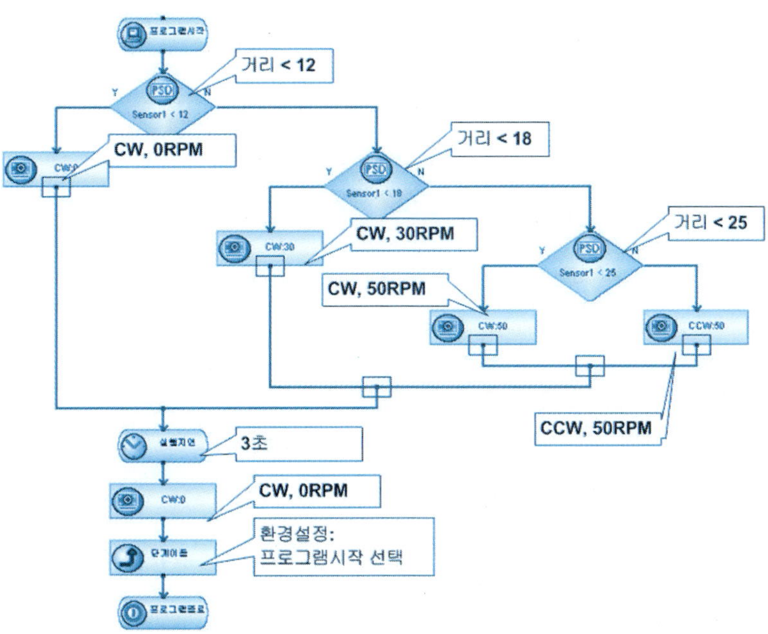

2) MFC를 이용한 프로그램 작성

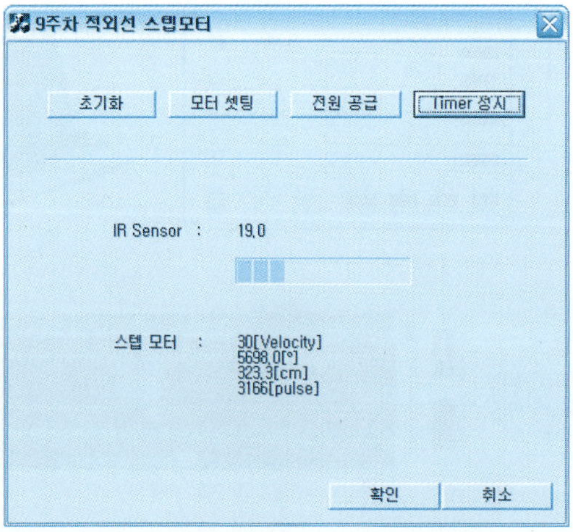

〔그림 13-1〕 실습 목표

(1) 프로젝트 생성, 기본 버튼 / 함수 작성

지난 실습들과 동일하게 작성한다.

※ 모터 세팅 제외 가능

(2) 적외선 데이터 획득, 스텝 모터 제어 함수 작성

다음 그림들을 참조하여 작성한다.

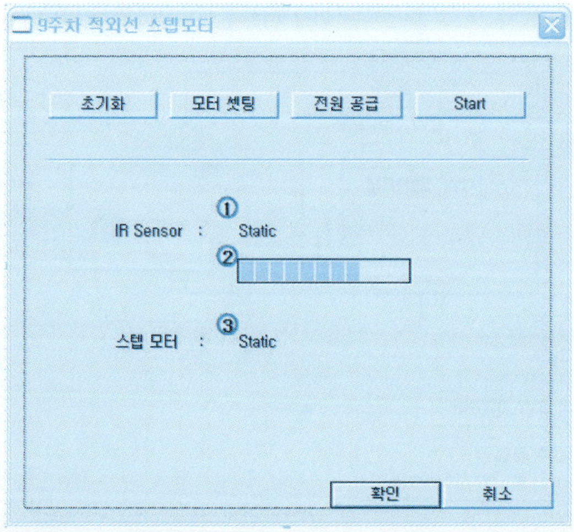

〔그림 13-2〕 Dialog 구성

〈표 13-1〉 ID, 변수 형, 변수 명

번 호	ID	변수 형	변수 명
1	IDC_IRSENSOR	CString	m_strIRsensor
2	IDC_IRPROGRESS	CProgressCtrl	m_ctrlProgress
3	IDC_STEPMOTOR	CString	m_strStepmotor

```
void CMy9Dlg::GetIRDistance()
{
    SSN_GetIRDistance( pSensor, fIRSensor );

    m_strIRsensor.Format( "%4.1f", fIRSensor[0] );
    m_ctrlProgress.SetRange(0, 80);
    m_ctrlProgress.SetPos((int) fIRSensor[0] );

    UpdateData(FALSE);
}
```

〔그림 13-3〕 적외선 센서 데이터 획득 함수

```
void CMy9Dlg::OnBtInit()
{
    pMotion = NULL;
    pSensor = NULL;

    nSelectSensor[0] = 1;

    bTimerFlag = FALSE;          // flag 초기값 설정

    if ( DCServo01_Initialize( m_hWnd, &pMotion ) != EDROBOT_API_OK )
        ::MessageBox( NULL, "모션보드 초기화 실패", "Error", MB_OK );

    if ( SSN_Initialize( &pSensor, FALSE ) != EDROBOT_API_OK )
        ::MessageBox( NULL, "센서 초기화 실패", "Error", MB_OK );

    SSN_SetIRDistance( pSensor, nSelectSensor, 1 );
}
```

〔그림 13-4〕 초기화 함수에 코드 추가

```
void CMy9Dlg::StepMove()
{
    UpdateData(TRUE);

    dwPulse = 100000;

    STEP_SetVelocity( pMotion, dwStepVel );
    STEP_AbsoultePulseStart( pMotion, DIR_CW, dwPulse );
}

void CMy9Dlg::StepStop()
{
    UpdateData(TRUE);
    STEP_Stop( pMotion );
}

void CMy9Dlg::GetStepStatus()
{
    unsigned char StepDir;
    DWORD dwReadPulse;
    double dwDegree, dwDistance;

    STEP_ReadState( pMotion, StepDir, dwReadPulse, dwDegree, dwDistance );

    m_strStepmotor.Format("%d[Velocity]₩r₩n%4.1f[° ]₩r₩n%4.1f[cm]₩r₩n%4d[pulse]",
                          dwStepVel,    dwDegree,  dwDistance, dwReadPulse);

    UpdateData(FALSE);
}
```

〔그림 13-5〕 스텝 모터 제어 / 상태 값 읽기 함수

```
void CMy9Dlg::ObstacleDetect()
{
    GetIRDistance();
    GetStepStatus();

    if ( fIRSensor[0] < 25 )
        {
            if ( fIRSensor[0] >= 12 )
            {
                dwStepVel = 30;
                StepMove();
            }
            else if ( fIRSensor[0] < 12 )
            {
                StepStop();
            }
        }
        else
        {
            dwStepVel = 50;
            StepMove();
        }
}
```

〔그림 13-6〕 장애물 확인 함수

```
void CMy9Dlg::OnBtTimer()
{
    if( bTimerFlag == FALSE )
    {
        bTimerFlag = TRUE;
        STEP_DefineHome( pMotion );
        SetTimer( 0, 100, NULL );                      // Timer 0번 시작
        SetDlgItemText( IDC_BT_TIMER, "Timer 정지" );  // 버튼에 표시될 Text
    }
    else
    {
        bTimerFlag = FALSE;
        StepStop();
        KillTimer(0);                                  // Timer() 함수 정지
        SetDlgItemText( IDC_BT_TIMER, "TImer 실행" );  // 버튼에 표시될 Text
    }
}

void CMy9Dlg::OnTimer(UINT nIDEvent)
{
    ObstacleDetect();

    CDialog::OnTimer(nIDEvent);
}
```

〔그림 13-7〕 OnTimer() 함수

```
MOTION_SESSION pMotion;
SSN_SESSION pSensor;

BOOL bTimerFlag;                    // Timerflag 선언

DWORD dwPulse, dwStepVel;
unsigned char nSelectSensor[1];     // 사용할 적외선, 초음파 센서 각각의 개수
float fIRSensor[1];
```

〔그림 13-8〕 Header 파일에 변수 선언

```
    unsigned char nSelectSensor
    float fIRSensor[1];

    void GetIRDistance();
    void StepMove();
    void StepStop();
    void GetStepStatus();
    void ObstacleDetect();

// Dialog Data
    //{{AFX_DATA(CMy9Dlg)
```

〔그림 13-9〕 Header 파일에 함수 선언

13-7 동작 확인 및 결과

1) 동작 확인

작성한 프로그램을 실행해보고 장애물과 거리가 10cm 이하의 영역에서는 센서의 측정 거리가 10cm 이상의 값이 출력되는 것을 알 수 있다.

장애물이 12cm 이하에 발견이 되면 스텝 모터가 정지하는 것을 확인할 수 있었다.

장애물이 12cm 이상의 경우에는 스텝 모터가 프로그램된 속도로 이동되는 것을 확인할 수 있었다.

2) 결 과

지능형 로봇 실습실험 장치에 적용된 적외선 거리감지 센서의 특성이 최소 10cm부터 최대 80cm의 거리 측정이 가능한 것을 확인할 수 있었다.

적외선 거리감지 방법이 기존의 방법과 틀린, 송신 IR과 수신 IR간의 수신 각도를 이용하여 거리를 측정하는 방법인 PSD의 원리를 확인할 수 있었다.

적외선 센서의 특성상 매질의 색상에 따른 거리 오차가 있는 것에 대하여 확인 할 수 있었다.

적외선 거리감지 센서는 초음파 센서보다 오차는 적지만 원거리의 측정이 불가능한 것을 확인할 수 있다.

13-8 심화학습

- 적외선 센서를 추가하여 일정 거리 이하의 값을 획득하였을 경우, 광원 모듈을 사용, LED 점등을 통하여 상대방에게 경고할 수 있도록 프로그램을 작성하시오. (빛의 밝기를 단계적으로 증가 후 감소)

제14장
미로 통과 로봇 제어 실습

14-1 실습 내용

다음과 같은 미로가 있다고 가정하자.

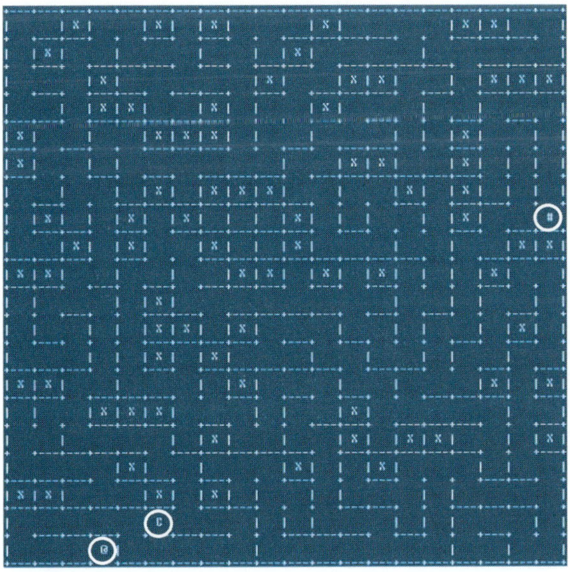

여기서 C는 이번에 만들 로봇, X는 장애물, @는 시작 위치, #는 목표 위치, —와 |는 벽이라 하자. 미로를 구성하는 조그만 정사각형의 각 변의 길이를 15cm이라고 하자.

우리는 로봇이 시작 위치에서 목표 위치까지 이동하게 만들고 싶다. 미로를 통과하는 가장 간단한 방법은 '벽을 따라 가기'이다. 즉, 왼쪽이나 오른쪽의 벽을 선택하여, 벽에 손을 대고 이동을 하기만 하면 언젠가는 미로를 통과한다는 것이다. 이번 예제는 로봇을 조립하지는 않고 초음파 센서(로봇의 왼쪽을 감지)와 적외선 센서(로봇의 앞쪽을 감지)가 Bi- directional Driving Module 위에 있다고 가정하고 왼쪽 벽을 따라 이동하는 로봇을 구현할 것이다.

14-2 실습 목표

본 프로그램에서는 센서를 통해 측정한 거리 값에 따른 DC 모터 제어를 앞서 설명한 방식과 같이 구현하는 방법에 대하여 확인하여 보며, 벽을 감지하는 경우, 각 상황에 따라 로봇은 정확히 우회전, 좌회전 그리고 정면으로 주행하여야 한다.

14-3 실습 준비

메인제어 모듈(ED7271-15)	1EA
DC 모터(ED7271-10)	2EA
초전 센서(ED7271-7)	1EA
초음파 센서(ED7271-3)	1EA
적외선 센서(ED7271-4)	1EA
양방향 구동 모듈	1EA
타이밍벨트	2EA
USB 케이블 A 〈-〉 B	1EA
10P Plat 케이블	1EA
16P Plat 케이블	2EA
AC220V 전원선	1EA

14-4 장비 결선

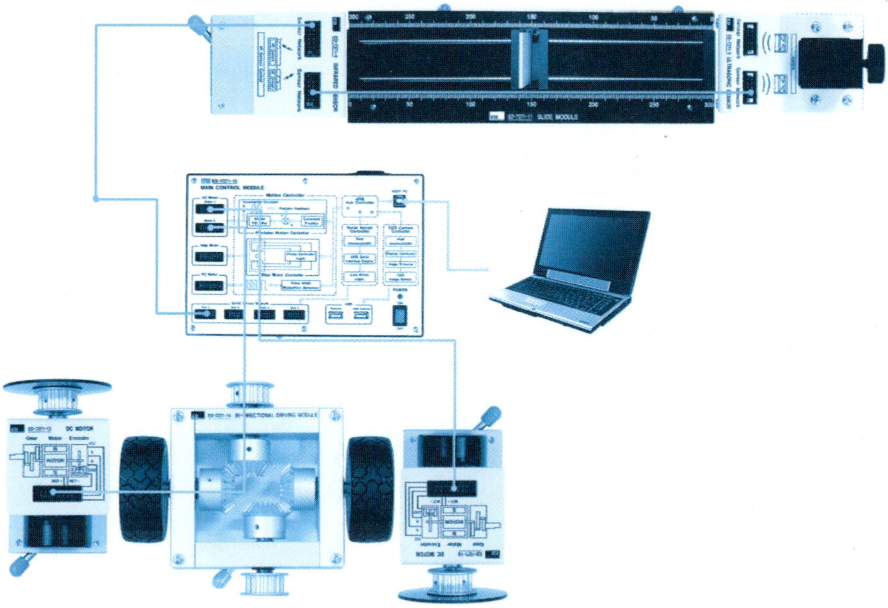
MAIN CONTROL MODULE
Motion Controller
POWER
SLIDE MODULE
DC MOTOR

14-5 프로그램

1) IRES를 이용한 프로그램 작성

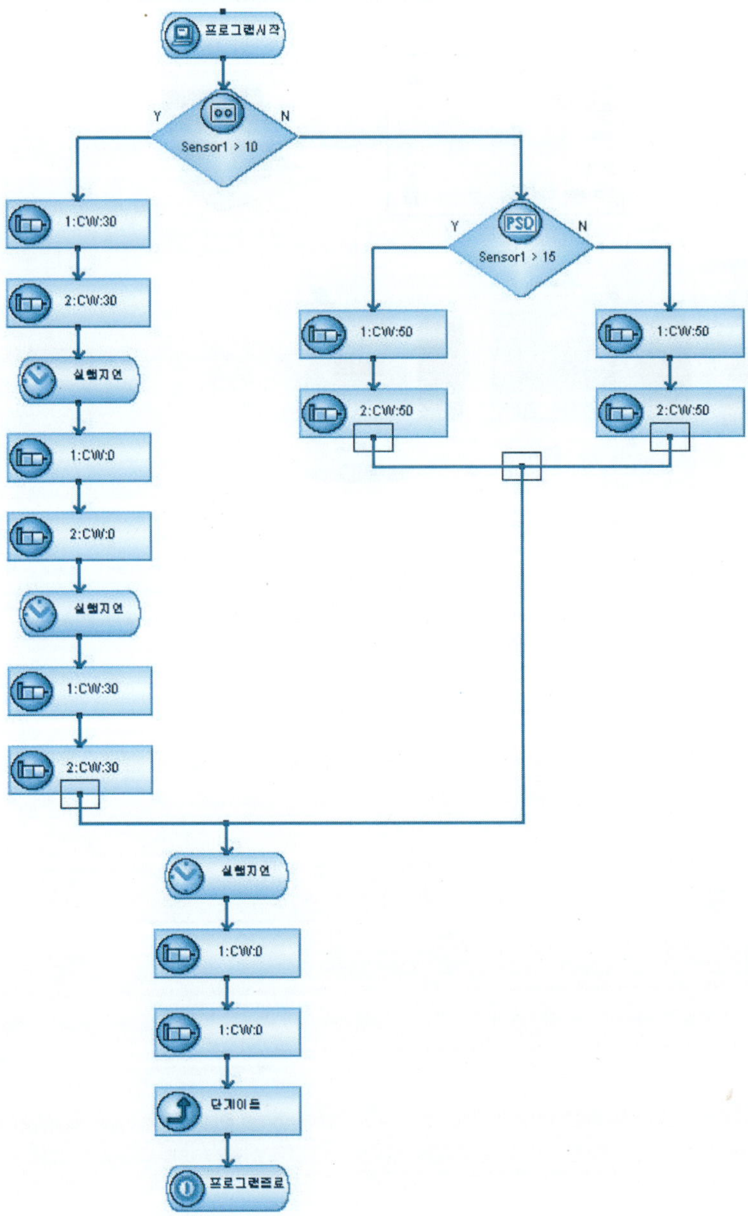

2) MFC를 이용한 프로그램 작성

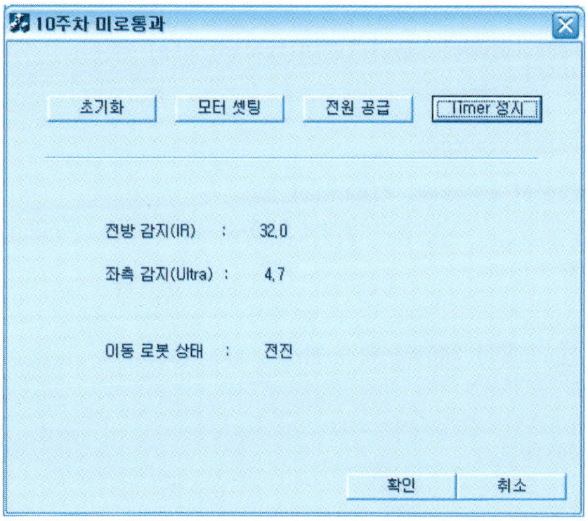

〔그림 14-1〕 실습 목표

(1) 프로젝트 생성, 기본 버튼 / 함수 작성

지난 실습들과 동일하게 작성한다.

(2) 벽 탐지 함수(적외선, 초음파), DC 모터 제어, 미로 찾기 함수

다음 그림들을 참조하여 작성한다.

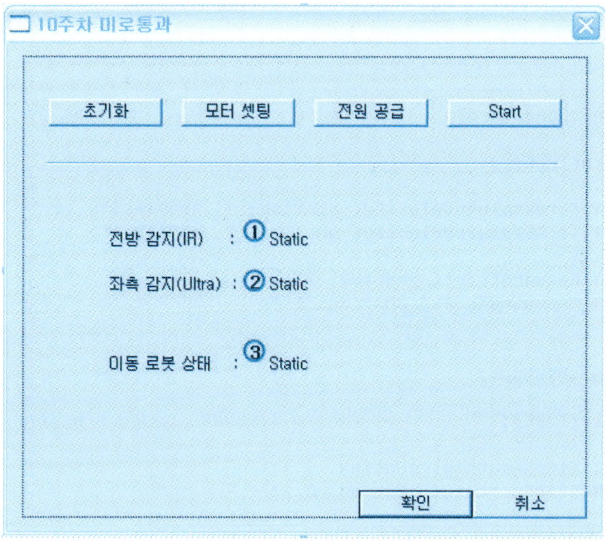

〔그림 14-2〕 Dialog 구성

```
void CMy10Dlg::GetUtrasonic()
{
    SSN_GetUtrasonic( pSensor, fUltrasensor );

    m_strUltrasensor.Format( "%4.1f", fUltrasensor[0] );
    UpdateData(FALSE);
}

void CMy10Dlg::GetIRDistance()
{
    SSN_GetIRDistance( pSensor, fIRsensor );

    m_strIRsensor.Format( "%4.1f", fIRsensor[0] );
    UpdateData(FALSE);
}
```

〔그림 14-3〕 적외선, 초음파 데이터 획득 함수

```
void CMy10Dlg::OnBtInit()
{
    pMotion = NULL;
    pSensor = NULL;

    nSelectSensor[0] = 1;

    bTimerFlag = FALSE;           // flag 초기값 설정

    if ( DCServo01_Initialize( m_hWnd, &pMotion ) != EDROBOT_API_OK )
        ::MessageBox( NULL, "모션보드 초기화 실패", "Error", MB_OK );

    if ( SSN_Initialize( &pSensor, FALSE ) != EDROBOT_API_OK )
        ::MessageBox( NULL, "센서 초기화 실패", "Error", MB_OK );

    SSN_SetUtrasonic( pSensor, nSelectSensor, 1 );
    SSN_SetIRDistance( pSensor, nSelectSensor, 1 );

}
```

〔그림 14-4〕 초기화 함수에 코드 추가

```
void CMy10Dlg::DCForward()
{
    UpdateData(TRUE);

    DCServo01_SetAbsoluteVelocity( pMotion, 1, dbVelocity );
    DCServo01_SetAbsoluteVelocity( pMotion, 2, dbVelocity );

    DCServo01_ForwardStart( pMotion, 2 );
    DCServo01_BackwardStart( pMotion, 1 );
}

void CMy10Dlg::DCStop()
{
    UpdateData(TRUE);

    DCServo01_StopSmoothly( pMotion, 1 );
    DCServo01_StopSmoothly( pMotion, 2 );
}
```

```
void CMy10Dlg::DCRight()
{
    UpdateData(TRUE);

    DCServo01_SetAbsoluteVelocity( pMotion, 1, dbVelocity );
    DCServo01_SetAbsoluteVelocity( pMotion, 2, dbVelocity );

    DCServo01_ForwardStart( pMotion, 1 );
    DCServo01_ForwardStart( pMotion, 2 );
}

void CMy10Dlg::DCLeft()
{
    UpdateData(TRUE);

    DCServo01_SetAbsoluteVelocity( pMotion, 1, dbVelocity );
    DCServo01_SetAbsoluteVelocity( pMotion, 2, dbVelocity );

    DCServo01_BackwardStart( pMotion, 1 );
    DCServo01_BackwardStart( pMotion, 2 );
}

void CMy10Dlg::ReadDegree()
{
    DCServo01_ReadDegree( pMotion, 1, dbDegree1 );
    DCServo01_ReadDegree( pMotion, 2, dbDegree2 );

    UpdateData(FALSE);
}
```

(그림 14-5) DC 모터 제어, 상태 값 읽기 함수

```
void CMy10Dlg::WallDetect()                       // 벽 감지 함수
{
    GetUtrasonic();
    GetIRDistance();
    ReadDegree();

    if ( fUltrasensor[0] < 6 )                    // 좌측에 벽이 감지
    {
        if ( fIRsensor[0] < 15 )                  // 전방에 벽이 감지
        {
            DCStop();
            KillTimer(0);
            temp = -dbDegree2;

            SetTimer( 1, 100, NULL );             // 오른쪽 회전, Timer 1번 호출
        }
        else                                      // 20 속도로 전진
        {
            dbVelocity = 20;
            DCForward();
            m_strRobotstate.Format( " 전진 " );
        }
    }
    else                                          // 왼쪽 회전, Timer 2번 호출
    {
        DCStop();
        KillTimer(0);
        temp = dbDegree1;

        SetTimer( 2, 100, NULL );
    }
    UpdateData(FALSE);
}
```

(그림 14-6) 벽 감지 함수

```
void CMy10Dlg::Rightturn()                        // 우회전 함수
{
    GetUtrasonic();
    GetIRDistance();
    ReadDegree();

    dbVelocity = 10;
    DCRight();
    m_strRobotstate.Format( " 우회전 " );

    if ( -dbDegree2 < temp-179 )
    {
        KillTimer(1);
        DCStop();
        SetTimer( 0, 100, NULL );
    }
    UpdateData(FALSE);
}

void CMy10Dlg::Leftturn()                         // 좌회전 함수
{
    GetUtrasonic();
    GetIRDistance();
    ReadDegree();

    dbVelocity = 10;
    DCLeft();
    m_strRobotstate.Format( " 좌회전 " );

    if ( dbDegree1 < temp-179 )
    {
        KillTimer(2);
        DCStop();
        SetTimer( 0, 100, NULL );
    }
    UpdateData(FALSE);
}
```

〔그림 14-7〕 우회전, 좌회전 함수

```
void CMy10Dlg::OnBtTimer()
{
    if( bTimerFlag == FALSE )
    {
        bTimerFlag = TRUE;
        SetTimer( 0, 100, NULL );                     // Timer 0번 시작
        SetDlgItemText( IDC_BT_TIMER, "Timer 정지" );   // 버튼에 표시될 Text
    }
    else
    {
        bTimerFlag = FALSE;
        DCStop();
        KillTimer(0);                                 // Timer() 함수 정지
        KillTimer(1);
        KillTimer(2);
        SetDlgItemText( IDC_BT_TIMER, "TImer 실행" );   // 버튼에 표시될 Text
    }
}
```

```
void CMy10Dlg::OnTimer(UINT nIDEvent)
{
    if ( nIDEvent == 0 )
        WallDetect();

    if ( nIDEvent == 1 )
        Rightturn();

    if ( nIDEvent == 2 )
        Leftturn();

    CDialog::OnTimer(nIDEvent);
}
```

〔그림 14-8〕 OnTimer() 함수

```
MOTION_SESSION pMotion;
SSN_SESSION pSensor;

BOOL bTimerFlag;                    // Timerflag 선언

double dbVelocity, dbDegree1, dbDegree2, temp;

unsigned char nSelectSensor[1];     // 사용할 적외선, 초음파 센서 각각의 개수
float fUltrasensor[1], fIRsensor[1];
```

〔그림 14-9〕 Header 파일에 변수 선언

```
    float fUltrasensor[1], fIRs

    void GetUtrasonic();
    void GetIRDistance();
    void DCForward();
    void DCStop();
    void DCRight();
    void DCLeft();
    void ReadDegree();
    void WallDetect();
    void Rightturn();
    void Leftturn();

// Dialog Data
```

〔그림 14-10〕 Header 파일에 함수 선언

14-6 동작 확인 결과

본 실습 프로그램에는 몇 가지 가정이 필요하다. 우선, Bi-directional Driving Module 위에 왼쪽을 감지하는 초음파 센서와 앞쪽을 감지하는 적외선 센서가 존재한다. 그리고 적외선 센서는 미로의 벽을 감지할 수 있다고 가정한다.

1) 동작 확인

① 초음파 센서를 이용하여 로봇의 왼쪽에 벽이 있는지 없는지 감지한다. 본 프로그램에서는 로봇의 왼쪽에서 6cm 이내에서 감지가 되면 벽이 있다고 간주하고, 감지가 되지 않으면 벽이 없다고 생각하고 로봇을 왼쪽으로 90° 회전한 다음 앞으로 움직인다.

② 왼쪽에 벽이 있다고 하면 이번에는 적외선 센서를 이용하여 로봇의 앞쪽에 벽이 있는지를 감지한다. 본 프로그램에서는 로봇의 앞쪽에서 15cm 이내에 벽이 없다고 하면 앞으로 전진하고, 벽이 있다고 감지가 되면 로봇을 오른쪽으로 90° 회전한다.

③ 단계이동 1로 돌아가 반복 실행한다.

2) 결 과

본 프로그램의 경우에는 로봇을 가상해서 프로그램하여 보니 실제 감이 조금 떨어져 프로그램의 이해하는 데 많은 노력이 필요했다.

그러나 실제 로봇에 이러한 프로그램을 적용했을 때의 문제점에 대해 본 지능형 로봇 실험실습 장치를 통하여 확인하여 보았다.

최소 전방에 장애물을 감지하기 위해서는 초음파 센서 3조 또는 적외선 센서 2조가 필요한 것을 확인할 수 있었다.

14-7 심화학습

- 적외선 센서를 추가하여 일정 거리 이하의 값을 획득하였을 경우, 광원 모듈을 사용, LED 점등을 통하여 상대방에게 경고할 수 있도록 프로그램을 작성하시오. (빛의 밝기를 단계적으로 증가 후 감소)

제15장
자동문 제어 실습

15-1 실습 내용

인체감지 센서와 스텝 모터를 이용하여 일상 생활에서 흔히 볼 수 있는 자동문을 만들어보자.

15-2 실습 목표

센서를 활용하여 일상 생활에서 응용할 수 있는 방법에 대하여 알아보자.

15-3 실습 준비

메인제어 모듈(ED7271-15)	1EA
스텝 모터(ED7271-14)	1EA
초전 센서(ED7271-7)	1EA
USB 케이블 A 〈-〉 B	1EA
10P Plat 케이블	1EA
16P Plat 케이블	1EA
AC220V 전원선	1EA

15-4 장비 결선

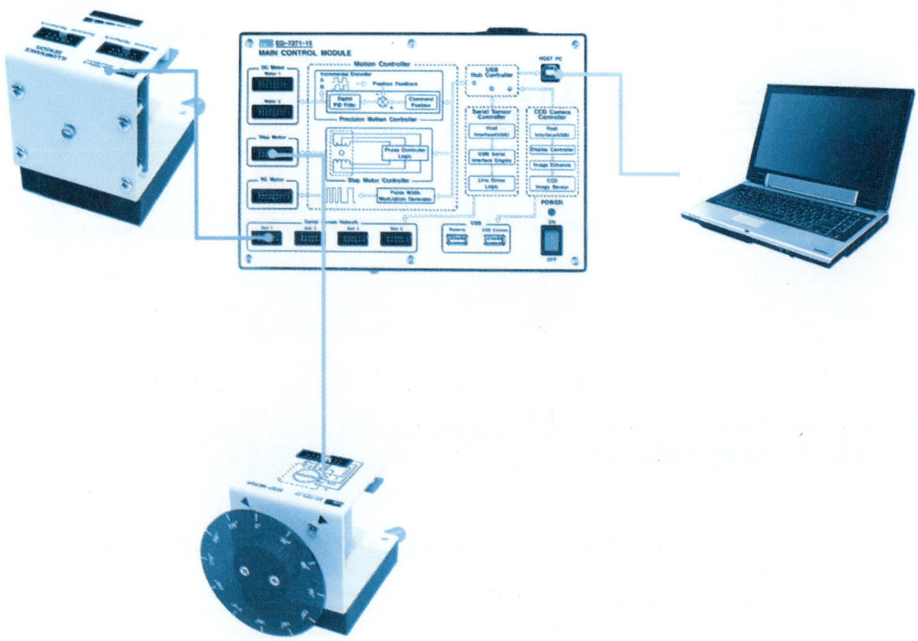
ED-7271-15
MAIN CONTROL MODULE
Motion Controller
Precision Motion Controller
Step Motor Controller
USB Hub Controller
Serial Sensor Controller
CCD Camera Controller
HOST PC
POWER

15-5 프로그램

1) IRES를 이용한 프로그램 작성

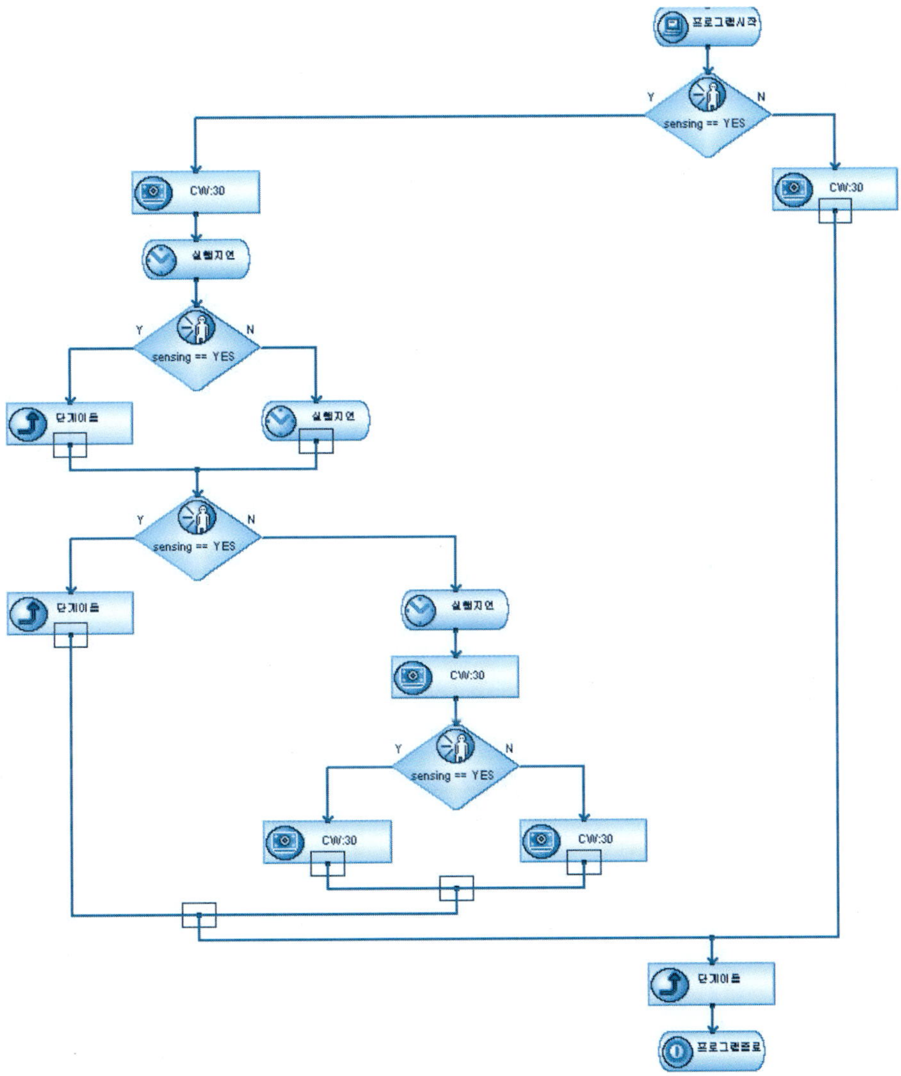

2) MFC를 이용한 프로그램 작성

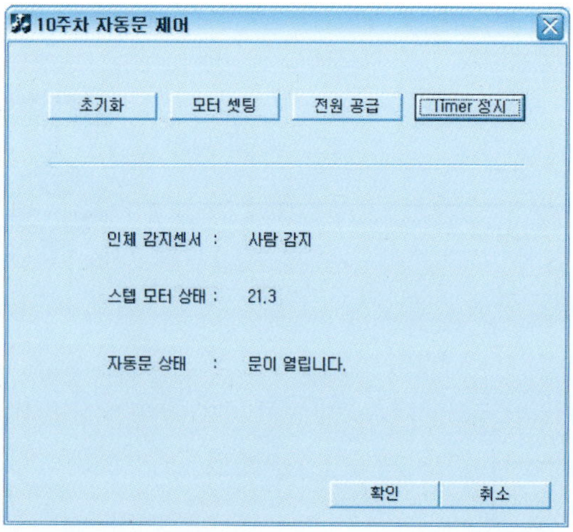

〔그림 15-1〕 실습 목표

(1) 프로젝트 생성, 기본 버튼 / 함수 작성

지난 실습들과 동일하게 작성한다.

※ 모터 세팅 함수를 작성할 필요는 없다.

(2) 인체감지 센서, 스텝 모터 제어 함수 작성

다음 그림들을 참조하여 작성한다.

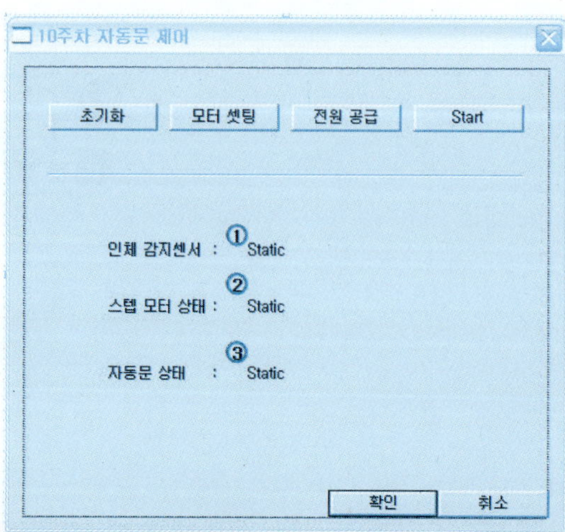

〔그림 15-2〕 Dialog 배치

〈표 15-1〉 ID, 변수 형, 변수 명

번 호	ID	변수 형	변수 명
1	IDC_PYRO	CString	m_strPyro
2	IDC_STEPSTATE	CString	m_strStepstate
3	IDC_DOOR	CString	m_strDoor

```
void CMy10Dlg::GetPyroelectric()
{
    cPyro = 0;
    SSN_GetPyroelectric( pSensor, cPyro );
    if ( cPyro )
    {
        m_strPyro.Format( "사람 감지" );
        UpdateData(FALSE);
    }
    else
    {
        m_strPyro.Format( "--------" );
        UpdateData(FALSE);
    }
}
```

〔그림 15-3〕 인체감지 센서 함수

※ 인체감지 센서 특성상 전원 공급 후 약 15~20초 정도 기다린 후 Start한다.

```
void CMy10Dlg::StepForward()
{
    UpdateData(TRUE);

    dwPulse = 2000;

    STEP_SetVelocity( pMotion, dwStepVel );
    STEP_AbsoultePulseStart( pMotion, DIR_CW, dwPulse );
}

void CMy10Dlg::StepBackward()
{
    UpdateData(TRUE);

    dwPulse = 2000;

    STEP_SetVelocity( pMotion, dwStepVel );
    STEP_AbsoultePulseStart( pMotion, DIR_CCW, dwPulse );
}
void CMy10Dlg::StepStop()
{
    UpdateData(TRUE);
    STEP_Stop( pMotion );
}

void CMy10Dlg::STEPReadState()
{
    unsigned char StepDir;
```

```
    DWORD dwReadPulse;
    double dbDegree;

    STEP_ReadState( pMotion, StepDir, dwReadPulse, dbDegree, dbReadDistance );
    m_strStepstate.Format( "%4.1f", dbReadDistance);
    UpdateData(FALSE);
}
```

〔그림 15-4〕 스텝 모터 제어 / 상태 값 읽기 함수

```
CMy10Dlg::CMy10Dlg(CWnd* pParent /*=NULL*/)
    : CDialog(CMy10Dlg::IDD, pParent)
{
    //{{AFX_DATA_INIT(CMy10Dlg)
    m_strDoor = _T("");
    m_strPyro = _T("");
    m_strStepstate = _T("");
    dwStepVel = 2;                // 스텝 모터의 회전 속도 초기값 할당
    //}}AFX_DATA_INIT
    // Note that LoadIcon does not require a subsequent DestroyIcon in Win32
    m_hIcon = AfxGetApp()->LoadIcon(IDR_MAINFRAME);
}
```

〔그림 15-5〕 '자동문 제어Dlg.cpp' 파일에 회전속도 초기 값 할당

```
void CMy10Dlg::DoorOpen()
{
    GetPyroelectric();
    STEPReadState();
    if ( cPyro )                          // 인체 감지가 되면..
    {
        StepBackward();                   // 자동문 열림
        m_strDoor.Format( "문이 열립니다." );
    }
    if ( dbReadDistance > 70 )            // 자동문의 이동 거리 설정 = 70
    {
        StepStop();
        m_strDoor.Format( "문이 열려있습니다." );
        KillTimer(0);
        Sleep(5000);                      // 문이 열린후 5초간의 강제 딜레이
        STEP_DefineHome( pMotion );
        SetTimer( 1, 100, NULL );         // Timer 1번 호출
    }
}
```

〔그림 15-6〕 자동문 열림 함수

```
void CMy10Dlg::DoorClose()
{
    GetPyroelectric();
    STEPReadState();
    StepForward();                        // 자동문 닫힘
    m_strDoor.Format( "문이 닫힙니다." );
    if ( cPyro )                          // 인체 감지가 되면..
    {
        StepBackward();                   // 자동문 열림
        m_strDoor.Format( "문이 열립니다." );
    }
    if ( dbReadDistance > 70 )            // 자동문의 이동 거리 설정 = 70
    {
```

```
    {
        StepStop();
        m_strDoor.Format( "문이 닫혀 있습니다." );
        KillTimer(1);
        STEP_DefineHome( pMotion );
        SetTimer( 0, 100, NULL );              // Timer 2번 호출
    }
}
```

〔그림 15-8〕 자동문 닫힘 함수

```
void CMy10Dlg::OnBtTimer()
{
    if( bTimerFlag == FALSE )
    {
        bTimerFlag = TRUE;
        STEP_DefineHome( pMotion );
        SetTimer( 0, 100, NULL );                          // Timer 0번 시작
        SetDlgItemText( IDC_BT_TIMER, "Timer 정지" );    // 버튼에 표시될 Text
    }
    else
    {
        bTimerFlag = FALSE;
        StepStop();
        STEP_DefineHome( pMotion );
        KillTimer(0);                                      // Timer() 함수 정지
        KillTimer(1);
        SetDlgItemText( IDC_BT_TIMER, "TImer 실행" );    // 버튼에 표시될 Text
    }
}

void CMy10Dlg::OnTimer(UINT nIDEvent)
{
    if ( nIDEvent == 0 )
        DoorOpen();

    if ( nIDEvent == 1 )
        DoorClose();

    CDialog::OnTimer(nIDEvent);
}
```

〔그림 15-9〕 OnTimer() 함수

```
MOTION_SESSION pMotion;
SSN_SESSION pSensor;

BOOL bTimerFlag;                    // Timerflag 선언

char cPyro;
double dbDistance, dbReadDistance;
DWORD dwPulse, dwStepVel;
```

〔그림 15-10〕 Header 파일에 변수 선언

```
    DWORD dwPulse, dwStepVel;

    void GetPyroelectric();
    void StepForward();
    void StepBackward();
    void StepStop();
    void STEPReadState();
    void DoorOpen();
    void DoorClose();

// Dialog Data
```

〔그림 15-11〕 Header 파일에 함수 선언

15-6 동작 확인 및 결과

1) 동작 확인

우선 처음에 인체감지 센서가 인체가 감지되는지 안 되는지 판단을 한다.

감지된다면 스텝 모터를 시계방향으로 70cm 움직인다. 그리고 약 5초 동안 실행 지연 함수로 인해 문이 열린 상태를 유지하며, 그 후 자동으로 문이 닫힌다.

닫히는 동안에도 인체감지 센서 함수가 작동하기 때문에 인체가 감지되면 다시 열리게 된다.

2) 결 과

지능형 로봇 실습실험 장치에 적용된 센서를 이용하여 일상 가정에 응용 분야로 활용할 수 있는 부분에 대하여 알아 보았다.

실제 인체감지 센서의 경우 주의의 보안 및 보안 등에 많이 사용되는 것을 확인할 수 있었다.

15-7 심화학습

- DC모터를 추가하여 문이 닫혀 있는 상태일때만 DC모터가 작동하도록 프로그램하시오.

제16장

초전 센서와 로봇의 반응 실습

16-1 실습 내용

사람의 움직임에 로봇의 반응을 보여주는 동작을 시연한다. 초전 센서(인체감지 센서)로 사람의 움직임에 반응하여 모터를 회전시키고, 빛을 발산하는 프로그램을 작성하라. 초전 센서의 동작원리를 파악하고 작동방법을 이해할 수 있다. 더불어 센서를 이용한 로봇의 기초적인 프로그램 원리를 이해할 수 있다.

16-2 실습 목표

초전 센서의 인체가 감지되면 DC모터가 50rpm으로 회전하고, 광원 모듈은 최대 밝기 10으로 밝아진다. 초전 센서에 인체가 감지되지 않으면 DC 모터는 정지하고, 광원 모듈은 밝기 0으로 꺼진다. 본 실험에서는 초전 센서(인체감지 센서)의 원리를 확인하여 본다.

16-3 실습 준비

메인제어 모듈(ED7271-15)	1EA
DC 모터(ED7271-10)	2EA
초전 센서(ED7271-7)	1EA
광원 모듈(ED7271-2)	1EA

양방향 구동 모듈	1EA
타이밍벨트	2EA
USB 케이블 A 〈-〉 B	1EA
10P Plat 케이블	1EA
16P Plat 케이블	2EA
AC220V 전원선	1EA

16-4 장비 결선

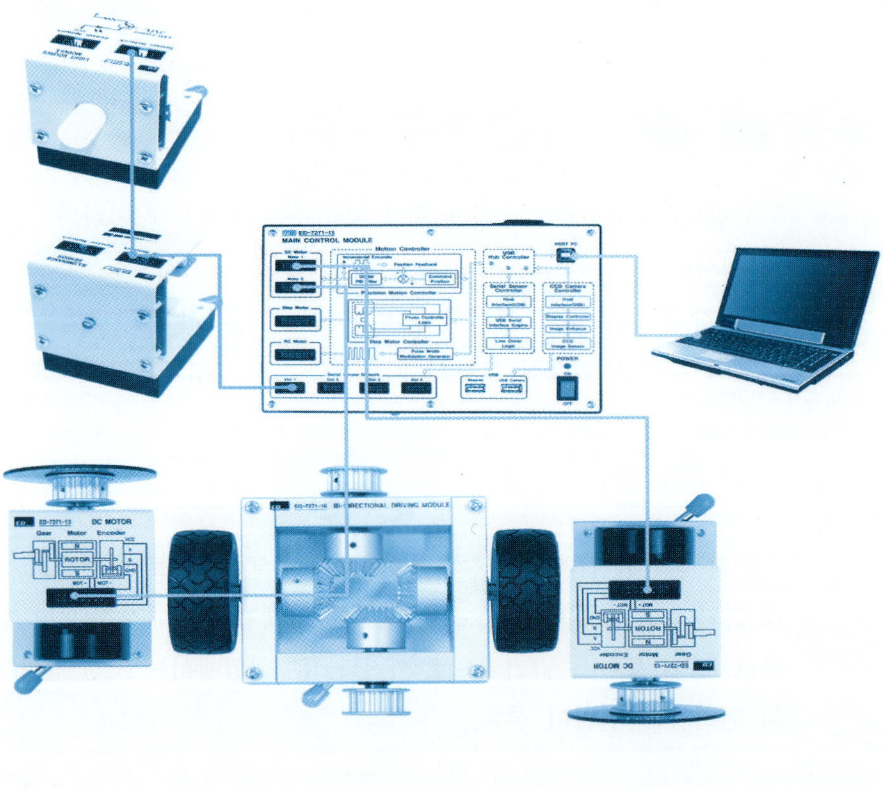

16-5 프로그램

1) IRES를 이용한 프로그램 작성

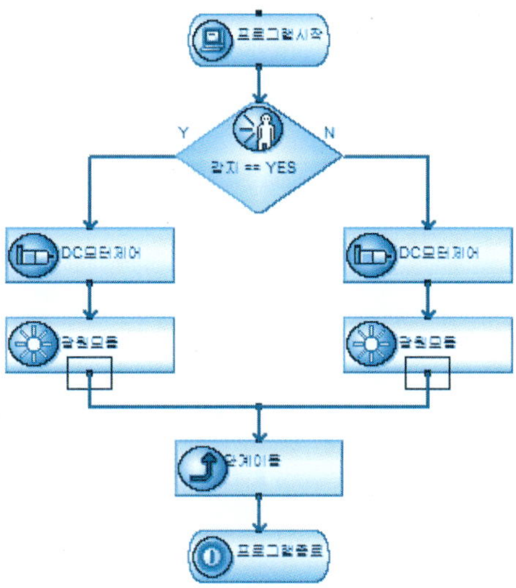

2) MFC를 이용한 프로그램 작성

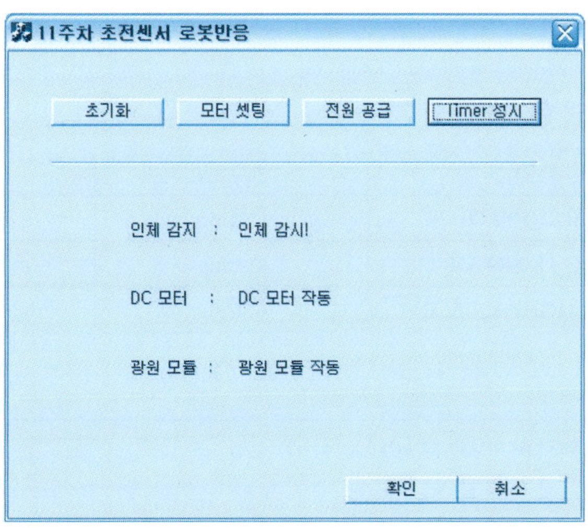

〔그림 16-1〕 실습 목표

(1) 프로젝트 생성, 기본 버튼 / 함수 작성

지난 실습들과 동일하게 작성한다.

(2) 인체감지 센서, DC 모터, 광원 모듈 제어 함수 작성

다음 그림들을 참조하여 작성한다.

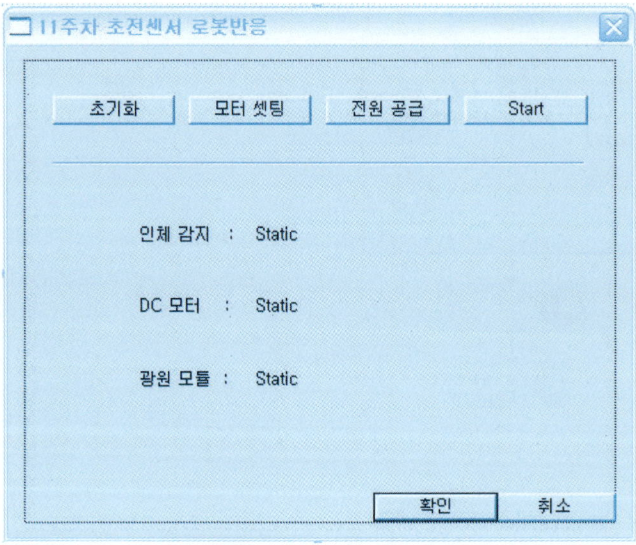

〔그림 16-2〕 Dialog 배치

〈표 16-1〉 ID, 변수 형, 변수 명

번 호	ID	변수 형	변수 명
1	IDC_PYRO	CString	m_strPyro
2	IDC_DCMOTOR	CString	m_strDCmotor
3	IDC_LIGHTSOURCE	CString	m_strLightsource

```
void CMy11Dlg::GetPyroelectric()
{
    cPyro = 0;

    SSN_GetPyroelectric( pSensor, cPyro );
}
```

〔그림 16-3〕 인체감지 센서 함수

```
void CMy11Dlg::DCMotor()
{
    dbVelocity = 50;
    DCServo01_SetAbsoluteVelocity( pMotion, 1, dbVelocity );
    DCServo01_ForwardStart( pMotion, 1 );
}

void CMy11Dlg::DCStop()
{
    DCServo01_StopSmoothly( pMotion, 1 );
}
```

〔그림 16-4〕 DC 모터 제어 함수

```
void CMy11Dlg::LightSource()
{
    SSN_SetLightSource( pSensor, cLight );
}
```

〔그림 16-5〕 광원 모듈 제어 함수

```
void CMy11Dlg::RobotMotion()
{
    GetPyroelectric();

    if ( cPyro )                                    // 인체 감지시
    {
        m_strPyro.Format( "인체 감시!" );
        DCMotor();                                  // DC 모터 작동
        m_strDCmotor.Format( "DC 모터 작동" );
        cLight = 10;                                // 광원 모듈 밝기 설정 :10
        LightSource();                              // 광원 모듈 작동
        m_strLightsource.Format( "광원 모듈 작동" );
        UpdateData(FALSE);
    }
    else
    {
        m_strPyro.Format( "------" );
        DCStop();                                   // DC 모터 정지
        m_strDCmotor.Format( "DC 모터 꺼짐" );
        cLight = 0;                                 // 광원 모듈 밝기 설정 : 0
        LightSource();                              // 광원 모듈 작동(밝기 : 0)
        m_strLightsource.Format( "광원 모듈 꺼짐" );
        UpdateData(FALSE);
    }
}
```

〔그림 16-6〕 인체감지 시 로봇 동작 함수

```
    MOTION_SESSION pMotion;
    SSN_SESSION pSensor;

    BOOL bTimerFlag;                    // TimerFlag 선언

    char cPyro, cLight;
    double dbVelocity;
```

〔그림 16-7〕 header 파일에 변수 선언

```
    double dbVelocity;

    void GetPyroelectric();
    void DCMotor();
    void DCStop();
    void LightSource();
    void RobotMotion();

// Dialog Data
```

〔그림 16-8〕 header 파일에 함수 선언

```
void CMy11Dlg::OnBtTimer()
{
    if( bTimerFlag == FALSE )
    {
        bTimerFlag = TRUE;
        STEP_DefineHome( pMotion );
        SetTimer( 0, 100, NULL );                          // Timer 0번 시작
        SetDlgItemText( IDC_BT_TIMER, "Timer 정지" );      // 버튼에 표시될 Text
    }
    else
    {
        bTimerFlag = FALSE;
        DCStop();
        KillTimer(0);                                      // Timer() 함수 정지
        SetDlgItemText( IDC_BT_TIMER, "TImer 실행" );      // 버튼에 표시될 Text
    }
}

void CMy11Dlg::OnTimer(UINT nIDEvent)
{
    RobotMotion();

    CDialog::OnTimer(nIDEvent);
}
```

〔그림 16-9〕 OnTimer() 함수

16-6 동작 확인 및 결과

1) 동작확인

인체감지가 "ON"되는 경우 DC 모터가 회전하고 광원 모듈의 밝기가 10으로 켜지는 것을 확인할 수 있다.

인체감지가 "OFF"되는 경우에는 DC 모터가 정지하고 광원 모듈의 밝기가 0으로 된 것을 확인할 수 있다.

2) 결 과

인체감지 센서의 반응이 너무 정밀하여 프로그램의 결과를 확인 하는데 어려움이 발생 하였다.

지능형 로봇 실험실습 장치에 적용된 초전 센서(인체감지)의 경우, ±15도 및 거리 5M에서 0.01도의 온도 변화가 발생하여도 센서가 반응하는 고정밀 센서를 적용한 것을 확인할 수 있었다.

주변의 온도에 센서가 적응이 되면 OFF가 되나, 온도 변화가 0.01도가 변하면 센서가 반응하는 것을 확인할 수 있다.

16-7 심화학습

- 음원감지센서를 추가하여 소리를 감지하거나 인체를 감지했을 때 광원모듈이 10초동안 점등되도록 프로그램 하시오.

제17장

음향탐지 모듈과 로봇의 방향 제어 실습

17-1 실습 과제

로봇에 음향탐지 모듈이 장착되었다고 가정한다. 로봇이 특정 소리에 반응하여 어느 방향에서 소리가 났는지 감지하여 추적하는 알고리즘을 구현한다.

17-2 실습 목표

음향탐지 모듈의 활용방안과 사용방법을 이해한다.

17-3 순서도 작성

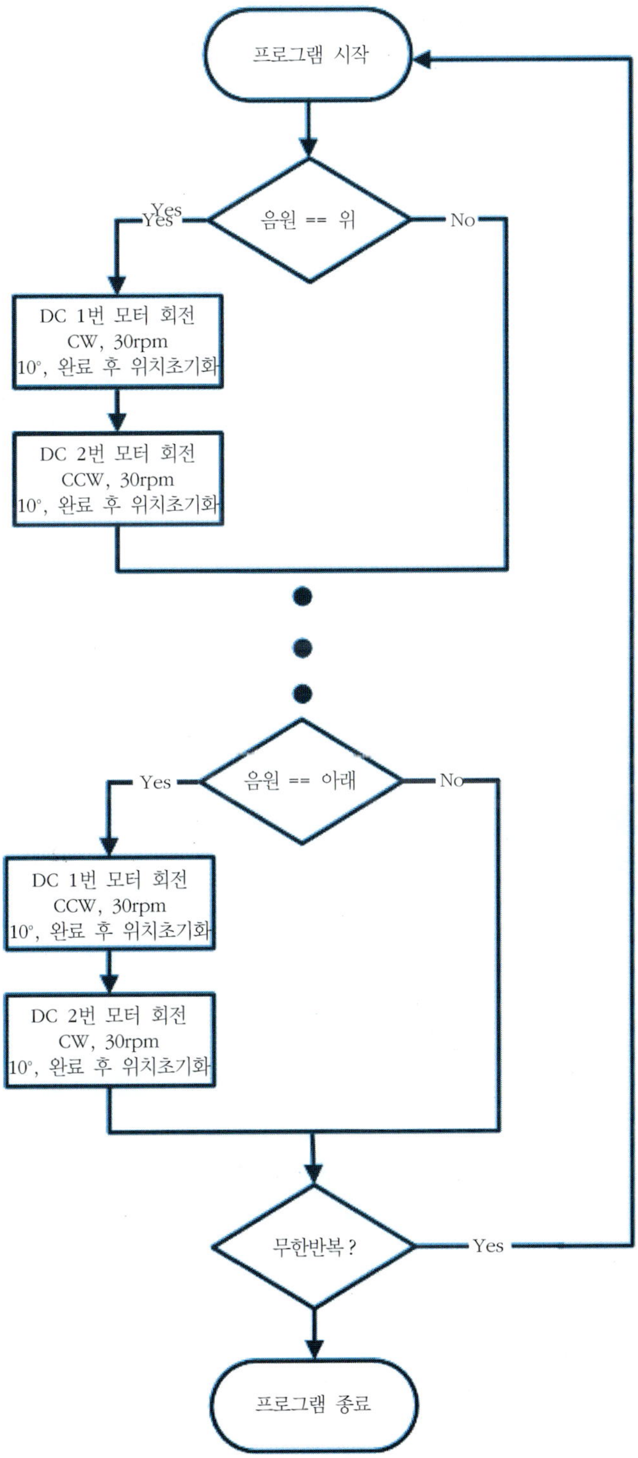
프로그램 시작
음원 == 위
Yes
No
DC 1번 모터 회전
CW, 30rpm
10°, 완료 후 위치초기화
DC 2번 모터 회전
CCW, 30rpm
10°, 완료 후 위치초기화
음원 == 아래
Yes
No
DC 1번 모터 회전
CCW, 30rpm
10°, 완료 후 위치초기화
DC 2번 모터 회전
CW, 30rpm
10°, 완료 후 위치초기화
무한반복?
Yes
프로그램 종료

17-4 실습 준비

메인제어 모듈 (ED7271-15)	1EA
음향감지 모듈 (ED7271-9)	1EA
DC 모터 (ED7271-10)	2EA
양방향 구동 모듈	1EA
타이밍벨트	2EA
USB 케이블 A 〈-〉 B	1EA
10P Plat 케이블	1EA
16P Plat 케이블	2EA
AC220V 전원	1EA

17-5 장비 결선

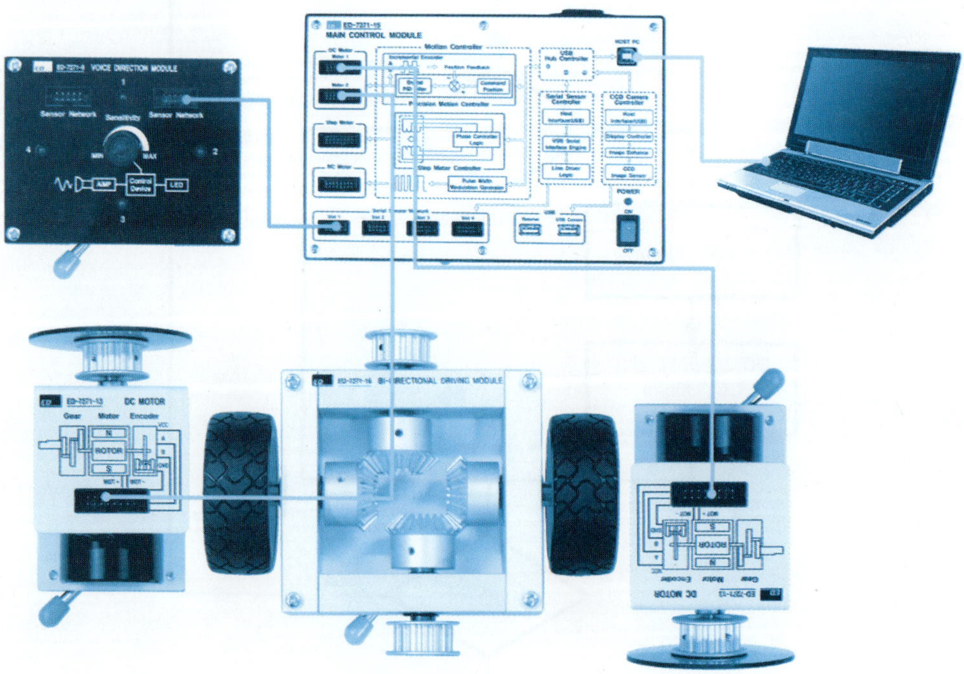

17-6 프로그램

음향탐지 모듈은 4방향의 소리를 감지하여 어느 방향에서 감지했는지 출력하는 모듈이다. 위쪽에서 소리가 나면 로봇은 앞으로 직진하고 아래쪽(뒤쪽)에서 소리가 감지되면 후진하고 좌우에서 소리가 감지 됐다면 좌회전 혹은 우회전 하는 프로그램을 작성한다.

1) IRES를 이용한 프로그램 작성

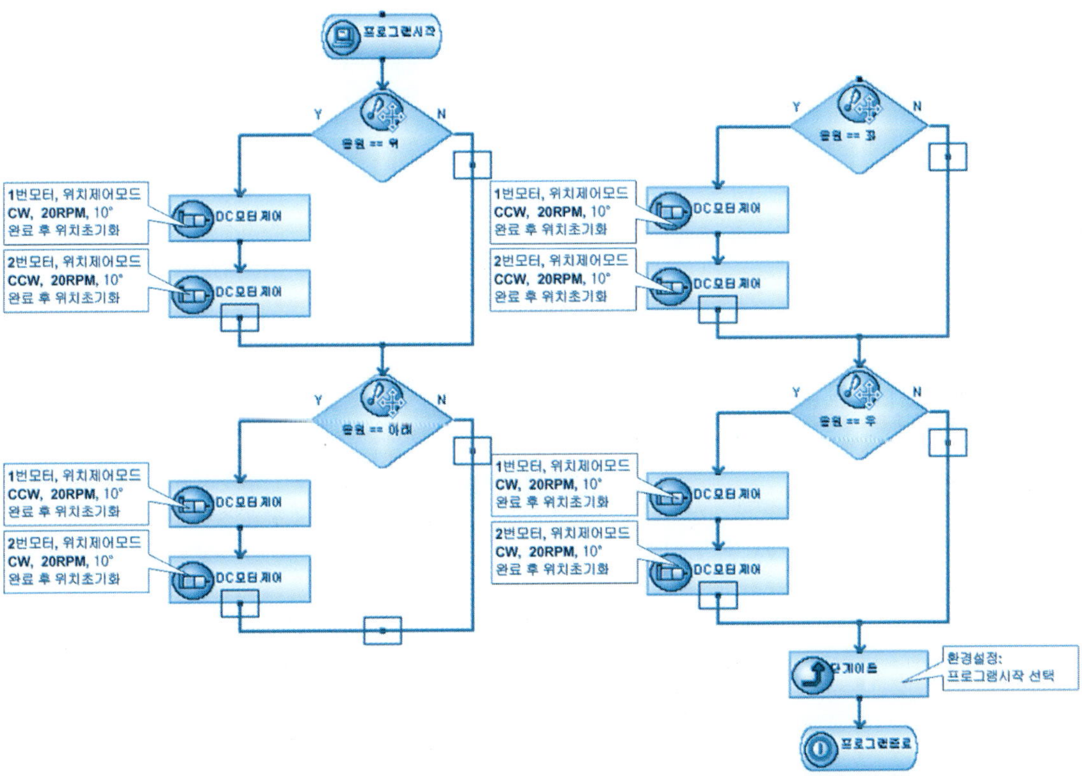

17장

2) MFC를 이용한 프로그램 작성

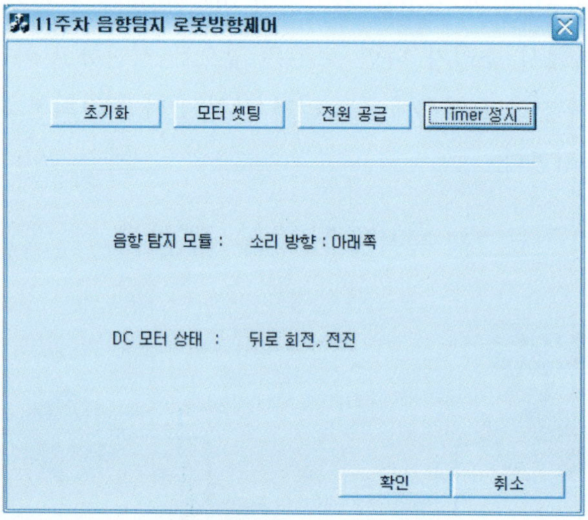

〔그림 17-1〕 실습 목표

(1) 프로젝트 생성, 기본 버튼 / 함수 작성

지난 실습들과 동일하게 작성한다.

(2) 음향탐지 모듈, 로봇의 방향제어 함수 작성

다음 그림들을 참고하여 작성한다.

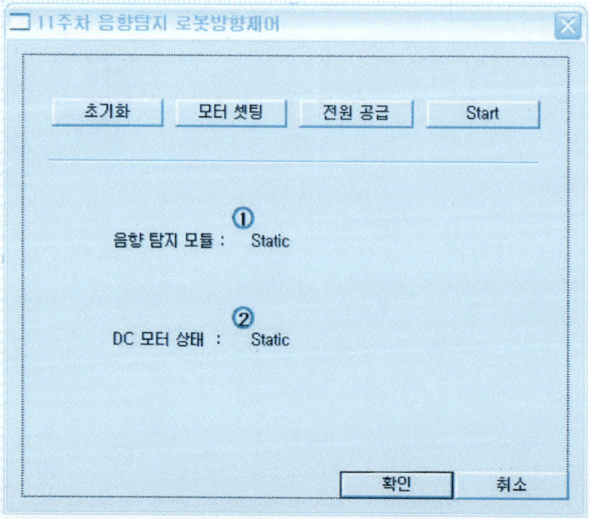

〔그림 17-2〕 Dialog 배치

〈표 17-1〉 ID, 변수 형, 변수 명

번 호	ID	변수 형	변수 명
1	IDC_VOICEDIRECTION	CString	m_strVoicedirection
2	IDC_DCMOTORSTATE	CString	m_strDCmotorstate

```
void CMy11Dlg::GetVoiceDirection()
{
    cDirection = 0;

    SSN_GetVoiceDirection( pSensor, 1, cDirection );
}
```

〔그림 17-3〕 음향탐지 모듈 함수


```
void CMy11Dlg::DCForward()
{
    UpdateData(TRUE);

    DCServo01_SetAbsoluteVelocity( pMotion, 1, dbVelocity );
    DCServo01_SetAbsoluteVelocity( pMotion, 2, dbVelocity );

    DCServo01_ForwardStart( pMotion, 2 );
    DCServo01_BackwardStart( pMotion, 1 );
}

void CMy11Dlg::DCStop()
{
    UpdateData(TRUE);

    DCServo01_StopSmoothly( pMotion, 1 );
    DCServo01_StopSmoothly( pMotion, 2 );
}

void CMy11Dlg::DCRight()
{
    UpdateData(TRUE);

    DCServo01_SetAbsoluteVelocity( pMotion, 1, dbVelocity );
    DCServo01_SetAbsoluteVelocity( pMotion, 2, dbVelocity );

    DCServo01_ForwardStart( pMotion, 1 );
    DCServo01_ForwardStart( pMotion, 2 );
}

void CMy11Dlg::DCLeft()
{
    UpdateData(TRUE);

    DCServo01_SetAbsoluteVelocity( pMotion, 1, dbVelocity );
    DCServo01_SetAbsoluteVelocity( pMotion, 2, dbVelocity );

    DCServo01_BackwardStart( pMotion, 1 );
    DCServo01_BackwardStart( pMotion, 2 );
}
```

〔그림 17-4〕 DC 모터 제어 함수

```
void CMy11Dlg::ReadCantimeter()
{
    DCServo01_ReadCantimeter( pMotion, 1, Centi1 );
    DCServo01_ReadCantimeter( pMotion, 2, Centi2 );
    //m_strDistance.Format( "Centi = 1th : %d 2th : %d", Centi1, Centi2 );
    UpdateData(FALSE);
}

void CMy11Dlg::ReadDegree()
{
    DCServo01_ReadDegree( pMotion, 1, dbDegree1 );
    DCServo01_ReadDegree( pMotion, 2, dbDegree2 );
    //m_strDegree.Format( "Degree = 1th : %4.1f 2th : %4.1f", dbDegree1, dbDegree2 );
    UpdateData(FALSE);
}
```

〔그림 17-5〕 DC 모터 상태 값 읽기 함수

※ 주석 처리된 코드는 모터 회전 방향과 거리 조절을 위한 변수(Degreetemp, Centitemp)를 위하여 DC 모터의 상태 값들을 모니터링하기 위하여 작성하였다. 이 코드를 실제 사용하여 확인해보기 바란다.

```
void CMy11Dlg::VoiceWait()              // 음성이 들리길 기다림
{
    GetVoiceDirection();
    ReadDegree();
    ReadCantimeter();

    Degreetemp = 0;
    Centitemp = 0;

    m_strVoicedirection.Format( "소리 방향 : ----" );
    UpdateData(FALSE);
    if ( cDirection == 0 )              // 음성 없음
    {
        DCStop();
        Centitemp = Centi2;
        Degreetemp = dbDegree2;
    }
    else if ( cDirection == 0x01 )      // 음성 : 위쪽
    {
        DCStop();
        KillTimer(0);
        Degreetemp = dbDegree2;
        SetTimer( 2, 100, NULL );
    }
    else if ( cDirection == 0x02 )      // 음성 : 오른쪽
    {
        DCStop();
        KillTimer(0);
        Degreetemp = dbDegree2;
        SetTimer( 3, 100, NULL );
    }
    else if ( cDirection == 0x04 )      // 음성 : 아래쪽
    {
        DCStop();
        KillTimer(0);
        Degreetemp = dbDegree2;
        SetTimer( 4, 100, NULL );
```

```
    }
    else if ( cDirection == 0x08 )      // 음성 : 왼쪽
    {
        DCStop();
        KillTimer(0);
        Degreetemp = dbDegree2;
        SetTimer( 5, 100, NULL );
    }
}
```

〔그림 17-6〕 음성 방향 확인 및 제어를 위한 함수

이 함수는 음향탐지 모듈 함수에서 받아들인 값으로 음향이 들린 위치를 판단, 그에 대한 동작을 수행하는 Timer를 작동시키는 함수이다.


```
void CMy11Dlg::MoveToward()           // 10cm 전진 함수
{
    GetVoiceDirection();
    ReadDegree();
    ReadCantimeter();

    dbVelocity = 20;
    DCForward();
    m_strDCmotorstate.Format( "소리 방향으로 전진" );
    UpdateData(FALSE);

    if ( Centi2 > Centitemp+9 )
    {
        KillTimer(1);
        DCStop();
        SetTimer( 0, 100, NULL );
    }
}
```

〔그림 17-7〕 회전 후 전진을 위한 함수

```
void CMy11Dlg::VoiceDirectionUp()
{
    GetVoiceDirection();
    ReadDegree();
    ReadCantimeter();

    m_strVoicedirection.Format( "소리 방향 : 위쪽" );
    UpdateData(FALSE);

    KillTimer(2);
    DCStop();
    Centitemp = Centi2;
    SetTimer( 1, 100, NULL );
}

void CMy11Dlg::VoiceDirectionRight()
{
    GetVoiceDirection();
    ReadDegree();
```

```
    ReadCantimeter();

    m_strVoicedirection.Format( "소리 방향 : 오른쪽" );
    m_strDCmotorstate.Format( "오른쪽 회전, 전진" );
    UpdateData(FALSE);

    dbVelocity = 10;
    DCRight();

    if ( dbDegree2 > Degreetemp+179 )          // 오른쪽 방향으로 약 90도 회전
    {
        KillTimer(3);
        DCStop();
        Centitemp = Centi2;
        SetTimer( 1, 100, NULL );
    }
}

void CMy11Dlg::VoiceDirectionDown()
{
    GetVoiceDirection();
    ReadDegree();
    ReadCantimeter();

    m_strVoicedirection.Format( "소리 방향 : 아래쪽" );
    m_strDCmotorstate.Format( "뒤로 회전, 전진" );
    UpdateData(FALSE);

    dbVelocity = 10;
    DCRight();

    if ( dbDegree2 > Degreetemp+359 )          // 오른쪽 방향으로 약 180도 회전
    {
        KillTimer(4);
        DCStop();
        Centitemp = Centi2;
        SetTimer( 1, 100, NULL );
    }
}

void CMy11Dlg::VoiceDirectionLeft()
{
    GetVoiceDirection();
    ReadDegree();
    ReadCantimeter();

    m_strVoicedirection.Format( "소리 방향 : 왼쪽" );
    m_strDCmotorstate.Format( "왼쪽 회전, 전진" );
    UpdateData(FALSE);

    dbVelocity = 10;
    DCLeft();

    if ( dbDegree2 < Degreetemp-179 )          // 왼쪽 방향으로 약 90도 회전
    {
        KillTimer(5);
        DCStop();
        Centitemp = Centi2;
        SetTimer( 1, 100, NULL );
    }
}
```

〔그림 17-8〕 음향이 위쪽, 오른쪽, 아래, 왼쪽에서 탐지되었을 때 실행되는 함수

```
MOTION_SESSION pMotion;
SSN_SESSION pSensor;

BOOL bTimerFlag;                    // TimerFlag 선언

int Centi1, Centi2;
char cDirection;
double dbVelocity, dbDegree1, dbDegree2, Degreetemp, Centitemp;
```

〔그림 17-9〕 Header 파일에 변수 선언

```
double dbVelocity, dbDegree1,

void GetVoiceDirection();
void DCForward();
void DCStop();
void DCRight();
void DCLeft();
void ReadCantimeter();
void ReadDegree();
void VoiceWait();
void MoveToward();
void VoiceDirectionUp();
void VoiceDirectionRight();
void VoiceDirectionDown();
void VoiceDirectionLeft();
```

〔그림 17-10〕 Header 파일에 함수 선언

17장

```
void CMy11Dlg::OnBtTimer()
{
    if( bTimerFlag == FALSE )
    {
        bTimerFlag = TRUE;
        DCServo01_DefineHome( pMotion, 1 );
        DCServo01_DefineHome( pMotion, 2 );
        SetTimer( 0, 100, NULL );                          // Timer 0번 시작
        SetDlgItemText( IDC_BT_TIMER, "Timer 정지" );      // 버튼에 표시될 Text
    }
    else
    {
        bTimerFlag = FALSE;
        DCStop();
        KillTimer(0);                                      // Timer() 함수 정지
        KillTimer(1);
        KillTimer(2);
        KillTimer(3);
        KillTimer(4);
        SetDlgItemText( IDC_BT_TIMER, "TImer 실행" );      // 버튼에 표시될 Text
    }
}

void CMy11Dlg::OnTimer(UINT nIDEvent)
{
    if ( nIDEvent == 0 )
        VoiceWait();
```

```
    if ( nIDEvent == 1 )
        MoveToward();

    if ( nIDEvent == 2 )
        VoiceDirectionUp();

    if ( nIDEvent == 3 )
        VoiceDirectionRight();

    if ( nIDEvent == 4 )
        VoiceDirectionDown();

    if ( nIDEvent == 5 )
        VoiceDirectionLeft();

    CDialog::OnTimer(nIDEvent);
}
```

〔그림 17-11〕 Timer() 함수

17-7 동작 확인 및 결과

1) 동작 확인

프로그램을 시작하면 로봇은 소리가 탐지될 때까지 대기한다.

왼쪽에서 소리가 감지되면, 로봇은 제자리에서 왼쪽으로 90° 회전을 하고 멈춘 후, 다시 직진하게 된다. 뒤를 감지하였을 때는 제자리에서 180° 회전을 하여 멈추었다가 다시 직진을 하게 된다.

2) 결 과

음원감지 센서의 경우에는 음원의 감도를 조절하는 노브에 따라 센서의 반응 정도가 틀린 것을 확인할 수 있다.

사람의 음원은 가청 주파수에 있으므로 잡음 및 음성이 모두 음원 데이터로 입력되어 로봇 입장에서 음원을 확인할 수 없는 것을 확인할 수 있었다.

로봇 입장에서 사람의 음원을 네 방향에서 감지를 하게 되어 제어할 수 있는 방법에 대하여 알아보았다.

17-9 심화학습

- 좌측이나 우측에서 소리가 감지되었을 경우 로봇이 해당방향으로 90도 회전하고 멈춘 후 직진하는 것 대신 멈춤없이 부드럽게 좌회전이나 우회전을 할 수 있도록 프로그램하시오.

제18장
경보장치 제어 실습

18-1 실습 내용

각종 센서로 사람을 감지하고 DC모터로 동작하는 경보장치를 만든다.

18-2 실습 목표

본 실습에서는 초전 센서와 초음파, 적외선 거리감지 센서를 이용하여 사람이 감지가 된 경우 DC 모터를 사용하여 경보를 발생하는 프로그램을 작성하여 본다.

18-3 실습 준비

메인제어 모듈(ED7271-15)	1EA
DC 모터(ED7271-10)	2EA
초전 센서(ED7271-7)	1EA
초음파 센서(ED7271-3)	1EA
적외선 센서(ED7271-4)	1EA
양방향 구동 모듈	1EA
타이밍벨트	2EA
USB 케이블 A 〈-〉 B	1EA

10P Plat 케이블	1EA
16P Plat 케이블	2EA
AC220V 전원선	1EA

18-4 장비 결선

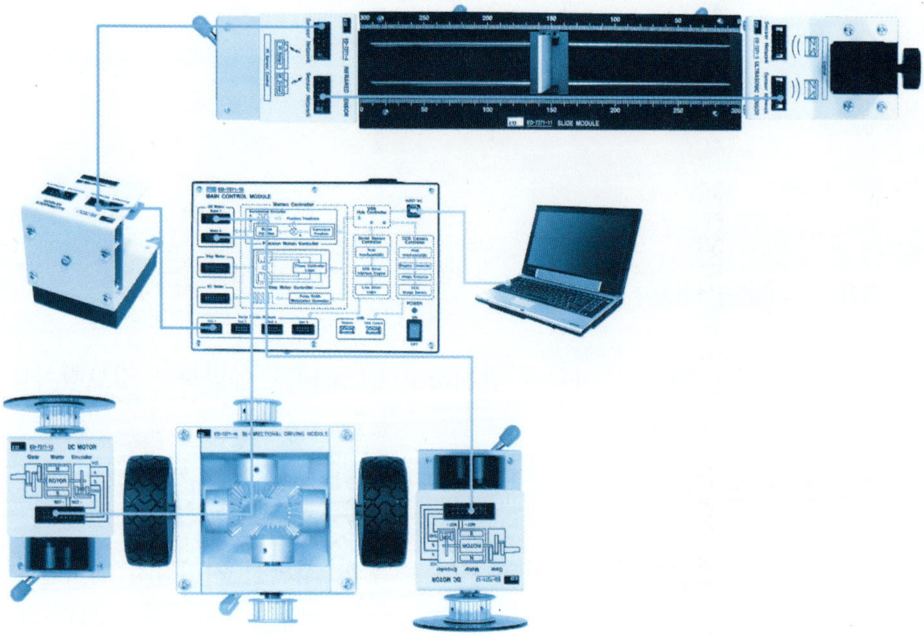

18-5 프로그램

1) IRES를 이용한 프로그램 작성

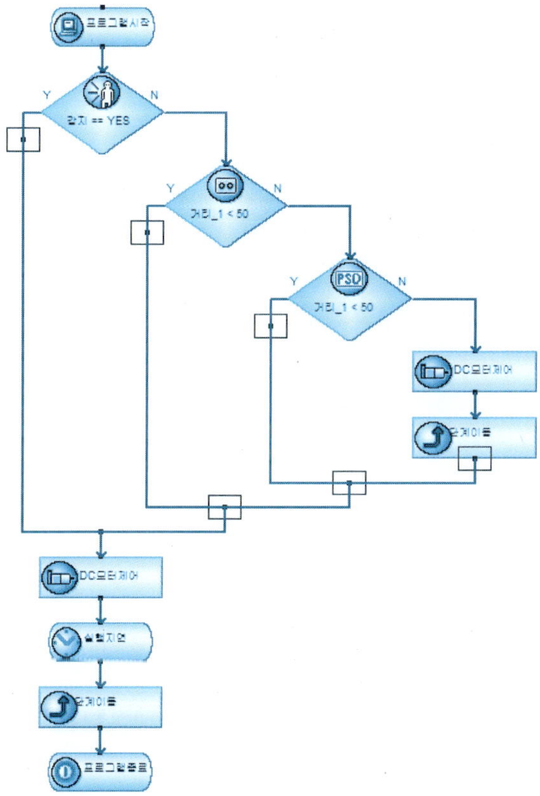

2) MFC를 이용한 프로그램 작성

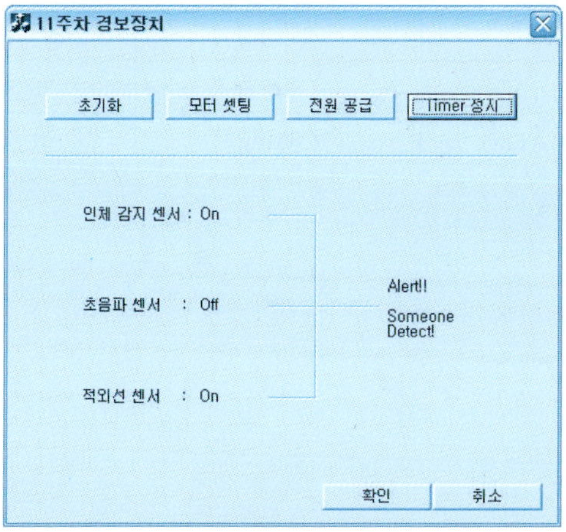

〔그림 18-1〕 실습 목표

(1) 프로젝트 생성, 기본 버튼 / 함수 작성

지난 실습들과 동일하게 작성한다.

(2) 인체감지, 초음파, 적외선 센서, DC 모터 제어 함수 작성

다음 그림들을 참조하여 작성한다.

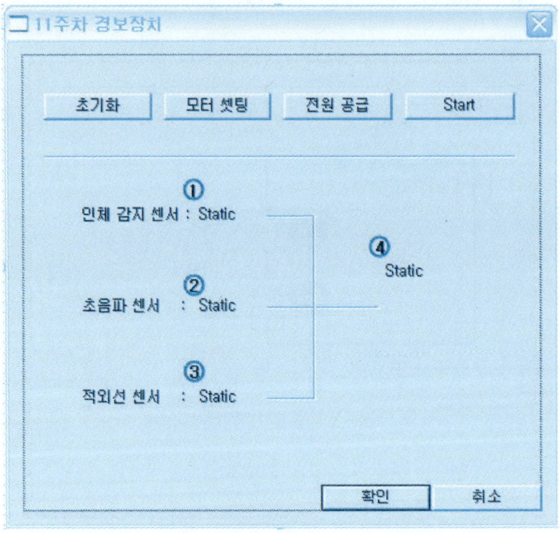

〔그림 18-2〕 Dialog 배치

〈표 18-1〉 ID, 변수 형, 변수 명

번 호	ID	변수 형	변수 명
1	IDC_PYRO	CString	m_strPyro
2	IDC_ULTRA	CString	m_strUltrasensor
3	IDC_IR	CString	m_strIRsensor
4	IDC_ALERTSTATE	CString	m_strAlertstate

```
void CMy11Dlg::GetPyroelectric()
{
    cPyro = 0;

    SSN_GetPyroelectric( pSensor, cPyro );

    if ( cPyro )
        m_strPyro.Format( "On" );
    else
        m_strPyro.Format( "OFF" );
    UpdateData(FALSE);
}

void CMy11Dlg::GetUtrasonic()
{
    SSN_GetUtrasonic( pSensor, fUltrasensor );

    if ( fUltrasensor[0] < 50 )
        m_strUltrasensor.Format( "On" );
    else
        m_strUltrasensor.Format( "Off" );

    UpdateData(FALSE);
}

void CMy11Dlg::GetIRDistance()
{
    SSN_GetIRDistance( pSensor, fIRsensor );

    if ( fIRsensor[0] < 50 )
        m_strIRsensor.Format( "On" );
    else
        m_strIRsensor.Format( "Off" );

    UpdateData(FALSE);
}
```

〔그림 18-3〕 인체감지, 초음파, 적외선 센서 함수

```
void CMy11Dlg::DCMotor()
{
    double dbVelocity = 30;

    DCServo01_SetAbsoluteVelocity( pMotion, 1, dbVelocity );
    DCServo01_ForwardStart( pMotion, 1 );
}

void CMy11Dlg::DCStop()
{
    DCServo01_StopSmoothly( pMotion, 1 );
}
```

〔그림 18-4〕 DC 모터 제어 함수

```
void CMy11Dlg::Alert()
{
    GetPyroelectric();
    GetUtrasonic();
    GetIRDistance();

    if ( cPyro || fUltrasensor[0] < 50 || fIRsensor[0] < 50 )
    {
        m_strAlertstate.Format( "\r\nAlert!! \r\n\r\nSomeone Detect!" );
        DCMotor();
    }
    else
    {
        m_strAlertstate.Format( "----\r\n\r\n----\r\n\r\n----" );
        DCStop();
    }

    UpdateData(FALSE);
}
```

〔그림 18-5〕 경보장치 함수

```
void CMy11Dlg::OnBtTimer()
{
    if( bTimerFlag == FALSE )
    {
        bTimerFlag = TRUE;
        SetTimer( 0, 100, NULL );                          // Timer 0번 시작
        SetDlgItemText( IDC_BT_TIMER, "Timer 정지" );      // 버튼에 표시될 Text
    }
    else
    {
        bTimerFlag = FALSE;
        DCStop();
        KillTimer(0);                                      // Timer() 함수 정지
        SetDlgItemText( IDC_BT_TIMER, "TImer 실행" );      // 버튼에 표시될 Text
    }
}

void CMy11Dlg::OnTimer(UINT nIDEvent)
{
    Alert();

    CDialog::OnTimer(nIDEvent);
}
```

〔그림 18-6〕 OnTimer() 함수

```
    MOTION_SESSION pMotion;
    SSN_SESSION pSensor;

    BOOL bTimerFlag;                        // TimerFlag 선언

    char cPyro;

    unsigned char nSelectSensor[1];         // 사용할 적외선, 초음파 센서 각각의 개수
    float fUltrasensor[1], fIRsensor[1];
```

〔그림 18-7〕 Header 파일에 변수 선언

```
float fUltrasensor[1], fIR:

void GetPyroelectric();
void GetUtrasonic();
void GetIRDistance();
void DCMotor();
void DCStop();
void Alert();
```

〔그림 18-8〕 Header 파일에 함수 선언

18-6 동작 확인 및 결과

1) 동작 확인

각 센서를 이용하여 사람이 침입했다고 판단될 경우 모터가 동작한다.

인체감지 센서 외의 센서는 모두 거리 측정 센서로 특정 거리 내에 물체가 탐지될 경우 모터가 동작한다.

2) 결 과

인체감시를 적용하여 사람의 유무를 확인하고, 거리 센서를 이용하여 일정 거리 내에 감지가 된 경우의 프로그램을 한 경우 좀 더 정확한 프로그램을 할 수 있을 것 같다.

위 와 같은 프로그램을 서브함수로 구현하여 다른 프로그램에 활용하는 경우에 보다 유효하게 로봇에 적용이 가능할 것 같다.

18-7 심화학습

- 인체감지, 초음파, 적외선센서가 모두 동작하고 있더라도 초음파센서가 20cm에서 장애물을 발견할 경우 "알람해제" 메시지를 띄우도록 프로그램 하시오.

제19장

보안자동문 제어 실습

19-1 실습 내용

영상 센서와 스텝 모터를 이용하여 특정 도형을 인식했을 때 문이 자동으로 열리도록 프로그램하자.

19-2 실습 목표

본 프로그램에서는 앞장에서 프로그램한 부분을 좀 더 응용하는 부분으로 영상의 센서를 추가하여 기존의 자동문에 보안적인 요소를 추가하여 프로그램하여 본다.

19-3 실습 준비

메인제어 모듈(ED7271-15)	1EA
양방향 구동 모듈	1EA
영상 센서(ED7271-10)	1EA
영상 패널	
타이밍벨트	2EA
USB 케이블 A 〈-〉 B	1EA
10P Plat 케이블	1EA

16P Plat 케이블 2EA

AC220V 전원선 1EA

19-4 장비 결선

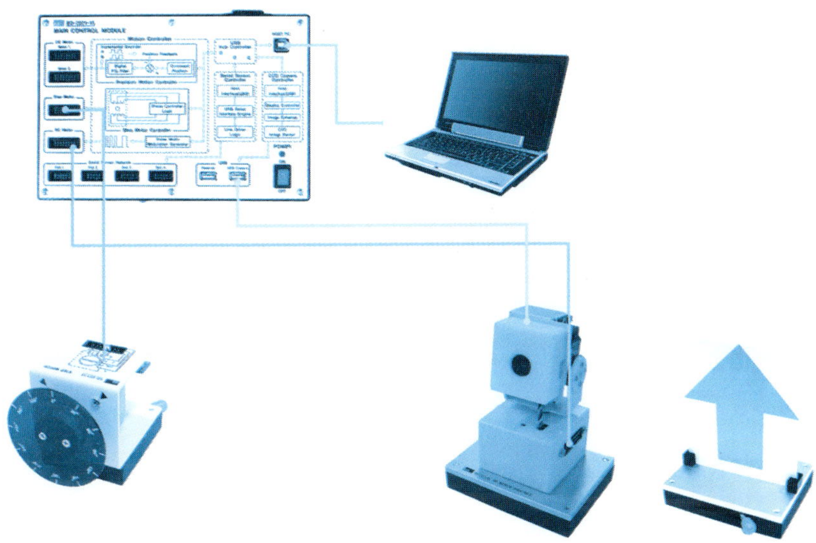

19-5 프로그램

지금까지 응용실습의 모터, 센서 제어에 영상처리가 추가된다. 프로젝트 생성과 기본 Dialog 생성 및 버튼 함수 설정에 있어 지금까지의 응용실습과 7장을 참조하여 작성한다.

1) IRES를 이용한 프로그램 작성

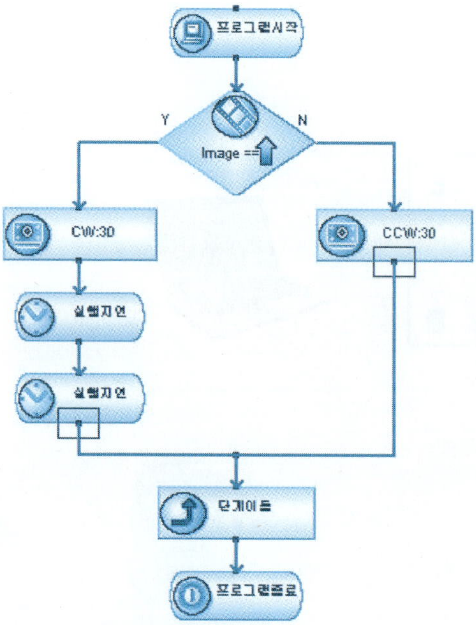

2) MFC를 이용한 프로그램 작성

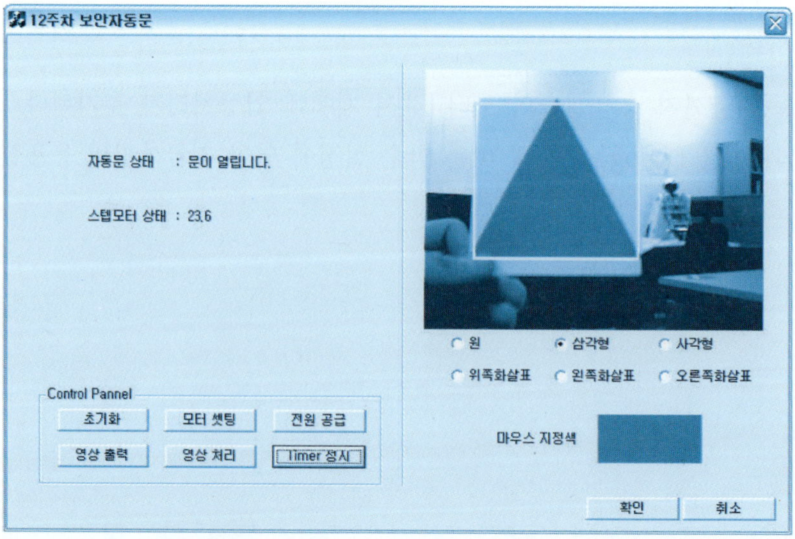

〔그림 19-1〕 실습 목표

(1) 프로젝트 생성, 기본 버튼 / 함수 작성

지능형 로봇 실습실험 장치의 센서부, 모터부, 영상처리부를 혼합 사용하는 기본적인 Dialog와 프로그램의 작성이며, 앞으로 진행하게 될 실습들은 이를 참고하여 작성하면 된다. 지금까지 했던 모터와 센서를 사용한 응용실습에 앞에서 영상처리가 추가된 것이므로, 다음 그림들과 설명을 보면서 차근차근 따라 하면 쉽게 할 수 있을 것이다.

제공되는 DLL 파일과 도형 DB 파일을 각각 해당되는 폴더에 복사한다.

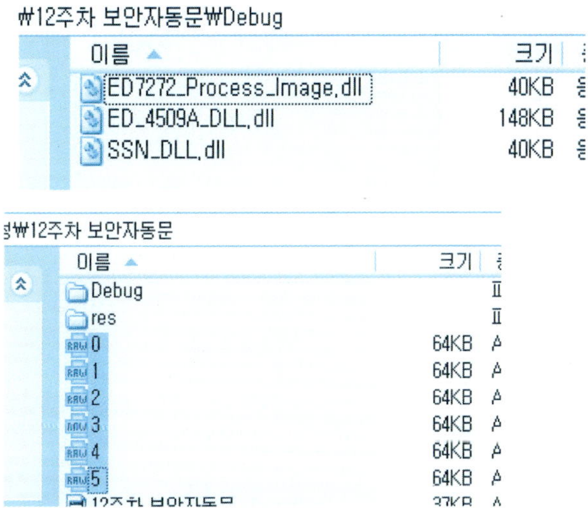

[그림 19-2] 파일 복사

※ 프로젝트 생성시 7장과 동일하게 생성한다.

프로젝트 세팅의 Library 연결란에 다음과 같이 추가하여 작성한다(기존, '../Library/ED_4509A_DLL.lib ../Library/SSN_DLL.lib' 작성에 [그림 19-3], [그림 19-4]를 추가).

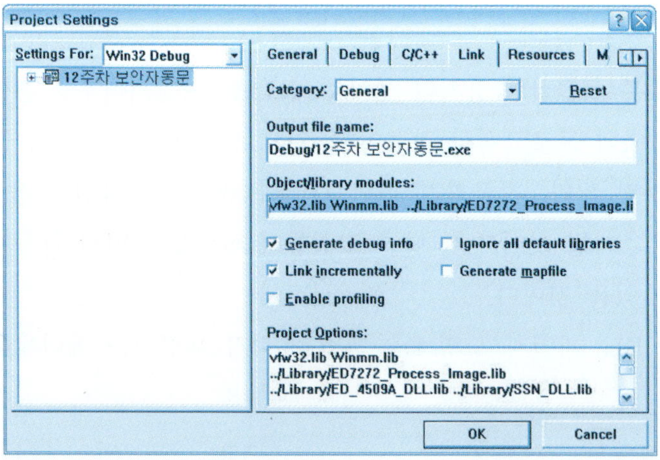

〔그림 19-3〕 Library 연결 추가

Header 파일('보안자동문Dlg.h')에 다음과 같이 작성한다.

```
#include "vfw.h"

class CMy12Dlg : public CDialog
{
// Construction
public:
    CMy12Dlg(CWnd* pParent = NULL); // standard constructor

    MOTION_SESSION pMotion;
    SSN_SESSION pSensor;
    HWND m_hWndCap;
    BOOL bTimerFlag;

    CRect m_Cap_Rect;
    CRect m_RectTrack;
    CRect m_RECT_mouse;
    unsigned char *MouseImg, ndir;
    COLORREF m_CaptureColor( unsigned char *InImg );
    // 마우스로 도형의 색을 추출하는 변수 초기화

// Dialog Data
    //{{AFX_DATA(CMy12Dlg)

/////////////////////////// 생략된 부분입니다. ////////////////////.

    //}}AFX_MSG
    DECLARE_MESSAGE_MAP()
};

LRESULT CALLBACK capCallbackOnFrame(HWND hWnd, LPVIDEOHDR lpVHdr);
void SaveToBitmapFile( LPCTSTR pFilename, BYTE *pSaveImage );
```

〔그림 19-4〕 Header 파일에 변수 선언

다음 그림과 같이 Dialog에 Picture, Radio Button, Button, Static Text들을 추가하고, ID와 변수 형, 변수 명은 다음 표를 보고 작성한다.

Radio 버튼들에 대한 경우 Ctrl+D를 누른 후, [그림 19-5]와 같이 번호를 할당한 후 IDC_CIRCLE 버튼에 Group 설정을 한다.

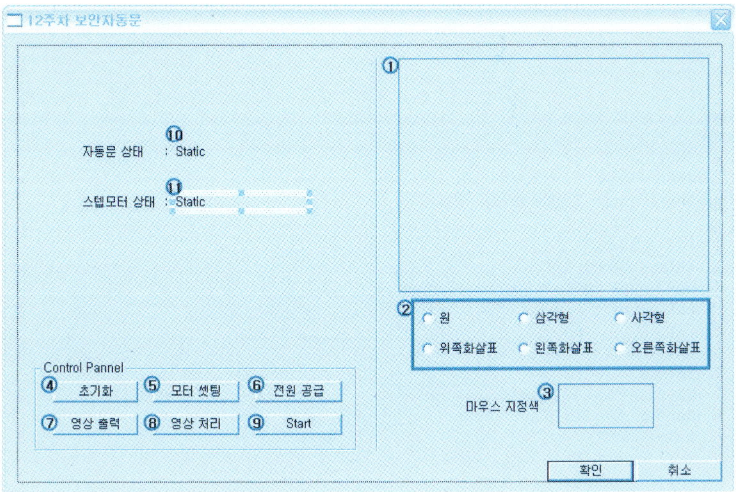

[그림 19-5] Dialog 배치

〈표 19-1〉 ID, 변수 형, 변수 명

번 호		ID	변수 형	변수 명
1		IDC_PROVESS_VIEW	CStatic	m_View
2	원	IDC_CIRCLE	int	m_Shape
	삼각형	IDC_TRIANGLE	·	·
	사각형	IDC_RECT	·	·
	위쪽화살표	IDC_UARR	·	·
	왼쪽화살표	IDC_LARR	·	·
	오른쪽화살표	IDC_RARR	·	·
3		IDC_MOUSE	·	·
4		IDC_BT_INIT	·	·
5		IDC_BT_FILTER	·	·
6		IDC_BT_POWER	·	·
7		IDC_BT_VISION	·	·
8		IDC_BT_PROCESS	·	·
9		IDC_BT_TIMER	·	·
10		IDC_DOORSTATE	CString	m_strDoorstate
11		IDC_STEPMOTOR	CString	m_strStepmotor

'보안자동문 Dlg.cpp' 파일의 상단에 다음 그림과 같이 작성한다.

```
static char THIS_FILE[] = __FILE__;
#endif

BITMAPINFO BmInfo;
unsigned char *pImageBuffer;

BOOL m_flagMouse;
BOOL process_flag;
int SHAPE, i;
COLORREF m_SelColor;
typedef struct tagProcess_Info
{
    int width;
    int height;
    unsigned char *m_Inimg; // 영상을 저장할 버퍼
    int Shape;              // 사용자가 지정한 도형
    int R;                  // 사용자가 지정한 색
    int G;
    int B;
    double distance;        // 거리
    double Angle;           // 로봇과의 각도
    int Object_Top;
    int Object_Bottom;
    int Object_Left;
    int Object_Right;
    BOOL find_success;      // 물체를 찾았는지 성공 여부
    int robot_select;           // 도형 모양의 사용자 선택 -> 1
                                // DB 안의 모든 도형 찾기 -> 2
}Process_Info,*KProcess_Info;
Process_Info Process;  //구조체 선언

EDROBOT_API void Proccess_Image( KProcess_Info Process );

/////////////////////////////////////////////////////////////////////
// CAboutDlg dialog used for App About
```

〔그림 19-6〕 코드 추가

[그림 19-5]의 버튼 4~6에 연결되는 함수를 작성한다. 초기화 버튼의 경우 지난 실습들과 동일하며, 7장과 다르게 영상처리의 초기화 역시 이 버튼의 함수에 추가하여 작성토록 하겠다(본 교재의 방법이며, 실제 영상처리의 초기화를 7장의 경우처럼 Dialog 생성시 실행되는 OnInitDialog() 함수에 작성하여도 상관없다).

```
BOOL CMy12Dlg::OnBtInit()
{
    pMotion = NULL;
    pSensor = NULL;

    if ( DCServo01_Initialize( m_hWnd, &pMotion ) != EDROBOT_API_OK )
        ::MessageBox( NULL, "모션보드 초기화 실패", "Error", MB_OK );

    if ( SSN_Initialize( &pSensor, FALSE ) != EDROBOT_API_OK )
        ::MessageBox( NULL, "센서 초기화 실패", "Error", MB_OK );

/*------------------센서, 모터 초기화와 영상처리 초기화를 구분------------------------------*/

    m_View.GetWindowRect(&m_Cap_Rect);
    ScreenToClient(&m_Cap_Rect);

    GetDlgItem(IDC_MOUSE)->GetWindowRect(&m_RECT_mouse);
    ScreenToClient(&m_RECT_mouse);

    GetDlgItem(IDC_PROCESS_VIEW)->SetWindowPos(&wndBottom,400,30,320,240,SWP_DRAWFRAME);


    m_hWndCap = capCreateCaptureWindow(_T("Gomins Capture for Windows"), WS_CHILD | WS_VISIBLE,
                                30,30, 1, 1, this->m_hWnd, NULL );

    if (capSetCallbackOnFrame(m_hWndCap, capCallbackOnFrame) == FALSE) return FALSE;
    if (capDriverConnect(m_hWndCap, 0) == FALSE) return FALSE;

    capGetVideoFormat(m_hWndCap, &BmInfo, sizeof(BITMAPINFO));
    if (BmInfo.bmiHeader.biBitCount != 24)
    {
        BmInfo.bmiHeader.biBitCount         = 24;
        BmInfo.bmiHeader.biCompression      = 0;
        BmInfo.bmiHeader.biSizeImage        = BmInfo.bmiHeader.biWidth
                                              * BmInfo.bmiHeader.biHeight * 3;
        capSetVideoFormat(m_hWndCap, &BmInfo, sizeof(BITMAPINFO));
    }

    capPreviewRate(m_hWndCap, 30);
    capPreview(m_hWndCap, true);

    pImageBuffer= new unsigned char[BmInfo.bmiHeader.biWidth*BmInfo.bmiHeader.biHeight*3];

    bTimerFlag = FALSE;
    m_Shape=0;
    Process.robot_select = 1;

    return TRUE;
}
```

〔그림 19-7〕 초기화 버튼에 연결된 초기화 코드

지난 실습들과 다르게 함수가 BOOL 값을 넘겨주도록 작성되어 있다. 이는 영상처리의 초기화 과정에서 TRUE, FALSE값을 넘겨주기 위한 것이므로, 함수 역시 BOOL 값을 반환시키도록 변형하였음에 유의하자(Header 파일에서도 'void'를 'BOOL'로 변형하여야 한다).

영상 출력 버튼에 다음과 같이 추가한 후 OnTimer() 함수에서 해당 버튼을 눌렀을 때 OnPaint() 함수를 호출하여(100ms마다) 영상을 출력하도록 한다.

또한 영상처리 버튼에 다음과 같이 작성하여 해당 버튼을 눌렀을 때, 영상처리를 수행토록 한다.

```
void CMy12Dlg::OnBtVision()
{
    SetTimer( 0, 100, NULL );
}

void CMy12Dlg::OnBtProcess()
{
    process_flag = FALSE;
    UpdateData(FALSE);
}

void CMy12Dlg::OnBtTimer()
{
    if( bTimerFlag == FALSE )
    {
        bTimerFlag = TRUE;
        STEP_DefineHome( pMotion );
        SetTimer( 1, 100, NULL );
        SetDlgItemText( IDC_BT_TIMER, "Timer 정지" );
    }
    else
    {
        bTimerFlag = FALSE;
        KillTimer(0);
        KillTimer(1);
        SetDlgItemText( IDC_BT_TIMER, "TImer 실행" );
    }
}

void CMy12Dlg::OnTimer(UINT nIDEvent)
{
    if ( nIDEvent == 0 )
        OnPaint();

    if ( nIDEvent == 1 )
    {
    }

    CDialog::OnTimer(nIDEvent);
}
```

〔그림 19-8〕 영상 출력, 영상처리, Timer 함수

OnTimer() 함수에서 영상 출력 버튼을 눌렀을 때, OnPaint() 함수를 100ms 마다 호출하는 것을 알 수 있으며, 'if(nIDEvevt == 1)'은 보안자동문 제어를 위한 것으로 아직 작성하지 않은 부분이다.

'모터 세팅', '전원 공급'에 연결된 함수의 작성 및 Radio 버튼에서 작성한 함수(WM_LBUTTONUP, WM_LBUTTONDOWN, WM_MOUSEMOVE, CallBack 함수 등)들을 모두 동일하게 작성한다. 영상처리에 모터와 센서의 초기화, 모터 세팅, 전원 공급 버튼과 그에 연결되는 함수를 추가한 것이다.

보안자동문 제어를 하기 위한 기본적인 프로그램 작성은 끝이며, 에러 없이 작성되었을 때, 다음과 같은 결과를 얻을 수 있다.

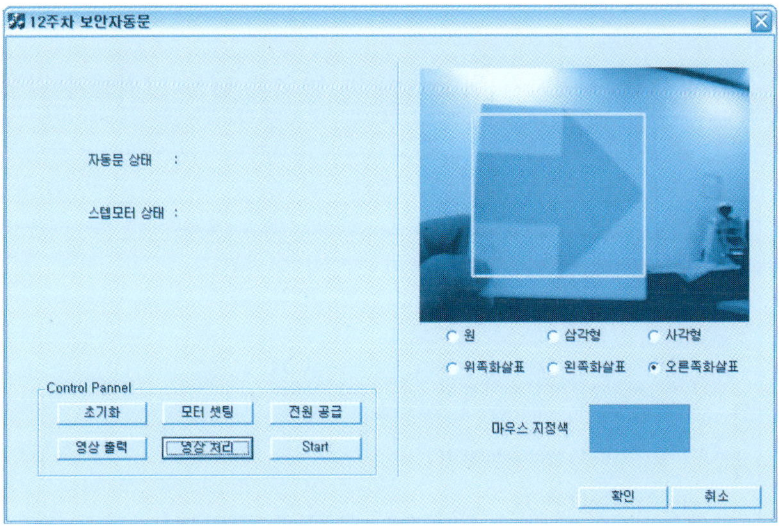

〔그림 19-9〕 기본 프로그램 작성

① 초기화 버튼으로 모터와 센서, 영상처리에 대한 초기화를 한다.

② 모터 세팅 버튼으로 DC 모터의 정보 값을 입력한다.

③ 전원 공급 버튼으로 각 센서 모듈들에 전원을 공급한다.

④ 영상 출력 버튼으로 OnTimer() 함수의 '0' 번째를 구동시켜 OnPaint() 함수를 호출, 지정한 영역의 화면에 영상을 출력한다.

⑤ 나타난 영상의 영역색을 마우스로 지정한 후, 도형의 모양을 결정한다.

⑥ 영상처리 버튼을 누르면 지정된 색과 모양이 일치할 경우 녹색의 사각형으로 표시한다.

영상처리를 모터와 센서 제어에 혼합시키는 응용실습을 위한 기본 준비는 끝났다. 아직 잘 이해가 되지 않는 부분이 있다면, 7장의 실습내용을 다시 한번 읽고, 직접 작성해보기 바란다.

다음 실습부터는 지금까지 한 준비 과정을 동일하게 진행하면 된다.

(2) 스텝 모터 제어

스텝 모터를 제어하기 위한 함수와 변수를 다음 그림들과 같이 작성, 선언한다.

```
void CMy12Dlg::StepForward()
{
    UpdateData(TRUE);

    dwPulse = 2000;

    STEP_SetVelocity( pMotion, dwStepVel );
    STEP_AbsoultePulseStart( pMotion, DIR_CW, dwPulse );
}

void CMy12Dlg::StepBackward()
{
    UpdateData(TRUE);

    dwPulse = 2000;

    STEP_SetVelocity( pMotion, dwStepVel );
    STEP_AbsoultePulseStart( pMotion, DIR_CCW, dwPulse );
}

void CMy12Dlg::StepStop()
{
    UpdateData(TRUE);
    STEP_Stop( pMotion );
}

void CMy12Dlg::STEPReadState()
{
    unsigned char StepDir;
    DWORD dwReadPulse;
    double dbDegree;

    STEP_ReadState( pMotion, StepDir, dwReadPulse, dbDegree, dbReadDistance );
    m_strStepmotor.Format( "%4.1f", dbReadDistance);
    UpdateData(FALSE);
}
```

〔그림 19-10〕 스텝 모터 제어 함수

```
    unsigned char *MouseImg, ndir;
    COLORREF m_CaptureColor( unsigned char *InImg );
    // 마우스로 도형의 색을 추출하는 변수 초기화

    DWORD dwPulse, dwStepVel;
    double dbReadDistance;

// Dialog Data
    //{{AFX_DATA(CMy12Dlg)
    enum { IDD = IDD_MY12_DIALOG };
```

〔그림 19-11〕 변수 선언

```
    DWORD dwPulse, dwStepVel;
    double dbReadDistance;

    void StepForward();
    void StepStop();
    void StepBackward();
    void STEPReadState();
    void SecurityDoorClose();
    void SecurityDoorOpen();

// Dialog Data
```

〔그림 19-12〕 함수 선언

```
    // Note that LoadIcon does not require a subsequen
    m_hIcon = AfxGetApp()->LoadIcon(IDR_MAINFRAME);

    dwStepVel = 5;
    pImageBuffer = NULL;     // 버퍼 초기화

    Process.m_Inimg = NULL; // Process 버퍼 초기화
    MouseImg = NULL;         // 버퍼 초기화
```

〔그림 19-13〕 생성자에 스텝 모터 속도 값 선언(초기화)

(3) 보안자동문 제어

이제 설정한 도형을 확인했을 경우 문을 열도록 제어하는 함수를 작성한다.

보안자동문 제어를 하기 위해서는 영상처리 과정 중 지정한 물체를 찾았는지에 대한 확인 여부가 중요한 것으로 이는 구조체 'process'의 'find_success'의 값으로 판단한다.

```
typedef struct tagProcess_Info
{
    int width;
    int height;
    unsigned char *m_Inimg; // 영상을 저장할 버퍼
    int Shape;              // 사용자가 지정한 도형
    int R;                  // 사용자가 지정한 색
    int G;
    int B;
    double distance;        // 거리
    double Angle;           // 로봇과의 각도
    int Object_Top;
    int Object_Bottom;
    int Object_Left;
    int Object_Right;
    BOOL find_success;      // 물체를 찾았는지 성공 여부
    int robot_select;          // 도형 모양의 사용자 선택 -> 1
                               // DB 안의 모든 도형 찾기 -> 2
}Process_Info,*KProcess_Info;
Process_Info Process;  //구조체 선언
```

〔그림 19-14〕 구조체 내의 'find_success' 변수

이 변수의 반환 값을 확인하여 TRUE일 경우 보안 해제(문 열림)를 실행시키면 된다. 다음 그림들을 보면서 직접 프로그램을 작성해 보면서 그 결과를 확인토록 한다.

```
void CMy12Dlg::SecurityDoorOpen()
{
    STEPReadState();
    if ( Process.find_success == TRUE )          // 도형을 확인하면..
    {
        StepBackward();                          // 자동문 열림
        m_strDoorstate.Format( "문이 열립니다." );
    }
    if ( dbReadDistance > 70 )                   // 자동문의 이동 거리 설정 = 70
    {
        StepStop();
        m_strDoorstate.Format( "문이 열려있습니다." );
        UpdateData(FALSE);
        KillTimer(1);
        Sleep(5000);                             // 문이 열린후 5초간의 강제 딜레이
        STEP_DefineHome( pMotion );
        SetTimer( 2, 100, NULL );                // Timer 1번 호출
    }
}

void CMy12Dlg::SecurityDoorClose()
{
    STEPReadState();
    StepForward();                               // 자동문 닫힘
    m_strDoorstate.Format( "문이 닫힙니다." );
    if ( Process.find_success == TRUE )          // 도형을 확인하면..
    {
        StepBackward();                          // 자동문 열림
        m_strDoorstate.Format( "문이 열립니다." );
    }
    if ( dbReadDistance > 70 )                   // 자동문의 이동 거리 설정 = 70
    {
        StepStop();
        m_strDoorstate.Format( "문이 닫혀 있습니다." );
        KillTimer(2);
        STEP_DefineHome( pMotion );
        SetTimer( 1, 100, NULL );                // Timer 2번 호출
    }
}
```

〔그림 19-15〕 보안자동문 제어 함수

```
void CMy12Dlg::OnTimer(UINT nIDEvent)
{
    if ( nIDEvent == 0 )
        OnPaint();

    if ( nIDEvent == 1 )
        SecurityDoorOpen();

    if ( nIDEvent == 2 )
        SecurityDoorClose();

    CDialog::OnTimer(nIDEvent);
}
```

〔그림 19-16〕 OnTimer() 함수

자동문 제어에서 인체감지 센서 대신 영상처리를 이용한 점이 차이다.
실제 동작을 확인해 보도록 하자.

19-6 동작 확인 및 결과

1) 동작 확인

영상 센서 분기 객체에 위쪽 화살표 모양을 보여주면 문이 열리게 된다. 닫히는 동안에 화살표를 보여주어도 문이 다시 열리게 된다.

2) 결 과

실습의 목적은 주인 인식 자동문이다. 화살표는 주인의 얼굴을 대신한 것이다.

실험에 쓰인 영상 센서는 5가지의 특정 패턴만 인식하게 되어 있는데 이 센서가 좀 더 나아가 사람 얼굴 형태를 인식할 수 있었으면 하는 생각이 들었다.

19-7 심화학습

- 초음파 센서와 적외선 센서를 추가하여, 특정 패널을 인식했다 하더라도, 일정 거리에 위치하였을 때만 자동문이 동작하도록 프로그램 하시오.

제20장

경보장치 울림 및 해체 제어 실습

20-1 실습 내용

센서로 사람을 감지하고 DC 모터를 동작하게 하는 경보장치를 만든다. 경보장치의 해제는 영상 센서를 통해 입력되는 신호를 이용한다.

20-2 실습 목표

본 프로그램에서는 두 가지 이상의 센서를 이용한 프로그램이며, 기존의 센서 조합에 영상 센서를 이용한 로봇 정지(경보장치)를 프로그램한다. 본 프로그램에서는 영상 센서의 조건을 설정하는 것에 대하여 알아본다.

20-3 실습 준비

메인제어 모듈(ED7271-15)	1EA
DC 모터(ED7271-10)	2EA
초전 센서(ED7271-7)	1EA
초음파 센서(ED7271-3)	1EA
적외선 센서(ED7271-4)	1EA
양방향 구동 모듈	1EA
영상 센서(ED7271-10)	1EA

영상 패널	
타이밍벨트	2EA
USB 케이블 A 〈-〉 B	1EA
10P Plat 케이블	1EA
16P Plat 케이블	2EA
AC220V 전원선	1EA

20-4 장비 결선

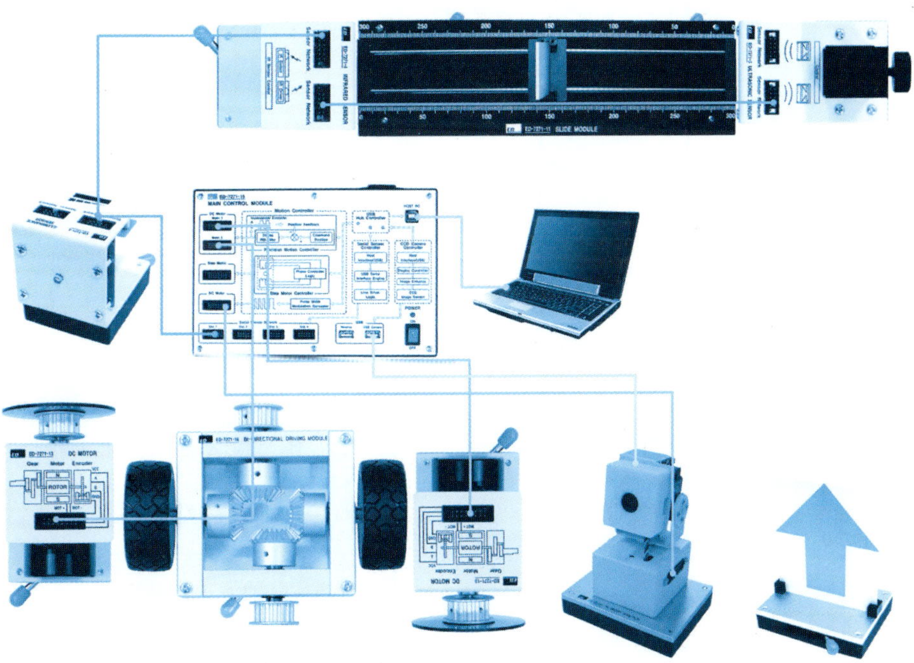

20-5 프로그램

1) IRES를 이용한 프로그램 작성

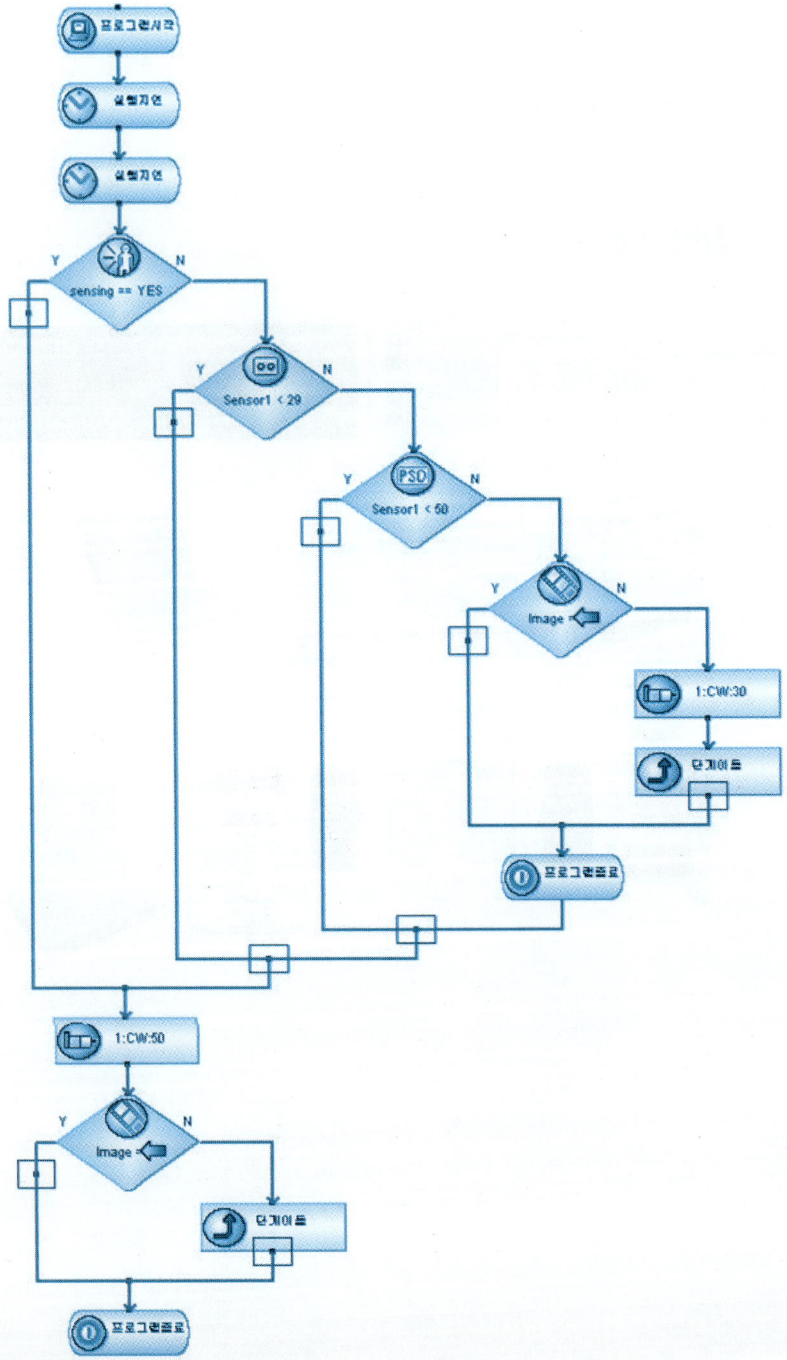

2) MFC를 이용한 프로그램 작성

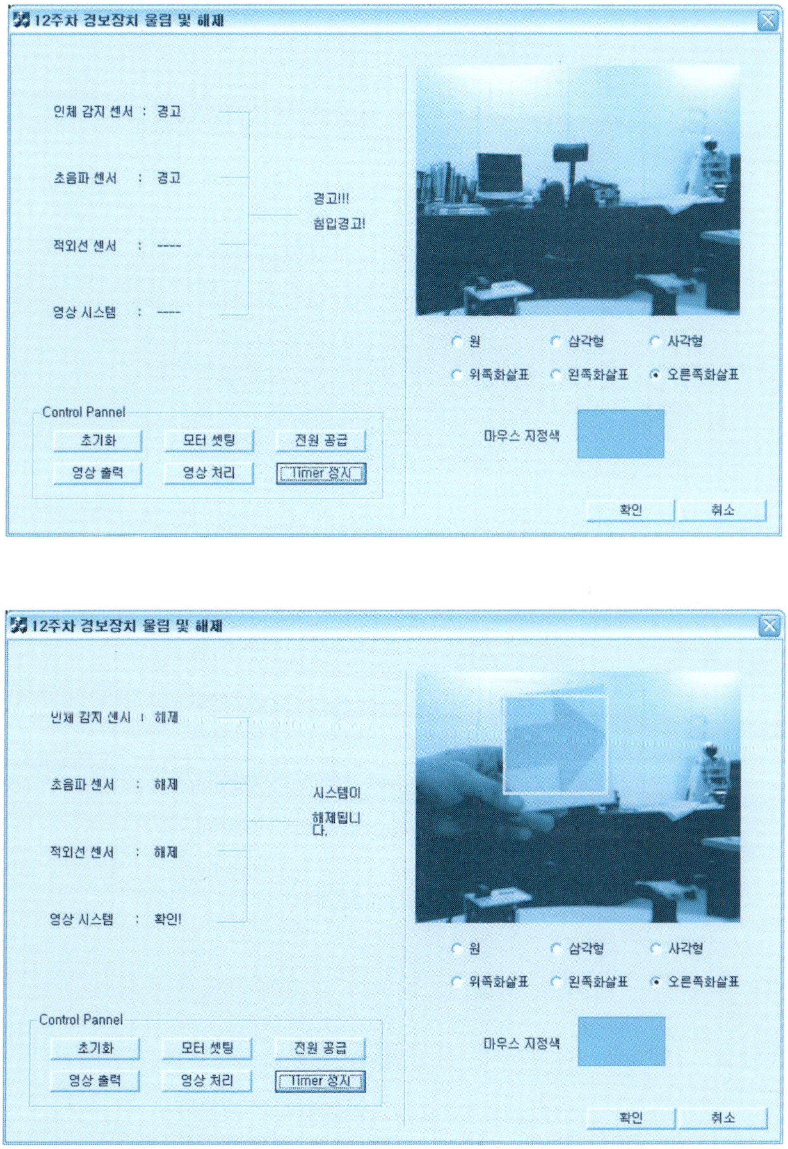

〔그림 20-1〕 실습 목표

(1) 프로젝트 생성, 기본 버튼 / 함수 작성

앞 장의 응용 실습과 동일하게 작성하며 다음 그림을 참고한다.

20장

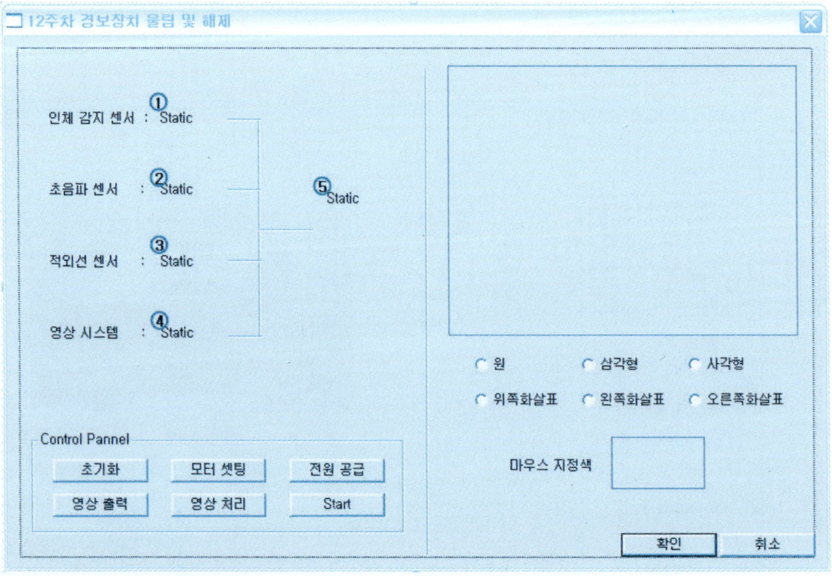

〔그림 20-2〕 Dialog 배치

〈표 20-1〉 ID, 변수 형, 변수 명

번 호	ID	변수 형	변수 명
1	IDC_PYRO	CString	m_strPyro
2	IDC_ULTRA	CString	m_strUltra
3	IDC_IR	CString	m_strIRsensor
4	IDC_VISION	CString	m_strVision
5	IDC_SYSTEM	CString	m_strSystem

(2) 인체감지, 초음파, 적외선 센서, DC 모터 제어

다음 그림들을 참고하여 작성한다.

```
void CMy12Dlg::GetPyroelectric()
{
    cPyro = 0;

    SSN_GetPyroelectric( pSensor, cPyro );

    if ( cPyro )
        m_strPyro.Format( "경고" );
    else
        m_strPyro.Format( "----" );
    UpdateData(FALSE);
}
```

〔그림 20-3〕 인체감지 센서 함수

```
void CMy12Dlg::GetUtrasonic()
{
    fUltrasensor[0] = 0;

    SSN_GetUtrasonic( pSensor, fUltrasensor );

    if ( fUltrasensor[0] < 50 )
        m_strUltra.Format( "경고" );
    else
        m_strUltra.Format( "----" );

    UpdateData(FALSE);
}
```

〔그림 20-4〕 초음파 센서 함수

```
void CMy12Dlg::GetIRDistance()
{
    fIRsensor[0] = 0;

    SSN_GetIRDistance( pSensor, fIRsensor );

    if ( fIRsensor[0] < 50 )
        m_strIRsensor.Format( "경고" );
    else
        m_strIRsensor.Format( "----" );

    UpdateData(FALSE);
}
```

〔그림 20-5〕 적외선 센서 함수

```
void CMy12Dlg::DCMotor()
{
    double dbVelocity = 30;

    DCServo01_SetAbsoluteVelocity( pMotion, 1, dbVelocity );
    DCServo01_ForwardStart( pMotion, 1 );
}

void CMy12Dlg::DCStop()
{
    DCServo01_StopSmoothly( pMotion, 1 );
}
```

〔그림 20-6〕 DC 모터 함수

```
    unsigned char *MouseImg, nDir;
    COLORREF m_CaptureColor( unsigned char *InIm
    // 마우스로 도형의 색을 추출하는 변수 초기화

    char cPyro;

    unsigned char nSelectSensor[1];
    float fUltrasensor[1], fIRsensor[1];

// Dialog Data
    //{{AFX_DATA(CMy12Dlg)
    enum { IDD = IDD_MY12_DIALOG };
```

〔그림 20-7〕 변수 선언

(3) 경보장치 울림 및 해제

다음 그림을 참조하여 작성한다.

```
void CMy12Dlg::Vision()
{
    if ( Process.find_success == TRUE )
        m_strVision.Format( "확인!" );
    else
        m_strVision.Format( "----" );

    UpdateData(FALSE);
}
```

〔그림 20-8〕 영상 인식 여부를 확인하는 함수

```
void CMy12Dlg::SYSTEM()
{
    GetPyroelectric();
    GetUtrasonic();
    GetIRDistance();
    Vision();

    if ( cPyro || fUltrasensor[0] < 50 || fIRsensor[0] < 50 )
    {
        m_strSystem.Format( "₩r₩n경고!!! ₩r₩n₩r₩n침입경고!" );
        DCMotor();
        if ( Process.find_success == TRUE )
        {
            KillTimer(1);
            DCStop();
            m_strUltra.Format( "해제" );
            m_strIRsensor.Format( "해제" );
            m_strPyro.Format( "해제" );
            m_strSystem.Format( "시스템이 ₩r₩n₩r₩n해제됩니다. ");
            UpdateData(FALSE);
        }
    }
    else
    {
        m_strSystem.Format( "----₩r₩n₩r₩n----₩r₩n₩r₩n----" );
        DCStop();
    }

    UpdateData(FALSE);
}
```

〔그림 20-9〕 경보장치 울림 및 해제 함수

```
    float fUltrasensor[1], fIF

    void GetPyroelectric();
    void GetUtrasonic();
    void GetIRDistance();
    void DCMotor();
    void DCStop();
    void Vision();
    void SYSTEM();
```

〔그림 20-10〕 함수 선언

```
void CMy12Dlg::OnBtTimer()
{
    if( bTimerFlag == FALSE )
    {
        bTimerFlag = TRUE;
        STEP_DefineHome( pMotion );
        SetTimer( 1, 100, NULL );
        SetDlgItemText( IDC_BT_TIMER, "Timer 정지" );
    }
    else
    {
        bTimerFlag = FALSE;
        KillTimer(0);
        KillTimer(1);
        SetDlgItemText( IDC_BT_TIMER, "TImer 실행" );
    }
}

void CMy12Dlg::OnTimer(UINT nIDEvent)
{
    if ( nIDEvent == 0 )
        OnPaint();

    if ( nIDEvent == 1 )
        SYSTEM();

    CDialog::OnTimer(nIDEvent);
}
```

〔그림 20-11〕 OnTimer() 함수

인체감지, 초음파, 적외선 센서들의 값을 전달받아 한 센서라도 감지가 되면 DC 모터를 회전시킨다. 그러나 지정한 도형을 인식하면 모든 센서의 경고 메시지는 '해제'되며 해당 Timer를 종료시킨다.

20-6 동작 원리 및 결과

1) 동작 원리

각 센서를 이용하여 사람이 침입했다고 판단될 경우 모터가 동작한다.

인체감지 센서 외의 센서는 모두 거리 측정 센서로 특정 거리 내에 물체가 탐지될 경우 경보장치가 동작한다.

인체감지 센서에 의해 인체가 감지될 경우 경보장치가 동작한다.

센서에 감지되면 DC 모터는 50rpm으로 영상 센서로 해제 신호가 들어올 때까지 회전하게 된다. 경보가 울리고 있는 상태든 경보가 울리고 있지 않은 상태든 영상 센서에 프로그램 종료 신호를 입력하면 프로그램이 종료된다.

2) 결 과

영상 센서도 거리를 측정할 수 있으므로 감지 센서로 사용될 수 있다.

영상 센서를 이용하기 위해서는 영상에 대한 색체 정보를 정확히 세팅하여야 정확한 데이터를 확인할 수 있다.

20-7 심화학습

- 영상센서에서 특정 도형을 인식하여 시스템이 해제되고 DC모터가 동작을 멈추면 스텝모터가 CW방향으로 70cm만큼 회전한 후 다시 CCW방향으로 70cm만큼 회전하도록 프로그램하시오.

제21장
영상처리를 이용한 로봇의 이동제어 실습

21-1 실습 과제

영상 카메라로 영상 패널을 인식하여 각각의 패널에 대한 명령을 달리하여 로봇에게 간단한 전진, 후진, 방향회전 등의 명령을 내려 로봇을 동작시켜 본다.

21-2 실습 목표

영상 카메라에 의한 패널 인식의 원리를 파악하고, 로봇에 어떤 용도로 적용가능한지 알아본다.

21-3 순서도 작성

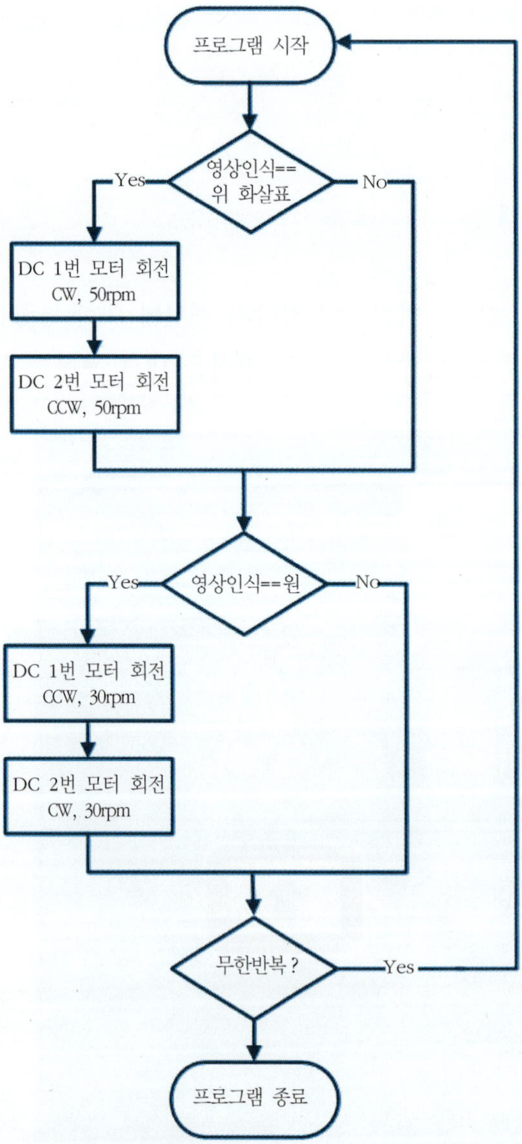

21-4 실습 준비

메인제어 모뉼(ED7271-15)	1EA
RC 모터(ED7271-10)	1EA
패널 고정 모듈(ED7271-17)	1EA
DC 모터(ED7271-10)	2EA
양방향 구동 모듈	1EA
타이밍벨트	2EA
USB 케이블 A 〈-〉 B	1EA
16P Plat 케이블	2EA
AC220V 전원	1EA

21-5 장비 결선 및 배치

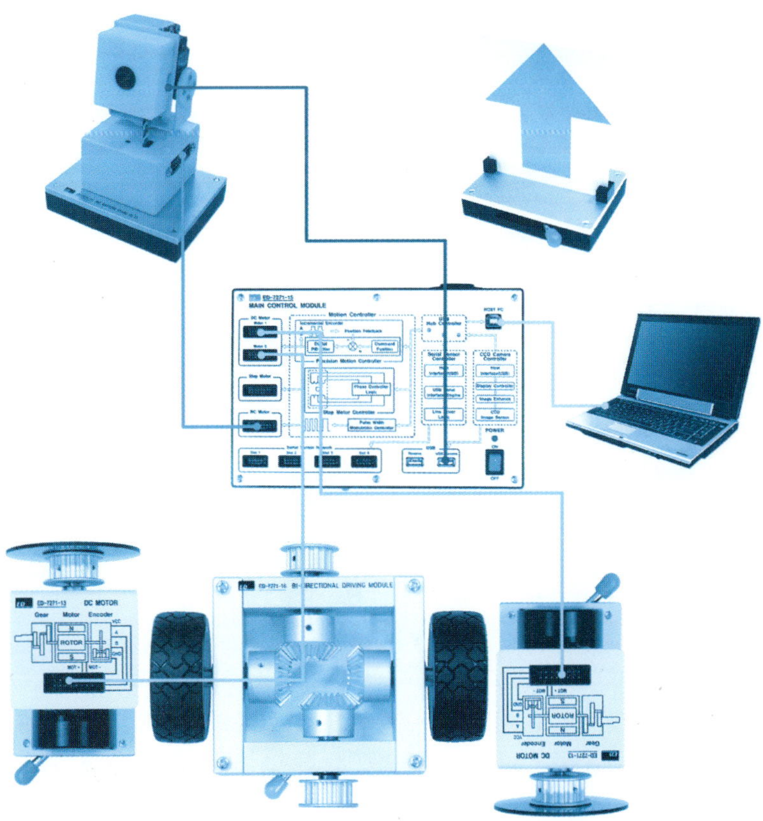

21-6 프로그램

1) IRES를 이용한 프로그램 작성

녹색의 위쪽 화살표 패널을 인식했을 때 로봇이 전진을 하고 삼각형 패널을 인식했을 때 로봇이 정지하는 프로그램을 작성한다.

프로그램에 앞서 패널의 인식설정 방법을 설명한다. 패널의 인식은 색과 모양을 선택해주면 되는데, 인식설정 방법은 다음과 같다.

영상 분기에서 객체의 환경설정을 패턴 인식으로 선택 후 확인을 클릭한다.

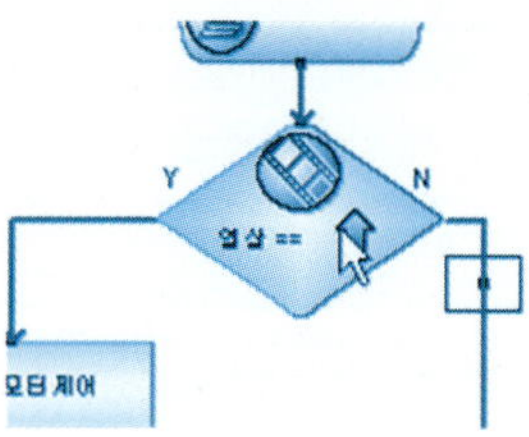

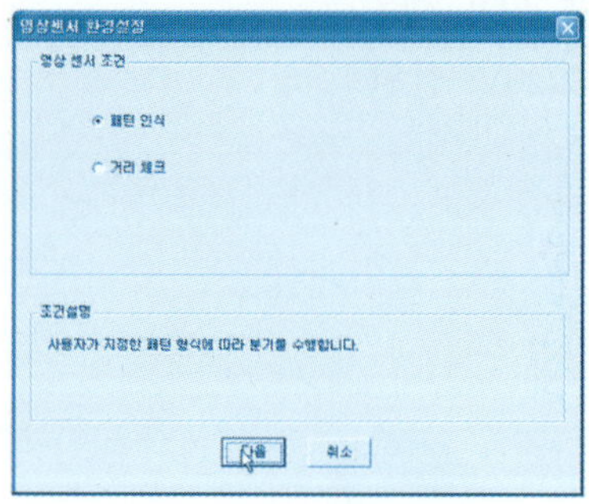

원하는 패턴의 모양을 선택한다. 그리고 지정색 버튼을 클릭한다.

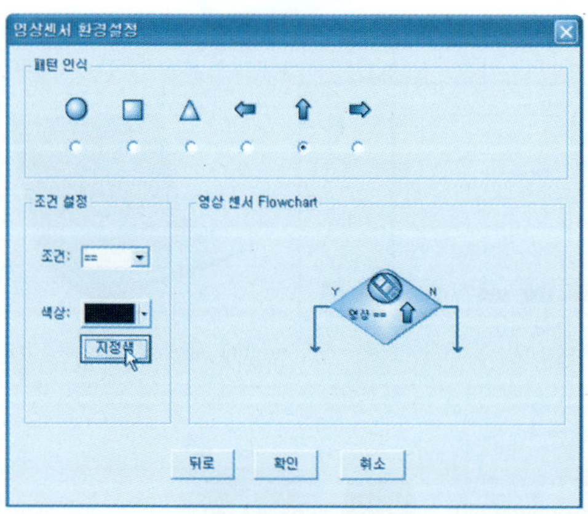

선택한 패턴의 색을 지정하는 방법은 화살표의 녹색 영역을 드래그해준다. 그러면 아래의 표시부분에 드래그해준 색이 설정된다. 이렇게 설정한 객체는 녹색의 위쪽 방향의 화살표만 인식할 것이다.

로봇영상
확인
취소

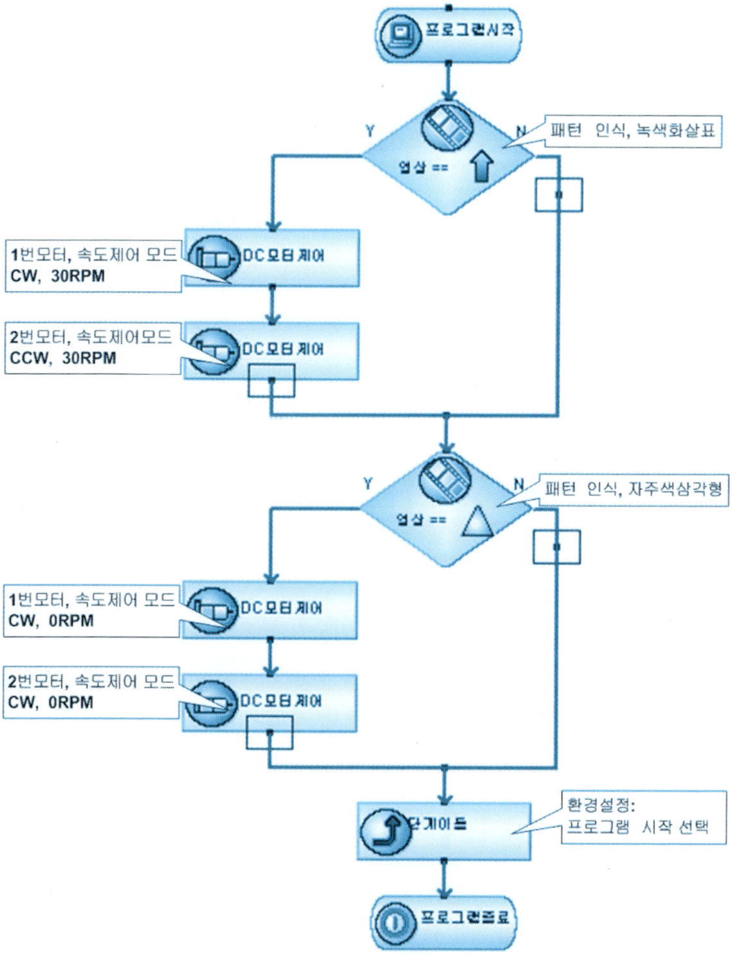
프로그램시작
Y
N
영상 ==
패턴 인식, 녹색화살표
1번모터, 속도제어 모드
CW, 30RPM
DC모터제어
2번모터, 속도제어모드
CCW, 30RPM
DC모터제어
Y
N
영상 ==
패턴 인식, 자주색삼각형
1번모터, 속도제어 모드
CW, 0RPM
DC모터제어
2번모터, 속도제어 모드
CW, 0RPM
DC모터제어
환경설정:
프로그램 시작 선택
프로그램종료

2) MFC를 이용한 프로그램 작성

노란색의 위쪽 화살표 패널을 인식했을 때 로봇이 전진을 하고 오른쪽 화살표는 오른쪽 회전, 왼쪽 화살표는 왼쪽으로 회전하게 한다. 그리고 카메라에 도형이 없거나 영상이 인식이 안됐을 경우 정지하게 한다.

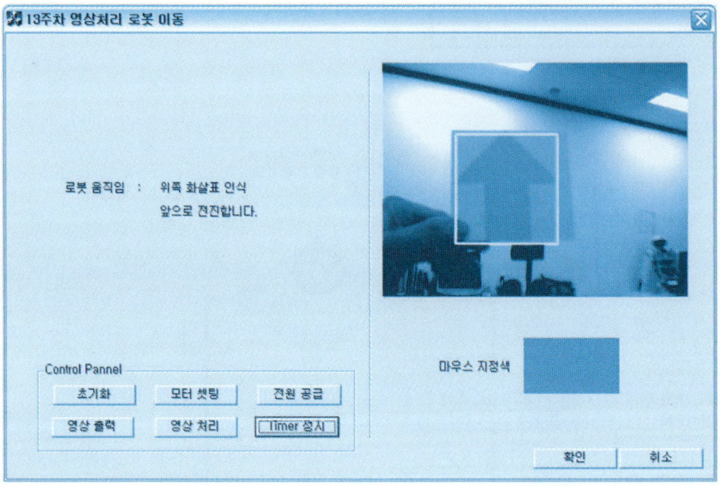

〔그림 21-1〕 실습 목표

(1) 프로젝트 생성, 기본 버튼 / 함수 작성

지금까지 실습에서는 사용자가 지정한 도형의 모양에만 인식이 가능하였다. 그러나 로봇에 영상으로 명령을 내리고자 할 경우 각 영상의 모양을 반복하면서 비교, 검사해야 하며, 각 영상을 색상별로 저장, 비교할 수 있어야 한다.

우선 현 실습에서는 'Process' 구조체 안의 'robot_select' 변수 값을 이용하여 DLL 파일에서 도형의 DB를 순차적으로 검색, 모양만을 비교하게 한다.

프로젝트 / 기본 버튼의 생성은 20장과 동일하며, 다음 그림들에 대한 부분만을 수정토록 한다.

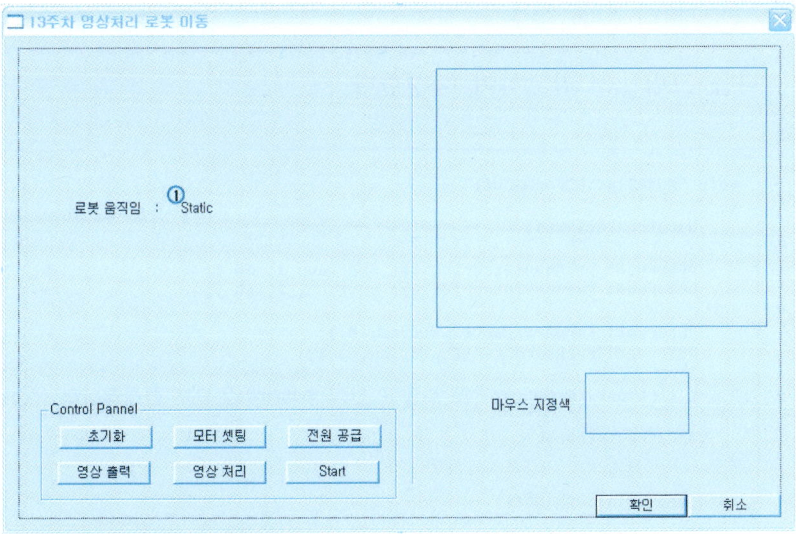

〔그림 21-2〕 Dialog 배치

〈표 21-1〉 ID, 변수 형, 변수 명

번 호	ID	변수 형	변수 명
1	IDC_ROBOT	CString	m_strRobot

사용자가 Radio 버튼을 이용하여 도형을 지정하는 것이 아니라, 지정한 색과 일치하는 DB 안에 있는 모든 도형을 검색하게 하여야 한다. 우선 'Process' 구조체의 'robot_select'를 2로 세팅(모드 변경)한다.

초기화 함수에서 다음 그림과 같이 작성, 수정하고, Radio 버튼에 대한 함수, 변수는 작성할 필요가 없다.

```
    pImageBuffer= new unsigned char[BmInfo.bmiHeader.biWid

    bTimerFlag = FALSE;
    Process.robot_select = 2; // DB 안의 모든 도형을 검색
    //m_Shape = 0;

    return TRUE;
}
```

〔그림 21-3〕 초기화 함수 수정

(2) DC 모터 제어 함수

다음 그림들을 참고하여 작성한다.

```
void CMy13Dlg::DCForward()
{
    UpdateData(TRUE);

    DCServo01_SetAbsoluteVelocity( pMotion, 1, 60 );
    DCServo01_SetAbsoluteVelocity( pMotion, 2, 60 );

    DCServo01_ForwardStart( pMotion, 2 );
    DCServo01_BackwardStart( pMotion, 1 );

    m_strRobot.Format( "위쪽 화살표 인식 \r\n\r\n앞으로 전진합니다. " );

    UpdateData(FALSE);
}

void CMy13Dlg::DCRight()
{
    UpdateData(TRUE);

    DCServo01_SetAbsoluteVelocity( pMotion, 1, 20 );
    DCServo01_SetAbsoluteVelocity( pMotion, 2, 50 );

    DCServo01_ForwardStart( pMotion, 2 );
    DCServo01_BackwardStart( pMotion, 1 );

    m_strRobot.Format( "오른쪽 화살표 인식 \r\n\r\n오른쪽으로 회전합니다. " );

    UpdateData(FALSE);
}
```

〔그림 21-4〕 DC 모터 전진, 오른쪽 회전 함수

```
void CMy13Dlg::DCLeft()
{
    UpdateData(TRUE);

    DCServo01_SetAbsoluteVelocity( pMotion, 1, 50 );
    DCServo01_SetAbsoluteVelocity( pMotion, 2, 20 );

    DCServo01_ForwardStart( pMotion, 2 );
    DCServo01_BackwardStart( pMotion, 1 );

    m_strRobot.Format( "왼쪽 화살표 인식 \r\n\r\n왼쪽으로 회전합니다. " );

    UpdateData(FALSE);
}

void CMy13Dlg::DCStop()
{
    UpdateData(TRUE);

    DCServo01_StopSmoothly( pMotion, 1 );
    DCServo01_StopSmoothly( pMotion, 2 );

    m_strRobot.Format( "영상이 없습니다.\r\n\r\n명령을 내리세요" );

    UpdateData(FALSE);
}
```

〔그림 21-5〕 DC 모터 왼쪽 회전, 정지 함수

(3) 영상처리를 이용한 로봇을 이동시키는 함수

다음 그림을 참고하여 작성한다.

```
void CMy13Dlg::VisionRecg()
{
    if ( Process.find_success == TRUE )           // 도형을 찾으면..
        {
            if ( Process.Shape == 3 )
            {
                DCForward();
            }
            else if ( Process.Shape == 4 )
            {
                DCLeft();
            }
            else if ( Process.Shape == 5 )
            {
                DCRight();
            }
        }
        else if ( Process.find_success == FALSE )   // 도형을 못찾으면..
            DCStop();
}
```

〔그림 21-6〕 영상처리를 이용한 로봇 이동 함수

```
void CMy13Dlg::OnTimer(UINT nIDEvent)
{
    if ( nIDEvent == 0 )
        OnPaint();

    if ( nIDEvent == 1 )
    {
        VisionRecg();
    }

    CDialog::OnTimer(nIDEvent);
}
```

〔그림 21-7〕 OnTimer() 함수

21-7 동작 확인 및 결과

패널을 바꿔가며 프로그램의 동작 여부를 확인한다.

빛의 밝기를 조절해가며 영상인식이 어떤지 확인해본다. 영상인식에서 조명의 영향을 확인한다.

1) 동작 확인

상향, 좌향, 우향 화살표를 각각 전진 좌회전 우회전 입력 신호로 한다.

영상 센서로 입력되는 신호가 없을 경우 DC 모터는 정지한다.

영상 센서로 신호가 입력되면 DC 모터는 그에 해당하는 동작을 한다.

① 전진의 경우 좌우 모터 모두 60rpm으로 회전한다.

② 좌회전의 경우 좌측 모터는 20rpm 우측 모터는 50rpm으로 회전한다.

③ 우회전의 경우 좌측 모터는 50rpm 우측 모터는 20rpm으로 회전한다.

④ 입력되는 신호가 없을 때 정지한다.

2) 결 과

좌회전과 우회전시 모터의 회전 방향은 같고 회전 속도만 달리 하였다. 이렇게 하여 로봇이 제자리에서 정지하여 방향만 바꾸는 것이 아니라 커브를 따라 돌게 한다. 좌회전 또는 우회전 입력이 계속 지속될 경우 로봇은 원을 그리며 운동한다.

입력 신호가 없을 경우 모터는 이전 동작을 계속 유지하도록 카메라 앞에 신호판을 세워 신호를 입력한 후 신호판을 치워버려도 모터는 제일 마지막에 인식한 신호판의 신호에 따라 동작을 계속하는 프로그램으로 발전 가능할 것이다.

21-8 심화학습

- 원과 사각형 모양의 도형을 인식할 수 있도록 추가하여, 원을 인식한 경우 로봇이 원을 그리며 이동하고, 사각형을 인식할 경우 로봇이 사각형을 그리며 이동할 수 있도록 프로그램하시오.

제22장
방향 감지 카메라 제어 실습

22-1 실습 내용

음원감지 센서를 이용하여 소리가 나는 방향으로 카메라를 향하게 한다.

22-2 실습 목표

본 프로그램에서는 음원 감지 센서를 이용하여 로봇의 머리 부분에 있는 카메라를 이동하여 사용자를 확인하는 프로그램을 작성하는 것을 목표로 하며, 현재 사용자를 확인할 수 없으므로 이 부분은 생략하고 프로그램을 작성한다.

22-3 실습 준비

메인제어 모듈(ED7271-15)	1EA
영상 센서(ED7271-10)	1EA
영상 패널	
타이밍벨트	2EA
USB 케이블 A 〈-〉 B	1EA
10P Plat 케이블	1EA
16P Plat 케이블	2EA
AC 220V 전원선	1EA

22-4 장비 결선 및 배치

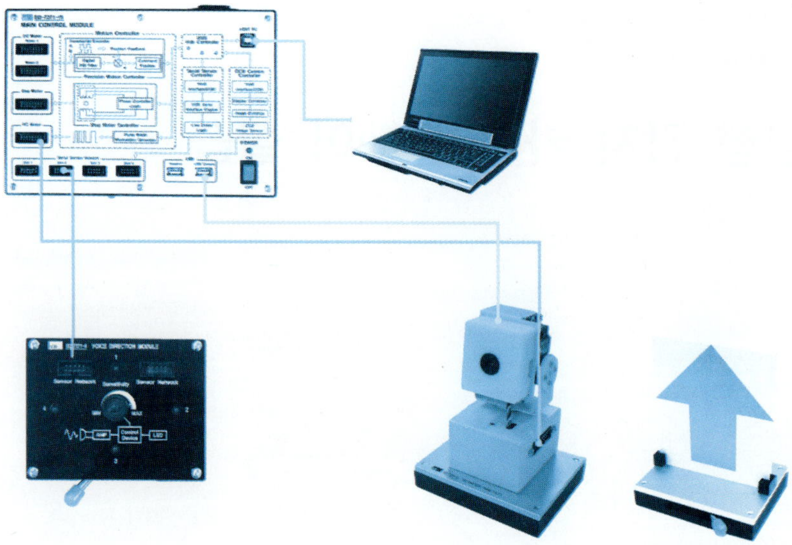

22-5 프로그램 작성

1) IRES를 이용한 프로그램 작성

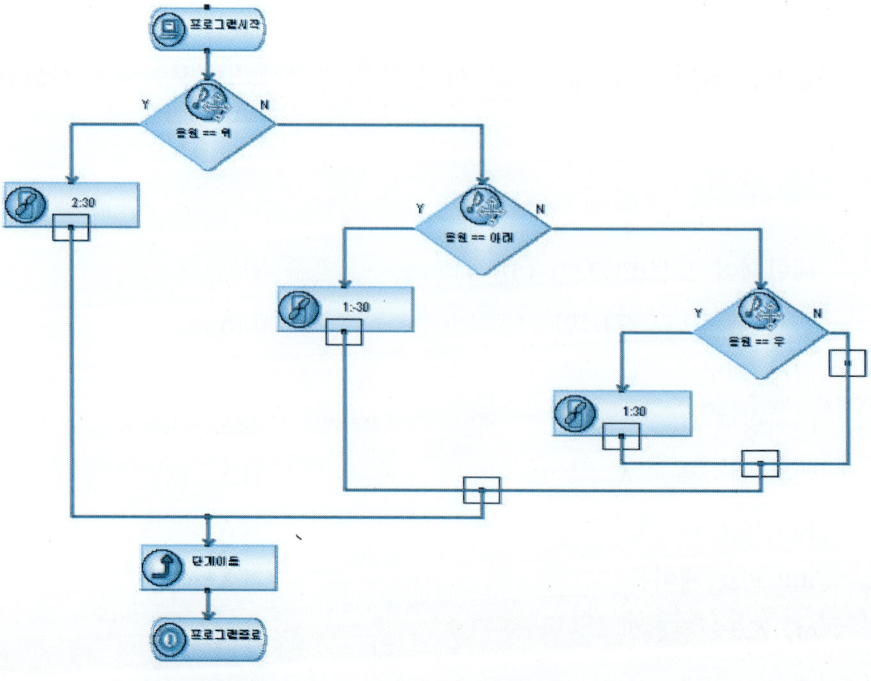

2) MFC를 이용한 프로그램 작성

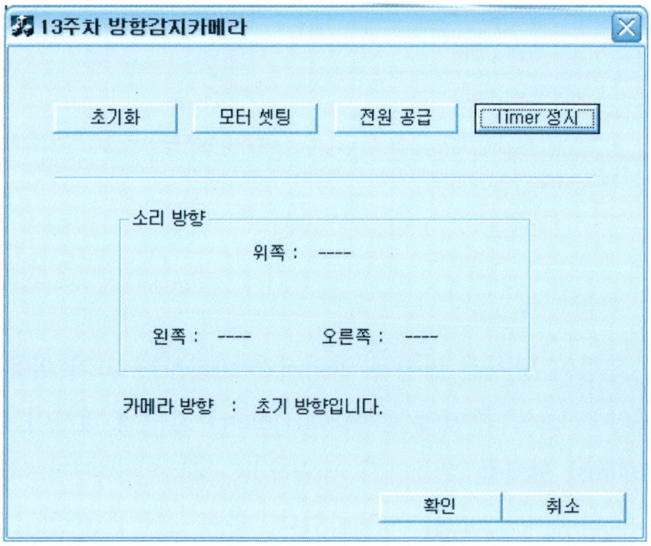

〔그림 22-1〕 실습 목표

(1) 프로젝트 생성, 기본 버튼 / 함수 작성

영상처리를 사용치 않고 RC 모터와 음향탐지 모듈을 사용하므로 영상처리를 제외하고 동일하게 다음 그림들을 참고하여 작성한다.

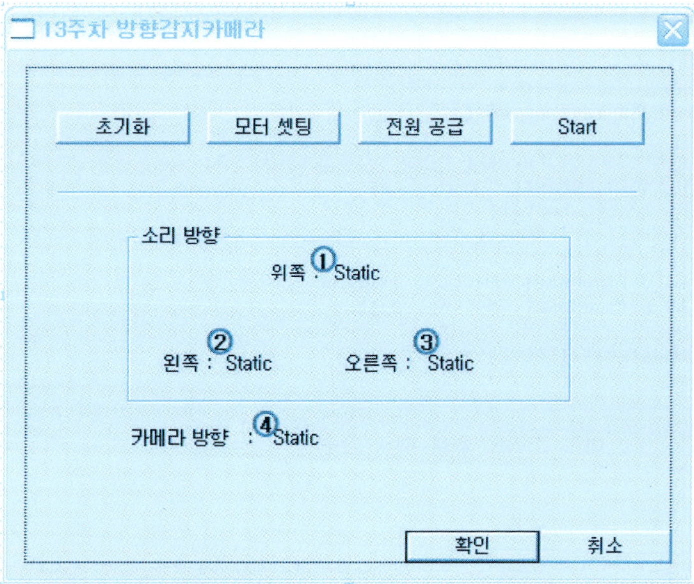

〔그림 22-2〕 Dialog 배치

〈표 22-1〉 ID, 변수 형, 변수 명

번 호	ID	변수 형	변수 명
1	IDC_UP	CString	m_strUp
2	IDC_LEFT	CString	m_strLeft
3	IDC_RIGHT	CString	m_strRight
4	IDC_CAMERA	CString	m_strCamear

(2) 음향탐지 모듈, RC 모터 제어 함수

RC 모터가 음향이 탐지된 방향을 일정시간 바라보게 하기 위해선 추가적으로 일정시간만큼의 delay를 주어야 한다. OnTimer() 함수에 의하여 주기적으로 (본 교재에서는 100ms) 함수를 호출하기 때문에 RC 모터의 제어가 어렵기 때문이다. 이를 해결하기 위하여 count를 사용하였다. 다음 그림들을 참고하여 작성한다.

```
void CMy13Dlg::GetVoiceDirection()
{
    SSN_GetVoiceDirection( pSensor, 1, cDirec );

    m_strTest.Format( "%4.1f", cDirec );
    UpdateData(FALSE);
}
```

〔그림 22-3〕 음향탐지 모듈 함수

```
void CMy13Dlg::NoSound()
{
    m_strCamera.Format( "초기 방향입니다." );
    m_strUp.Format( " ---- " );
    m_strLeft.Format( " ---- " );
    m_strRight.Format( " ---- " );

    RC_DefineHome( pMotion, 1 );
    RC_DefineHome( pMotion, 2 );

    UpdateData(FALSE);
}
```

〔그림 22-4〕 아무 소리도 없을 때의 함수

```
void CMy13Dlg::Up()
{
    m_strCamera.Format( "위를 봅니다." );
    m_strUp.Format( " Detect! " );
    m_strLeft.Format( " ---- " );
    m_strRight.Format( " ---- " );
    UpdateData(FALSE);
    KillTimer(0);
    SetTimer( 1, 100, NULL );
    RC_AbsoluteDegree( pMotion, 2, -60 );
    RC_AbsoluteDegree( pMotion, 1, 0 );
}
```

〔그림 22-5〕 위에서 소리가 났을 때의 함수

```
void CMy13Dlg::Left()
{
    m_strCamera.Format( "왼쪽을 봅니다." );
    m_strUp.Format( " ---- " );
    m_strLeft.Format( " Detect! " );
    m_strRight.Format( " ---- " );
    UpdateData(FALSE);
    KillTimer(0);
    SetTimer( 1, 100, NULL );
    RC_AbsoluteDegree( pMotion, 1, -60 );
    RC_AbsoluteDegree( pMotion, 2, 0 );
}
```

〔그림 22-6〕 왼쪽에서 소리가 났을 때의 함수

```
void CMy13Dlg::Right()
{
    m_strCamera.Format( "오른쪽을 봅니다." );
    m_strUp.Format( " ---- " );
    m_strLeft.Format( " ---- " );
    m_strRight.Format( " Detect! " );
    UpdateData(FALSE);
    KillTimer(0);
    SetTimer( 1, 100, NULL );
    RC_AbsoluteDegree( pMotion, 1, 60 );
    RC_AbsoluteDegree( pMotion, 2, 0 );
}
```

〔그림 22-7〕 오른쪽에서 소리가 났을 때의 함수

(3) 방향 감지 카메라 제어, Count() 함수

소리가 난 방향으로 움직이도록 제어하는 함수이다. 다음 그림을 참고한다.

```
void CMy13Dlg::VoiceDirection()
{
    if ( cDirec == 0x01 || cDirec == 0x02 || cDirec == 0x08 )
    {
        if ( cDirec == 0x01 )
        {
            countTemp = count;
            Up();
            KillTimer(0);
            SetTimer( 1, 100, NULL );
        }
        if ( cDirec == 0x02 )
        {
            countTemp = count;
            Right();
            KillTimer(0);
            SetTimer( 1, 100, NULL );
        }
        if ( cDirec == 0x08 )
        {
            countTemp = count;
            Left();
            KillTimer(0);
            SetTimer( 1, 100, NULL );
        }
    }
    else
        NoSound();
}
```

〔그림 22-8〕 방향감지 카메라 제어 함수

RC 모터 제어를 하는 각 함수에서는 Count() 호출하여 지정된 동작을 한다. 그리고 RC 모터 제어 중 다른 방향에서의 음향을 감지하여 곧바로 RC 모터를 제어하기 위하여 위 그림의 함수를 Count() 함수안에 추가하였다.

```
void CMy13Dlg::Count()
{
    if ( count > countTemp+0.3 )
    {
        RC_DefineHome( pMotion, 1 );
        RC_DefineHome( pMotion, 2 );
        SetTimer( 0, 100, NULL );
    }
    if ( cDirec == 0x01 || cDirec == 0x02 || cDirec == 0x08 )
    {
        if ( cDirec == 0x01 )
        {
            countTemp = count;
            Up();
            KillTimer(0);
            SetTimer( 1, 100, NULL );
        }
        if ( cDirec == 0x02 )
        {
            countTemp = count;
            Right();
            KillTimer(0);
```

```
            SetTimer( 1, 100, NULL );
        }
        if ( cDirec == 0x08 )
        {
            countTemp = count;
            Left();
            KillTimer(0);
            SetTimer( 1, 100, NULL );
        }
    }
}
```

〔그림 22-9〕 Count() 함수

```
    MOTION_SESSION pMotion;
    SSN_SESSION pSensor;

    BOOL bTimerFlag;

    char cDirec;
    double count, countTemp;

    void GetVoiceDirection();
    void NoSound();
    void Up();
    void Right();
    void Left();
    void VoiceDirection();
    void Count();

// Dialog Data
```

〔그림 22-10〕 Header 파일에 변수, 함수 선언

```
void CMy13Dlg::OnTimer(UINT nIDEvent)
{
    if ( nIDEvent == 0 )
    {
        GetVoiceDirection();
        VoiceDirection();
    }

    if ( nIDEvent == 1 )
    {
        GetVoiceDirection();
        Count();
        count += 0.01;
    }

    CDialog::OnTimer(nIDEvent);
}
```

〔그림 22-11〕 OnTimer() 함수

22-6 동작 확인 및 결과

감지하는 음원의 방향도 전, 후, 좌, 우 4가지 밖에 되지 않고 RC 모터의 회전각이 작아서 뒤쪽을 바라볼 수 없기에 뒤쪽에서 감지되는 음원은 고려하지 않기로 하였다.

1) 동작 확인

① 음원이 감지되지 않을 때는 RC 모터가 초기 상태를 유지한다.

② 음원이 앞쪽, 오른쪽, 왼쪽에서 감지되면 감지된 방향으로 60° 회전한다.

③ 감지된 방향으로 일정시간 동안 회전상태를 유지한 후, 다시 초기 상태로 돌아온다.

④ 일정시간 유지 상태에서도 다른 방향에서 음원이 감지되면 즉시 감지된 방향으로 회전한다.

2) 결 과

음원감지 카메라는 경보장치에 응용될 수 있다.

음원이 감지된 방향에 따라서 로봇을 회전할 수 있게 작성할 수 있을 것이다.

22-7 심화학습

- DC모터를 추가하여 음원이 왼쪽에서 감지되면 로봇이 좌회전하고 오른쪽에서 감지되면 우회전하고 앞쪽에서 감지되면 전진하도록 프로그램하시오. (RC모터와 동시에 동작하도록…)

제23장
청각 센서를 이용한 이동 로봇 제어 실습

23-1 실험 내용

이번 실험은 우선 기본적으로 로봇이 "초음파 센서 모듈을 이용한 DC 모터 이동 거리 제어" 같은 방식으로 이동하는데 여기에 영상 센서와 소리 센서를 추가시켜 특정 방향에서 소리를 감지하면 로봇이 잠시 멈추어 카메라가 소리나는 방향으로 회전하였다가 다시 제자리로 회전하여 로봇을 움직이게 하는 것이다.

23-2 프로그램 작성

1) IRES를 이용한 프로그램 작성

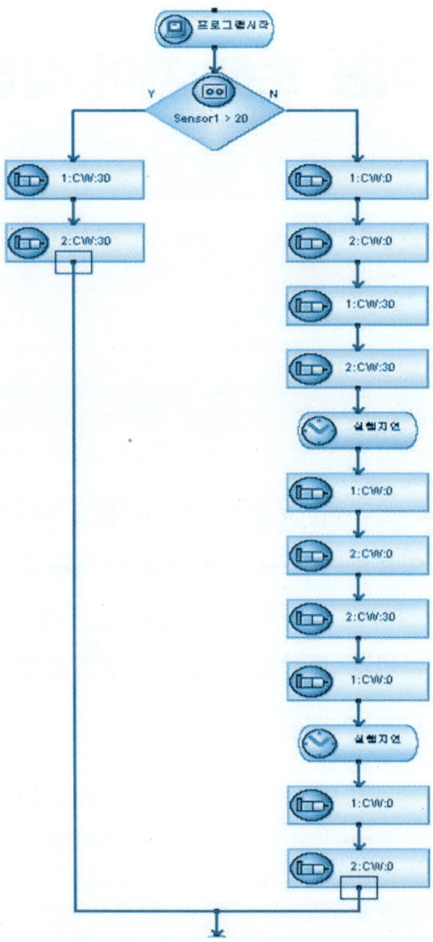

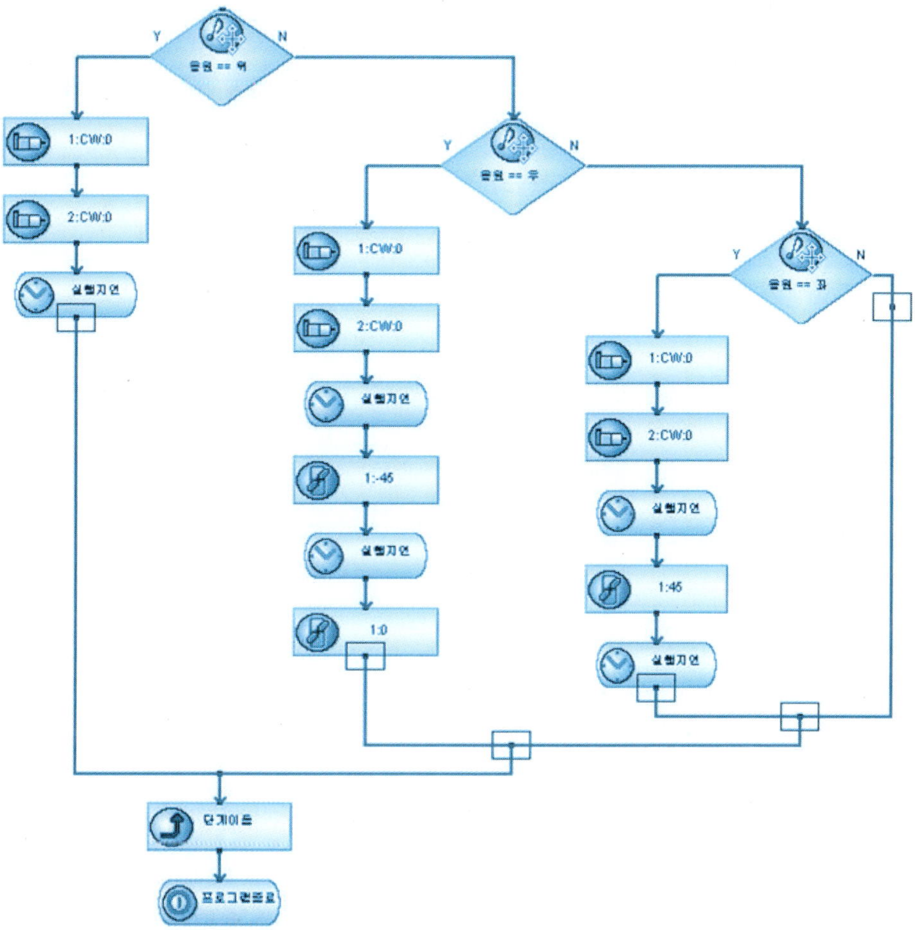

2) MFC를 이용한 프로그램 작성

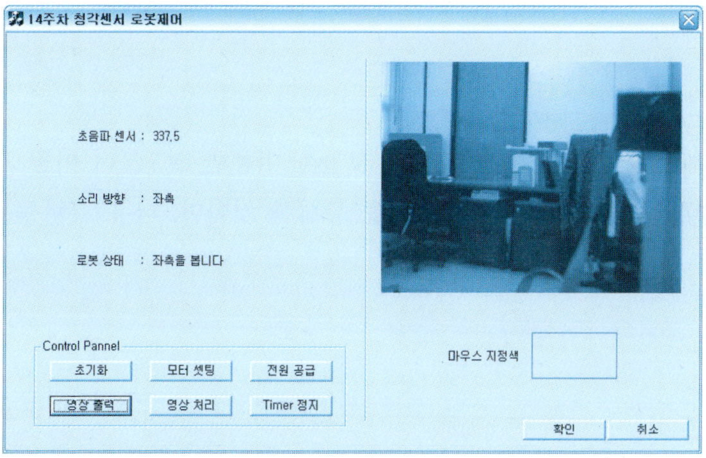

[그림 23-1] 실습 목표

(1) 프로젝트 생성, 기본 버튼 / 함수 작성

영상처리를 이용한 로봇의 이동과 동일하게 작성하며 다음 그림들을 참고한다.

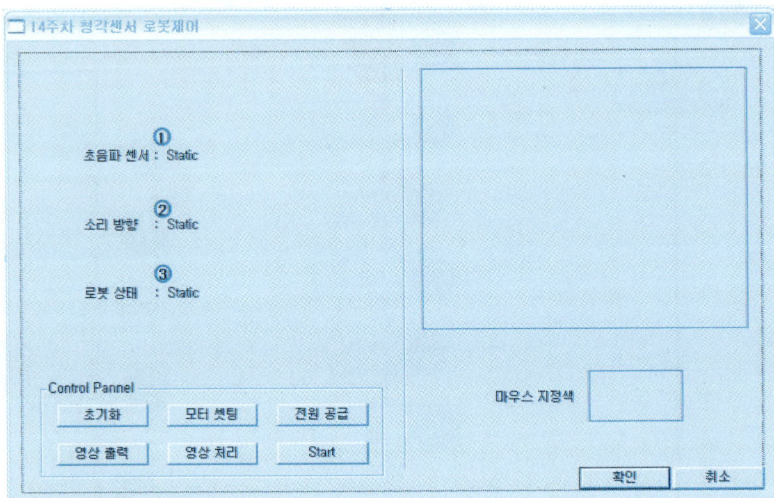

〔그림 23-2〕 Dialog 배치

〈표 23-1〉 ID, 변수 형, 변수 명

번 호	ID	변수 형	변수 명
1	IDC_ULTRA	CString	m_strUltra
2	IDC_SOUND	CString	m_strSound
3	IDC_ROBOT	CString	m_strRobot

(2) 초음파, 음향탐지 모듈, DC 모터 제어 함수

기본적으로 12장의 '초음파 센서 모듈을 이용한 DC 모터 이동 거리 제어'와 22장의 '방향감지 카메라 제어 실습'을 통합한 것이며, 다음 그림들을 보면서 작성한다.

```
void CMy14Dlg::GetUtrasonic()
{
    SSN_GetUtrasonic( pSensor, fUltraSensor );

    m_strUltra.Format( "%4.1f", fUltraSensor[0] );
    UpdateData(FALSE);
}

void CMy14Dlg::GetVoiceDirection()
{
    cPyro = 0;
    SSN_GetVoiceDirection( pSensor, 1, cPyro );
}
```

〔그림 23-3〕 초음파, 음향탐지 모듈 함수

```
void CMy14Dlg::DCForward()
{
    UpdateData(TRUE);

    DCServo01_SetAbsoluteVelocity( pMotion, 1, dbVelocity );
    DCServo01_SetAbsoluteVelocity( pMotion, 2, dbVelocity );

    DCServo01_ForwardStart( pMotion, 2 );
    DCServo01_BackwardStart( pMotion, 1 );
}

void CMy14Dlg::DCBackward()
{
    UpdateData(TRUE);

    DCServo01_SetAbsoluteVelocity( pMotion, 1, dbVelocity );
    DCServo01_SetAbsoluteVelocity( pMotion, 2, dbVelocity );

    DCServo01_ForwardStart( pMotion, 1 );
    DCServo01_BackwardStart( pMotion, 2 );
}
```

〔그림 23-4〕 DC 모터 전진, 후진 함수

```
void CMy14Dlg::DCStop()
{
    UpdateData(TRUE);

    DCServo01_StopSmoothly( pMotion, 1 );
    DCServo01_StopSmoothly( pMotion, 2 );

    m_strRobot.Format( "정지합니다." );
    UpdateData(FALSE);
}

void CMy14Dlg::DCRight()
{
    UpdateData(TRUE);

    DCServo01_SetAbsoluteVelocity( pMotion, 1, dbVelocity );
    DCServo01_SetAbsoluteVelocity( pMotion, 2, dbVelocity );

    DCServo01_ForwardStart( pMotion, 1 );
    DCServo01_ForwardStart( pMotion, 2 );
}
```

〔그림 23-5〕 DC 모터 정지, 오른쪽 회전 함수

```
void CMy14Dlg::ReadCantimeter()
{
    DCServo01_ReadCantimeter( pMotion, 1, Centi1 );
    DCServo01_ReadCantimeter( pMotion, 2, Centi2 );
}

void CMy14Dlg::ReadDegree()
{
    DCServo01_ReadDegree( pMotion, 1, dbDegree1 );
    DCServo01_ReadDegree( pMotion, 2, dbDegree2 );
}
```

〔그림 23-6〕 DC 모터 상태 값(거리, 각도) 읽기 함수

```
void CMy14Dlg::ObstacleDetect()
{
    if ( bAvoidBackflag == FALSE && bAvoidTurnflag == FALSE )
    {
        if ( fUltraSensor[0] < 5 )
        {
            DCStop();
            bAvoidBackflag = TRUE;
            tempCenti = -Centi1;
        }
        else
        {
            bAvoidBackflag = FALSE;
            bAvoidTurnflag = FALSE;
            dbVelocity = 40;
            DCForward();
        }
    }
    else if ( bAvoidBackflag == TRUE )
    {
        ObstacleAvoidBack();
    }
    else if ( bAvoidTurnflag == TRUE )
    {
        ObstacleAvoidTurn();
    }
}
```

〔그림 23-7〕 초음파 센서 값을 통하여 장애물 발견 함수

```
void CMy14Dlg::ObstacleAvoidBack()
{
    if ( bAvoidBackflag == TRUE )
    {
        dbVelocity = 10;
        DCBackward();

        if ( -Centi1 < tempCenti-9 )
        {
            bAvoidBackflag = FALSE;
            bAvoidTurnflag = TRUE;
            DCStop();
            tempDegree = (int)-dbDegree2;
            ObstacleAvoidTurn();
```

```
        }
    }
}

void CMy14Dlg::ObstacleAvoidTurn()
{
    if ( bAvoidTurnflag == TRUE )
    {
        dbVelocity = 20;
        DCRight();

        if ( -dbDegree2 < tempDegree-179 )
        {
            DCStop();
            bAvoidTurnflag = FALSE;
        }
    }
}
```

〔그림 23-8〕 10cm 후진, 오른쪽으로 90° 회전 함수

```
void CMy14Dlg::SoundDetection()
{
    if ( cPyro == 0x01 )
    {
        DCStop();   KillTimer(1);

        m_strSound.Format( "정면" );
        m_strRobot.Format( "정면을 봅니다" );
        UpdateData(FALSE);

        countTemp = count;
        RC_AbsoluteDegree( pMotion, 2, -60 );
        RC_AbsoluteDegree( pMotion, 1, 0 );
        SetTimer( 5, 100, NULL );
    }

    if ( cPyro == 0x02 )
    {
        DCStop();   KillTimer(1);

        m_strSound.Format( "우측" );
        m_strRobot.Format( "우측을 봅니다" );
        UpdateData(FALSE);

        countTemp = count;
        RC_AbsoluteDegree( pMotion, 1, 60 );
        SetTimer( 5, 100, NULL );
    }

    if ( cPyro == 0x04 )
    {
        DCStop();   KillTimer(1);

        m_strSound.Format( "정면" );
        m_strRobot.Format( "정면을 봅니다" );
        UpdateData(FALSE);

        countTemp = count;
        RC_AbsoluteDegree( pMotion, 2, -60 );
        RC_AbsoluteDegree( pMotion, 1, 0 );
```

23장

```
        SetTimer( 5, 100, NULL );
    }

    if ( cPyro == 0x08 )
    {
        DCStop();   KillTimer(1);

        m_strSound.Format( "좌측" );
        m_strRobot.Format( "좌측을 봅니다" );
        UpdateData(FALSE);

        countTemp = count;
        RC_AbsoluteDegree( pMotion, 1, -60 );
        SetTimer( 5, 100, NULL );
    }
}
```

〔그림 23-9〕 음향탐지 시 카메라를 움직이는 함수

```
    capPreviewRate(m_hWndCap, 30);
    capPreview(m_hWndCap, true);

    pImageBuffer= new unsigned char[BmInfo.bmiHeader.biWidth

    bTimerFlag = FALSE;
    bAvoidTurnFlag = FALSE;
    bAvoidBackFlag = FALSE;
    Process.robot_select = 2;   // DB 안의 모든 도형을 검색
    //m_Shape = 0;
    countTemp = 0.0;
    count = 0.0;

    return TRUE;
}

void CMy14Dlg::OnDestroy()
```

〔그림 23-10〕 초기화 함수에 flag 외 변수 초기화

음향탐지 후 카메라를 탐지된 방향으로 이동시켜 잠시 동안 고정시키기 위하여 count를 사용하였다. count 값은 초기화 함수(초기화 버튼) 실행 시 0값으로 초기화되며, 100ms마다 영상을 출력하기 위하여 timer 0번이 호출될 때마다 0.01씩 증가하도록 OnTimer() 함수안에 정의되어 있다. '음향탐지 시 카메라를 움직이는 함수'에서 탐지가 되는 동시에 countTemp에 count에 저장한 후, count값이 countTemp 값보다 0.3 증가되었을 때 ObstacleDetect() 함수를 호출하도록 되어 있다.

```
void CMy14Dlg::Count()
{
    if ( count > countTemp+0.30 )
    {
        KillTimer(5);
        RC_DefineHome( pMotion, 1 );
        RC_DefineHome( pMotion, 2 );
        SetTimer( 1, 100, NULL );

    }
}
```

〔그림 23-11〕 카메라 회전 시, 일정시간 동안 고정시키는 함수

```
MOTION_SESSION pMotion;
SSN_SESSION pSensor;
HWND m_hWndCap;
BOOL bTimerFlag, bAvoidBackFlag, bAvoidTurnFlag;

CRect m_Cap_Rect;
CRect m_RectTrack;
CRect m_RECT_mouse;
unsigned char *MouseImg, ndir;
COLORREF m_CaptureColor( unsigned char *InImg );
// 마우스로 도형의 색을 추출하는 변수 초기화

int Centi1, Centi2, tempCenti;
double dbVelocity, dbDegree1, dbDegree2, tempDegree, count, countTemp;
char cPyro;

unsigned char nSelectSensor[1];
float fUltraSensor[1];
```

〔그림 23-12〕 Header 파일에 변수 선언

```
void GetUtrasonic();
void GetVoiceDirection();
void DCForward();
void DCBackward();
void DCStop();
void DCRight();
void ReadCantimeter();
void ReadDegree();
void ObstacleDetect();
void ObstacleAvoidBack();
void ObstacleAvoidTurn();
void SoundDetection();
void Count();
```

〔그림 23-13〕 Header 파일에 함수 선언

```
void CMy14Dlg::OnTimer(UINT nIDEvent)
{
    if ( nIDEvent == 0 )
    {
        OnPaint();
        count += 0.01;
    }
```

23장

```
    if ( nIDEvent == 1 )
        ObstacleDetect();

    if ( nIDEvent == 2 )
    {
        GetUtrasonic();
        GetVoiceDirection();
        ReadCantimeter();
        ReadDegree();
    }

    if ( nIDEvent == 4 )
        SoundDetection();

    if ( nIDEvent == 5 )
        Count();

    CDialog::OnTimer(nIDEvent);
}
```

〔그림 23-15〕 OnTimer() 함수

23-3 작동원리 및 결과

1) 작동 원리

로봇이 정면으로 소리를 감지하게 되면 DC 모터를 멈추고 몇 초 뒤 로봇은 다시 이동하게 된다. 로봇이 좌 또는 우에서 소리를 감지하게 되면 일단 로봇이 멈춘 후 카메라가 소리나는 쪽으로 각도를 틀게 된다. 몇 초 뒤 카메라 센서는 정면을 바라보게 되고 로봇은 다시 움직인다.

2) 결과 및 토의

이번 실험은 특정 방향에서 소리가 나면 로봇이 멈추어 감지된 방향으로 카메라가 회전하였다가 로봇이 소리나는 방향으로 방향을 틀어 그 쪽으로 이동하도록 하는 것이었다.

23-4 심화학습

- 전자나침반을 추가하여 전자나침반을 서쪽방향으로 움직이면 카메라가 좌측으로 회전하고, 동쪽방향으로 움직이면 우측으로 회전하고, 남쪽이나 북쪽으로 움직이면 카메라가 정면을 향하게 프로그램하시오.

제24장
영상 패널을 이용한 RC 모터 제어 실습

24-1 실습 과제

영상 센서를 이용하여 Target 패널에서 지시하는 모양과 유사한 형태로 RC 모터를 제어하는 실습 과제로 영상 패널에 해당하는 Motion Capture를 하여 RC 모터를 제어하여야 한다. 만약 원 모양의 패널을 검출하는 경우에는 원형태의 RC 모터를 제어를 하여야 하며, 사각형 모양의 패널이 검출이 되는 경우에는 RC 모터는 사각형 형태의 Motion을 하여야 한다.

24-2 실습 목표

영상 패널 검출 결과에 따른 제어 방법을 이해를 하며, 영상 패널 검출 방법을 이해한다.

24-3 실습 준비

메인제어 모듈(ED7271-15)	1EA
RC Motor(ED7271-1)	1EA
이미지 센서(ED7271-10)	1EA
영상 패널	
패널 고정판(ED7271-17)	1EA

USB 케이블 A 〈-〉 B	1EA
16P Plat 케이블	1EA
AC220V 전원선	1EA

24-4 장비 결선

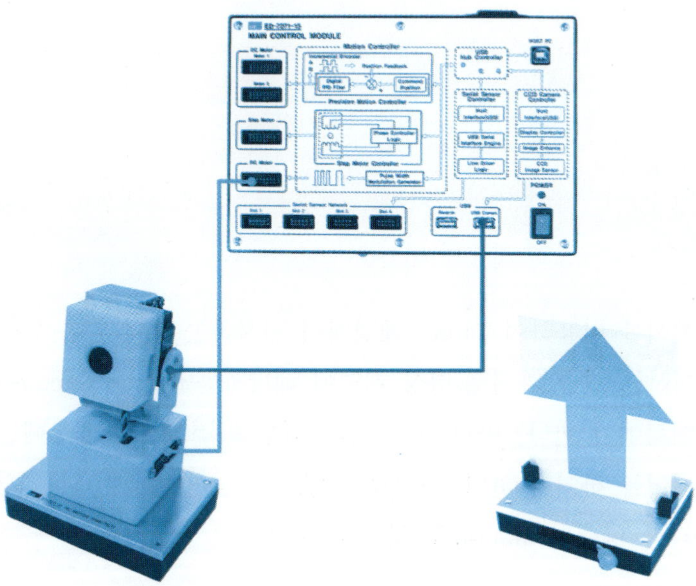

24-5 프로그램

1) IRES를 이용한 프로그램 작성

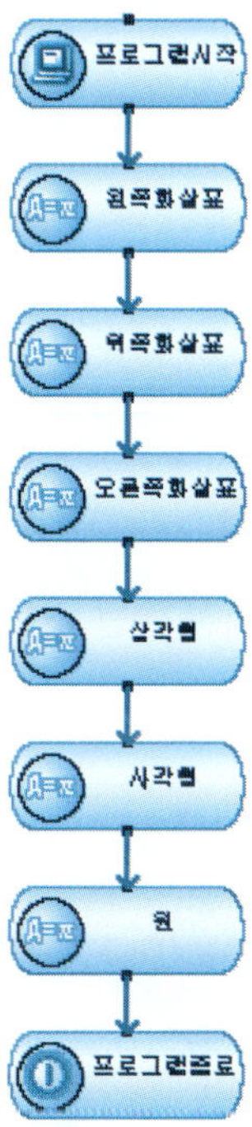

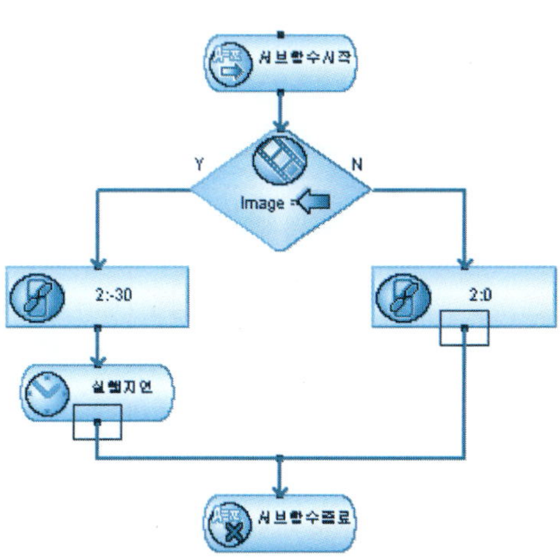

〔그림 24-1〕 왼쪽 패널 서브함수

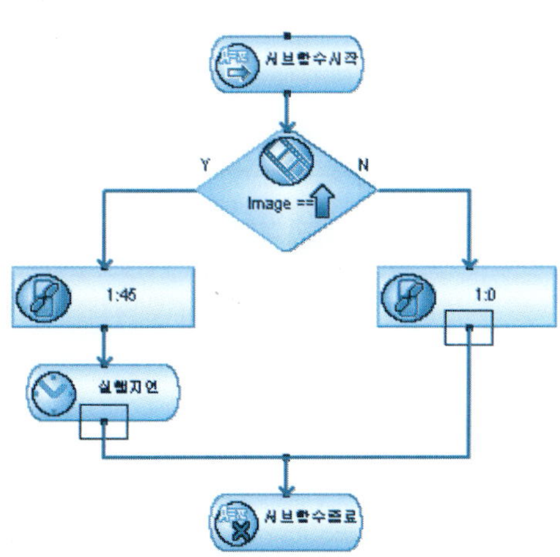

〔그림 24-2〕 위쪽 패널 서브함수

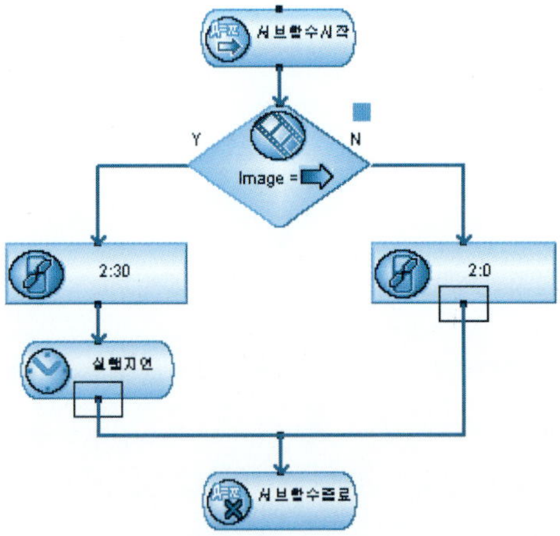

〔그림 24-3〕 오른쪽 패널 서브함수

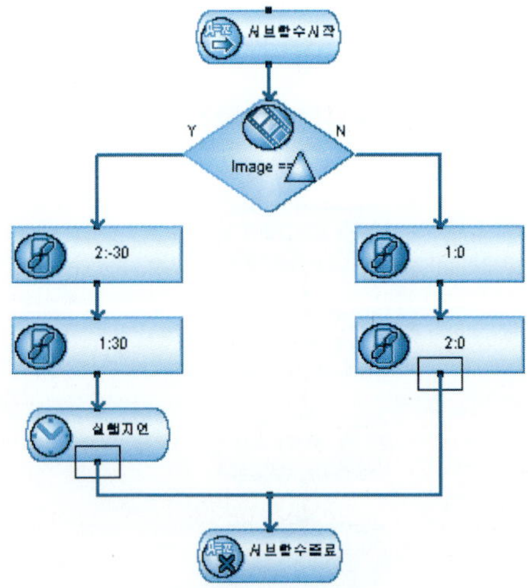

〔그림 24-4〕 삼각형 패널 서브함수

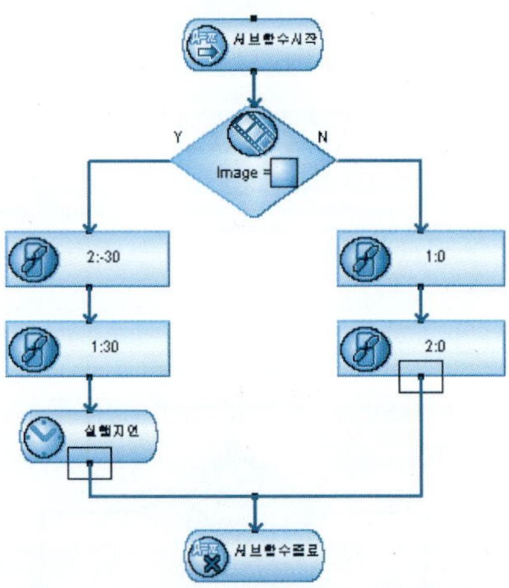

〔그림 24-5〕 사각형 패널 서브함수

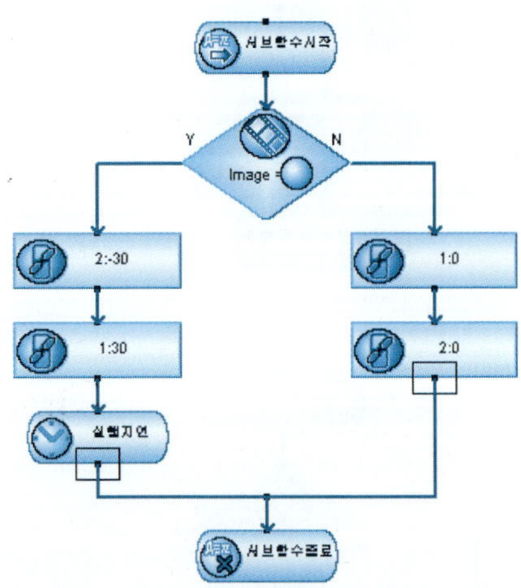

〔그림 24-6〕 원 패널 서브함수

2) MFC를 이용한 프로그램 작성

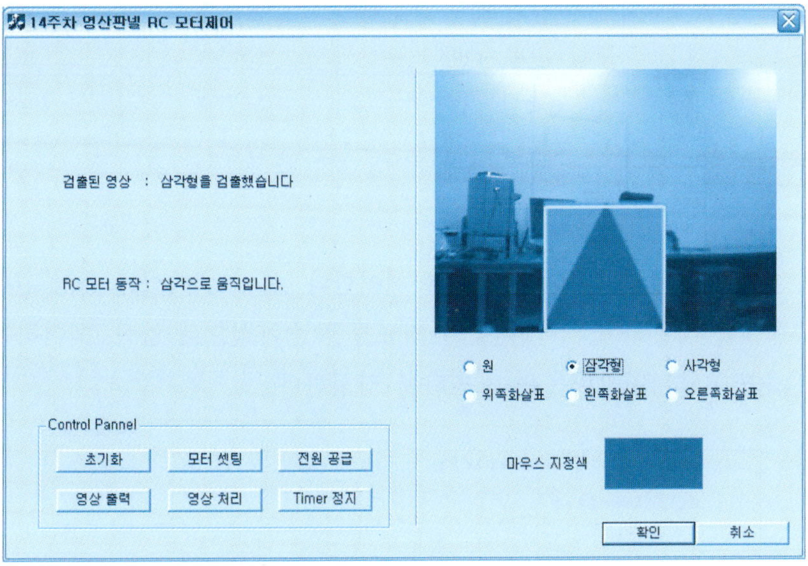

〔그림 24-7〕 실습 목표

영상 패널을 총 6가지 패널을 사용을 하며, 각각의 영상 패널에 대한 Action은 서브함수를 구현하여 전체적인 프로그램을 간결하게 작성한다.

(1) 프로젝트 / 기본 버튼 생성

다음 그림을 참조하여 작성한다.

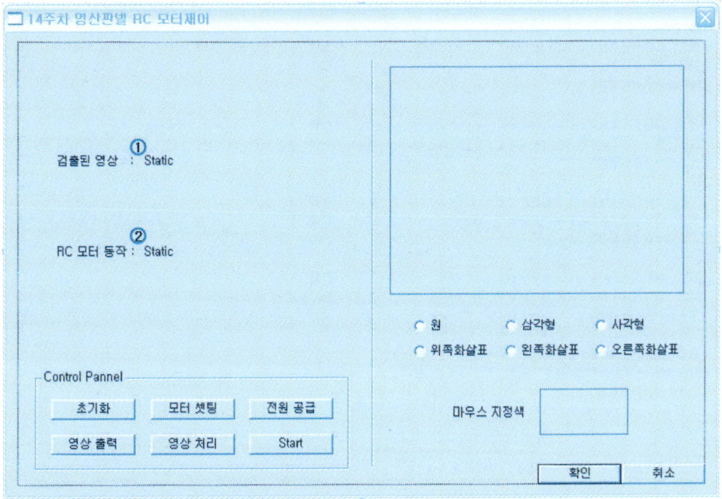

〔그림 24-8〕 Dialog 배치

〈표 24-1〉 ID, 변수 형, 변수 명

번 호	ID	변수 형	변수 명
1	IDC_OBJECT	CString	m_strObject
2	IDC_RCMOTOR	CString	m_strRCmotor

(2) 패턴에 따른 RC 모터 제어 함수

각 패턴에 대하여 RC 모터를 제어한다. 본 교재에서는 가장 간단하게, Sleep() 함수를 사용하여 각 패턴들의 좌표들을 순차적으로 입력, 제어하는 방식을 사용하였다. 다음 그림들을 참조하여 작성한다.

```
void CMy14RCDlg::RCCircle()
{
	KillTimer(1);

	m_strRCmotor.Format( "원으로 움직입니다." );
	UpdateData(FALSE);

	RC_AbsoluteDegree( pMotion, 1, 30 );
	RC_AbsoluteDegree( pMotion, 2, -5 );
	Sleep(500);

	RC_AbsoluteDegree( pMotion, 1, 40 );
	RC_AbsoluteDegree( pMotion, 2, -20 );
	Sleep(500);

	RC_AbsoluteDegree( pMotion, 1, 40 );
	RC_AbsoluteDegree( pMotion, 2, -40 );
	Sleep(500);

	RC_AbsoluteDegree( pMotion, 1, 30 );
	RC_AbsoluteDegree( pMotion, 2, -55 );
	Sleep(500);

	RC_AbsoluteDegree( pMotion, 1, 0 );
	RC_AbsoluteDegree( pMotion, 2, -60 );
	Sleep(500);


	RC_AbsoluteDegree( pMotion, 1, -30 );
	RC_AbsoluteDegree( pMotion, 2, -55 );
	Sleep(500);

	RC_AbsoluteDegree( pMotion, 1, -40 );
	RC_AbsoluteDegree( pMotion, 2, -40 );
	Sleep(500);

	RC_AbsoluteDegree( pMotion, 1, -40 );
	RC_AbsoluteDegree( pMotion, 2, -20 );
	Sleep(500);

	RC_AbsoluteDegree( pMotion, 1, -30 );
	RC_AbsoluteDegree( pMotion, 2, -5 );
	Sleep(500);

	RC_DefineHome( pMotion, 1 );
	RC_DefineHome( pMotion, 2 );
	Sleep(700);

	process_flag = TRUE;

	SetTimer( 1, 100, NULL );
}
```

〔그림 24-9〕 원 모양으로 움직이게 하는 함수

```
void CMy14RCDlg::RCTriangle()
{
    KillTimer(1);

    m_strRCmotor.Format( "삼각으로 움직입니다." );
    UpdateData(FALSE);

    RC_AbsoluteDegree( pMotion, 1, 60 );
    RC_AbsoluteDegree( pMotion, 2, 0 );
    Sleep(500);

    RC_AbsoluteDegree( pMotion, 2, -60 );
    RC_AbsoluteDegree( pMotion, 1, 0 );
    Sleep(500);

    RC_AbsoluteDegree( pMotion, 1, -60 );
    RC_AbsoluteDegree( pMotion, 2, 0 );
    Sleep(500);

    RC_DefineHome( pMotion, 1 );
    RC_DefineHome( pMotion, 2 );
    Sleep(700);

    process_flag = TRUE;

    SetTimer( 1, 100, NULL );
}
```

[그림 24-10] 삼각형 모양으로 움직이게 하는 함수

```
void CMy14RCDlg::RCRect()
{
    KillTimer(1);

    m_strRCmotor.Format( "사각으로 움직입니다." );
    UpdateData(FALSE);

    RC_AbsoluteDegree( pMotion, 1, 60 );
    Sleep(500);

    RC_AbsoluteDegree( pMotion, 2, -60 );
    Sleep(500);

    RC_AbsoluteDegree( pMotion, 1, -60 );
    Sleep(500);

    RC_AbsoluteDegree( pMotion, 2, 0 );
    Sleep(500);

    RC_DefineHome( pMotion, 1 );
    RC_DefineHome( pMotion, 2 );
    Sleep(700);

    process_flag = FALSE;

    SetTimer( 1, 100, NULL );
}
```

[그림 24-11] 사각형 모양으로 움직이게 하는 함수

```
void CMy14RCDlg::RCUarr()
{
    KillTimer(1);

    m_strRCmotor.Format( "화살표 방향으로 움직입니다." );
    UpdateData(FALSE);

    RC_AbsoluteDegree( pMotion, 2, -60 );
    Sleep(1000);

    RC_DefineHome( pMotion, 1 );
    RC_DefineHome( pMotion, 2 );
    Sleep(1000);

    process_flag = FALSE;

    SetTimer( 1, 100, NULL);
}
```

〔그림 24-12〕 위쪽으로 움직이게 하는 함수

```
void CMy14RCDlg::RCLarr()
{
    KillTimer(1);

    m_strRCmotor.Format( "화살표 방향으로 움직입니다." );
    UpdateData(FALSE);

    RC_AbsoluteDegree( pMotion, 1, -60 );
    Sleep(1000);

    RC_DefineHome( pMotion, 1 );
    RC_DefineHome( pMotion, 2 );
    Sleep(1000);

    process_flag = FALSE;

    SetTimer( 1, 100, NULL);
}
```

〔그림 24-13〕 왼쪽으로 움직이게 하는 함수

```
void CMy14RCDlg::RCRarr()
{
    KillTimer(1);

    m_strRCmotor.Format( "화살표 방향으로 움직입니다." );
    UpdateData(FALSE);

    RC_AbsoluteDegree( pMotion, 1, 60 );
    Sleep(1000);

    RC_DefineHome( pMotion, 1 );
    RC_DefineHome( pMotion, 2 );
    Sleep(1000);

    process_flag = FALSE;

    SetTimer( 1, 100, NULL);
}
```

〔그림 24-14〕 오른쪽으로 움직이게 하는 함수

(3) 영상 인식 함수

RC 모터를 주어진 패턴에 따라 제어하기 위하여는 어떠한 패턴을 인식하였는지를 알려주는 것이 중요하며, 이는 지금까지 한 응용 실습을 통하여 쉽게 작성할 수 있을 것이다. 그러나 본 교재에서는 Sleep() 함수를 사용하여 RC 모터의 움직임을 제어하였기 때문에 제어 동안에는 영상의 출력이 정지된다. 이로 인하여 처음 영상 인식 후, 패턴에 따른 RC 모터의 제어가 끝난 뒤에도 패턴의 인식 결과가 카메라 영상(메모리)에 남아 있어 RC 모터가 재동작하는 경우가 발생한다. 이를 해결하기 위하여 다음 그림과 같이 함수의 마지막에, 표시된 코드를 추가하였으며, 앞에서 '패턴에 따른 RC 모터 제어 함수'에 나와 있는 모든 함수의 마지막 부분에 'process_flag = FALSE' 추가하였다.

```
void CMy14RCDlg::ObjectRecog()
{
    process_Flag = FALSE;
    if ( Process.find_success == TRUE )
    {
        if ( m_Shape == 0 )
        {
            m_strObject.Format( "원을 검출했습니다" );
            UpdateData(FALSE);
            RCCircle();
        }

        else if ( m_Shape == 1 )
        {
            m_strObject.Format( "삼각형을 검출했습니다" );
            UpdateData(FALSE);
            RCTriangle();
        }

        else if ( m_Shape == 2 )
        {
            m_strObject.Format( "사각형을 검출했습니다" );
            UpdateData(FALSE);
            RCRect();
        }

        else if ( m_Shape == 3 )
        {
            m_strObject.Format( "위쪽화살표를 검출했습니다" );
            UpdateData(FALSE);
            RCUarr();
        }
```

```
        else if ( m_Shape == 4 )
        {
            m_strObject.Format( "왼쪽화살표를 검출했습니다" );
            UpdateData(FALSE);
            RCLarr();
        }

        else if ( m_Shape == 5 )
        {
            m_strObject.Format( "오른쪽화살표를 검출했습니다" );
            UpdateData(FALSE);
            RCRarr();
        }
    }
    else
    {
        m_strObject.Format( "영상을 보여주세요." );
        m_strRCmotor.Format( "대기중 입니다.." );
        UpdateData(FALSE);
    }

    Process.find_success = FALSE;
}
```

〔그림 24-15〕 영상 인식 함수

```
    MOTION_SESSION pMotion;
    SSN_SESSION pSensor;
    HWND m_hWndCap;
    BOOL bTimerFlag;

    CRect m_Cap_Rect;
    CRect m_RectTrack;
    CRect m_RECT_mouse;
    unsigned char *MouseImg, ndir;
    COLORREF m_CaptureColor( unsigned char *InImg );
    // 마우스로 도형의 색을 추출하는 변수 초기화

    void ObjectRecog();
    void RCCircle();
    void RCTriangle();
    void RCRect();
    void RCUarr();
    void RCLarr();
    void RCRarr();

// Dialog Data
```

〔그림 24-16〕 변수, 함수 추가

```
void CMy14RCDlg::OnTimer(UINT nIDEvent)
{
    if ( nIDEvent == 0 )
        OnPaint();

    if ( nIDEvent == 1 )
        ObjectRecog();
}
```

〔그림 24-17〕 OnTimer() 함수

24-6 동작 확인 및 결과

작성한 프로그램이 올바르게 동작하는지 확인한다.

본 프로그램에서는 해당 패널에 대한 패턴 인식을 통한 제어 방법이므로 영상 센서의 조건 선택시 패턴에 대한 조건과 해당 Panel의 색체정보를 정확히 세팅하여야 원하는 영상 검출과 Action이 가능하다.

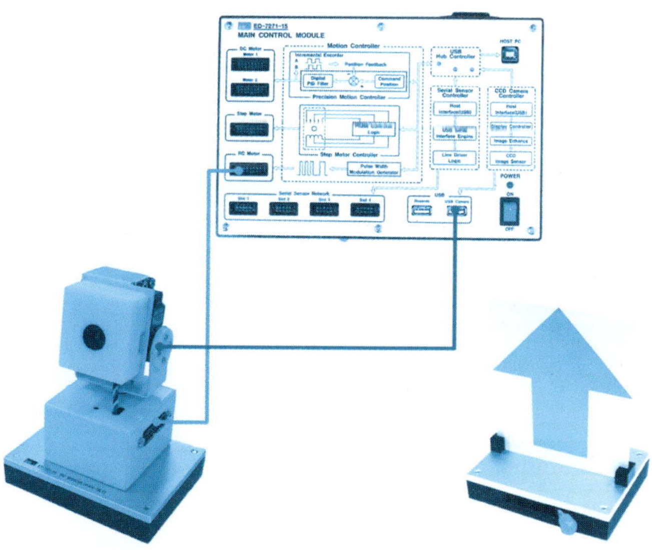

1) 동작 확인

① Target Panel이 왼쪽 화살표인 경우에는 RC 모터가 왼쪽으로 이동한다.

② Target Panel이 오른쪽 화살표인 경우에는 RC 모터가 오른쪽으로 이동한다.

③ Target Panel이 위쪽인 경우에는 RC모터가 위쪽으로 이동한다.

④ Target Panel이 삼각형인 경우에는 RC 모터가 삼각형의 Motion Action을 한다.

⑤ Target Panel이 원인 경우에는 RC 모터가 원 형태의 Motion Action을 한다.

⑥ Target Panel이 사각형인 경우에는 RC 모터가 사각형 형태의 Motion Action을 한다.

2) 결과 및 토의

본 실험에서는 영상 Target Panel의 색체 정보에 따른 Motion Action을 다르게 하여 로봇을 사용자가 원하는 형태로 지령할 수 있다.

Sleep() 함수를 사용하지 않는 방법에 대하여도 실습해보아야 한다.

영상 Target의 색체 정보에 대한 오류가 발생하는 경우에는 영상을 검출할 수 없으므로 영상 색체 정보를 정확하게 세팅하여야 한다.

RC 모터의 경우에는 사용자가 원하는 각도를 입력할 수가 있으며, 각도 제어가 가능하므로 영상에 따른 물체 추적 프로그램을 작성할 수 있다.

영상 Target Panel을 검출하는 경우 주위 조명에 따라 검출 유무가 다르므로 주변의 조명에 따라 검출 색체 정보를 변경하여 주어야 한다.

24-7 심화학습

- 광원모듈을 추가하여 삼각형을 인식했을 때는 광원모듈이 3번 점등, 사각형은 4번하도록하고, 원은 5초간 불이 켜져있도록, 그리고 나머지 경우에는 광원모듈이 작동하지 않도록 프로그램 하시오.

제25장

타이머를 이용한 실시간 제어 실습

25-1 실습 과제

본 지능형 로봇 실험실습 장치의 '대화형 응용 프로그램'에서는 각종 제어기 및 센서의 데이터를 주기적으로 제어할 수 있는 타이머를 제공한다. 이 타이머는 1개의 프로그램에서 최대 4개까지 생성이 가능하며, 타이머 내부에 프로그램한 객체는 사용자가 지정한 시간 간격으로 동작하게 된다. 그러나 현재 실습으로 하고 있는 MFC에서는 특별한 차이점은 없으며, 단지 지금까지의 실습을 복습해 본다는 의미와 개별적인 동작들을 하나의 프로그램 안에서 동작시켜 본다는 데에 의의를 가지고 해보도록 하겠다.

25-2 실습 목표

각각의 타이머에 임의적인 시간간격으로 영상 센서, 초음파, 적외선 거리감지 센서를 사용하여 구동기를 제어하는 실습을 통하여 타이머의 활용 방법에 대하여 알아본다.

25-3 실습 준비

메인제어 모듈(ED7271-15)	1EA
DC 모터(ED7271-13)	2EA

스텝 모터(ED7271-14)	1EA
이미지 센서(ED7271-10)	1EA
초음파 센서(ED7271-3)	1EA
적외선 센서(ED7271-4)	1EA
발광 모듈(ED7271-2)	1EA
이동 슬라이더(ED7271-11)	1EA
영상 Panel	
Panel 고정판(ED7271-17)	1EA
USB 케이블 A 〈-〉 B	1EA
16P Plat 케이블	1EA
AC220V 전원선	1EA

25-4 장비 결선

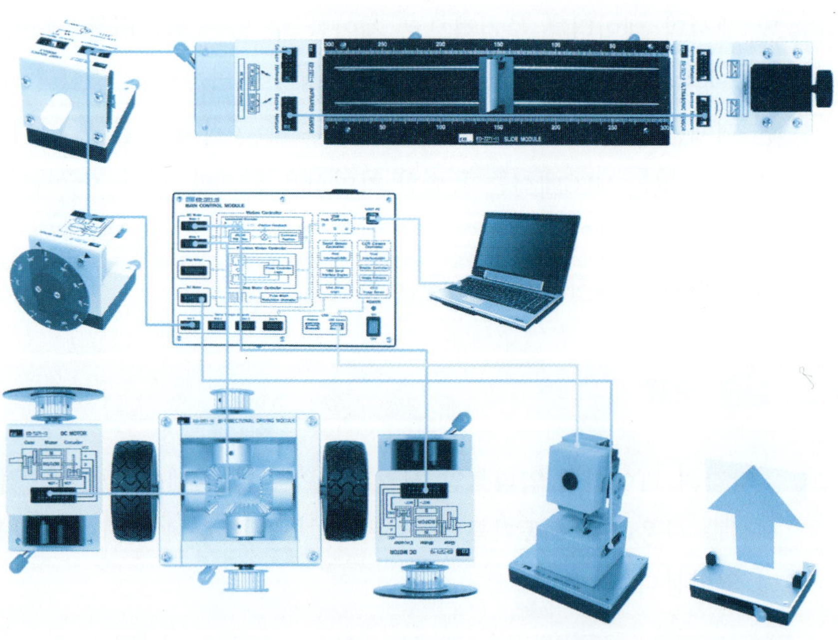

25-5 프로그램

영상 센서, 초음파, 적외선 거리감지 센서를 각 각의 타이머 함수로 구현하여 임의적인 시간 간격을 부여하여 주기적으로 실행할 수 있는 프로그램을 아래와 같이 작성한다.

1) IRES를 이용한 프로그램 작성

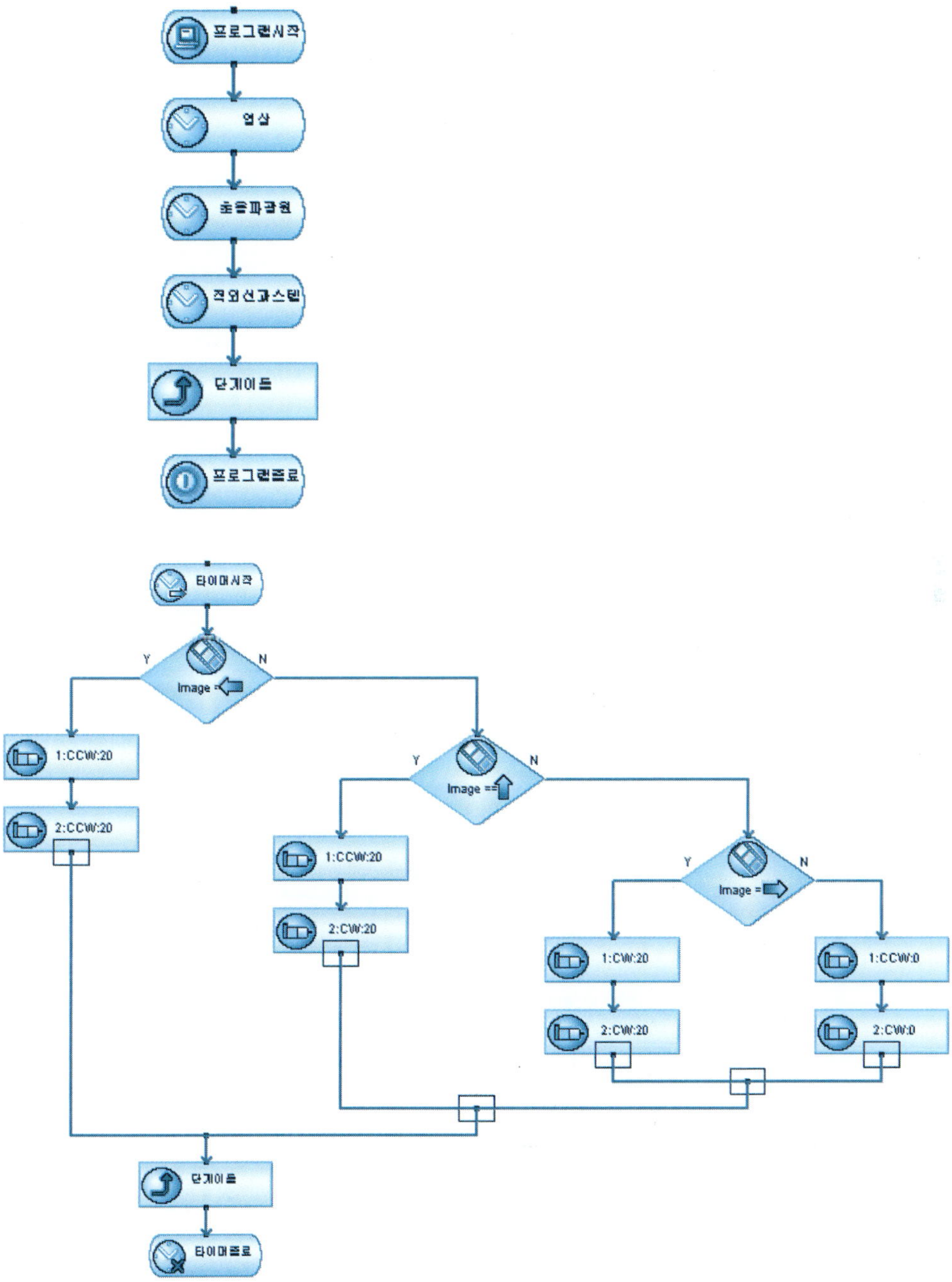

〔그림 25-1〕 영상 센서를 이용한 타이머 함수

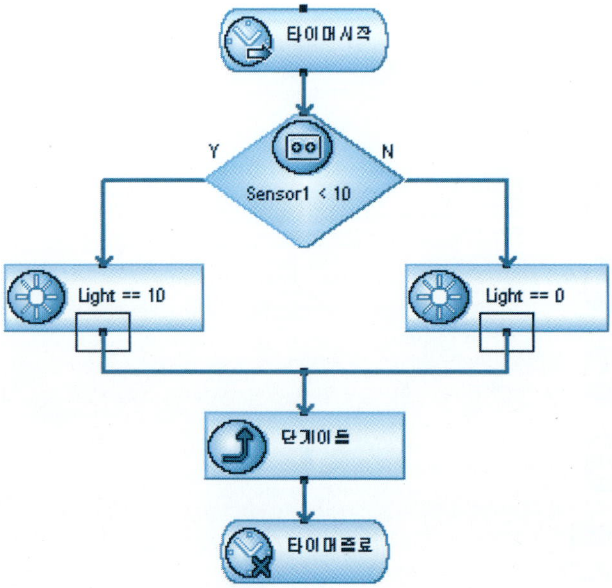

〔그림 25-2〕 초음파 센서를 이용한 타이머 함수

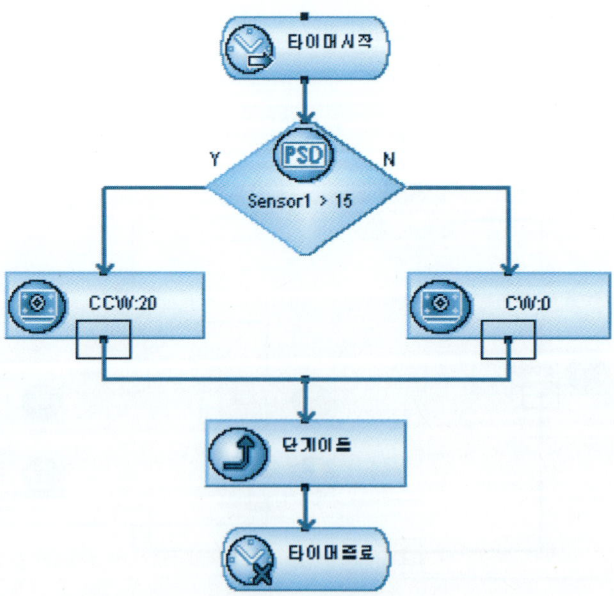

〔그림 25-3〕 적외선 거리감지 센서를 이용한 타이머 함수

2) MFC를 이용한 프로그램 작성

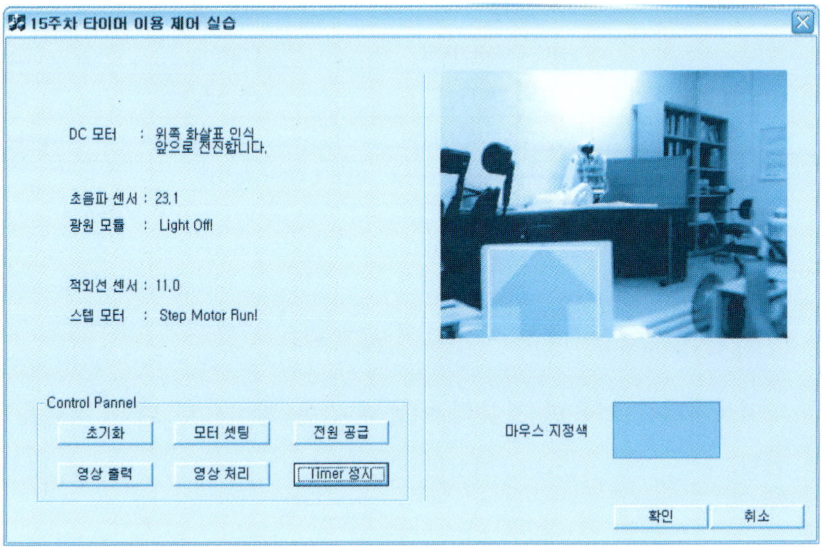

〔그림 25-4〕 실습 목표

(1) 프로젝트 생성, 기본 버튼 / 함수 작성

다음 그림들을 참고하여 작성한다.

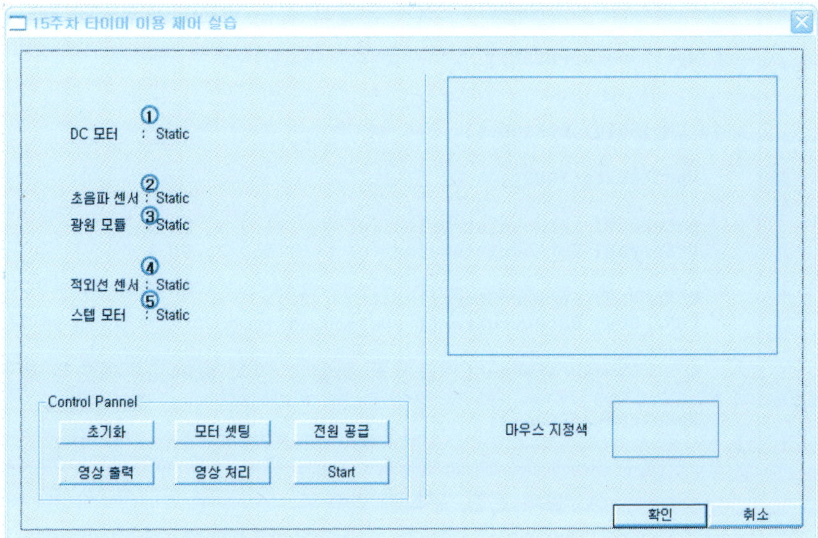

〔그림 25-5〕 Dialog 배치

〈표 25-1〉 ID, 변수 형, 변수 명

번 호	ID	변수 형	변수 명
1	IDC_DCMOTOR	CString	m_strDCmotor
2	IDC_ULTRA	CString	m_strUltra
3	IDC_LIGHTSOURCE	CString	m_strLightsource
4	IDC_IR	CString	m_strIRsensor
5	IDC_STEPMOTOR	CString	m_strStepmotor

(2) DC 모터 제어 함수

영상처리를 이용한 로봇의 이동과 같은 방식으로 다음 그림을 참조하여 작성한다.

```
void CMy15Dlg::DCForward()
{
    UpdateData(TRUE);

    DCServo01_SetAbsoluteVelocity( pMotion, 1, 60 );
    DCServo01_SetAbsoluteVelocity( pMotion, 2, 60 );

    DCServo01_ForwardStart( pMotion, 2 );
    DCServo01_BackwardStart( pMotion, 1 );

    m_strDCmotor.Format( "위쪽 화살표 인식 ₩r₩n앞으로 전진합니다. " );

    UpdateData(FALSE);
}

void CMy15Dlg::DCRight()
{
    UpdateData(TRUE);

    DCServo01_SetAbsoluteVelocity( pMotion, 1, 20 );
    DCServo01_SetAbsoluteVelocity( pMotion, 2, 50 );

    DCServo01_ForwardStart( pMotion, 2 );
    DCServo01_BackwardStart( pMotion, 1 );

    m_strDCmotor.Format( "오른쪽 화살표 인식 ₩r₩n오른쪽으로 회전합니다. " );

    UpdateData(FALSE);
}
```

〔그림 25-6〕 DC 모터 전진, 우회전 함수

```
void CMy15Dlg::DCLeft()
{
    UpdateData(TRUE);

    DCServo01_SetAbsoluteVelocity( pMotion, 1, 50 );
    DCServo01_SetAbsoluteVelocity( pMotion, 2, 20 );

    DCServo01_ForwardStart( pMotion, 2 );
    DCServo01_BackwardStart( pMotion, 1 );

    m_strDCmotor.Format( "왼쪽 화살표 인식 ₩r₩n왼쪽으로 회전합니다. " );

    UpdateData(FALSE);
}

void CMy15Dlg::DCStop()
{
    UpdateData(TRUE);

    DCServo01_StopSmoothly( pMotion, 1 );
    DCServo01_StopSmoothly( pMotion, 2 );

    m_strDCmotor.Format( "영상이 없습니다.₩r₩n명령을 내리세요" );

    UpdateData(FALSE);
}
```

[그림 25-7] DC 모터 좌회전 정지 함수

```
void CMy15Dlg::VisionRecg()
{
    if ( Process.Find_success == TRUE )              // 도형을 찾으면..
        {
            if ( Process.Shape == 3 )
            {
                DCForward();
            }
            else if ( Process.Shape == 4 )
            {
                DCLeft();
            }
            else if ( Process.Shape == 5 )
            {
                DCRight();
            }
        }
        else if ( Process.Find_success == FALSE )   // 도형을 못찾으면..
            DCStop();
}
```

[그림 25-8] 영상 인식을 통한 DC 모터 제어 함수

(3) 초음파 센서를 이용한 광원 모듈 제어 함수

```
void CMy15Dlg::GetUtrasonic()
{
    SSN_GetUtrasonic( pSensor, fUltraSensor );

    m_strUltra.Format( "%4.1f", fUltraSensor[0] );
    UpdateData(FALSE);
}

void CMy15Dlg::UsingUltra()
{
    GetUtrasonic();

    if ( fUltraSensor[0] < 10 )
    {
        SSN_SetLightSource( pSensor, 10 );
        m_strLightsource.Format( " Light On! " );
    }
    else
    {
        SSN_SetLightSource( pSensor, 0 );
        m_strLightsource.Format( " Light Off! " );
    }

    UpdateData(FALSE);
}
```

〔그림 25-9〕 초음파 함수 / 초음파 값을 통한 광원 모듈 제어 함수

(4) 적외선 센서를 이용한 스텝 모터 제어 함수

```
void CMy15Dlg::GetIRDistance()
{
    SSN_GetIRDistance( pSensor, fIRSensor );

    m_strIRsensor.Format( "%4.1f", fIRSensor[0] );
    UpdateData(FALSE);
}

void CMy15Dlg::StepForward()
{
    UpdateData(TRUE);

    dwPluse = 10000;
    dwStepVel = 20;

    STEP_SetVelocity( pMotion, dwStepVel );
    STEP_AbsoultePulseStart( pMotion, DIR_CW, dwPluse );

    m_strStepmotor.Format( " Step Motor Run! " );
    UpdateData(FALSE);
}
```

〔그림 25-10〕 적외선 / 스텝 전진 함수

```
void CMy15Dlg::StepStop()
{
    UpdateData(TRUE);
    STEP_Stop( pMotion );
    m_strStepmotor.Format( " Step Motor Stop! " );
    UpdateData(FALSE);
}

void CMy15Dlg::StepUsingIR()
{
    GetIRDistance();

    if ( fIRSensor[0] < 15 )
        StepForward();
    else
    {
        StepStop();
        STEP_DefineHome( pMotion );
    }
}
```

〔그림 25-11〕 스텝 모터 정지 / 밑 적외선 값을 이용한 스텝 모터 제어 함수

위 그림들과 같이 함수를 작성한 다음 Header 파일에 다음 그림처럼 변수를 등록한다.

```
    unsigned char nSelectSensor[1];
    float fUltraSensor[1], fIRSensor[1];
    DWORD dwPluse, dwStepVel;

    char cLight;
```

〔그림 25-12〕 Header 파일에 변수 선언

※ 함수 선언 역시 지금까지와 같은 방법으로 Header 파일에 선언해준다.

```
void CMy15Dlg::OnBtTimer()
{
    if( bTimerFlag == FALSE )
    {
        bTimerFlag = TRUE;
        SetTimer( 1, 100, NULL );
        SetDlgItemText( IDC_BT_TIMER, "Timer 정지" );
    }
    else
    {
        bTimerFlag = FALSE;
        DCStop(); StepStop();
        KillTimer(0); KillTimer(1);
        SetDlgItemText( IDC_BT_TIMER, "TImer 실행" );
    }
}
```

25장

```
void CMy15Dlg::OnTimer(UINT nIDEvent)
{
    if ( nIDEvent == 0 )
        OnPaint();

    if ( nIDEvent == 1 )
    {
        VisionRecg();
        UsingUltra();
        StepUsingIR();
    }

    CDialog::OnTimer(nIDEvent);
}
```

〔그림 25-13〕 OnTimer() 함수

25-6 동작 확인 및 결과

작성한 프로그램이 올바르게 동작하는지 확인한다.

1) 동작 확인

① 13주차 첫 번째 실험과 동일하게 영상 Target에 색체 정보를 세팅한 후 DC 모터가 프로그램과 같이 동작하는지 확인한다.

② 초음파 센서의 반응에 따른 광원 모듈의 밝기를 체크한다.

③ 적외선 거리 감지 센서의 반응에 따른 스텝 모터의 회전 및 정지를 확인한다.

④ 위 3가지의 동작이 개별적으로 프로그램한 상태와 타이머를 이용하여 작성하였을 때와의 차이점을 확인한다.

⑤ 사용자가 임의로 타이머의 시간을 지정하였을 때의 차이점을 알아보자.

2) 결과 및 토의

본 실습에서는 타이머를 사용자가 지정한 간격별로 동작하는지를 확인할 수 있다. 타이머의 간격을 높게 할수록 동작 상태의 반응 속도가 느려지는 것을 확인할 수 있다.

타이머를 사용하지 않은 경우에 비해 동작이 보다 원활하게 동작하는 것을 확인할 수 있다. 위 프로그램을 일반 순서도 형태로 프로그램한 것과 타이머를 작성한 프로그램 형태를 비교하여 볼 때 보다 프로그램이 유연하게 동작하는 것을 확인할 수 있다.

제26장

지능 로봇 제어 실습

26-1 실습 내용

이번 실험은 초음파 센서, 청각 센서, 영상 센서를 이용하여 각 반응에 따라 로봇의 움직임을 조절한다. 초음파 센서로는 로봇의 앞에 장애물이 있는 것을 감지하면 로봇은 뒤로 조금 이동하고, 옆으로 회전하여 장애물을 피하게끔 설정한다. 청각 센서로는 4방향 중 한 곳에 소리가 감지되면 우선 그쪽으로 RC 모터를 회전시킨다. 그 후 RC 모터를 제자리로 움직인 다음, 소리가 났던 방향으로 회전하고 전진한다. 또, 영상 센서가 특정한 패턴과 색깔을 감지하면 그에 따라 움직임을 다르게 설정하였다. 각각의 패턴을 감지하기 위하여 우선 각 패턴별로 마우스로 지정한 색을 저장하게 한다. 패턴은 총 6개로, 각각 좌회전, 우회전, 뒤돌아가기, 천천히 움직이기, 빠르게 움직이기, 일시 정지 기능을 수행하게 한다(단, 일단 속도가 달라지면 다른 패턴이 감지될 때까지 그 속도를 유지한다).

26-2 실습 목표

초음파, 청각, 영상 센서를 사용하여 정해진 값에 따라 로봇을 제어하는 지능형 로봇 제어에 대하여 알아본다.

26-3 전체 순서도 설명

우선 초음파 센서로 장애물을 감지하면 '장애물회피' 함수를 호출한다.

다음, 청각 센서로 앞쪽에서 소리를 감지하면 일시 정지를, 그 외에는 각 방향에 맞는 함수를 호출한다.

그리고 영상 센서로 적절한 패턴을 인식할 경우 그에 맞는 행동을 취하도록 설정하였다. 우선, '왼쪽 화살표', '오른쪽 화살표', '정삼각형'이 감지되면 단계이동을 이용하여 각각 '좌회전', '우회전', '뒤로돌기'를 호출하게 한다. '위쪽 화살표'를 감지하면 일시정지 후, 느린 속도로 움직인다. '정사각형'이 감지되면 일시정지를 하고, 일정 시간이 지나면 다시 움직인다. '원'을 감지하면 일시정지 후, 빠른 속도로 움직인다. 그 외에는 중간속도로 움직인다.

26-4 프로그램 작성

1) IRES를 이용한 프로그램 작성

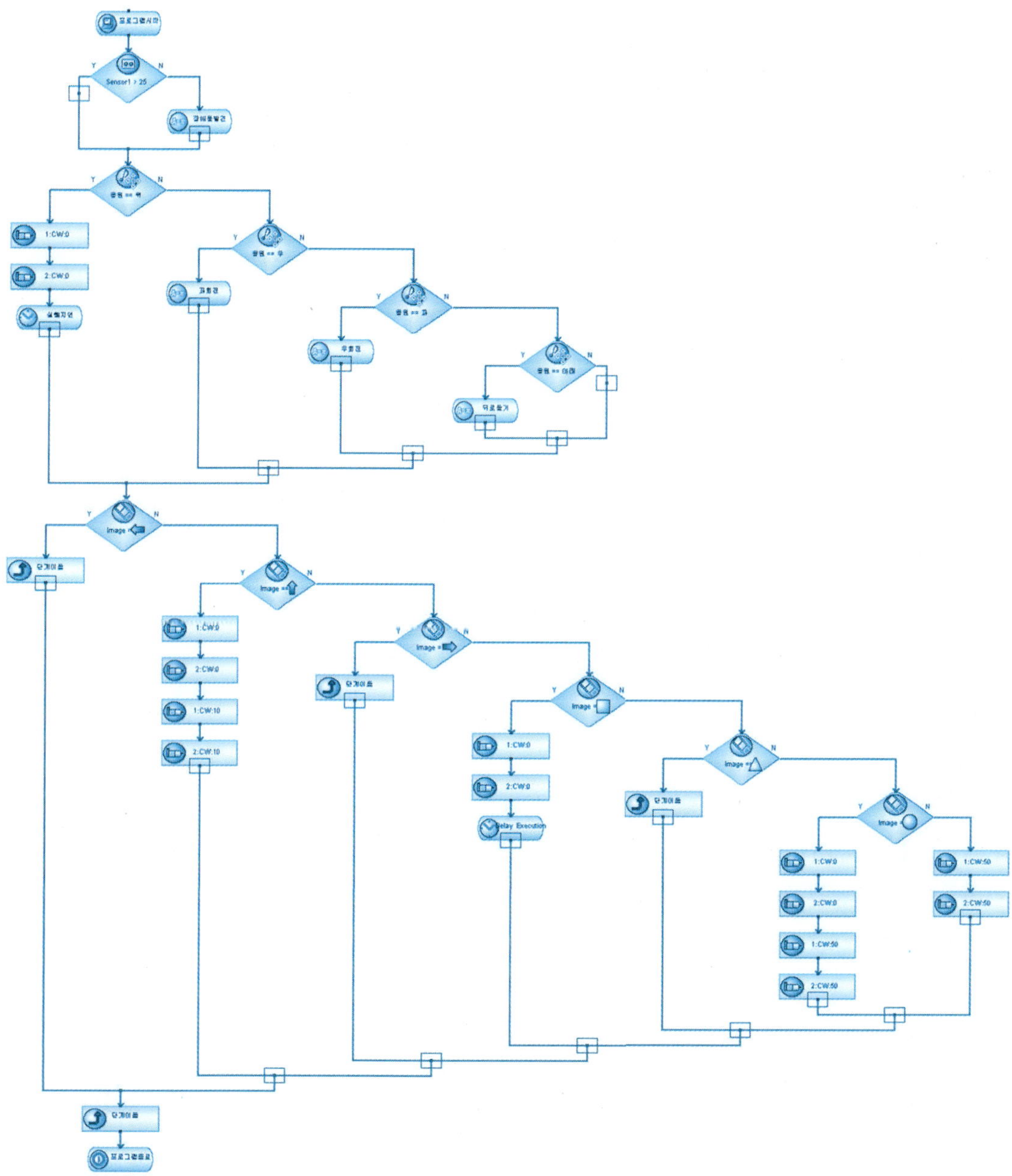

장애물발견	좌회전	우회전	뒤로돌기

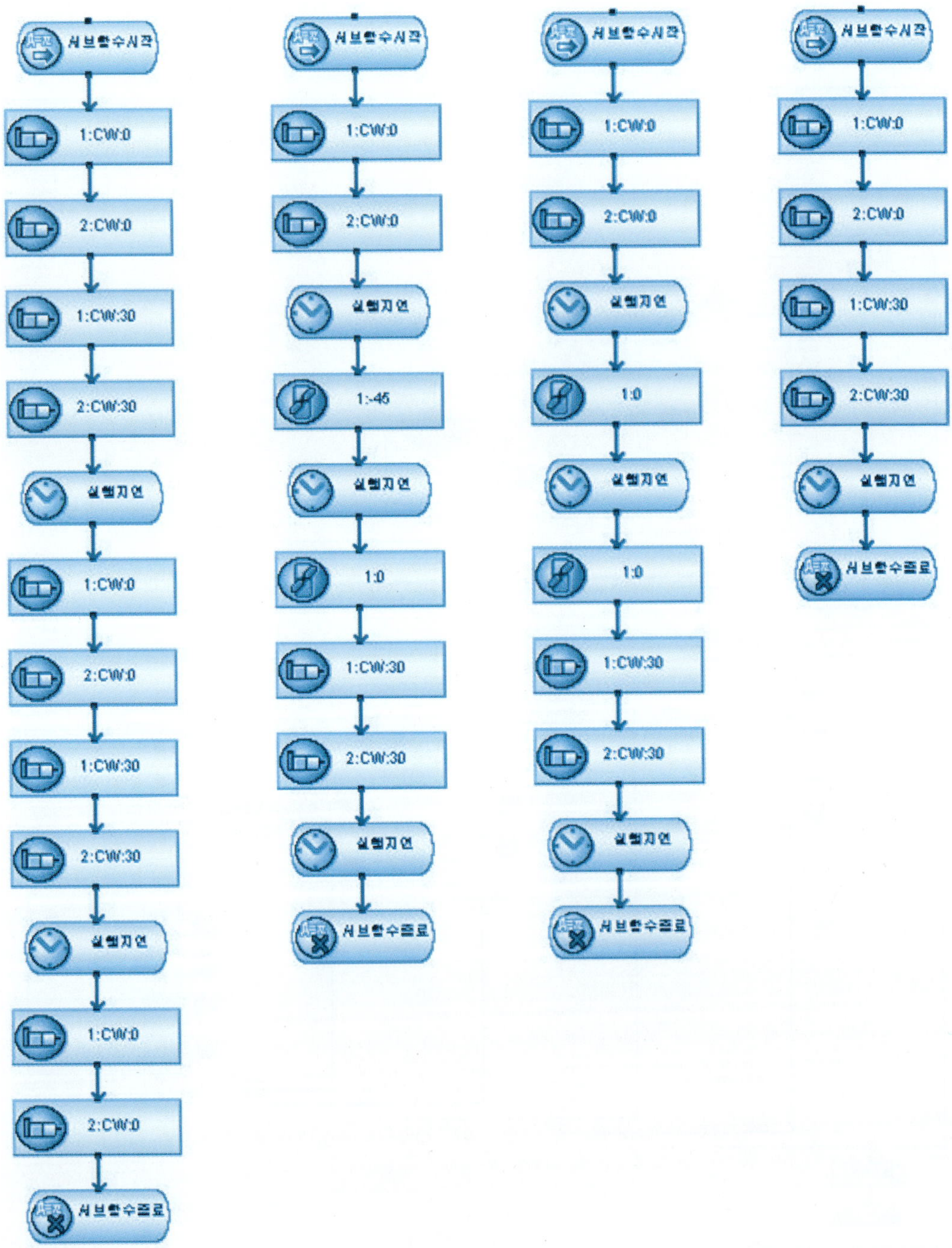

2) MFC를 이용한 프로그램 작성

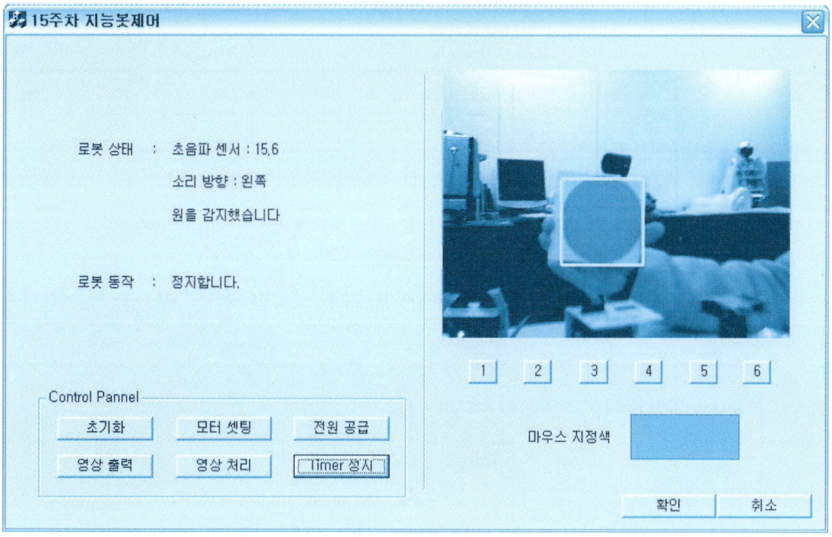

〔그림 26-1〕 실습 목표

(1) 프로젝트 생성, 기본 버튼 / 함수 작성

다음 그림들을 참고하여 작성한다.

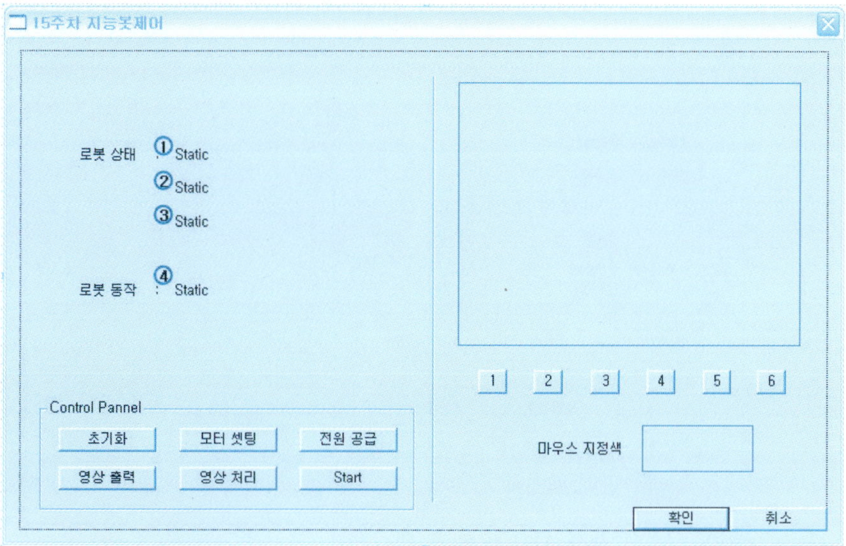

〔그림 26-2〕 Dialog 배치

〈표 26-1〉 ID, 변수 형, 변수 명

번 호	ID	변수 형	변수 명
1	IDC_ULTRA	CString	m_strUltra
2	IDC_SOUND	CString	m_strSound
3	IDC_VISION	CString	m_strVision
4	IDC_MOVEMENT	CString	m_strMovement

영상처리 버튼에 연결된 함수에 다음 그림과 같이 추가 작성한다.

```
void CMy15Dlg::OnBtProcess()
{
    process_flag = FALSE;
    process_flag_add = TRUE;
    UpdateData(FALSE);
}
```

〔그림 26-3〕 코드 추가 작성

(2) 패턴별 색상 저장 버튼 / 함수 작성

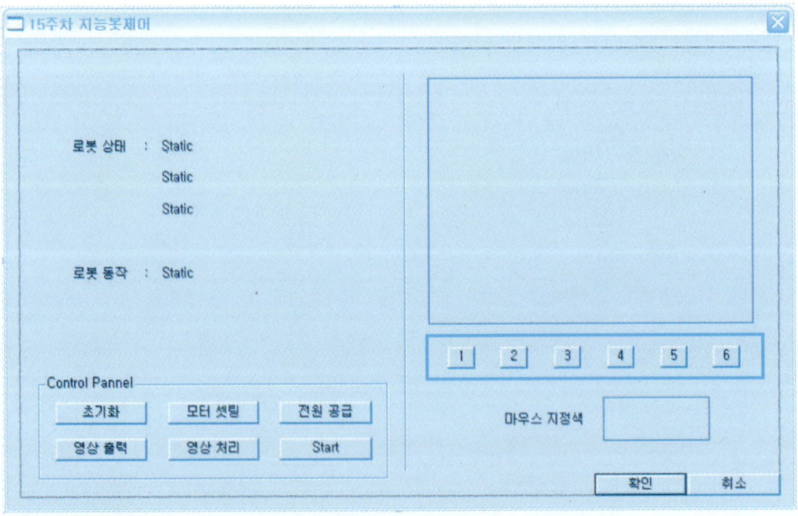

〔그림 26-4〕 색상 저장 버튼

각 버튼별로 'IDC_SAVE1~6' 으로 지정한 후 더블클릭, 혹은 클래스 위자드로 함수를 생성한 후 다음 그림들과 같이 작성한다.

```
}Process_Info,*KProcess_Info;
Process_Info Process;  //구조체 선언

EDROBOT_API void Proccess_Image( KProcess_Info Process );

int S_Shape[6] = {0,};
int S_R[6] = {0,};
int S_G[6] = {0,};
int S_B[6] = {0,};

////////////////////////////////////////////////////////////////////////////
// CAboutDlg dialog used for App About

class CAboutDlg : public CDialog
{
```

〔그림 26-5〕 색상을 저장하기 위한 배열 선언 및 초기화

생성된 함수들을 다음 그림과 같이 작성한다. 단, OnSave6() 함수에는 표시된 부분을 추가 작성한다.

```
void CMy15Dlg::OnSave1()
{
    if ( Process.find_success == TRUE )
    {
        S_Shape[0] = Process.Shape;
        S_R[0] = Process.R;
        S_G[0] = Process.G;
        S_B[0] = Process.B;
    }
}

void CMy15Dlg::OnSave2()
{
    if ( Process.find_success == TRUE )
    {
        S_Shape[1] = Process.Shape;
        S_R[1] = Process.R;
        S_G[1] = Process.G;
        S_B[1] = Process.B;
    }
}

//--- 생략된 부분입니다. OnSave3()~OnSave5() 는 동일하게 작성합니다. --//

void CMy15Dlg::OnSave6()
{
    if ( Process.find_success == TRUE )
    {
        S_Shape[5] = Process.Shape;
        S_R[5] = Process.R;
        S_G[5] = Process.G;
        S_B[5] = Process.B;
        process_flag = TRUE;
        process_flag_add = FALSE;
    }
}
```

〔그림 26-6〕 패턴별 색상을 저장하기 위한 함수

영상 출력 버튼을 누르고 영상처리 버튼을 누른 후, 1~6번까지 DB에 해당하는 순서(원, 삼각형, 사각형, 위쪽 화살표, 왼쪽 화살표, 오른쪽 화살표), 각각의 패턴별로 마우스로 지정색을 설정한 다음, 화면상에서 감지됐다는 표시(녹색 테두리)가 떴을 때, 해당하는 번호를 클릭하면 각 패턴에 대한 색상 정보가 배열에 저장된다.

다음 그림은 이렇게 저장된 색상 정보로 해당하는 패턴을 찾는 부분이다. CallBackOnFrame() 함수에 다음 그림과 같이 추가 작성한다.

```
Process.width=320;
Process.height=240;

if(process_flag==FALSE)
{
    Proccess_Image(&Process);

}
if ( process_flag_add == FALSE )
{
    for ( int bb = 0 ; bb<6 ; bb++ )
    {
        Process.Shape  = S_Shape[bb];
        Process.R = S_R[bb];
        Process.G = S_G[bb];
        Process.B = S_B[bb];

        Proccess_Image(&Process);

        if (Process.find_success == TRUE )
            break;
    }
}
CString bit;
bit.Format("Org.bmp");
SaveToBitmapFile(bit,Process.m_Inimg);
```

〔그림 26-7〕 CallBackOnFrame() 함수에 코드 추가 작성

(3) 초음파 센서, 회피 함수

초음파 센서로부터 거리 값을 받아들인 후, 일정한 값에 따라서 회피 운동을 하는 함수이다. 첫 번째 응용실습을 참고하여 작성한다.

```
void CMy15Dlg::GetUtrasonic()
{
    SSN_GetUtrasonic( pSensor, fUltraSensor );
    m_strUltra.Format( "초음파 센서 : %4.1f", fUltraSensor[0] );
    UpdateData(FALSE);
}
```

〔그림 26-8〕 초음파 센서 값 획득 함수

```
void CMy15Dlg::ObstacleDetect()
{
    if ( bAvoidBackflag == FALSE && bAvoidTurnflag == FALSE )
    {
        if ( fUltraSensor[0] < 5 )
        {
            bAvoidBackflag = TRUE;
            tempCenti = -Centi1;
        }
        else
        {
            bAvoidBackflag = FALSE;
            bAvoidTurnflag = FALSE;
            DCForward();
        }
    }
    else if ( bAvoidBackflag == TRUE )
    {
        ObstacleAvoidBack();
    }
    else if ( bAvoidTurnflag == TRUE )
    {
        ObstacleAvoidTurn();
    }
}
```

〔그림 26-9〕 장애물 발견 함수

```
void CMy15Dlg::ObstacleAvoidBack()
{
    if ( bAvoidBackflag == TRUE )
    {
        dbVelocity = 10;
        DCBackward();

        if ( -Centi1 < tempCenti-9 )
        {
            bAvoidTurnflag = TRUE;
            bAvoidBackflag = FALSE;
            DCStop();
            tempDegree = (int)-dbDegree2;
            ObstacleAvoidTurn();
        }
    }
}
void CMy15Dlg::ObstacleAvoidTurn()
{
```

```
    if ( bAvoidTurnflag == TRUE )
    {
        dbVelocity = 20;
        DCRight();

        if ( -dbDegree2 < tempDegree-179 )
        {
            DCStop();
            bAvoidTurnflag = FALSE;
        }
    }
}
```

〔그림 26-10〕 장애물 발견 후 후진, 회전 함수

(4) 음향탐지 모듈 함수

음향탐지 모듈로부터 음향이 탐지된 위치 값을 받아들이는 함수이다.

```
void CMy15Dlg::GetVoiceDirection()
{
    cSound = 0;
    SSN_GetVoiceDirection( pSensor, 1, cSound );
}
```

〔그림 26-11〕 음향탐지 모듈 함수

(5) DC 모터 전진, 정지, 후진, 좌 / 우회전, 상태 값 읽기 함수

```
void CMy15Dlg::DCForward()
{
    UpdateData(TRUE);

    DCServo01_SetAbsoluteVelocity( pMotion, 1, dbVelocity );
    DCServo01_SetAbsoluteVelocity( pMotion, 2, dbVelocity );

    DCServo01_ForwardStart( pMotion, 2 );
    DCServo01_BackwardStart( pMotion, 1 );
}

void CMy15Dlg::DCBackward()
{
    UpdateData(TRUE);

    DCServo01_SetAbsoluteVelocity( pMotion, 1, dbVelocity );
    DCServo01_SetAbsoluteVelocity( pMotion, 2, dbVelocity );
```

```
    DCServo01_ForwardStart( pMotion, 1 );
    DCServo01_BackwardStart( pMotion, 2 );
}

void CMy15Dlg::DCStop()
{
    UpdateData(TRUE);

    DCServo01_StopSmoothly( pMotion, 1 );
    DCServo01_StopSmoothly( pMotion, 2 );

    m_strMovement.Format( "정지합니다." );
    UpdateData(FALSE);
}

void CMy15Dlg::DCRight()
{
    UpdateData(TRUE);

    DCServo01_SetAbsoluteVelocity( pMotion, 1, dbVelocity );
    DCServo01_SetAbsoluteVelocity( pMotion, 2, dbVelocity );

    DCServo01_ForwardStart( pMotion, 1 );
    DCServo01_ForwardStart( pMotion, 2 );
}

void CMy15Dlg::DCLeft()
{
    UpdateData(TRUE);

    DCServo01_SetAbsoluteVelocity( pMotion, 1, dbVelocity );
    DCServo01_SetAbsoluteVelocity( pMotion, 2, dbVelocity );

    DCServo01_BackwardStart( pMotion, 1 );
    DCServo01_BackwardStart( pMotion, 2 );
}
```

[그림 26-12] DC 모터 전진, 후진, 정지, 좌 / 우회전 함수

```
void CMy15Dlg::ReadCantimeter()
{
    DCServo01_ReadCantimeter( pMotion, 1, Centi1 );
    DCServo01_ReadCantimeter( pMotion, 2, Centi2 );
}

void CMy15Dlg::ReadDegree()
{
    DCServo01_ReadDegree( pMotion, 1, dbDegree1 );
    DCServo01_ReadDegree( pMotion, 2, dbDegree2 );
}
```

[그림 26-13] DC 모터 상태 값 읽기 함수

(6) 음향 감지 후 RC 모터 제어 함수

```
void CMy15Dlg::SoundDetection()
{
    if ( cSound == 0x00 )
    {
        UpdateData(FALSE);
    }
    if ( cSound == 0x01 )
    {
        DCStop();   KillTimer(1);

        m_strMovement.Format( "정면을 봅니다" );
        UpdateData(FALSE);

        countTemp = count;
        RC_AbsoluteDegree( pMotion, 2, -60 );
        RC_AbsoluteDegree( pMotion, 1, 0 );
        SoundDirec = 1;
        delay = 0.2;
        SetTimer( 5, 100, NULL );
    }
```

〔그림 26-14〕 음향 탐지 후 RC 모터 제어 함수 - 1

```
    if ( cSound == 0x02 )
    {
        DCStop();   KillTimer(1);

        m_strSound.Format( "소리 방향 : 오른쪽" );
        m_strMovement.Format( "우측을 봅니다" );
        UpdateData(FALSE);

        countTemp = count;
        RC_AbsoluteDegree( pMotion, 1, 60 );
        SoundDirec = 2;
        delay = 0.2;
        SetTimer( 5, 100, NULL );
    }

    if ( cSound == 0x04 )
    {
        DCStop();   KillTimer(1);

        m_strSound.Format( "소리 방향 : 아래쪽" );
        m_strMovement.Format( "정면을 봅니다" );
        UpdateData(FALSE);

        countTemp = count;
        RC_AbsoluteDegree( pMotion, 2, -60 );
        RC_AbsoluteDegree( pMotion, 1, 0 );
        SoundDirec = 4;
        delay = 0.2;
        SetTimer( 5, 100, NULL );
```

```
    }

    if ( cSound == 0x08 )
    {
        DCStop();   KillTimer(1);

        m_strSound.Format( "소리 방향 : 왼쪽" );
        m_strMovement.Format( "좌측을 봅니다" );
        UpdateData(FALSE);

        countTemp = count;
        RC_AbsoluteDegree( pMotion, 1, -60 );
        SoundDirec = 8;
        delay = 0.2;
        SetTimer( 5, 100, NULL );
    }
}
```

[그림 26-15] 음향 탐지 후 RC 모터 제어 함수 - 2

(7) Count() 함수

RC 모터 제어시, 일정한 방향을 정해진 시간만큼 고정시키기 위한 함수이다.

```
void CMy15Dlg::Count()
{
    if ( count > countTemp + delay )
    {
        UpdateData(FALSE);
        delay = 0;
        tempDegree = -dbDegree2;
        KillTimer(5);
        RC_DefineHome( pMotion, 1 );
        RC_DefineHome( pMotion, 2 );

        if ( SoundDirec == 1 )
            SetTimer( 1, 100, NULL );
        else if ( SoundDirec == 2 )
            SetTimer( 11, 100, NULL );
        else if ( SoundDirec == 4 )
            SetTimer( 12, 100, NULL );
        else if ( SoundDirec == 8 )
            SetTimer( 13, 100, NULL );
    }
}
```

[그림 26-16] Count() 함수

(8) 음향 탐지 방향으로 회전하는 함수

```
void CMy15Dlg::VoiceDirectionRight()
{
    m_strSound.Format( "소리 방향 : 오른쪽" );
    m_strMovement.Format( "오른쪽 회전, 전진" );
    UpdateData(FALSE);

    dbVelocity = 20;
    DCRight();

    if ( -dbDegree2 < tempDegree-179 )
    {
        KillTimer(11);
        DCStop();
        SetTimer( 1, 100, NULL );
    }
}
```

〔그림 26-17〕 오른쪽 방향

```
void CMy15Dlg::VoiceDirectionDown()
{
    m_strSound.Format( "소리 방향 : 아래쪽" );
    m_strMovement.Format( "뒤로 회전, 전진" );
    UpdateData(FALSE);

    dbVelocity = 20;
    DCRight();

    if ( -dbDegree2 < tempDegree-359 )
    {
        KillTimer(12);
        DCStop();
        SetTimer( 1, 100, NULL );
    }
}

void CMy15Dlg::VoiceDirectionLeft()
{
    m_strSound.Format( "소리 방향 : 왼쪽" );
    m_strMovement.Format( "왼쪽 회전, 전진" );
    UpdateData(FALSE);

    dbVelocity = 20;
    DCLeft();

    if ( -dbDegree2 > tempDegree+179 )
    {
        KillTimer(13);
        DCStop();
        SetTimer( 1, 100, NULL );
    }
}
```

〔그림 26-18〕 아래쪽, 왼쪽 방향

(9) 영상 인식 함수

```
void CMy15Dlg::VisionRecog()
{
    if ( Process.find_success == TRUE )
    {
        if ( Process.Shape == 0 )
        {
            m_strVision.Format( "원을 감지했습니다" );
            UpdateData(FALSE);  KillTimer(1);   DCStop();
            dbVelocity = 70;         SoundDirec = 1;
            delay = 0.1;             countTemp = count;
            SetTimer( 5, 100, NULL );
        }

        if ( Process.Shape == 1 )
        {
            m_strVision.Format( "삼각형을 감지했습니다" );
            UpdateData(FALSE);  KillTimer(1);   DCStop();
            dbVelocity = 40;         SoundDirec = 4;
            SetTimer( 5, 100, NULL );
        }
```

〔그림 26-19〕 영상 인식 함수 -1

```
        if ( Process.Shape == 2 )
        {
            m_strVision.Format( "사각형을 감지했습니다" );
            UpdateData(FALSE);  KillTimer(1);   DCStop();
            dbVelocity = 40;         SoundDirec = 1;
            delay = 0.3;             countTemp = count;
            SetTimer( 5, 100, NULL );
        }

        if ( Process.Shape == 3 )
        {
            m_strVision.Format( "위쪽 화살표를 감지했습니다" );
            UpdateData(FALSE);  KillTimer(1);   DCStop();
            dbVelocity = 20;         SoundDirec = 1;
            delay = 0.1;             countTemp = count;
            SetTimer( 5, 100, NULL );
        }

        if ( Process.Shape == 4 )
        {
            m_strVision.Format( "왼쪽 화살표를 감지했습니다" );
            UpdateData(FALSE);  KillTimer(1);   DCStop();
            dbVelocity = 40;         SoundDirec = 8;
            SetTimer( 5, 100, NULL );
        }

        if ( Process.Shape == 5 )
        {
            m_strVision.Format( "오른쪽 화살표를 감지했습니다" );
            UpdateData(FALSE);  KillTimer(1);   DCStop();
            dbVelocity = 40;         SoundDirec = 2;
            SetTimer( 5, 100, NULL );
        }
    }
}
```

〔그림 26-20〕 영상 인식 함수 - 2

```
CMy15Dlg::CMy15Dlg(CWnd* pParent /*=NULL*/)
    : CDialog(CMy15Dlg::IDD, pParent)
{
    //{{AFX_DATA_INIT(CMy15Dlg)
    m_strMovement = _T("");
    m_strSound = _T("");
    m_strUltra = _T("");
    m_strVision = _T("");
    //}}AFX_DATA_INIT
    // Note that LoadIcon does not require a subsequent DestroyIcon in Win32
    m_hIcon = AfxGetApp()->LoadIcon(IDR_MAINFRAME);

    pImageBuffer = NULL;     // 버퍼 초기화

    Process.m_Inimg = NULL; // Process 버퍼 초기화
    MouseImg = NULL;         // 버퍼 초기화
    process_flag = TRUE;     // Process flag
    process_flag_add = TRUE;
}
```

〔그림 26-21〕 생성자에 변수 초기화

```
    capPreviewRate(m_hWndCap, 30);
    capPreview(m_hWndCap, true);

    pImageBuffer= new unsigned char[BmInfo.bmiHeader.biWid

    bTimerFlag = FALSE;
    bAvoidTurnflag = FALSE;
    bAvoidBackflag = FALSE;
    Process.robot_select = 2; // DB 안의 모든 도형을 검색
    //m_Shape = 0;
    countTemp = 0.0;
    count = 0.0;
    dbVelocity = 40;
    delay = 0;
    SoundDirec = 0;

    return TRUE;
}
```

〔그림 26-22〕 초기화 함수(초기화 버튼)에 변수 초기화

```
    MOTION_SESSION pMotion;
    SSN_SESSION pSensor;
    HWND m_hWndCap;
    BOOL bTimerFlag, bAvoidTurnflag, bAvoidBackflag;

    CRect m_Cap_Rect;
    CRect m_RectTrack;
    CRect m_RECT_mouse;
    unsigned char *MouseImg, ndir;
    COLORREF m_CaptureColor( unsigned char *InImg );
    // 마우스로 도형의 색을 추출하는 변수 초기화

    unsigned char nSelectSensor[1];
    float fUltraSensor[1];
```

```
int Centi1, Centi2, tempCenti;
double dbVelocity, dbDegree1, dbDegree2, tempDegree, count, countTemp;
char cSound;
```

〔그림 26-23〕 Header 파일에 변수 선언

※ 함수 선언 역시 Header 파일에 지금까지와 같은 방법으로 선언한다.

```
void CMy15Dlg::OnBtTimer()
{
    if( bTimerFlag == FALSE )
    {
        bTimerFlag = TRUE;
        SetTimer( 1, 100, NULL );
        SetTimer( 2, 50, NULL );
        SetTimer( 10, 100, NULL );
        SetDlgItemText( IDC_BT_TIMER, "Timer 정지" );
    }
    else
    {
        DCStop();
        bTimerFlag = FALSE;
        KillTimer(0); KillTimer(1);
        SetDlgItemText( IDC_BT_TIMER, "TImer 실행" );
    }
}
```

〔그림 26-24〕 Start 버튼의 함수

```
void CMy15Dlg::OnTimer(UINT nIDEvent)
{
    if ( nIDEvent == 0 )
    {
        OnPaint();
    }

    if ( nIDEvent == 1 )
        ObstacleDetect();

    if ( nIDEvent == 2 )
    {
        GetUtrasonic();
        GetVoiceDirection();
        SoundDetection();
        ReadCantimeter();
        ReadDegree();
        count += 0.01;
    }

    if ( nIDEvent == 5 )
        Count();

    if ( nIDEvent == 10 )
        VisionRecog();

    if ( nIDEvent == 11 )
```

```
        VoiceDirectionRight();

    if ( nIDEvent == 12 )
        VoiceDirectionDown();

    if ( nIDEvent == 13 )
        VoiceDirectionLeft();


    CDialog::OnTimer(nIDEvent);
}
```

〔그림 26-25〕 OnTimer() 함수

26-5 동작 확인 및 결과

1) 동작 확인

① 영상 처리 버튼까지의 과정 후, 원 -> 삼각형 -> 사각형 -> 위쪽 화살표 -> 왼쪽 화살표 -> 오른쪽 화살표의 순서대로 영상처리가 되는 것을 확인한 후 각각의 패턴이 인식될 때마다 해당하는 번호의 저장 버튼을 눌러서 색상 값을 저장한다.

② Start 버튼을 누르면 프로그램이 시작된다.

2) 결 과

'지능 로봇'은 초음파 센서, 청각 센서, 영상 센서, 소리 센서를 이용하여 다양한 기능을 하도록 만든 지능 로봇이다. 사실, 각 기능들의 구현은 이전 실험에서 부분적으로 했던 것들이고, 이를 집약하여 만든 것이 이 프로그램이다.

이전 실험을 통해 얻어진 경험으로 적절하게 시간 지연과 일시정지를 추가하면서 문제들은 금방 해결되었고, 실제 이 프로그램을 만드는 데에도 그리 오랜 시간이 걸리지 않았다.

단 저장된 색상을 사용하여 각 패턴들에 대하여 지속적인 확인을 하는 작업 때문에 영상처리의 속도가 느려지는 문제점이 있었다.

찾아보기

저자 약력

■ 남 상 엽

- 공학박사
- 삼성종합기술원 정보시스템연구소 근무
- 모토로라 반도체통신(주) 기술연구소 근무
- 국제대학 정보통신과 교수(현)

■ 정 완 균

- U.C.Berkeley 방문학자(1985 ~ 1986)
- Carnegie Mellon University, Robotics Institute 교환교수(1988 ~ 1989)
- 포항공과대학교 기계공학과 교수(1997 ~ 현재)
- 지능형 이동로봇 연구실(국가지정연구실)
- 다수 로봇 관련 국제저널 편집인

■ 유 범 재

- 서울대학교 공과대학 제어계측공학과 학사(1985)
- 한국과학기술원 전기및전자공학과 석사(1987)
- 한국과학기술원 전기및전자공학과 박사(1991)
- (주)터보테크 기술연구소 연구개발실장(1991 ~ 1994)
- 한국과학기술연구원 인지로봇연구단 책임연구원(1991 ~ 현재)

지능형 로봇 프로그래밍

2007년 9월 15일 1판 1쇄 발행

저 자 남상엽 · 정완균 · 유범재
발행인 남 승 우

발행처 도서출판 상尙 학學 당堂
서울특별시 동작구 사당3동 220-43
TEL : 02) 595-1692~4
FAX : 02) 595-1394
E-mail : namdoo6@unitel.co.kr
신고 : 2-155호 (1968. 11. 29)

(CD 포함) **정가 25,000원**

ISBN 978-89-85437-70-7 93560

임베디드 시스템 구성도 EMBEDDED SYSTEM

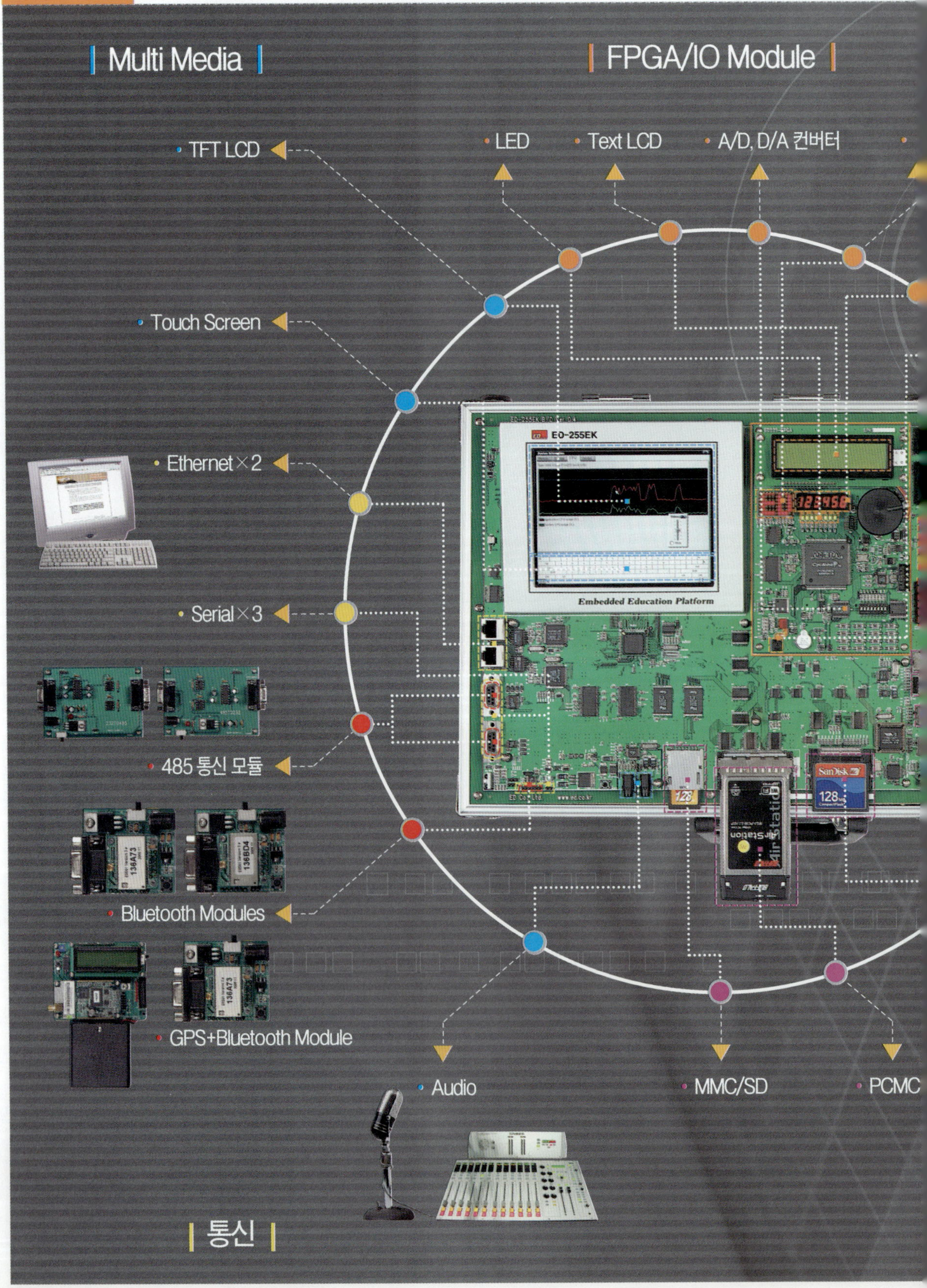

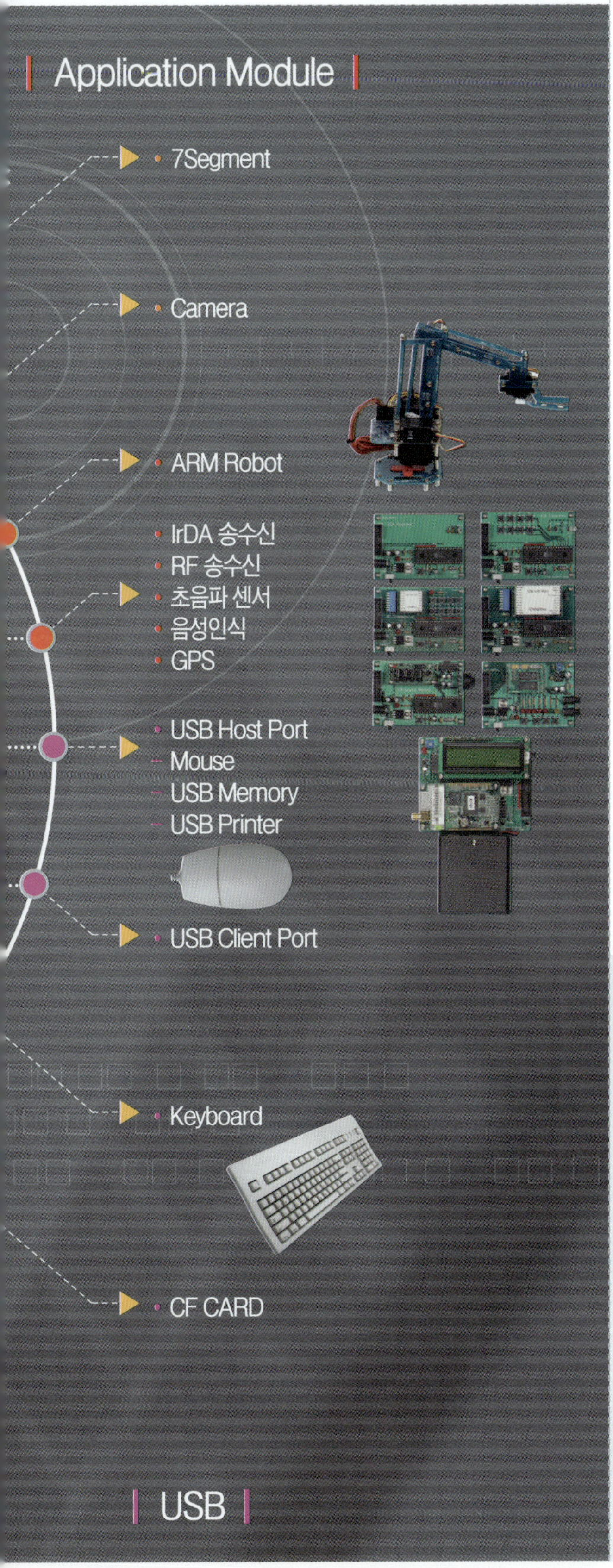

임베디드 응용 시스템 활용 구성
(Embedded System)

ED-255EK

Intel XScale PXA255 400MHz의 저전력 고성능의 프로세서를 채택하였으며 이 실습 장비를 이용하여 네비게이션, Bluetooth, PDA, 라우터, 웹 패드 등 보다 빠른 IT장비들을 개발하기 위한 임베디드 실습 및 개발 솔루션을 제공합니다.

풍부한 시스템 제원

Flash 32Mbyte, SDRAM 128Mbyte, 10Mbps Ethernet 포트와 10/100 Ethernet 포트, Wireless LAN을 지원하여 다양한 네트워크 디바이스를 경험할 수 있으며 USB 1.1/2.0Host/Client, UART, 6.4˝ TFT LCD, AC' 97 Codec, RTC와 Multi Media Card들인 PCMCIA, CF, MMC/SD Card를 지원하여 시스템 활용을 극대화 시켰습니다.

12만 Gate FPGA 지원

임베디드 시스템과 독립적으로 또는 병행하여 시스템을 운용할 수 있으며 직접 VHDL코드로 설계하여 LED, Text LCD, A/D, D/A 컨버터, 7-Segment, Dot Matrix, Step Motor, Buzzer, CMOS Image Sensor 등을 설계하고 응용할 수 있습니다.

확장 어플리케이션 시스템 지원

ED-255EK장비의 활용을 극대화하기 위해 다양한 어플리케이션 모듈과 이 모듈들을 설명하는 교재도 같이 제공하고 있습니다. 모듈은 GPS, 초음파, IrDA, RF, 485통신, Bluetooth, 음성인식, ARM Robot 등이 있으며 현재 필드에서 많이 사용되는 것들로 구성을 하였습니다.

임베디드 시스템 응용 모드

▶ **Application Module**
- 음성인식 • Robot • ARM로봇 • IrDA
- RF • GPS • Bluetooth • 초음파

▶ **FPGA/IO(Option) Module**
- FPGA/IO • 20X2 Text LCD • Key Pad
- AD/DA • Motor • Camera • LED • Buzzer

▶ **통 신**
- 네트워크 장비 • 인터넷 • 홈 네트워크 • Webserver

▶ **Multi Media**
- Audio • Display • MP3 • 동영상 플레이

▶ **USB**
- 입력/저장/출력 • Multi Media • Webcam • Printer

임베디드 토탈솔루션

Embedded Training System

Model : ED-255EK, ED-27x MULTI

특징

- Embedded Linux의 기초에서 고급과정까지 다양하게 실험 실습
- 인텔 PXA255 (400MHz) 고성능 마이크로프로세서 사용
- PXA255/PXA270/PXA272를 이용한 시스템 설계 (ED-27x MULTI)
- 6.4″ TFT LCD, Ethernet 2Port, Serial 3Port, PCMCIA/CF/MMC등 다양한 인터페이스 지원
- FPGA Chip인 Altera Cyclone 120,000Gates를 탑재하여 SoC 과정까지 연동하여 교육
- 안정적인 하드웨어, 풍부한 실습 프로그램 및 이해가 쉽도록 구성된 실습 교재 제공

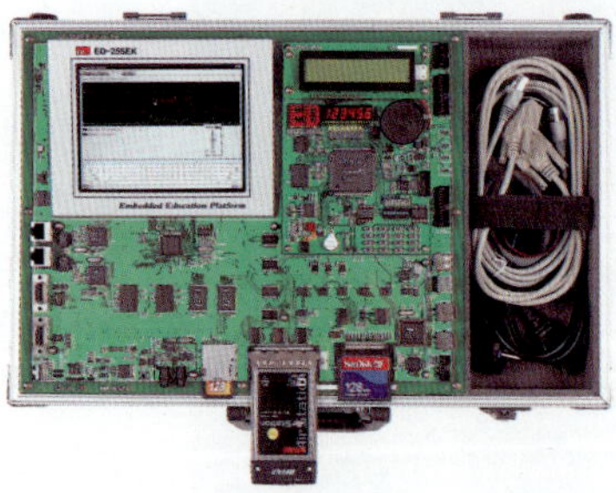
ED-255EK

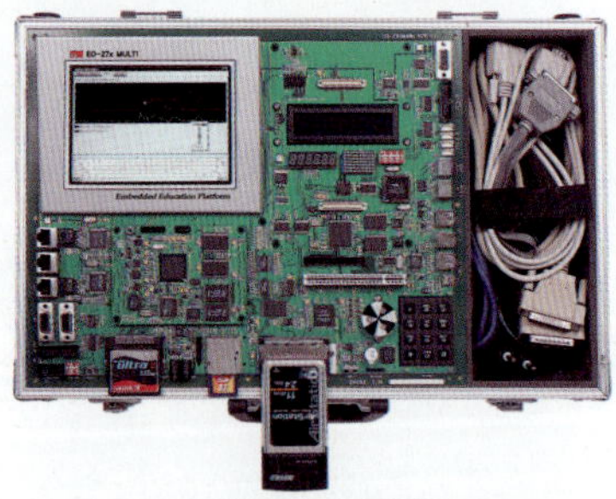
ED-27x MULTI

실험실습내용

- 개발환경 구축 실습, 부트로더 · 커널포팅 실습
- WinCE, Embedded Linux 등의 OS 포팅 실습
- Ramdisk 제작 및 파일시스템 구축 실습
- 다양한 입출력 Device Driver 제작 실습
- 멀티미디어, 네트워크 등 다양한 응용프로그램 개발 실습
- GUI 응용프로그램 제작 실습

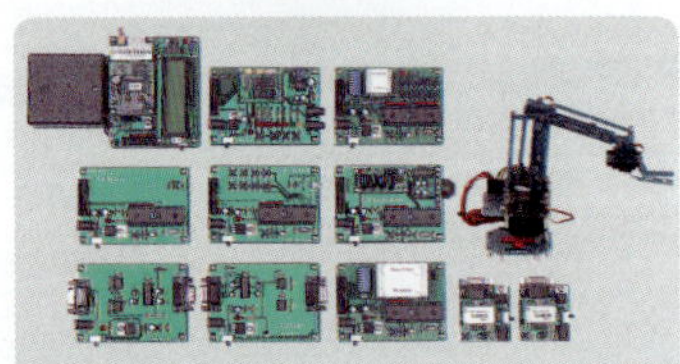
■ Options

ED-255EK 규격

CPU	Intel XScale P×A 255
Memory	FLASH (32Mbyte)
	SDRAM (128Mbyte)
	SRAM (1Mbyte)
Display	TFT LCD / Touch-Screen (6.4inch, 16bits Color, 640×480)
Interface	Ethernet (2port), Serial (3port), USB (Host, Client), PS/2 Port
	PCMCIA, CF, MMC/SD, RTC, IrDA, I²C
Control	Status LED
Audio	Stereo I/O (Cirrus CS4202)
확장 핀	Ext. I/O, App. I/O, Bluetooth I/O, Servo Motor, I2C I/O
Debug	Multi-ICE, JTAG
일반사양	외형크기 : 490(W)×160(H)×320(D)mm
Software	Boot Loader (uboot-1.0.0), Kernel (Linux-2.4.19)
	File System (Ramdisk : Image, Source)
	Application : Network Application Source, Qt/Embedded Image, Graphic & Text Display Control
	Device Driver : AC97 Audio Codec, ADS7846 Touch-Screen, PCMCIA, MMC/SD, CF Card, Ethernet
FPGA Module (기본) I/O Module (Option)	Altera FPGA Cyclone 120,000Gates (FPGA Module)
	CMOS Camera (FPGA Module), AD/DA 컨버터, Dot Matrix (10×7)
	8-Status LED, 4×4 Key Switch, 8P DIP Switch, 20×2 Line Text LCD
	Stepping Motor, Buzzer
Option Modules	Bluetooth Module, GPS, 음성 인식, Robot Arm, IrDA 송수신,
	초음파, RF 송수신, 485 송수신

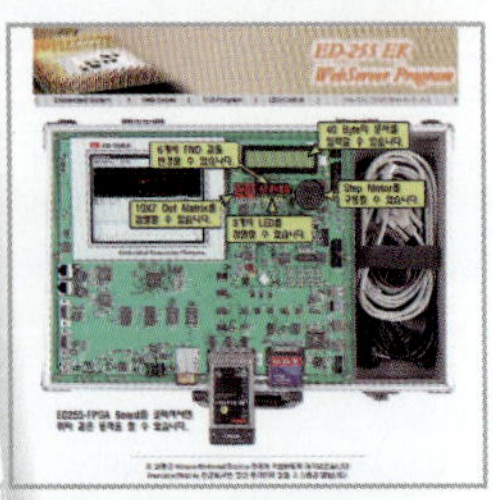
Web Server 프로그램

-Web Server를 통한 원격 제어
-Dot Matrix, LED, Text / Graphics LCD, 7Segment, 스텝 모터 제어

SoC 토탈솔루션

System on a Chip Training System

Model : ED-SoCwinner

특징

- 10만, 40만, 100만 Gates 모두 사용 가능한 통합 Platform으로 구성
- 마이크로 프로세서인 ARM922T를 내장, 쉽고 빠른 OS 탑재가 가능
- Ethernet, UART, IDE, VGA Port, USB, PCMAIA 등의 주변 장치들을 다양한 IP 검증 및 OS를 이용한 디바이스 제어가 가능
- PCI Master / Slave 설계 구현 및 테스트
- 640×480 6.4″ TFT LCD와 CMOS Image Sensor를 이용하여 멀티미디어 장비 구현 가능
- Xilinx Vertex II 3,000,000 ~ 8,000,000 Gate 디바이스가 장착된 확장 모듈을 지원

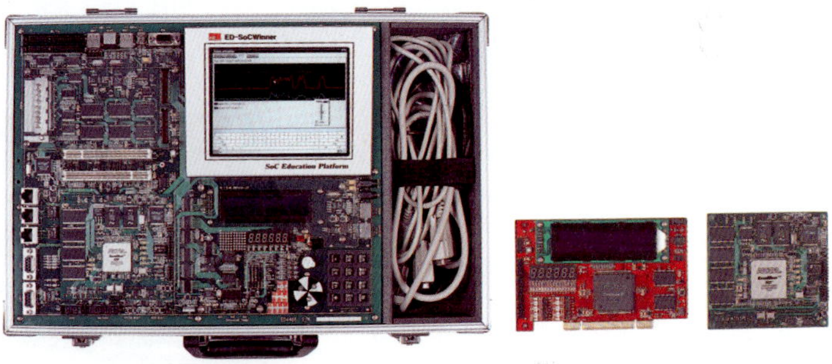

실험실습내용

- H/W와 S/W Co-Verification 및 알고리즘
- AMBA AHB Bus 설계 및 검증
- DMA 설계 및 실습
- CMOS Image Sensor를 통한 영상 처리 실습
- IDE를 이용한 대용량 HDD 제어 실습
- AC97 Codec을 이용한 MP3
- 리눅스 디바이스 드라이버를 설계하여 주변 기기 제어
- 리눅스 OS 포팅
- ARM 프로세서 구조 및 개념
- SDRAM Controller 설계 및 실습
- TFT LCD / VGA 포트를 통한 이미지 처리 실습
- Dual Ethernet 을 통한 네트워크 실습
- AD/DA 컨버터 제어 실습
- 다양한 주변기기를 활용한 IP 설계 및 제어

규격

Excalibur	Device (EPXA4F672C3, EPXA10F1020C2, EPXA1F672C3)
	CPU (ARM922T)
	FPGA 10만/40만/100만 Gates
	SRAM (128kbytes) / DPRAM (64kbytes)
Memory	Flash : 32Mbytes (Max. 64Mbytes), SDRAM : 256Mbytes (Max. 512Mbytes)
TFT-LCD	6.4″ TFT Color LCD
VGA	VGA Port
Serial	UART Port (2ea)
Ethernet	10/100Mbps Ethernet Port (2ea)
PS/2	PS/2 Port 2ea for Keyboard / Mouse
USB	USB 2.0 Host / Client Port (2ea)
RTC	Real Time Clock
Audio	AC97 Audio Codec
CMOS Camera	Hynix CMOS Image Sensor
Character LCD	20×2 Character LCD
ADC / DAC	12bit A/D Converter / 14bit D/A Converter
Dot Matrix	5×7 Dot Matrix (2ea)
7-Segment	6×7-Segment
Keypad	4×4 Keypad / DIP S/W (8 Input DIP Switch)
Step Motor	Step Motor
Buzzer	Buzzer
Expansion	Ubiquitous Sensor Network Board (Option)
	FPGA Daughter Board (Option)
	Application Module Port
Debug	JTAG Port, Multi-ICE Port

제품문의 : 031-730-7362 www.ed.co.kr

RFID 토탈솔루션

RFID Application Trainer

Model : ED-3100

특징

- RFID 리더기에 대한 F/W 프로그램 실습
- Air-interface 등의 실험이 가능하도록 다수의 Test Point 제공
- Anti-Collision 기능 지원
- Application Engineer를 위한 OCX Library 제공
- 범용으로 사용되는 13.56MHz I-CODE Type
- Tag에 Data를 Read / Write 가능
- 컨베이어와 연동되는 미니 플랜트 제공 (창고관리, 공정관리, 주차관리 등)
- 탈부착이 가능한 응용 모듈 (출입통제, 물류관리, 자판기 등)

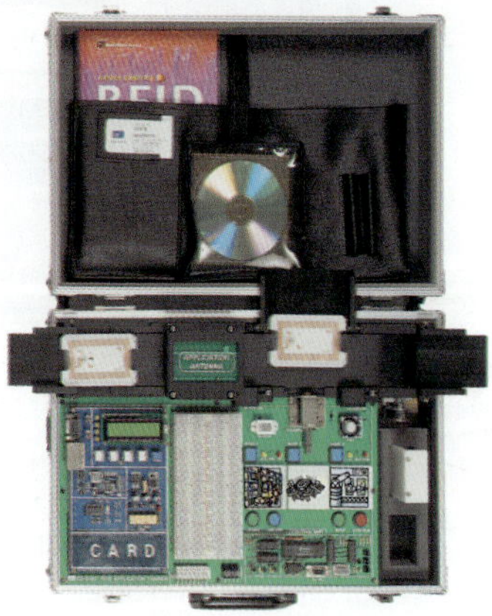

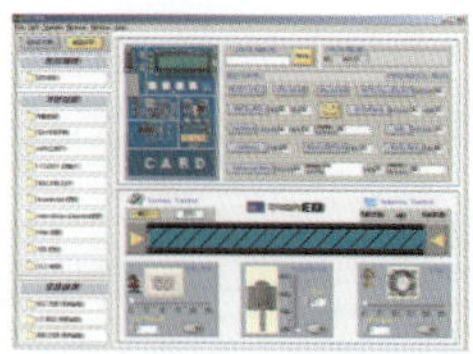

실험실습내용

- 개발환경 익히기 (AVR, JTAG, 컴파일러)
- ED-3100 구성 및 구동법
- 예제를 통한 AVR 장치 학습
- I-CODE1 라벨 IC 학습
- SLRC400 Reader IC 학습
- Unselected 명령어 학습
- Anticollision and Selected 명령
- Write, Selected, Addressed 명령
- 기타명령 (Selected Read, Halt, EAS/Quiet)
- OCX (예제)

규격

구분	항목	내용
RFID Reader	Reader Control CPU	ATMEG128
	Carrier Frequency	13.56MHz ± 1kHz
	Protocol	I-CODE1
	Reading Distance	100mm 내외
	Display	4 Line Character LCD
	입력장치	모드설정용 입력 스위치 4ea
	Interface	RS-232, RS-422
RFID Antenna	2종 (PCB패턴, 플랜트 실습부)	
RFID Tag	13.56MHz I-CODE1 (R/W) : 10ea	
응용모듈	창고관리, 공정관리, I/O확장모드	

유비쿼터스 센서네트워크 토탈솔루션

Ubiquitous Sensor Network Trainer

Model : ED-3120, ED-3160

ED-3120 특징

- 유비쿼터스 센서네트워크 ZigBee (IEEE 802.15.4) 방식 원리 및 개념이해 가능
- 다양한 센서의 장착 및 확장성 확보 (조도센서, 온도센서, 습도센서, 가스센서, 초음파센서)
- 센서네트워크 시스템 교육 및 개발에 필요한 토탈 솔루션을 제공
- 다양한 적응 분야 (운영체제, 네트워크, Security, 로봇, H/W 개발, 센서 응용 등)
- PAN Coordinator에 접수된 화재, 가스누출 등의 경보상황을 PC를 통해 모바일 SMS로 수신 가능

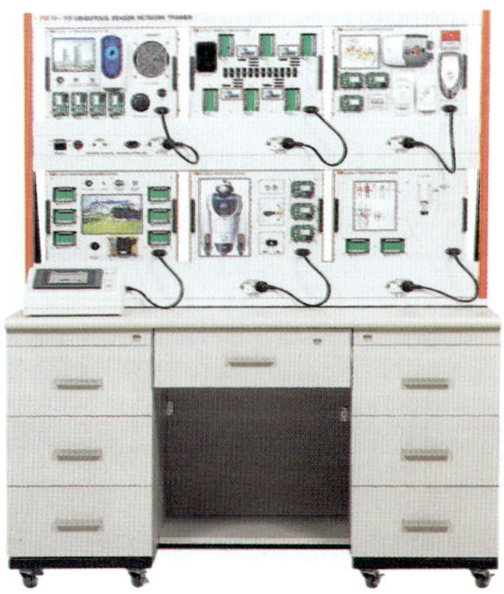

ED-3120

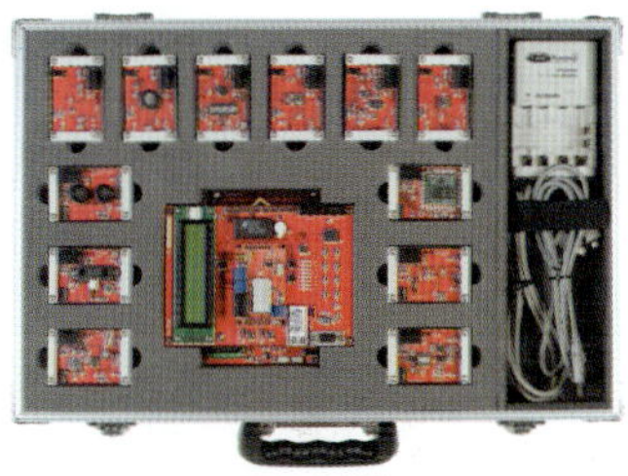

ED-3160

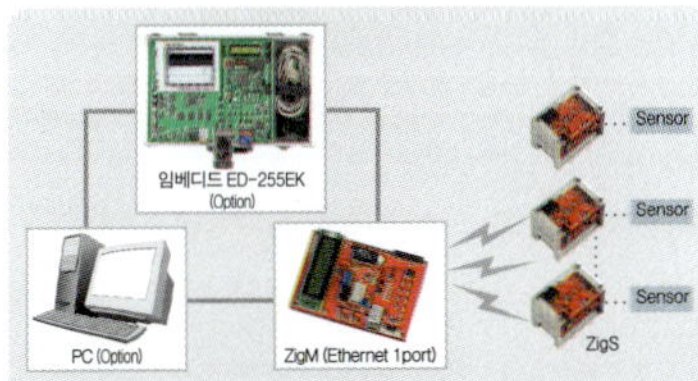

■ ED-3160 구성도

ED-3120 실험실습내용

- 센서 네트워크의 개요
- 센서 네트워크 모듈 하드웨어 이해
- 센서 네트워크 OS의 이해
- 센서 네트워크 환경 구축
- UART를 이용한 통신 프로그램
- 센서 기초 프로그램 (가스, 습도, 온도, 조도)
- 센서 기초 프로그램 (맥박, 체온, 기울기, 방위센서 등)
- RF 응용실습
- 센싱 및 제어 프로그램 및 Multi-hop Routing 프로그램
- Multi-hop을 이용한 제어 프로그램
- 센서네트워크 모니터링
- SMS 전송장치 연동 모니터링
- 센서 네트워크 구축 텀 프로젝트 제안서 작성
- 센서 네트워크 구축 텀 프로젝트 중간보고 및 프로젝트 수정
- 센서 네트워크 구축 텀 프로젝트 최종 보고 및 자료정리
- 텀 프로젝트 결과평가 및 보고회

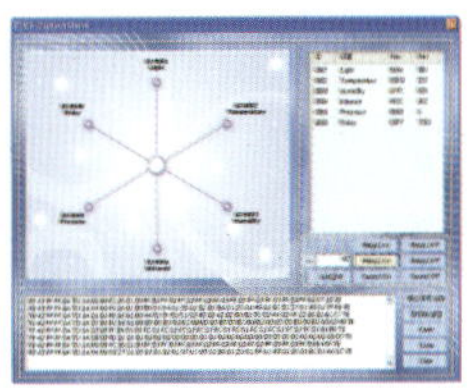

지능형 로봇 토탈솔루션

Intelligent Robot Trainer

Model : ED-7270, 7271, 7272

ED-7270 특징

- 유비쿼터스 및 홈네트워크 기반 실험실습에 적합
- 차세대 2차 전지(리튬이온)을 사양한 배터리 소형화 및 사용시간 증가
- 대화형 언어(프로그램)을 통한 다양한 콘텐츠 로봇 실험실습
- 지능형 로봇에 대한 전반적인 이해와 단계별 실습 가능
- Pan/Tilt USB 카메라를 이용한 영상처리 학습 기능
- 경사도 15 ° 에서 안정된 자세 제어를 통한 주행 알고리즘 적용
- 무인 방범 기능을 활용한 홈 시큐리티 실험실습
- 인간과 교감할 수 있는 인간 친화형 디자인

ED-7270

ED-7271 특징

- 지능형 로봇에 꼭 필요한 센서 9종 및 구동기 3종, 응용모듈 4종으로 구성
- 지능형 로봇 구조를 쉽게 파악할 수 있는 시스템
- 초기 로봇 입문 및 활용 교육까지 가능한 풍부한 실습예제 제공
- 창의적인 실험실습이 가능한 탈부착 모듈형 타입
- 유비쿼터스 및 홈 네트워크에서 사용되는 센서 응용 학습 가능
- 센서 결과 데이터를 Visual한 그래픽 형태로 표현하여 센서의 특성 파악 용이
- USB 카메라를 이용한 영상처리 학습 기능
- USB High Speed(480Mbps) 인터페이스 방식 채용

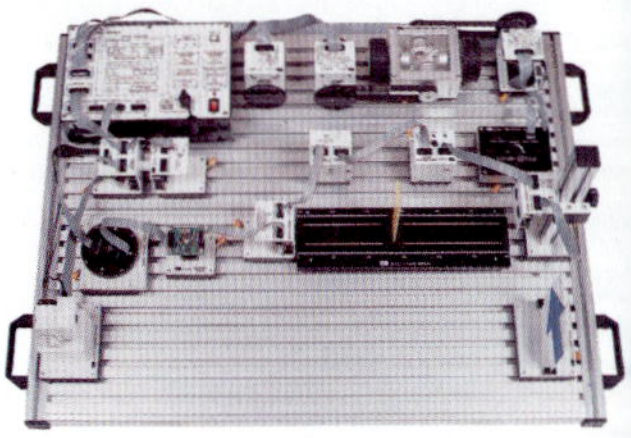

ED-7271

ED-7272 특징

- 무선 네트워크를 통한 실시간 원격제어 가능
- 지능형 로봇 센서 9종에 대한 요소 기술 및 응용 학습 기능
- 화상통신 및 영상처리를 이용한 로봇 응용 실험실습
- 초음파 및 적외선 거리 감지 센서를 이용한 장애물 감지 기능 제공
- USB 카메라를 이용한 영상처리 학습 기능
- USB High Speed(480Mbps) 인터페이스 방식 채용
- 무인 방범 기능을 활용한 홈 시큐리티 실험실습
- 5-Joint ARM을 부착한 통합 로봇 시스템(Option)

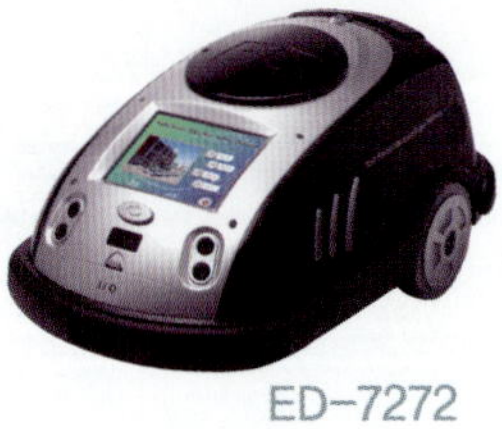

ED-7272

실험실습내용

- 지능형 로봇의 이해
- 지능형 로봇의 요소기술 분류
- 로봇의 기본 구조, 메커니즘 종류 및 장단점 실험실습
- 센서 모듈의 기본 원리 이해 및 실험실습
- Actuator 종류, 특성에 대한 기본 이해와 실험실습 (DC Servo motor, Step motor, RC motor)
- CCD Image Sensor을 이용한 영상처리 실험실습 (디지털 영상처리 기초이론, 패턴, 색채 인식에 대한 원리 및 실험실습)

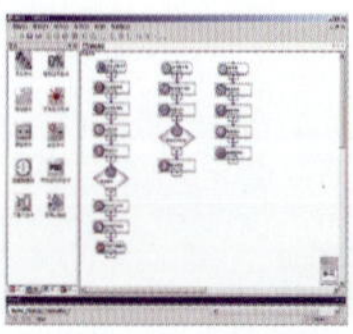